"博学而笃志，切问而近思。"
（《论语》）

博晓古今，可立一家之说；
学贯中西，或成经国之才。

复旦博学·复旦博学·复旦博学·复旦博学·复旦博学·复旦博学

作者简介

史晋川，复旦大学经济学博士，浙江大学文科资深教授，校文科学术咨询委员会主任；兼任教育部社会科学委员会委员，浙江省政府咨询委员会副主任；美国芝加哥大学、哥伦比亚大学和伦敦政治经济学院访问教授。主要研究领域为西方经济学、宏观经济、区域经济发展和法律经济学；曾获首届张培刚发展经济学奖，入选影响新中国60年经济建设的100位经济学家和国家哲学社会科学领军人才。

复旦博学·经济学系列

ECONOMICS SERIES

当代西方经济学流派（第五版）

蒋自强　史晋川　张旭昆　金祥荣
郑备军　郑勇军　朱希伟　杨晓兰　著

复旦大学出版社

ECONOMICS SERIES

内容提要

现代经济学在个人主义方法论的指导下已经初步构建起一个相对比较完整的研究人类行为的分析框架，现代经济学与其他社会科学的交叉融合发展，实际上推进了整个社会科学研究的进展。本书是一部介绍当代西方经济学流派、评析当代西方经济学思潮的通俗著作，内容所涉及的主要是20世纪30年代迄至今的西方经济理论。本书用通俗易懂、简明扼要的语言来评析、表达西方经济学艰深的逻辑内涵和丰富的内容，将学术著作与实用教材有机地结合在一起，是作者的一次大胆尝试。

目 录

绪言 | 1

第一章 新古典综合学派 | 12
第一节 凯恩斯革命及其意义 | 13
第二节 新古典综合的理论特点 | 15
第三节 混合经济的理论模型 | 18
第四节 宏观经济均衡理论 | 20
第五节 经济增长理论 | 25
第六节 经济周期理论 | 31
第七节 通货膨胀与失业理论 | 36
第八节 经济政策主张 | 42
本章总结 | 46
思考题 | 46

第二章 新剑桥学派 | 47
第一节 新剑桥学派的理论渊源 | 47
第二节 方法论和理论前提 | 49
第三节 价值论与分配论 | 53
第四节 经济增长理论 | 57
第五节 停滞膨胀的理论 | 61
第六节 经济政策主张 | 65
本章总结 | 66
思考题 | 66

第三章 新凯恩斯主义学派 | 67
第一节 早期新凯恩斯主义 | 68
第二节 凯恩斯经济学的非均衡分析 | 72

第三节　效率工资模型与非自愿失业　76
　　第四节　宏观经济的粘性价格模型　80
　　　本章总结　88
　　　思考题　89

第四章　货币学派　90

　　第一节　货币学派的理论渊源　91
　　第二节　货币需求理论　94
　　第三节　货币分析的理论模型　97
　　第四节　通货膨胀与自然失业率　99
　　第五节　货币主义的经济政策　103
　　　本章总结　106
　　　思考题　106

第五章　理性预期学派　107

　　第一节　经济学的预期理论　108
　　第二节　宏观经济的不变性命题　112
　　第三节　周期性经济波动理论　114
　　第四节　经济政策主张　117
　　　本章总结　119
　　　思考题　120

第六章　供给学派　121

　　第一节　供给学派产生的历史条件和理论渊源　121
　　第二节　正统供给学派的理论模型　125
　　第三节　马丁·费尔德斯坦的供给经济学理论及政策主张　131
　　第四节　供给学派的政策实践　134
　　第五节　对供给学派的简要评价　138
　　　本章总结　140
　　　思考题　140

第七章　瑞典学派　141

第一节　瑞典学派的理论渊源　142
第二节　宏观动态经济理论　146
第三节　国际分工——国际贸易理论　150
第四节　小国开放经济的通货膨胀理论——斯堪的纳维亚模型　154
第五节　经济制度的理论　156
第六节　经济政策主张及实践　159
本章总结　161
思考题　161

第八章　弗莱堡学派　162

第一节　弗莱堡学派的产生与发展　162
第二节　社会市场经济理论　164
第三节　社会市场经济的政策主张　168
第四节　德国的社会市场经济政策　171
本章总结　177
思考题　178

第九章　新奥地利学派　179

第一节　米塞斯的经济思想　179
第二节　哈耶克的经济思想　184
第三节　熊彼特的经济思想　203
本章总结　223
思考题　224

第十章　公共选择学派　225

第一节　学派理论渊源与代表人物　226
第二节　经济人假设与公共选择　228
第三节　个体决策与政府强制性安排　229
第四节　外部性、公共物品与公共选择　231
第五节　民主政府与赤字财政　240
本章总结　242
思考题　243

第十一章　新制度经济学派　244

第一节　新制度经济学派的理论贡献　245
第二节　产权学派的理论　249
第三节　交易成本理论　255
第四节　委托代理理论　260
第五节　对新制度经济学的简要点评　265
思考题　266

第十二章　新经济史学派　267

第一节　经济学研究中的历史方法　268
第二节　新经济史学的产生与发展　275
第三节　新经济史学的研究方法　278
第四节　新经济史学的制度变迁理论　284
第五节　新经济史学的理论评价　289
本章总结　292
思考题　292

第十三章　法律经济学派　293

第一节　法律经济学的产生与发展　293
第二节　学科性质、研究范围与研究方法　296
第三节　财产、合同和侵权行为的经济理论　299
第四节　法律经济学的研究进展　304
本章总结　307
思考题　307

第十四章　新经济地理学派　308

第一节　理论渊源与代表人物　308
第二节　新经济地理学派的研究方法　311
第三节　新经济地理学的基本模型和经济理论　313
第四节　新经济地理学派的理论贡献、不足与发展趋势　320
本章总结　322
思考题　323

第十五章　行为经济学与实验经济学派　324

- 第一节　理论渊源与研究方法　326
- 第二节　个体选择行为与行为博弈研究　330
- 第三节　市场实验　334
- 第四节　宏观领域研究　335
- 第五节　理论评价与发展趋势　337
- 本章总结　339
- 思考题　339

第十六章　新制度学派　340

- 第一节　新制度学派的由来与形成　340
- 第二节　新制度学派经济理论的基本特征　344
- 第三节　加尔布雷斯的制度经济理论和政策主张　348
- 第四节　缪达尔的循环积累因果联系理论　355
- 第五节　新制度学派的理论评价　359
- 本章总结　361
- 思考题　362

第十七章　激进经济学派　363

- 第一节　激进经济学派的形成和代表人物　363
- 第二节　激进经济学和正统经济学的对立　366
- 第三节　激进经济学派对当代资本主义的分析　367
- 第四节　激进经济学派关于帝国主义的理论　371
- 第五节　关于发达与不发达问题的政治经济学理论　373
- 本章总结　377
- 思考题　377

后记　378

绪　言

经济学在西方学术界被称作"社会科学的皇后"。当代西方经济学，通常是指1929—1933年世界经济大危机以后产生并曾经或至今流行于欧美和世界其他地区及国家的西方经济学说，它是在以往西方经济学说的理论基础上发展起来的。因此，要学习当代西方经济学流派，就有必要先了解西方经济思想和理论发展、演变的历史概貌。

西方经济思想和理论的发展和演变，迄今为止大致经历了以下四个基本历史时期。

一、古代中世纪的西方经济思想和学说（公元前4世纪至公元15世纪）

经济学作为一门独立的学科是和资本主义生产方式同时产生和发展起来的。但在此以前，人类社会已存在了很长的历史时期，仅有文字可考的历史也有几千年了。在这漫长的历史中，人类为了生存和发展，从来没有停止过物质资料生产等经济活动。尽管在很长的历史发展阶段，生产力水平不高，自然经济占统治地位，社会分工和交换不发达，经济联系不密切，经济生活比较简单，人们还没有把经济问题作为专门的学术研究对象。但是，古代和中世纪的许多著作家、思想家和政治家在考察物质资料生产等经济活动时都曾探讨过经济问题，发表过许多杰出的见解，这些见解就成为经济学产

色诺芬
（Xenophon）

生的思想渊源。

公元前4世纪的希腊学者色诺芬，曾最早使用"经济"（oikovoμια）一词作为其论述家庭及庄园管理一书的名称，后来"政治经济学"（Political Economy）一词中的"Economy"，就是由希腊文"oikovoμια"演变而来的。马克思指出："因为历史地出现的政治经济学，事实上不外是对资本主义生产时期的经济的科学理解，所以，与此有关的原则和定理，也能在例如古代希腊社会的著作家那里见到，这只是因为一定的现象，如商品生产、贸易、货币、生息资本等，是两个社会共有的。由于希腊人有时也涉猎于这一领域，所以他们也和在其他一切领域一样，表现出同样的天才和创见。所以他们的见解就历史地成为现代科学的理论的出发点。"[1]马克思曾高度评价过色诺芬、柏拉图和亚里士多德等古希腊学者的经济思想，这些古希腊学者的经济思想大都产生于伯罗奔尼撒战争（公元前431—前404）后古希腊奴隶制城邦的危机时期。因此，对当代西方经济学思想渊源的考察，一般也就从公元前4世纪开始。恩格斯指出："只有奴隶制才使农业和工业之间的更大规模的分工成为可能，从而为古代文化的繁荣，即为希腊文化创造了条件。没有奴隶制，就没有希腊国家，就没有希腊的艺术和科学；没有奴隶制，就没有罗马帝国。没有希腊文化和罗马帝国所奠定的基础，也就没有现代的欧洲。我们永远不应该忘记，我们的全部经济、政治和智慧的发展，是以奴隶制既为人所公认、同样又为人所必需这种状态为前提的。在这个意义上，我们有理由说：没有古代的奴隶制，就没有现代的社会主义。"[2]

罗马帝国灭亡后，在长达1 000年的中世纪时期，许多经济思想都是以基督教的神学为基础，同基督教的道德教义一起发展起来的。可是在中世纪的后期，基督教的教义同世俗经济活动实践的冲突日益增多，如何将基督教的教义与现实的经济活动加以调和，成为经济思想发展的一个主题。托马斯·阿奎那在财产、贸易、利率和公平价格等方面作出了许多论述，对经济思想的发展产生了较大影响。但随着社会经济实践与基督教教义两者之间的鸿沟日益加深，同时也随着宗教改革运动的兴起，经济思想摆脱宗教束缚的发展基础已经形成。

托马斯·阿奎纳
（Thomas Aquinas）

二、近代西方经济学理论的产生与演变（16世纪—19世纪60年代）

西欧封建社会的末期，随着社会生产力的发展，在14—15世纪，资本主义生产关系已在地中海沿岸的某些城市开始稀疏地出现；在16世纪，资本

---

[1] 马克思,恩格斯.马克思恩格斯全集：第20卷[M].人民出版社,1971：249—250.
[2] 同[1]：196—197.

主义生产关系得到了迅速的发展。因此，马克思认为："资本主义时代是从十六世纪才开始的。"[1]随着商品货币关系的扩大和贸易的频繁，经济关系日益复杂化，于是新兴的资产阶级基于政治和经济斗争的需要，开始把经济关系同其他社会关系区分开来进行专门的研究。历史上最早对资本主义生产方式进行理论探讨的是重商主义者。最早使用"政治经济学"这个词作为书名的是法国重商主义者安徒万·德·蒙克来田，他在1615年出版了《献给国王和王太后的政治经济学》一书。重商主义是资本原始积累时期产生的代表商业资产阶级利益的一种经济学说和政策体系。重商主义者认为，财富就是金银，金银就是财富；财富的真正来源是对外贸易的顺差。因此，他们主张国家积极干预经济，把国家一切的经济活动归结为攫取金银。虽然重商主义者的理论和政策主张不过是一些"简陋的非科学的生意经"[2]，但它在资本主义成长的童年时期，"正确地说出了资产阶级社会的使命就是赚钱"[3]。重商主义者的经济理论和政策主张，在英、法等国，从15世纪下半叶至17世纪下半叶这200年左右时间内一直占统治地位。

随着资本主义经济的发展，从17世纪下半叶开始，在英、法等国逐渐形成了一股反对重商主义的政府干涉主义的社会经济思潮，强调从生产领域来研究财富增长，主张自由放任，这就是西方经济学说史上的第一次重大变革，西方有人把它称为"古典革命"。通过这场古典革命，产生并建立了第一个比较完整的西方经济学理论体系，即古典经济学。古典经济学在英国从威廉·配第开始到李嘉图结束，在法国从布阿吉尔贝尔开始到西斯蒙第结束，其中包括英国的亚当·斯密和法国重农主义经济理论体系建立者魁奈等人的经济理论。古典经济学家经过一个半世纪的研究，揭示了资本主义经济发展过程中的生产关系及其内部联系，奠定了劳动价值论的基础，发现了工资和利润、利润和地租的对立，论证了资本主义经济财富增长的因素、条件和途径，以及资本主义经济运行的机制和规律。古典经济学是资本主义上升时期和资产阶级革命时期的经济理论和政策主张，它是满足资本主义从工场手工业到工业革命发展需要的产物，它不仅为以后西方经济学的进一步发展提供了基本概念，也成为马克思主义政治经济学理论的思想来源。

由于古典经济学是在资本主义制度确立时期产生和发展起来的，因此，古典经济学家对经济问题的研究就具有这样一种特征：他们把经济制度、阶级关系的研究同既定制度下的资源配置过程、诸经济变量之间作用机制的

---

[1] 马克思,恩格斯.马克思恩格斯全集：第23卷[M].人民出版社,1971：784.
[2] 马克思,恩格斯.马克思恩格斯全集：第1卷[M].人民出版社,1971：596.
[3] 马克思,恩格斯.马克思恩格斯全集：第13卷[M].人民出版社,1971：148.

研究加以结合，即把经济制度本质的分析与既定制度下经济运行过程的分析结合起来。亚当·斯密的经济理论体系就明显地体现了这种特征。李嘉图进一步发展了亚当·斯密的这种研究，他"有意识地把阶级利益的对立"当作"研究的出发点"[1]，"把交换价值决定于劳动时间这一规定作了最透彻的表述和发挥"[2]。但是，在马克思看来，随后的法国经济学家萨伊和英国经济学家马尔萨斯等人却歪曲了亚当·斯密等古典经济学家的研究特色，歪曲了资本主义制度的本质和阶级关系，用对资本主义资源配置过程的表面现象的描述来代替对资本主义制度本质的分析，从而将亚当·斯密的学说庸俗化。在李嘉图逝世后的英国经济学界，曾发生过一场反对和拥护李嘉图经济学说的论战，而李嘉图的门徒詹姆斯·穆勒和麦克库洛赫等人却在拥护李嘉图的旗帜下，歪曲了李嘉图的学说。尽管如此，在19世纪20年代，占统治地位的仍是以亚当·斯密和李嘉图为代表的古典经济学。

　　1830年，欧洲历史上发生了一个重大事件，即爆发了法国资产阶级推翻查理十世封建复辟王朝的七月革命。这次革命也推动了英国的民主运动。1832年，英国通过议会改革案，使工业资产阶级在议会取得了统治地位。这就是说，1830年法国的七月革命和1832年英国的议会改革，标志着法国和英国的资产阶级完全取得了政权，标志着资本主义制度在欧洲的确立。"从那时起，阶级斗争在实践方面和理论方面采取了日益鲜明的和带有威胁性的形式。它敲响了科学的资产阶级经济学的丧钟"[3]。1830年以前的萨伊、马尔萨斯、詹姆斯·穆勒、麦克库洛赫等人还只是在"注释"和"通俗化"的形式下，企图把亚当·斯密、李嘉图等古典经济学家对经济制度本质的分析与对既定制度下资源配置过程及其变量的分析割裂开来。1830年后的西尼耳、巴师夏、凯里等人，虽然仍自认为是亚当·斯密、李嘉图的继承人，却抛弃了"注释"和"通俗化"的形式，公开为资本主义制度辩护。但是，如果从对既定制度下资源配置的运行机制的研究这一方面来看，从亚当·斯密、李嘉图直到当代的萨缪尔森、弗里德曼等人，则是一个从未中断的经济学理论连续发展过程。

　　古典经济学从把对经济制度本质的分析与对既定制度下资源配置过程分析相结合的研究，到把经济学研究的注意力集中于既定制度下资源配置过程及其变量的研究，经历了一个曲折的转变过程。如果说西方主流经济学研究重点上这一转变的阶级背景，是阶级斗争"采取了日益鲜明的和带有

---

[1] 马克思,恩格斯.马克思恩格斯全集：第23卷[M].人民出版社,1971：16.
[2] 马克思,恩格斯.马克思恩格斯全集：第13卷[M].人民出版社,1971：51.
[3] 同[1]：17.

威胁性的形式"的话,那么这一转变的哲学背景则是哲学实证主义思潮对经济研究的影响。集经济学家与实证主义哲学家于一身的约翰·穆勒则充当了这一转变过程的主要代表人物,他对孔德哲学中综合性社会科学体系和精确的实证知识的崇拜,使他既想讨论物质生产的不同方面,又不愿意把社会内容和资源配置的内容包括在同一范畴中。由此,他把经济学划分为具有自然真理性质的生产和受制度影响的分配这两个不同的理论部分。尽管他本人在这两个方面还没展开严密的系统分析,却极大地促进了经济学理论研究这两个部分的分解过程。直到19世纪70年代"边际革命"的兴起,西方经济学才开始全面启动和完成这一过程的转变。这就是说,边际革命以后的西方主流经济学,就基本抛弃了有关经济制度本质的分析,专门注重对既定制度下资源配置过程进行微观和宏观分析。所以,李嘉图以后的几十年西方经济学说的演变历史,可以说是从古典经济学到新古典经济学或西方现代经济学的过渡时期。

三、现代西方经济学体系的建立和发展(19世纪70年代—20世纪30年代)

到19世纪70年代,资本主义社会又发展到了一个新的时期,即自由竞争的资本主义向垄断资本主义过渡的历史时期。由于自然科学的发展和影响,特别是数学的微积分的边际增量分析和物理学的均衡概念等逐渐应用到经济研究上来,于是西方经济学又发生了一次重大变革,即"边际革命"。在19世纪70年代,奥地利的门格尔、英国的杰文斯和法国的瓦尔拉,差不多同时各自独立地以边际分析方法研究效用理论及总效用和边际效用变化的规律。他们所提出的这个"边际"概念,几乎可以运用到微观经济学和宏观经济学所考察的所有的经济变量的分析中,成为经济分析中的一个极为有用的基本概念。在"边际革命"以前,尽管有各种关于价值决定和价值源泉的看法,但其共同的特点是把价值决定看作社会生产过程,价值源泉存在于生产耗费中,"边际革命"一反传统思路,从消费者行为出发来研究价值问题,价值决定被看作个人的心理过程。这一经济学研究视角和方法的转变,逐渐使经济学由主要研究整个国家如何致富的学问,转变为主要研究消费者行为和厂商行为及这两方面的行为相应的供求关系对市场价格决定机制的学问。边际主义者根据19世纪上半时期以来资本主义经济运行的变化情况,用数理方法建立了在消费者谋取最大效用、生产者追求最大利润的激励下如何通过市场机制实现资源有效配置的理论。这一经济理论经过了维塞尔、庞巴维克和克拉克等经济学家的发展,到19世纪末,英国经济学家马歇尔在边际主义经济理论的基础上，综合了古典经济学理论，建立起了一套比较完整的新古典经济学理论体系。

同一时期，由于科技进步和经济发展，资本主义社会生产力和生产关系之间的矛盾更加深化，在经济发展的同时，经济危机连续爆发，这就促使人们从宏观上探寻和解释经济危机和经济波动的原因，于是就产生了许多研究宏观经济运行的理论，其中较有影响的首先是瑞典经济学家维克塞尔、缪达尔、林达尔和挪威经济学家弗瑞希等人，他们采用总量分析方法考察了资本主义国家经济的运行过程，形成了北欧经济学家的宏观经济分析理论。其次是奥地利学派的哈耶克和熊彼特，前者研究了货币和经济周期理论，后者在奥地利学派的理论基础上，在新历史学派的多元历史观的影响下，运用生产要素的新的组合——"创新"这一概念来解释经济周期的波动和社会的经济发展，形成了独树一帜的经济发展理论。再就是英国经济学家马歇尔、庇古和美国经济学家费雪等人，他们在研究货币流通数量与物价水平的相互关系时形成了货币流通数量论。最后是美国的新制度学派经济学家密契尔等人对国民收入及其变动的计量研究。这个时期研究宏观经济问题的理论观点和方法对以后宏观经济学体系的建立产生了相当大的影响，特别是对国民收入核算和统计的研究，为宏观经济学的建立和发展奠定了重要的基础。正如美国经济学家托宾所说："如果没有国民收入核算和近40年来对其他方面统计的革新和改造，当前的经验宏观经济学便是不可想象的。"[1]

四、当代西方经济学理论的进一步发展（20世纪30—90年代）

1929—1933年，全球爆发了一场空前严重的世界性资本主义经济大危机。这场经济危机宣告了西方经济学人所信奉的供给会自动创造需求的"萨伊定律"的破产，于是西方经济学又发生了第三次重大变革，这就是"凯恩斯革命"。

凯恩斯根据20世纪30年代经济大危机及大萧条的情况，于1936年发表了《就业、利息和货币通论》（以下简称《通论》）这部著作，运用总量分析方法研究了宏观经济运行及其失衡的原因，提出了有效需求理论。他认为社会的就业量取决于有效需求（包括消费需求和投资需求），而有效需求的水平又主要决定于三个基本心理因素，即"消费倾向""对资产未来收益的预期"和对货币的"流动偏好"及货币数量。在凯恩斯看来，资本主义社会之所以会存在失业和萧条，主要就是由于这些心理规律的作用所造成的有效

> 萨伊定律（Say's Law）：又称萨伊市场定律（Say's Law of Market），是由法国经济学家萨伊（Jean B. Say）于18世纪末19世纪初提出的。它的基本含义有两点：其一，生产者生产的产品在满足其自身需求后会将剩余部分交换成其他产品；其二，生产要素所有者的收入除去其用于消费的部分，会全部储蓄起来，并且转化为投资。

---

[1] 托宾.经济学文集·序言[J].世界经济译丛，1979（10）：76.

需求不足,而经济危机的爆发则主要是由于对投资未来的收益缺乏信心而引起的"资本边际效率"的"突然崩溃"。凯恩斯在有效需求理论的基础上所提出的经济对策,就是扩大政府对经济的干预,采取财政和金融措施,增加公共开支,降低利息率,刺激消费,增加投资,提高有效需求,实现经济的充分就业均衡。凯恩斯通过阐述有效需求理论,抨击了供给会自动创造需求的"萨伊定律",摒弃了古典学派和新古典学派关于资本主义制度可以通过市场机制的自动调节以实现充分就业均衡的传统理论。因此,《通论》的出版,在西方经济学界被誉为"凯恩斯革命"。

《通论》出版以后,越来越多的经济学家改变了传统观念而追随凯恩斯,对有效需求理论进行注释、补充和发展,形成了一套比较完整的西方宏观经济学理论体系。在《通论》基础上形成和发展起来的凯恩斯主义的经济理论和政策主张,对第二次世界大战后的资本主义国家产生了极大的影响。因此,有些西方经济学家把战后20年左右的时期,称为"凯恩斯时代"。但是,推行凯恩斯主义的结果,也改变了凯恩斯主义宏观经济政策发挥作用的社会经济条件。20世纪60年代中期以后,资本主义世界出现了失业与通货膨胀并存的"停滞膨胀",这标志着凯恩斯主义的失灵。此后,西方经济学界形成了众多经济思潮和流派纷争的局面。

早在20世纪40年代,美国经济学家汉森在将凯恩斯的经济学说传播到美国的过程中,在理论与政策建议两个方面都作了重要的补充和发展。汉森在《财政经济政策和经济周期》(1941)、《经济政策和充分就业》(1947)和《凯恩斯学说指南》(1953)等著作中所阐述的理论,为新古典综合派的产生奠定了基础。从40年代后期开始,萨缪尔森等人就将凯恩斯的宏观经济理论与马歇尔的微观经济理论综合起来发展西方经济学理论体系,于1948年出版了《经济学》教科书第一版,并在1961年该书的第五版中,正式提出了"新古典综合"这一术语,得到美国的凯恩斯主义经济学家的支持。而后,以萨缪尔森为主要代表的新古典综合派遭到其他经济学派的严厉抨击,于是在1970年出版的《经济学》教科书第八版中,他将"新古典综合"改称为"主流经济学"。因此,以萨缪尔森为主要代表的新古典综合派,又称后凯恩斯主流经济学,在第二次世界大战后的西方经济学界一直居于正统地位。

英国经济学家罗宾逊早年是凯恩斯的学生,后又和凯恩斯长期共事,过从甚密,在学术观点上受到凯恩斯的耳提面命,她以凯恩斯的嫡传弟子自居,把美国后凯恩斯主流经济学看作冒牌的凯恩斯主义。以罗宾逊为主要代表的一批经济学家,在20世纪50—60年代同新古典综合派有过一场理论大论战,史称"两个剑桥之争",由此形成了英国的凯恩斯主义经济学派——新剑桥学派。

同一时期,在西方经济学界凯恩斯主义经济学内部发生论争的同时,一方面出现了各种新的凯恩斯主义经济学派,另一方面也形成了与凯恩斯主义经济学相抗衡的各种新自由主义经济学流派。以弗里德曼为主要代表的现代货币主义学派,自称是"凯恩斯革命的反革命"。货币学派于20世纪50年代中期以后在美国开始出现,到20世纪70年代获得了迅速发展,成为当代自由主义经济学中理论和政策影响最大的一个流派。以美国芝加哥大学经济学家卢卡斯和萨金特、华莱士等人为主要代表的理性预期学派,是在20世纪70年代后期,从货币学派中分离出来的一个新自由主义流派。这一新的学派出现后,很快就引起了西方经济学界的重视。萨缪尔森在1980年出版的《经济学》教科书第十一版中,曾把它与货币学派看作同样重要的论战对手。理性预期学派的非常突出的一个理论贡献就是重塑了宏观经济学的微观基础,至今在西方主流经济学尤其是宏观经济理论中仍然占据着核心地位。

较理性预期学派稍后出现的供给学派,曾经是西方新自由主义经济学的另一个重要学派。供给学派的主要代表是美国经济学家拉弗、费尔德斯坦和万尼斯基等人,该派的经济理论重视社会经济活动中的供给,政策主张的重心强调刺激供给,由于得到了当时美国总统里根的推崇而备受关注,又被称为"里根经济学"。

随着战后新自由主义经济学的兴起,以哈耶克等人为代表的奥地利学派经济理论也开始复兴。哈耶克从20世纪30年代以来一直著书立说鼓吹经济自由主义,反对任何形式的国家干预,是当代最彻底的自由主义经济学家,也是新自由主义各流派中影响较大的一个。哈耶克的足迹遍及当今西方宣传自由主义经济学说的四大中心,即奥地利维也纳大学、英国伦敦经济学院、美国芝加哥大学和德国弗莱堡大学,并受到极大的推崇,甚至被称为当代西方各自由主义流派的精神领袖。同时,美籍奥地利经济学家熊彼特的经济理论体系,以独特的"创新理论"来解释资本主义的经济发展和周期波动而闻名于世,不仅对当代西方经济学的经济增长理论、经济发展理论、经济成长阶段理论和新制度经济学有着重大影响,而且他的追随者们还将其理论发展成为技术创新和制度创新这两个新的重要学科分支。

此外,由于第二次世界大战后科学技术的日新月异,资本主义国家的经济发展在相当长时期里保持了持续的增长,但同时经济波动和经济危机也更加频繁,各种社会经济问题愈来愈尖锐。西方主流经济学对这些问题不能作出令人信服的解释和提出有效的解决办法,这就使得产生于20世

20—30年代的一些西方各国的非主流经济学派获得进一步的发展而流行于世。这些经济学派既不能简单地归属于凯恩斯主义经济学的营垒，也不能把它们简单地归属于反凯恩斯主义的新自由主义经济学的营垒。这些独树一帜的当代西方经济学流派中，首先是瑞典学派，它所提出的许多经济理论，对当代西方经济学有着重要影响。例如，继维克赛尔的累积过程理论之后，相继创立了总量和动态分析的经济理论——赫克歇尔-奥林定理、斯堪的纳维亚通货膨胀模型和比较经济制度理论等。在第二次世界大战后，瑞典学派的经济理论和政策主张，受到了许多资本主义国家尤其是北欧各国的政府和经济学界的重视。其次是以德国经济学家欧根、罗勃凯、艾哈德等人为代表的弗莱堡学派。该经济学派虽然产生于20世纪30年代，但该派所倡导的社会市场经济理论在战后德国非常盛行，成为战后西德主导了国家经济政策的理论。

除了以上这些非主流经济学派以外，在20世纪50—60年代，还形成了两个既反对凯恩斯主义，也反对新自由主义的"异端"非主流经济学派。一是以美国经济学家加尔布雷斯为主要代表的新制度学派。该经济学派形成于20世纪50—60年代，至20世纪70年代，这一学派的影响有了进一步扩大，当时在美国甚至一度成了与新古典综合派、货币学派相抗衡的一个重要经济学流派，萨缪尔森甚至把它看作"对主流经济学的第三种挑战"[1]。二是在20世纪60年代后期形成的激进经济学派，它与新制度学派比较接近。该学派的经济学家成分比较复杂，他们都主张抛弃西方主流经济学的基本概念和方法，反对主流派的理论观点，揭露垄断资本集团的剥削活动。这一学派在20世纪70年代曾有过一段迅速发展的时期，以至于萨缪尔森当时也承认"激进派是现代的重要潮流"[2]。新制度学派和激进经济学派都在20世纪80年代后业已式微。

从20世纪50年代至今，当代西方经济学理论发展的另一个非常重要的特点，就是经济学和其他社会科学的学科交叉融合发展，经济学跨学科发展的倾向越来越突显。例如，以布坎南教授为代表的经济学家，将经济学理论用于政治学研究，发展出了公共选择理论；以科斯教授、威廉姆森教授为代表的经济学家，将经济学理论和研究方法用于社会经济制度问题的研究，发展出了新制度经济学；以诺斯教授和福格尔教授为代表的经济学家，将经济学理论用于经济历史的研究，发展出了新经济史学；以科斯教授、阿尔钦教授为代表的经济学家，将经济学理论用于法学和法律问题的研究，发展出了

---

[1] 萨缪尔森.经济学：下册[M].高鸿业，译.商务印书馆，1982：303.
[2] 外国经济学说研究会.国外经济学讲座：第4册[M].中国社会科学出版社，1981：340.

法律经济学；以克鲁格曼和藤田昌久教授为代表的经济学家，将经济学与地理学相结合，形成了新经济地理学，发展了空间经济学理论；以史密斯教授和卡尼曼教授为代表的经济学家，将经济学与心理学结合起来，在经济理论研究中引进了实验的方法，发展了行为经济学理论等，由此也导致了许多新的经济学理论分支及相应的经济学流派的形成。西方经济学理论发展中所呈现出来的这种"经济学帝国主义"倾向，在很大程度上反映了西方经济学所推崇的个人主义方法论在社会科学领域的扩张，同时也反映了现代经济学已经从一门研究资源配置问题的学科，逐渐演变为一门以研究资源配置行为为基础的研究人类行为规律性的学科。

可以认为，现代经济学在个人主义方法论的指导下，时至今日已经初步构建起了一个比较完整的研究人类行为的分析框架，将消费者行为研究的"三步曲"——偏好、约束、选择，扩展为以"人想做什么"（偏好）、"人能做什么"（约束）和"人最好做什么"（选择）三大问题为基础的人类行为基本分析框架。尽管对于经济学的"帝国主义"倾向争议颇多，但是，现代经济学与其他社会科学的交叉融合发展，实际上推进了整个社会科学研究的发展。同时，也应该看到，在"经济学帝国主义"大旗下发展起来的各种当代西方经济学理论流派，相比围绕着战后凯恩斯主义经济学自身的发展及其理论和经济政策争论而兴起的各种当代西方经济学理论流派，在现代经济学理论发展中更为突出的是对经济理论应用和解释范围的拓展，以及经济学研究方法的学科延伸，而对于社会经济政策特别是宏观经济政策的争论则相对淡化了。

通过对当代西方经济学理论演变脉络的梳理可以看出，当代西方经济学理论流派的产生和发展，背后有三个方面的影响因素在起着主要的作用：一是西方经济学思想和理论本身的传承，以及经济学家不同思想观念的理论交锋，使得经济学的基本概念、经济研究方法和经济分析工具不断地演进和变化；二是社会经济活动的实践变化，导致新的经济问题的出现，对原来的经济理论形成新的挑战，从而刺激了新的经济思想和理论的产生；三是经济学同自然科学和社会科学的其他学科的相互影响，使得跨学科的研究和学科融合日益增强，发展出了新的经济学交叉学科及理论学派。此外，可以看到，随着当代西方经济学的分析框架的拓展，越来越多的新的经济理论和分析工具的出现，并不具有传统的经济学派的倾向性，有的经济理论虽然是从原来的经济学派的理论基础上发展出来的，但也直接融入当代西方经

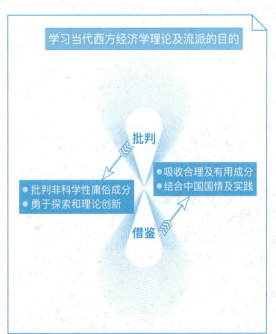

济学的主流分析框架。当代西方经济学理论发展淡化了学派色彩是一个新的特征。

最后,我们今天学习当代西方经济学理论及当代西方经济学流派的主要目的不外乎是两个:一是借鉴,二是批判。所谓借鉴就是通过学习当代西方经济学各个流派的经济学理论和经济政策主张,吸收其合理和有用的成分,结合中国的国情及改革开放与经济发展的伟大实践,推动中国特色的社会主义市场经济的建设。所谓批判则有狭义的和广义的两层理解:狭义的批判是指用马克思主义经济学的理论立场、观点和方法,来批判当代西方经济学流派理论中的非科学性庸俗成分,尤其是一味为资本主义经济制度辩护的意识形态偏见;广义的批判是指学习中必须要有独立思考的精神,敢于质疑和挑战权威,不迷信,不盲从,勇于探索和理论创新,努力构建具有中国特色和中国气派的经济学理论。在学习当代西方经济学流派各种理论的过程中,借鉴和批判两者都不可缺少,需要提醒的是:在借鉴时,切勿生搬硬套,必须结合国情;在批判时,切忌自以为真理在手,简单化批驳,武断下结论;要坚持科学的精神,尊重事实,遵循逻辑。

Neo-Classical Synthesis School

第一章

新古典综合学派

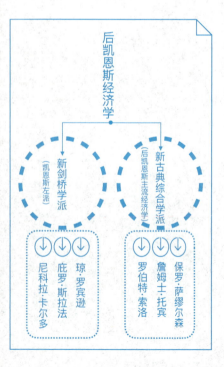

1936年，英国著名经济学家凯恩斯（1883—1946）的《通论》出版后，在西方经济学中出现了一场"凯恩斯革命"。此后，尤其是第二次世界大战以来，凯恩斯主义逐渐成为风靡世界资本主义各国的"新经济学"。凯恩斯主义的追随者们也纷纷对凯恩斯的经济理论进行注释、补充和修订，形成了形形色色的经济增长理论、经济周期理论、动态经济学等宏观经济理论。所有这些在凯恩斯《通论》这部著作基础上发展起来的当代西方经济学理论，被统称为"后凯恩斯经济学"。

后凯恩斯经济学发展到20世纪50年代末至60年代初，形成了两大主要分支学派：一是以美国经济学家保罗·萨缪尔森、詹姆士·托宾和罗伯特·索洛等人为代表的"新古典综合学派"（亦称"后凯恩斯主流经济学"）；二是以英国经济学家琼·罗宾逊、庇罗·斯拉法和尼科拉·卡尔多等人为代表的"新剑桥学派"（亦称"凯恩斯左派"）。本章皆在介绍和评价新古典综合学派的主要经济理论和经济政策主张。

第一节 │ 凯恩斯革命及其意义

本节主要介绍新古典综合学派的理论渊源——凯恩斯经济理论的基本内容及其经济政策主张。

20世纪初,第一次世界大战和俄国十月革命爆发,资本主义世界的政治和经济矛盾不断激化,陷入了重重困境。1929年,资本主义世界爆发了一场规模空前的经济大危机,各国经济陷入长期萧条,失业问题日趋严重。到1933年,美国的失业率高达24.9%,英国的失业率也达到21.3%,资本主义世界的失业者超过了3 000万。面对这场史无前例的经济危机带来的大量失业和生产过剩,传统的新古典经济学理论显得无能为力,这就是西方经济学家所说的"经济学的第一次危机"[1]。

20世纪30年代的西方经济大危机之前,在英美等资本主义国家占据支配地位的经济理论是以阿尔弗雷德·马歇尔和阿瑟·塞西尔·庇古等人为代表的新古典经济学。新古典经济学借助瓦尔拉斯的"一般均衡理论"和马歇尔的"局部均衡理论",把资本主义经济描绘成一部可以自行调节的"精密"机器,认为自由竞争的市场机制完全能够保证全社会的经济资源(资本、土地、劳动力等)得以充分利用和合理配置,使得社会经济实现充分就业均衡。美国经济学家劳埃德·雷诺兹曾经把新古典经济学的基本理论归纳为以下五基本命题[2]。

阿尔弗雷德·马歇尔
(Alfred Marshall)

(1) 物品的生产同时也提供了物品的购买手段,根据这一"供给创造需求"的原理,社会总供给总是等于社会总需求,资本主义经济不会发生总需求不足(或生产普遍过剩)的经济危机。这一命题通常被称为"萨伊定律"。

(2) 资本主义经济有自然趋于充分就业均衡的倾向。当经济一旦处于不均衡状态时,市场经济的各种经济机制会使它恢复均衡。

(3) 利息率是调节社会经济活动中储蓄等于投资的机制。

(4) 工资是调节劳动力市场中劳动供求均衡的机制。

(5) 资本主义的经济活动不需要政府干预,但是允许有一个例外,即政府可以对货币的供给实行管制。

但是,新古典经济学"那种保持充分就业均衡的自然趋势的学说,未能经受住20世纪30年代市场经济完全崩溃的考验"[3]。资本主义经济大危机

阿瑟·塞西尔·庇古
(Arthur Cecil Pigou)

---

[1] 琼·罗宾逊1971年12月7日在美国经济学协会84届年会的理查德·T.艾黎讲座上的讲演。
[2] L.雷诺兹.宏观经济学——分析和政策[M].商务印书馆,1983:16—17.
[3] 琼·罗宾逊.经济理论的第二次危机[M].外国经济学说研究会.现代国外经济学论文选:第一辑.商务印书馆,1979:4.

约翰·梅纳德·凯恩斯
(John Maynard Keynes)

✓ 有效需求：预期可以给资本带来最大利润量的社会总需求，它由消费需求和投资需求两部分组成。

时期，凯恩斯在各种经济矛盾尤其是失业问题突出和尖锐化的形势下，为了使西方经济学能够适应社会经济运行的新变化，不得不扬弃了传统的经济理论，对新古典经济学作出了重大的修正，提出了所谓"有效需求"理论。

约翰·梅纳德·凯恩斯在《通论》中提出，在资本主义经济运行中，社会总需求绝不是经常必定与社会总供给相等的，总需求不足是资本主义经济时常存在的现象。因此，经济完全可能处于非充分就业或低于充分就业的均衡状态。凯恩斯的基本观点是：资本主义社会经济中的就业量决定于有效需求的水平。所谓有效需求是指预期可以给资本带来最大利润量的社会总需求，它由消费需求和投资需求两个部分组成；而有效需求最终是由"消费倾向""对资本资产未来收益的预期"和"流动偏好"这三个"基本心理因素"与货币数量决定的。消费倾向——消费与收入的比例决定了消费需求；对资本资产未来收益的预期决定了"资本边际效率"，即增加一笔投资所预期可获得的利润率；流动偏好——人们愿在手中保持货币的心理动机和货币数量决定了利息率；资本边际效率与利息率共同决定了投资需求。凯恩斯在阐述有效需求理论时指出，社会经济活动中，由于三个基本心理因素的作用，一方面随着收入的增加，边际消费倾向——消费增量和收入增量之间的比例递减，消费的增加总跟不上收入的增加，引起消费需求不足；另一方面随着投资的增加，资本边际效率下降，同时由于流动偏好的作用，利息率的下降受到限制，从而吸引资本家投资的诱惑力减弱，造成投资不足，结果使社会经济在未达到充分就业之前就停止增加生产，导致大量失业。经济危机的爆发则主要是由于资本家对投资前景失去信心，致使资本边际效率"突然崩溃"而造成的。

凯恩斯由此否定了新古典学派信奉的"萨伊定律"和市场机制能保证资本主义经济自动趋向均衡的经济理论。他认为，资本主义经济运行中周期性的经济危机不应被视为类似自然界的现象，经济危机的产生是资本主义经济制度的某些内在缺陷造成的，是市场机制本身固有的局限性导致的结果。

在有效需求理论分析的基础上，凯恩斯得出的经济政策结论是：放弃自由放任原则，实行国家对经济生活的干预和调节；政府应当担负起调节社会总需求的责任，运用财政政策和货币政策来刺激消费和增加投资，以保证社会有足够的有效需求，实现充分就业。凯恩斯指出，由于在经济危机时期，资本家非常悲观，即使利息率很低也不愿借钱投资，所以货币政策通过利息率(增加货币数量以降低利息率)调节经

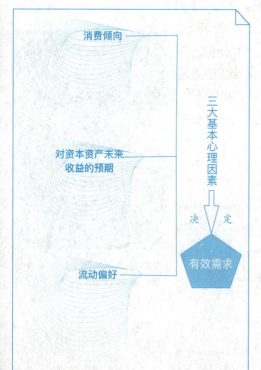

济的作用可能会是无效的。因此,必须充分重视财政政策,通过增加政府开支和减税,甚至运用赤字财政政策来扩大总需求。凯恩斯通过"乘数理论"论证了财政政策对于克服资本主义的经济危机和解决失业问题具有重要的作用。

由于凯恩斯对1929—1933年西方经济大危机给资本主义世界造成的巨大冲击作了比较深入的分析,他的经济理论为西方经济学的发展指出了一个新的方向,他所提出的经济政策为资本主义国家暂时摆脱经济危机提供了一条比较现实的途径。因此,凯恩斯"不仅在改造资产阶级庸俗政治经济学方面,而且在使其转向国家垄断资本主义经济政策方面起了重要的作用"[1]。

但是,作为当代西方经济学家,凯恩斯并没有完全越出新古典经济学的观念范围。他的经济理论承袭了边际学派发展起来的主观唯心主义的分析方法,把许多重要的经济范畴(包括利润)解释为纯粹的心理现象,认为人类本性的某些心理特征是引起经济变化的主要力量,他甚至说:"在估计未来投资之多寡时,我们必须顾及:那些想从事投资者之神经是否健全,甚至他们的消化是否良好,对于气候之反应如何,因为这种种都可影响一人之情绪,而投资又大部分决定于油然自发的情绪。"[2]这种过分偏重主观心理的分析方法,不可避免地会使凯恩斯在分析资本主义经济危机时,忽视和回避经济危机背后的社会制度原因。当然,凯恩斯经济学的目的完全是为了挽救处于经济大危机中的资本主义经济制度。美国经济学家马丁·勃朗芬布伦纳(Martin Bronfenbrenner)教授说:"可以毫不特别夸大地认为,在世界大战以前和世界大战时期(指第二次世界大战——引者)实行的凯恩斯主义的充分就业政策,拯救了(20世纪——引者)30年代的资本主义。"[3]

第二节 | 新古典综合的理论特点

由于凯恩斯经济学在理论上论证了资本主义国家对经济实行干预的必要性,凯恩斯的理论就成了在第二次世界大战期间急剧发展起来的政府与垄断资本密切结合的国家垄断资本主义的行动指南。第二次世界大战后,凯恩斯主义在西方经济学界成了占据支配地位的"主流经济学"。1946年,在美国通过了《就业法》,这一法令最先把凯恩斯主义的经济政策原则体现

---

[1] A.T.米列伊科夫斯基等.现代资产阶级政治经济学批判[M].商务印书馆,1985:11—12.
[2] 凯恩斯.就业、利息和货币通论[M].商务印书馆,1981:138.
[3] 勃朗芬布伦纳.后凯恩斯经济学,长期通货膨胀中某些被忽略的关系[M].1975:49.

在国家对经济生活进行调节的实际行动中。此后,世界主要资本主义国家都不同程度地把凯恩斯主义作为制定和推行国家对内对外经济政策的理论依据,企图借助国家干预经济生活的各种手段来实现充分就业、物价稳定、经济增长、国际收支平衡、收入均等化和资源最优配置这六大经济目标。

从20世纪40年代后半期到60年代中期,以凯恩斯主义为依据的经济政策尤其是政府财政政策在资本主义国家经济生活中的作用大大增强了。凯恩斯最初提出的政策主张,即那种主要是仅仅预先制定防止周期性经济危机的措施,到了20世纪50年代以后,已经被凯恩斯主义的追随者所提出的长期增长政策和补偿性财政货币政策所取代。同时,在法国等国家,甚至推行了具有一定增长目标的中期和长期的经济规划。同一时期内,在欧洲那些实行了凯恩斯主义经济政策的国家,都未曾发生比较深刻的经济危机。在美国,20世纪60年代出现了持续近八年的罕见的长期经济高涨,这一切都被凯恩斯主义的追随者视为凯恩斯主义经济理论和经济政策的巨大成功,从战后到20世纪60年代中期的20年被称作"凯恩斯时代",凯恩斯本人也被誉为"战后繁荣之父"。

随着资本主义世界各国经济相对持续稳定的增长,在经济理论方面经过不断修正完善的新古典经济学,开始逐渐渗入经济增长、经济波动和经济周期性危机理论等凯恩斯主义经济学的研究领域。凯恩斯主义与新古典经济学由最初的对立开始转向共存和相互融合[1],在这一基础上产生了所谓"新古典综合"。"新古典综合"的经济理论曾经以最完整的形式体现在萨缪尔森的那本空前畅销的教科书《经济学》中。

"新古典综合"一词是保罗·萨缪尔森首创的,在《经济学》的第五版(1961),他把自己的理论体系命名为"新古典综合",以表明该经济理论体系的特色。所谓"新古典综合"实质上是将以马歇尔为代表的新古典经济学与凯恩斯主义经济理论"综合"在一起,这一经济理论综合的核心思想是:只要采取凯恩斯主义的财政政策和货币政策来调节资本主义社会的经济活动,使宏观经济在运行中能避免过度的繁荣或萧条而趋于稳定的增长,实现充分就业,则在这种宏观经济环境中,新古典经济学的主要理论(如均衡价格理论、边际生产力分配理论等)将再度适用。因此,新古典综合的特色,就在于将凯恩斯的就业理论和国民收入决定理论同以马歇尔为代表的新古典经济学的价值论和分配论糅合为一体,从而组成一个集凯恩斯宏观经济学和马歇尔微观经济学之大成的经济理论体系。萨缪尔森毫不掩饰地说:"只要适当地增

保罗·萨缪尔森
(Paul A. Samuelson)

---

[1] L.雷诺兹针对这一现象说:"有些思想似乎在1940年已被埋葬,但现在又重新出现并且赢得现代的支持者。"(L.雷诺兹.宏观经济学——分析和政策[M].商务印书馆,1983:19.)

加财政金融政策,就可以使我们的混合经济不会过分地繁荣与萧条,能够达到健全的、前进的成长。只要能够理解这一点,那么对于处理小规模微观经济学的原来古典学派的原则,认为它缺乏现实性和正确性的论点,就会在很大程度上趋于消失。总之,可以认为,只要政府积极地使用财政政策和货币政策,那么,是完全能够填平微观经济学和宏观经济学之间的鸿沟的。"[1]

在《经济学》的第十一版中,萨缪尔森附了一张经济学派体系图(见图1.1)。从这张图中可以看出,萨缪尔森向人们表明了新古典综合学派的理论历史渊源,声称这一学派是西方经济学的正统学派。

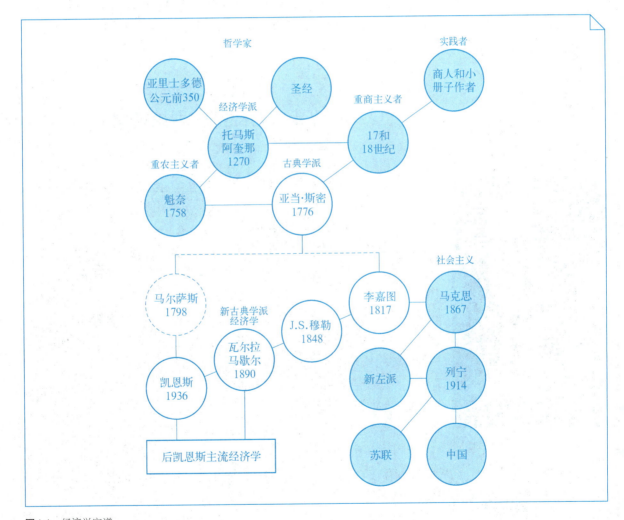

图1.1 经济学家谱

---

[1] 萨缪尔森.经济学:英文版第11版[M].348.新古典综合思想也反映在《经济学》一书的结构安排上,萨缪尔森先讨论经济问题和经济制度特征,接着阐述以凯恩斯主义为基础的宏观经济学,然后再论述新古典学派的微观经济学。

正当萨缪尔森为新古典综合体系理论的实践自鸣得意时，由于长期实行凯恩斯主义赤字财政的经济政策，使得凯恩斯主义者所认为的那种"可调节的""爬行的通货膨胀"开始转变为无法控制的、日益加剧的、猛烈的通货膨胀，造成了20世纪60年代后期以来严重的通货膨胀和大量失业同时并存的"停滞膨胀"局面。加上20世纪50年代以来，英国的凯恩斯主义者——新剑桥学派和美国以弗里德曼为代表的现代货币主义学派，一直在对新古典综合的理论进行抨击和批判。在这种经济现实和理论论战的背景下，萨缪尔森从《经济学》第八版(1970)起，悄悄地收起了"新古典综合"的旗帜，将自己的经济理论体系改称为"后凯恩斯主流经济学"，借以重新突出这一理论体系的凯恩斯主义色彩，以及它在当代西方经济学各个流派中的主导地位。

第三节 混合经济的理论模型

阿尔文·汉森
（Alvin Hansen）

> 混合经济：国家机构和私人机构共同对经济实施控制，也就是政府和私人垄断企业并存的经济制度。

新古典综合学派继承了凯恩斯和阿尔文·汉森（Alvin Hansen, 1887—1975）关于资本主义经济是一种"混合经济"的理论观点，以"混合经济"作为新古典综合理论分析的制度前提。

凯恩斯在《通论》第二十四章中曾说过，挽救资本主义制度的"唯一切实办法"，就是扩大政府的机能，"让国家之权威与私人之策动力量互相合作"[1]。这是关于"混合经济"论点的最初由来。汉森在他1941年发表的《财政政策和经济周期》一书中，较为系统地解释了"混合经济"的含义。他指出，从19世纪末期以后，世界上大多数资本主义国家的经济已经不再是单一的纯粹的私人资本主义经济，而是同时存在着"社会化"的公共经济，因而成了"公私混合经济"，或称"双重经济"。汉森认为，必须从双重意义上来理解这种"混合经济"，即生产领域的"公私混合经济"（如国有企业与私营企业并存）和收入与消费方面的"公私混合经济"（如公共卫生、社会安全和福利开支与私人收入和消费的并存）。根据汉森的看法，无论是在美国或西欧，都存在着从个人主义的经济向以社会福利为重点的"公私混合经济"过渡的趋势。

萨缪尔森在《经济学》一书中也用专门的篇幅来阐述"混合经济"。根据他的看法，"混合经济"就是国家机构和私人机构共同对经济实施控制，也

---

[1] 凯恩斯.就业.利息和货币通论[M].商务印书馆,1983:321.

就是政府和私人企业并存,垄断与竞争并存的经济制度。萨缪尔森说:"普遍存在于世界各地的事实是:现代混合经济国家的人民都要求他们的代议制政府采取各种经济政策,来维持高额的就业数量、旺盛的经济增长和稳定的物价水平。"[1] 由此可见,"混合经济"实质上是国家垄断资本主义。"混合经济"的特点就是以市场经济为主,通过价格机制来调节社会的生产、交换、分配和消费;同时,政府必须根据市场情况,通过财政政策和货币政策来调节和干预经济生活,以熨平经济波动,保证宏观经济的均衡增长。

从经济理论本身的特征来看,新古典综合学派对"混合经济"运行机制进行理论分析的出发点,是标准凯恩斯理论中的收入-支出模型。在这一理论分析的基础上,新古典综合学派阐述了他们的经济增长理论、经济波动理论、失业与通货膨胀理论,并提出了各种各样的经济政策主张。

新古典综合学派首先从"两部门经济"(只存在企业和居民的经济)这一最简单的模型入手,来分析国民收入的循环与经济活动水平的关系。根据凯恩斯的收入支出理论,一国一定时期的国民收入(Y)可以从供给和需求两个角度加以考察:从供给角度看,国民收入等于消费(C)和储蓄(S)之和;从需求角度看,国民收入等于用于消费的支出(C)和用于投资的支出(I)的总和。如果社会经济中总收入等于总支出,即

$$C+S=Y=C+I \qquad (1.1)$$

或者,投资等于储蓄

$$I=S \qquad (1.2)$$

由此,社会经济中总需求与总供给之间达到均衡。

收入-支出的方程中,当总供给(收入)等于总需求(支出),或者储蓄等于投资时,国民经济达到均衡状态。假如由 $C+I$ 所决定的国民收入(Y)之值小于潜在的国民收入(即实现充分就业会有的国民收入),这表现为由于有效需求不足引起的失业。反之,假如总需求超过了按固定不变的价格计算的潜在国民收入,就将出现凯恩斯在其货币和物价理论中所说的由于过度需求引起的通货膨胀。

为了避免社会经济生活中常常出现的过度需求和有效需求不足,新古典综合学派根据凯恩斯主义国家干预经济的思想,在收入支出模型中引进了政府税收(T)和政府支出(G_t)两个因素,建立了一个所谓"三部门经济"模型。这样,国民收入从收入(或供给)角度看,$Y=C+S+T$;从支出(或需

---

[1] 萨缪尔森.经济学:英文版第11版[M].348.

求)角度看,$Y=C+I+G_t$。因而,在总需求等于总供给的均衡条件下,"三部门经济"的收入-支出模型可以写作如下形式

$$C+S+T=C+I+G_t \qquad (1.3)$$

或者

$$C+S=C+I+(G_t-T)$$

由于在模型中引进了政府财政收入和支出的因素,就可以通过政府的活动来调节社会经济中总需求与总供给之间的关系。

如果$C+I+G_t>C+S+T$,便会出现总需求大于总供给的通货膨胀局面。这时,政府可以采取减少财政开支,或者增加税收,或者双管齐下的经济政策,来抑制总需求,使总需求与总供给在没有通货膨胀的条件下达到充分就业均衡。

如果$C+I+G_t<C+S+T$,便会出现总需求小于总供给,即有效需求不足的局面。这时,政府可以采取增加财政开支,或者减少税收,或者双管齐下的经济政策,来刺激有效需求,使总需求等于总供给,实现充分就业均衡。

收入-支出模型的分析表明,只要通过政府运用财政政策,适当地扩大或减少政府的开支和收入,就能够通过需求管理政策,使资本主义经济达到充分就业均衡。但是,上述理论分析并没有完全概括凯恩斯的有效需求理论。如果要在国民收入决定的分析中包括凯恩斯以流动偏好为核心建立起来的货币利息理论,就必须采用"希克斯-汉森模型"。

第四节 宏观经济均衡理论

宏观经济均衡分析是新古典综合学派作为对凯恩斯经济理论体系的修正和完善提出来的,主要体现在"希克斯-汉森模型"中,亦称 IS-LM 模型,其在新古典综合的收入-支出分析理论中占有非常重要的地位。IS-LM 分析所采用的是新古典经济学的均衡分析方法,所阐明的却是凯恩斯的国民收入决定理论,它是凯恩斯的"有效需求"理论和新古典的"一般均衡理论"结合的标准产物。此外,凯恩斯的经济理论着重宏观经济的需求分析,强调以财政政策为重点的需求管理的宏观经济政策;新古典综合学派则通过 IS-LM 分析进一步说明了在宏观经济调控中,政府实施货币政策作为财政政策

补充手段的重要性,强调政府应同时采取刺激投资需求的财政政策和增加货币供给的货币政策,以便能够通过利息率的中介作用,刺激国民收入的增长,实现充分就业均衡。

1937年,约翰·希克斯发表了一篇题为"凯恩斯先生与古典学派"的论文,将凯恩斯经济理论体系与凯恩斯所说的"古典学派"理论体系作了比较研究。按照凯恩斯的利息率理论,利息率不是如古典学派所说的取决于资本的供求关系,而是取决于货币供应量(M_s)和流动偏好(L)及由此决定的货币需求量(M_d)。影响流动偏好的因素是交易动机、预防动机和投机动机,前两个动机受到国民收入水平(Y)的影响,而国民收入水平又取决于投资(I)和储蓄(S),可是投资与储蓄之间的关系又取决于利息率(r)。由此可见,凯恩斯的利息理论如同他所批判的"古典学派"的利息理论一样,是不确定的。因为,凯恩斯的理论存在着循环论证问题:要知道利息率,必须知道灵活偏好,要知道灵活偏好又必须知道收入,而要知道收入,又得先知道利息率及与此相关的投资和储蓄。

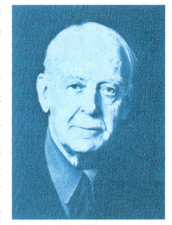

约翰·希克斯
(John R. Hicks)

希克斯认为,要解决凯恩斯理论体系中的这个难题,就必须运用一般均衡分析方法,考察相互依赖的诸经济变量在宏观经济体系中同时达到均衡的条件。希克斯通过 *IS–LM* 分析,将凯恩斯经济理论体系的四个重要基本概念——消费函数、资本边际效率、灵活偏好和货币数量——结合在一起,阐述了投资、储蓄、货币供应量、货币需求量、利息率和国民收入诸经济变量的相互依存和相互影响的关系,论证了商品市场和货币市场在宏观经济体系中同时达到均衡的条件。

一、*IS* 曲线——商品市场的均衡

根据凯恩斯的理论,社会总需求等于消费需求加投资需求,社会总供给等于消费加储蓄,商品市场均衡的条件是投资等于储蓄,即

$$I = S \tag{1.4}$$

由于储蓄是国民收入中未被消费的部分,它随着国民收入的变化而变化,因此,可以将储蓄看作是国民收入水平的函数,即

$$S = Y - C(Y) \tag{1.5}$$

此外,投资是由预期资本收益和利息率决定的,在预期资本收益既定时,投资是利息率的函数,即

$$I = I(r) \tag{1.6}$$

将式(1.5)和式(1.6)代入式(1.4),得到 *IS* 曲线的方程

$$I(r)=Y-C(Y) \tag{1.7}$$

上述方程式所讨论的内容,也可以通过图1.2来加以分析。

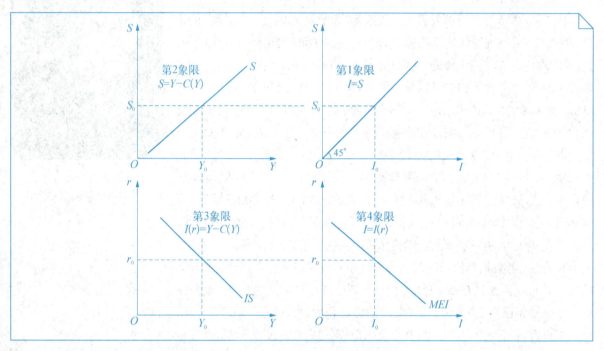

图1.2 商品市场均衡

图中的 IS 曲线反映的是使商品市场上供需一致时的国民收入和利息率的关系, IS 曲线上的每一点都表明与任一给定的利息率相应的投资与储蓄相等时的国民收入水平。

二、LM 曲线——货币市场的均衡

根据凯恩斯的理论,货币供给是由中央银行决定的,货币需求是由货币交易需求(交易和预防的需求 M_1)和货币投机需求(M_2)构成的,货币市场的均衡条件是货币供给量等于货币需求量,即

$$M_s = M_1 + M_2 \tag{1.8}$$

货币的交易需求依存于国民收入水平,国民收入越大,货币的交易需求也就越大,因此,货币的交易需求是国民收入的函数,即

$$M_1 = KY \tag{1.9}$$

式中,K 表示交易需求的货币占国民收入的比例。

货币的投机需求随利息率变动而变化,利息率越高,货币的投机需求越小;利息率越低,货币的投机需求越大,货币的投机需求与利息率的函数为

$$M_2=L(r) \tag{1.10}$$

将式(1.9)和式(1.10)代入式(1.8),货币市场的均衡条件可写作下式

$$M_s=M_d=KY+L(r) \tag{1.11}$$

上述方程式讨论的内容也可以转变为如图1.3所示的分析。

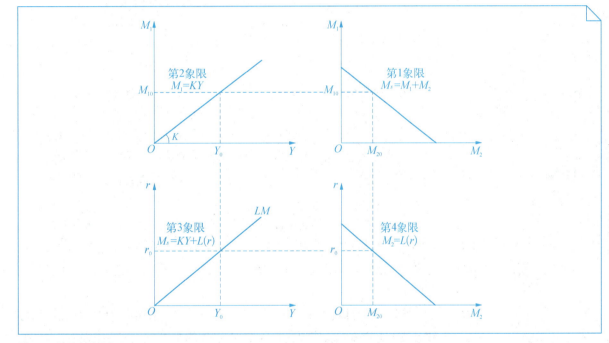

图1.3　货币市场均衡

LM曲线表示在货币供应量给定的条件下货币的需求和供给一致时,国民收入和利息率的关系,LM曲线上的每一点都表示与一定的利息率水平相对应的货币市场中货币供给与需求相等时的国民收入水平。

三、IS-LM曲线——商品市场和货币市场同时达到均衡

由于IS曲线表明商品市场均衡(投资等于储蓄)时的国民收入水平与利息率,LM曲线表明货币市场均衡(货币供给与需求相等)时的国民收入水平与利息率,那么,当经济体系中两个市场同时达到均衡时的国民收入均衡值和利息率均衡值是如何决定的呢?在消费函数(储蓄函数)、投资边际效率和灵活偏好函数以及货币供应量已知的条件下,可能通过式(1.7)和式

(1.11)的结合来解出国民收入和利息率的均衡值,即

IS曲线方程
$$I(r)=Y-C(y) \quad (1.12)$$

LM曲线方程
$$M_s=KY+L(r) \quad (1.13)$$

这两个方程恰好可以决定Y和r这两个作为未知数的经济变量的均衡值。

如果用图形来表示上述分析,则如图1.4所示。

图中IS曲线和LM曲线的交点(E)决定了均衡国民收入水平(Y_E)和均衡利息率水平(r_E),它表明,只有当国民收入和利息率的量值分别处于Y_E和r_E水平时,商品市场和货币市场才能同时处于均衡状态。

运用IS–LM曲线,也可以分析政府货币政策和财政政策的效应。假定其他条件不变,货币当局增加货币供应量,则LM曲线向右下方移至LM'位置,这时,均衡利息率因货币供应量增加而下降(r_E下降至r'_E),利息率下降又进一步引起投资增加,最终使国民收入均衡值从Y_E增至Y'_E。

同样,如果假定其他条件不变,政府的开支增加,IS曲线向右上方移至IS',LM曲线与IS'曲线的交点为E'',它表明政府开支增加引起国民收入均衡值从Y_E增至Y'_E,但由于货币供应量没有进一步增加,利息率水平在这一过程中上升至r''_E。

同理,倘若其他条件不变,政府通过同时实行增加货币供应量和增加财政开支的政策,可以使国民收入增加至Y''_E的水平,而利息率保持在r_E水平不变(如交点E'''所示)。

IS–LM分析是将凯恩斯经济理论与新古典均衡理论结合起来的标准产物。丹尼尔·贝尔在评论时指出:"瓦尔拉以后,一般均衡理论经过阿罗、德布罗和哈恩等人运用完美的数学形式加以修饰,已经变得更加完善。当它同希克斯和萨缪尔森重新塑造的新古典模型结合为一体时,就得到一个对于商品和劳务以及生产要素的相对价格、这些要素在不同用途上的配置、就业水平,以及物价水平等作出解释的一般均衡理论体系。更明确地说,经济学发展成两套一般均衡的理论体系:一是相对价格和资源配置(微观经济学),另一是就业和物价水平(宏观经济学)。"[1]

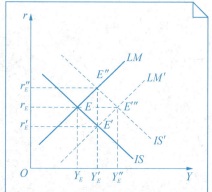

图1.4
商品市场和货币市场同时均衡

---

[1] 丹尼尔·贝尔,欧文·克里斯托尔.经济理论的危机[M].上海译文出版社,1985:77—78.

希克斯的 IS-LM 分析受到了西方经济学界很高的评价，同时也受到了一些西方经济学家的严厉批评。1968年，莱荣霍夫德发表了《凯恩斯学派经济学和凯恩斯经济学》这部著作，批评 IS-LM 曲线歪曲了凯恩斯学说的本来面貌，挑起了一场理论上的争论。希克斯面对批评意见多次申明，他对 IS-LM 曲线是负有责任的，但是他当时作出这一综合只不过是想对《通论》一书的基本思想作一概述，虽然凯恩斯本人是乐于接受这一概述的，希克斯事后却对这一宏观经济模型不甚满意，认为这并不代表自己的主要思想，所以很少利用这一经济分析工具。希克斯晚年所写的《凯恩斯经济学的危机》一书，也并未用这一工具来批评凯恩斯。长期以来，希克斯并未说明不满意 IS-LM 分析的理由。直到1979年，在他最后发表的一本重要著作《经济学中的因果性》和同年发表的一篇论文"货币、利息和工资"中，才阐明了自己的观点，从存量、流量分析角度批评了 IS-LM 分析。希克斯指出，IS 是流量均衡，它与一定的时期（如一年）相联系，而 LM 反映的是存量均衡，与某一时点相联系。若假定经济运行处于流量均衡中，那么必须合乎逻辑地假定 LM 维持着存量均衡。于是就出现一个难题，因为在希克斯《资本与增长》一书中已表明，一个时期的存量均衡维持，就暗含着那一时期的流量均衡被维持，这是该时期内均衡被维持的充分条件。但是，存量均衡在一个时期内被维持，即意味着该时期的每一个时点上都被维持着均衡，这也蕴含着每一时点的预期都毫无修改地实现了。用这种存量均衡的概念来制定 LM 曲线，显然是不妥当的——既然预期都完全实现了，那么，还有何灵活性可言呢？LM 曲线恰是反映灵活性的，完全实现的预期排斥了不确定性，从而也排斥了灵活偏好，这是 IS-LM 曲线的致命弱点[1]。

第五节　经济增长理论

经济增长理论是第二次世界大战后，当代西方经济学中的一个新的理论分支。战后，西方经济学家之所以把资本主义经济增长视为"第一等优先的经济论题"，其主要原因有以下三点。

第一，凯恩斯经济理论是采用静态均衡分析方法，考察经济的短期静态均衡和比较静态均衡，需要加以补充，使宏观经济理论长期化和动态化，以

---

[1] 金重仁.希克斯动态经济思想述评[D].复旦大学,1984: 24—25.

考察国民经济长期的动态发展变化过程。

第二，20世纪30年代的经济大危机，使经济学家们特别注意失业问题。战后，由于实行了凯恩斯主义经济政策，资本主义各国的国民生产总值都有了不同程度的持续增长，西方经济学家从而开始将注意力转向经济增长问题。此外，汉森认为美国经济将不能长期地充分利用潜在生产能力，因而在1939年提出了"长期停滞论"，这也促使了经济学家对经济增长问题的重视。

第三，第二次世界大战后，许多亚非拉殖民地国家纷纷独立。西方资本主义国家为了维护自己在这些地区和国家的经济利益，并希望自己的经济增长速度能够对这些国家起到"示范效应"，使他们走上资本主义道路，所以极为重视对经济增长问题的研究。

在上述历史背景下，英国经济学家罗伊·福布斯·哈罗德（1900—1978）于1948年出版了《动态经济学导论》，美国经济学家埃弗塞·多玛（Evsey D. Domar, 1914—1997）发表了"资本扩大、增长率和就业"（1946）和"扩张与就业"（1947）两篇论文，提出了各自的经济增长模型。以后的经济学家把这两个模型统称为"哈罗德-多玛模型"。这两个经济增长模型的提出，标志着当代西方经济学经济增长理论的产生。此后，当代西方经济学中的各种各样的经济增长理论，大都是在"哈罗德-多玛模型"基础上加以修正和扩充而发展起来的。

罗伊·福布斯·哈罗德
（Roy Forbes Harrod）

哈罗德的经济增长模型采用了凯恩斯的储蓄投资分析方法，集中考察了三个重要经济变量：① 储蓄率（s），表示总储蓄量（S）占国民收入总量（Y）的比例（S/Y）；② 资本-产出比率（$V=K/Y$），表示为了生产出一单位的国民收入必须投入的资本（K）；③ 有保证的增长率（G_w），指 s 和 V 既定时，为了使储蓄量（S）全部转化为投资（I）所需要的国民收入增长率。哈罗德通过分析指出，为了实现经济的均衡增长，必须要求 s、V、G_w 三个经济变量具备以下条件，即

$$G_w = s/V \text{ 或者 } G_w \cdot V = s \tag{1.14}[1]$$

埃弗塞·多玛
（Evsey D. Domar）

上述条件表明，当资本-产出比率（V）固定时，对于任何一个给定的储蓄率（s），能够实现经济均衡增长的有保证的增长率 G_w 只有唯一的值。例如，国民收入（Y）为200亿美元时，储蓄量（S）为30亿美元，储蓄率（s）则为 $S/Y=15\%$；假定在这一时期生产10亿美元的国民收入产品，须投入价值30亿美元的资本品，资本-产出比率 $V=30/10=3$；此时，有保证的增长率 $Gw=15\%/3=5\%$。

---

[1] 多玛经济增长模型为 $\Delta I/I = \sigma \cdot s$，式中投资增长率等于哈罗德模型中的国民收入增长率（G_w），故可写为 $G_w = \sigma \cdot s$；由此可见，多玛模型中的"投资生产率"（σ）等于哈罗德模型中"资本-产出比率"（V）的倒数。

在论述了社会储蓄和资本投资与经济增长的关系后，哈罗德还论述了人口（劳动力）增长和劳动生产率提高与经济增长的关系。哈罗德提出了"自然增长率"（G_n）这一重要概念，并指出，G_n是一个国家所能实现的最大经济增长率，是由一国的劳动力增长率和劳动生产率增长率所决定的。例如，劳动力增长率$x=2\%$，劳动生产率增长率$y=3\%$，则自然增长率$G_w=x+y+xy\approx5\%$。将有保证的增长率和自然增长率结合起来分析，哈罗德指出，实现社会经济充分就业的均衡增长的条件是

$$G_n = G_w \text{ 或者 } x+y=s/V \tag{1.15}$$

哈罗德认为，由于x、y、s、V分别是由社会生活中不同的因素决定的。例如，s是由消费倾向或储蓄倾向决定的，V是由技术关系决定的，Gn是由劳动力的数量和素质以及人均资本配备量决定的。所以除非侥幸地巧合，$G_n=G_w$这一实现社会经济充分就业的均衡增长的条件是很难被满足的。当资本-劳动比率（单位劳动配备的资本数量）既定时，给定的储蓄率（s）及投资数量能够吸收的劳动数量也是一定的，如果$G_w>G_n$，这表示储蓄的增长率超过了劳动力的增长率，从而出现了储蓄过度引起的社会经济长期停滞和萧条的状态。反之，如果$G_w<G_n$，这表示现存资本设备处于极为充分利用的状态，这将刺激资本家进行新的投资，社会经济将处于高涨和繁荣阶段，就业增加，甚至出现通货膨胀现象。

由于有保证的增长率和自然增长率经常发生背离，使社会经济处于停滞或高涨状态，不可能满足实现充分就业的均衡增长的条件，因此，美国经济学家索洛把哈罗德-多玛模型所规定的这样一条极为狭窄的均衡增长途径形象化地称作"刃锋"，意指均衡增长途径似一把刀的刃锋那样狭窄，以致经济极难沿着这一途径增长。

但是，新古典综合学派的经济学家认为，"刃锋"式的经济均衡增长途径是完全可以避免的。为此，美国经济学家罗伯特·默顿·索洛和斯旺于1956年将凯恩斯经济理论和新古典经济学结合起来，分别提出了他们自己的经济增长模型。1961年，英国经济学家米德在他的《新古典经济增长理论》这部著作中，对各种新古典综合学派的经济增长模型作了系统的阐述。

新古典经济增长模型的出发点是柯布-道格拉斯生产函数

$$Y=f(K,L) \tag{1.16}$$

罗伯特·默顿·索洛
（Robert Merton Solow）

Y表示国民收入，K表示资本，L表示劳动。该生产函数表明，在一定的生产技术条件下，国民收入量取决于所运用的资本和劳动数量。这一生产函数具有下列特征。

(1) 生产函数是线性齐次式函数,规模报酬不变,即 L 和 K 若按某一比例同时增加,Y 也按相同比例增长。

(2) 资本和劳动之间具有充分可替代关系,即同一国民收入量可以由许多种资本和劳动的组合(不同的资本-劳动比率)来产出,这也说明资本-产出比率(V)不是固定的,而是可以随资本-劳动比率变化而变化的。

(3) 生产服从边际生产力递减规律。如果固定某一生产要素的使用量,则随着另一生产要素的使用量逐渐增加,国民产品的增量为一正值,但国民产品增量越来越小。

根据生产函数的上述性质,国民收入的增量(ΔY)是由资本的增量(ΔK)和劳动的增量(ΔL)引起的。故可得到

$$\Delta Y = MPP_K \cdot \Delta K + MPP_L \cdot \Delta L \tag{1.17}$$

公式(1.17)中的 MPP_K 和 MPP_L 分别表示资本和劳动的边际产量,若将该式各项分别乘以 $(1/Y)$,(K/K) 和 (L/L),则有

$$\frac{\Delta Y}{Y} = \frac{MPP_K \cdot K}{Y}\left(\frac{\Delta K}{K}\right) + \frac{MPP_L \cdot L}{Y}\left(\frac{\Delta L}{L}\right) \tag{1.18}$$

在只存在两种生产要素(K, L)和完全竞争的假定下,$MPP_K \cdot K$ 和 $MPP_L \cdot L$ 分别表示资本的收入和劳动的收入,两者之和等于国民收入 Y。因此,$\frac{MPP_K \cdot K}{Y}$ 与 $\frac{MPP_L \cdot L}{Y}$ 分别为资本收入与劳动收入占国民收入的比例,两者之和等于1。设 $\frac{MPP_K \cdot K}{Y} = \alpha$,则 $\frac{MPP_L \cdot L}{Y} = (1-\alpha)$,所以,式(1.18)可以改写为

$$\frac{\Delta Y}{Y} = \alpha\left(\frac{\Delta K}{K}\right) + (1-\alpha)\left(\frac{\Delta L}{L}\right) \tag{1.19}$$

由此可知,在不发生技术进步的情形下,经济增长率 $\left(\frac{\Delta Y}{Y}\right)$ 是由资本增长率 $\left(\frac{\Delta K}{K}\right)$ 与资本收入占国民收入的比例的乘积,劳动力增长率 $\left(\frac{\Delta L}{L}\right)$ 与劳动收入占国民收入的比例的乘积之和所构成的。例如,$\alpha = 0.25$,$\left(\frac{\Delta K}{K}\right) = 10\%$,$\frac{\Delta L}{L} = 8\%$,则 $\frac{\Delta Y}{Y} = 8.5\%$。若设劳动力增长率为 x,则经济增长率为

$$\frac{\Delta Y}{Y} = \alpha\left(\frac{\Delta K}{K}\right) + (1-\alpha)x \tag{1.20}$$

由于资本增量（$\Delta K=1$）等于储蓄（$S=s\cdot Y$），式（1.20）中的资本增长率可以改写为

$$\frac{\Delta K}{K} = \frac{sY}{K} = s \cdot \frac{1}{K/Y} \tag{1.21}$$

即资本增长率等于储蓄倾向与资本-产出比率之比；假定储蓄倾向给定，则式（1.21）与哈罗德-多玛模型相同。

$$G_w = \frac{\Delta K}{K} = s \cdot \frac{1}{K/Y} = \frac{s}{V} \tag{1.22}$$

从式（1.22）可以看出，若经济增长率（G_w）大于资本增长率，在 s 给定的条件下，则为了保证两者相等，必须增加资本数量，从而提高资本-产出比率；反之，则必须减少资本数量，降低资本-产出比率。当国民收入增长率等于资本增长率，这一国民收入增长率即为投资（资本增量）等于储蓄时的经济均衡增长率。设经济均衡增长率为 $(\Delta Y/Y)_e$，代入式（1.20），得

$$(\Delta Y/Y)_e = \alpha(\Delta K/K) + (1-\alpha)x \tag{1.23}$$

由于经济均衡增长率是与资本增长率相同时的增长率，故式（1.23）中的（$\Delta K/K$）可由 $(\Delta Y/Y)_e$ 替代，式（1.23）可改写为

$$(\Delta Y/Y)_e = \alpha(\Delta Y/Y)_e + (1-\alpha)x \tag{1.23'}$$

将式（1.23'）移项整理后，即有

$$(1-\alpha)(\Delta Y/Y)_e = (1-\alpha)x$$

或者

$$(\Delta Y/Y)_e = x \tag{1.24}$$

式（1.24）表示，经济均衡增长率不仅等于资本增长率（将社会全部储蓄转化为投资），而且还与劳动力增长率相等，将所增加的劳动力吸收进生产过程，保证社会经济的充分就业。

根据新古典综合学派的看法，经济均衡增长的条件的满足，是通过调整资本数量和资本-产出比率的方式来实现的。调整资本数量和资本-产出比率，一方面可以使得投资与既定的储蓄相等，将储蓄全部转化为投资；另一方面可以改变资本与劳动的配合比例，从而保证劳动力的充分就业。这种调整可以通过市场机制，即通过市场上生产要素价格（利息率与工资）的

变动来实现。例如，$G_n=5\%$，$V=3$，而 $s=18\%$ 时，资本的供给（储蓄）超过了 $G_w=G_n$ 时的资本需求（投资），利息率将下降，资本家将采用资本密集程度更高的生产方式，提高资本-产出比率和资本-劳动比例，使得 V 从3提高到3.6，以保证 $G_w(=18\%/3.6=5\%)$ 等于 G_n；相反，当 $s=12\%$，由于资本供给（储蓄）相对于 $G_w=G_n$ 时的资本需求（投资）来说不足，利息率将上升，资本家将采用较为劳动密集型的生产方式，降低资本-产出比率和资本-劳动比例，使 V 从3下降至2.4，以保证 $G_w(=12\%/2.4=5\%)$ 等于 G_n。这样，就避免了哈罗德的"刃锋"，使经济沿着充分就业的均衡道路增长。

当在经济增长过程中考虑到技术进步因素时，生产函数可以写作下列形式（式中 A 表示技术因素）

$$Y=f(A,K,L) \tag{1.25}$$

若以 a 表示技术改进因素或技术进步率，则式（1.25）可改写为

$$\frac{\Delta Y}{Y} = a + \alpha \frac{\Delta K}{K} + (1-\alpha) \frac{\Delta L}{L} \tag{1.26}$$

式（1.26）表明，经济增长率是由技术进步率、资本增长率和劳动力增长率这三个主要因素决定的。因此，可以通过对国民收入、技术进步率、资本额和劳动数量等经济变量之间的内在联系的剖析，来确定经济增长的源泉，以及技术、资本和劳动各自对经济增长的贡献。美国经济学家索洛在这方面作了大量的研究。假定 $\alpha=0.25$，$\Delta K/K=10\%$，$\Delta L/L=4\%$，$\Delta Y/Y=10\%$；将上述数字分别代入式（1.26），就可以计算出在10%的经济增长率中，技术进步率所作出的贡献是4.5%，即 $a=4.5\%$，或者说，技术进步对经济增长的贡献率是45%。

新古典综合学派的经济增长模型虽然是在哈罗德-多玛模型基础上发展起来的，研究的主题皆是按固定不变的速度稳定增长所需要的均衡条件，但是，新古典经济增长理论同哈罗德模型相比较，仍有下列三点重要差别。

（1）哈罗德-多玛模型继承了凯恩斯经济学的传统，在研究经济增长均衡条件时，非常重视总需求因素的分析。新古典经济增长理论则十分强调劳动力增长、资本增长和技术进步等总供给方面的因素在经济均衡增长中的决定作用。

（2）哈罗德-多玛模型根据凯恩斯的理论，重视对有效需求不足时的经济失衡分析，认为经济均衡增长时投资等于储蓄，是通过储蓄调整达到的。新古典经济增长理论则引进了新古典经济学的价格理论，认为通过市场调节生产要素的价格，各生产要素都将得以充分利用，从而使经济达到充分就业的均衡增长。并且，由于利息率升降的调节，投资总是被调节为等于储蓄。

（3）哈罗德-多玛模型中含有固定生产系数的假定，即资本-产出比率是固

定的。可是，新古典经济增长理论根据新古典经济学的边际生产力决定生产要素价格的理论，认为生产要素相对价格的变化，会使资本家改变所使用的生产要素组合(前提是生产要素之间具有完全的替代性)，因而可以通过改变资本-产出比率，调整投资和储蓄的关系，保证经济达到充分就业的均衡增长。

新古典经济增长理论把当代资本主义社会描述为一个能够实现充分就业均衡增长的社会，"在这样一种社会中，由于任何从消费中节余下来的储蓄部分都可以转化为资本，所以任何经济增长率都是'有保证的增长率'。究其原因在于：① 不存在储蓄与投资相脱节的问题；② 资本-产出比率不是一个固定不变的常数"。[1]

由此可见，新古典经济增长理论的特点就在于：引进新古典的微观经济学理论来补充凯恩斯的宏观经济理论，引进市场调节机制同国家干预的经济政策相结合，以论证混合经济完全可能实现充分就业的均衡增长。

第六节 | 经济周期理论

"乘数-加速数原理"是新古典综合学派用动态过程分析方法建立起来的解释资本主义经济周期性波动的一个重要理论模型，它的特点在于将凯恩斯的"乘数理论"和西方经济学中的"加速数原理"结合起来，通过对政府支出、个人消费和私人投资等主要经济变量相互关系的分析，来说明经济周期性波动的原因和幅度。

一、乘数理论

乘数理论原是英国经济学家卡恩于1931年6月在《经济学杂志》发表的"国内投资与失业的关系"一文中最先提出的，主要是阐述国家用于公共工程的支出和总就业量之间的关系("就业乘数")。凯恩斯在《通论》一书中沿袭了卡恩的这一观点，并通过引进边际消费倾向这一概念系统地阐述了乘数理论(也称"乘数论"或"投资乘数论")。

根据凯恩斯关于收入、投资与消费的定义，三者之间有下述恒等关系

$$Y = I + C \tag{1.27}$$

---

[1] 萨缪尔森.经济学：英文版第11版[M].702.

因而

$$\Delta Y = \Delta I + \Delta C \qquad (1.28)$$

将上式两边同除以 ΔY，式(1.28)可改写成

$$1 = (\Delta I / \Delta Y) + (\Delta C / \Delta Y) \qquad (1.29)$$

移项整理后得

$$\Delta Y = \Delta I \times \frac{1}{1 - (\Delta C / \Delta Y)} \qquad (1.29')$$

式中的 $\Delta C/\Delta Y$ 即边际消费倾向，$1-(\Delta C/\Delta Y)$ 则为边际储蓄倾向，其倒数 $\frac{1}{1-(\Delta C/\Delta Y)}$ 就是"乘数"，如以 K 表示乘数，则式(1.29')变为

$$\Delta Y = K \cdot \Delta I \qquad (1.30)$$

以上分析表明，边际消费倾向愈高（即边际储蓄倾向越低），乘数就越大；反之亦然。设边际消费倾向为8/10（表示居民增加10元收入，会将其中8元用于消费支出），则乘数 $K = \frac{1}{1-(8/10)} = 5$。这表明，若政府增加1亿美元的投资（$\Delta I = 1$ 亿），由于乘数的作用，社会总收入将会增加5亿美元。乘数的作用过程可以由表1.1反映出来。

表1.1 乘数的作用过程

单位：百万美元

生产时期	新增支出	以前生产时期增加的收入所诱发的消费支出					收入总增量
1	100						100.00
2	100	80					180.00
3	100	80	64				244.00
4	100	80	64	51.2			295.2
5	100	80	64	51.2	40.96		336.16
6	100	80	64	51.2	40.96	32.77	368.93
7	100	80	64	51.2	40.96	32.77	26.21	395.14
⋮	⋯	⋯		⋯	⋯	⋯	⋯
⋮	⋯	⋯		⋯	⋯	⋯	⋯
∞	100	80	64	51.2	40.96	32.77	26.21	500.00

如表 1.1 所示，在第一生产时期，投资增加 100（百万美元）即 1 亿美元，使提供投资所需的生产要素所有者的收入增加 100，引起第二生产时期的消费支出增加 80，故第二生产时期总收入共增加到 180；第二生产时期 80 消费支出，引起消费品供给者收入增加 80，他们将其中 8/10（$\Delta C/\Delta Y$）用于消费支出，即消费 64，第三时期总收入共增加到 244……经过许多生产时期后，总收入增加量将为原投资量的 5 倍，即 500。

在经济生活中，一定投资量的增加，在一定程度上对国民收入和就业变动产生影响，促进消费需求和生产的扩大，这是社会再生产过程中客观存在的。但是，如果利用乘数理论把资本主义再生产过程描绘为可以随着支出不断扩大的经济均衡过程，则是错误的。

二、加速数原理

加速数原理，最早是由法国经济学家阿夫塔里昂在 1913 年出版的《生产过剩的周期性危机》一书中提出来的。美国经济学家 J.M. 克拉克在 1917 年发表的"商业的加速和需求规律"一文中也提出了同样的理论。之后，哈罗德在 1936 年出版的《经济周期》一书中也把它作为决定资本主义经济周期性波动的三个动态因素之一。加速数原理根据现代机器大生产采用耐久性固定资本设备的生产方法这一技术特点，说明收入水平或消费需求的变动将会引起投资量更为剧烈的变动，而且这种由收入或消费变动引起的"引致投资"的变动不是取决于收入或消费的绝对量，而是取决于收入或消费变动的比率（增加或减少的百分比）。

例如，假设按照生产过程中一定的技术条件，生产出价值 100 万美元的消费品，需要使用价值 300 万美元的机器设备，即资本–产出比率为 3∶1。在这一场合，若收入或消费支出增加，需要增产 10 万美元的消费品，则需要相应增加 30 万美元的投资。这一资本增量（投资）与收入或消费支出增量之比，被称为加速数（或加速系数）。

但是一个时期内的投资总额，除了净投资（新增投资量）外，还包括补偿在生产过程中已损耗的机器设备的"重置投资"。净投资主要取决于收入或消费支出的变化，重置投资主要取决于资本设备的数量、构成、使用年限等。由不同因素所影响的净投资和重置投资在经济生活中相互交织在一起，就使得投资量的波动特别剧烈。

在上述例子中，若价值 300 万美元的机器设备的使用年限为 10 年，每年生产过程中损耗机器设备 1/10，则每年所需重置投资 30 万美元。设第一年对该消费品的消费支出不变，因而年产量不变，该年度只需 30 万美元的重置投资。若第二年消费支出增加 10%，由上年的 100 万美元增加至 110 万美元,则为了增加消费品产量,除了重置投资30万美元外,还需增加30万美元的新投资,两者合计为60万美元的总投资,与第一年的投资量(30万美元)相比,第二年的投资量增长了100%,大大超过了消费支出所代表的消费需求增长率(10%)。同样,假如第三年的消费需求虽然比上年度增加,但增长率低于上年,例如增长了5万美元,即消费需求为115万美元(增长率从第二年度10%下降为第三年度4.55%),在这一场合,除了33万美元的重置投资外,还需要净投资15万美元,两者合计为48万美元,比第二年度的投资增长率下降了近25%。此外,若第三年的消费需求维持在110万美元的水平不变,就无须增加新投资,只需33万美元的重置投资即可。这样,与第二年相比,投资总量从第二年的60万美元减至33万美元,下降近50%。

由此可见,根据加速数原理,只要某一年度的消费需求下降,就会引起投资总量以更大的幅度下降;甚至在这一年度尽管消费需求的绝对量不下降,维持在上一年的水平上,或者虽有所增加,但增加幅度低于上一年,也会导致投资总量的大幅度下降。加速数理论是根据现代机器大工业生产的技术特点,来解释消费需求变化与投资(生产资料的生产)变化的相互关系,并以此来解释资本主义经济周期性的波动。

三、乘数-加速数原理

美国经济学家汉森和萨缪尔森认为,凯恩斯的乘数理论只说明了一定的投资如何引起收入和就业的变化,而没有说明收入(或消费)的变动又如何反过来引起投资的变化;此外,凯恩斯的理论运用的是比较静态均衡的分析方法,没有考虑从原有均衡到新的均衡的动态调整过程。只有将加速数原理和乘数理论结合起来,考察这两者在动态序列中的相互作用,才能说明经济周期的累积性扩张或紧缩的过程。萨缪尔森在汉森的提示下,在1939年发表的"乘数分析与加速数原理的相互作用"一文中,将乘数理论与加速数原理结合在一起,提出了下述"乘数-加速数原理"的动态经济模型,以解释资本主义经济周期性波动的原因和波动幅度。

令Y_t代表t时期的国民收入,G_t代表t时期的政府支出,C_t代表t时期的消费支出,I_t代表t时期的引致私人投资,则

$$Y_t = G_t + C_t + I_t \tag{1.31}$$

令α代表边际消费倾向($\Delta C/\Delta Y$),Y_{t-1}为t的上一时期的国民收入,根据汉森的假设,则

$$C_t = \alpha Y_{t-1} \tag{1.32}$$

即 t 时期的消费支出是 $t-1$ 时期国民收入和边际消费倾向的乘积。

令 β 代表资本-产出比率或加速数,则 t 时期私人引致投资是 t 时期的消费支出与 $t-1$ 时期消费支出(C_{t-1})之差和 β 的乘积,即

$$I_t = \beta(C_t - C_{t-1})$$
$$= \beta(\alpha Y_{t-1} - \alpha Y_{t-2})$$
$$= \alpha\beta(Y_{t-1} - Y_{t-2}) \quad (1.33)$$

设 $G_t = 1$,将 G_t、C_t、I_t 各式代入式(1.31),则得

$$Y_t = 1 + \alpha(1+\beta)Y_{t-1} - \alpha\beta Y_{t-2} \quad (1.34)$$

式(1.34)表明,本期(t 时期)国民收入水平是由前两个时期的国民收入水平和一定的乘数 $1/(1-\alpha)$ 与加速数(β)决定的。萨缪尔森根据 α 与 β 的各种不同假定数值,按照上述方程计算出政府在9个时期连续支出1美元所将引起的国民收入的变动序列表(见表1.2)。

表 1.2 国民收入的变动序列表

时期 Y_t	$\alpha=0.5$ $\beta=0$	$\alpha=0.5$ $\beta=2$	$\alpha=0.6$ $\beta=2$	$\alpha=0.8$ $\beta=4$
Y_1	1.00	1.00	1.00	1.00
Y_2	1.50	2.50	2.80	5.00
Y_3	1.75	3.75	4.84	17.80
Y_4	1.875	4.125	6.352	56.20
Y_5	1.937 5	3.437 5	6.625 6	169.84
Y_6	1.968 8	2.031 3	5.303 7	500.52
Y_7	1.984 4	0.914 1	2.595 9	1 459.592
Y_8	1.992 2	−0.117 2	−0.691 8	4 227.704
Y_9	1.996 1	0.214 8	−3.360 3	12 241.121 6

根据对表1.2数列的分析,萨缪尔森得出如下论点。

(1) $\alpha=0.5$(乘数 $K=2$),$\beta=0$(没有加速数的作用,只有乘数对国民收入起作用)时,政府支出引起的国民收入增量为政府支出的2倍,国民收入逐渐增加并向新的均衡水平(Y_e)趋近,不呈现任何波动(见图1.5)。

(2) $\alpha=0.5$,$\beta=2$,这时,政府若在各时期连续支出1美元,由于乘数和加速数的相互作用,使各时期的国民收入呈现上下波动的形状,但波动的幅度是逐渐削弱的,称为收敛性波动(或削弱性波动)[见图1.6(a)]。

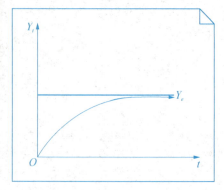

图 1.5 无波动

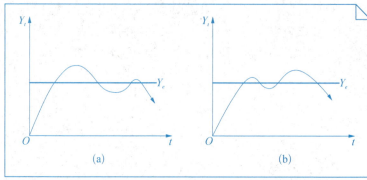

图 1.6 收敛性波动和发散性波动

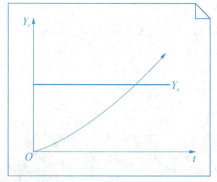

图 1.7 通货膨胀

（3）$\alpha=0.6$（$K=2.5$），$\beta=2$，这时政府在各时期连续支出 1 美元，由于乘数和加速数的作用，使国民收入呈上下波动，但波动的幅度日益增大，称为发散性波动（或爆炸波）（见图 1.6(b)）。

（4）$\alpha=0.8$（$K=5$），$\beta=4$，在这一场合，由于 α 和 β 的数值都很大，国民收入不再呈现上下波动，而是以巨大的增长率猛烈增加，在第 9 个时期竟达 12 241.121 6 美元。这时，国民收入也不向均衡水平收敛，随着时间急剧增加，最终极可能造成严重的通货膨胀局面（见图 1.7）。

"乘数-加速数原理"的根本错误就在于撇开了资本主义社会生产力与生产关系的基本矛盾，抽象地谈论资本主义的再生产过程，从心理因素和纯粹技术因素方面来解释资本主义周期性的经济危机。

第七节 通货膨胀与失业理论

标准的凯恩斯经济理论认为，有效需求不足引起经济萧条和失业，过度需求产生通货膨胀。如果社会经济生活中由于有效需求不足而存在着闲置的生产资源和劳动力，则为了刺激有效需求所采用的增加财政支出和货币供应量的政策，其主要效应是使生产进一步扩大，不会导致物价大幅度上升，物价只会在生产扩大的过程中随着生产要素的边际生产力递减而逐渐缓慢上升。但是，有效需求的增加一旦使经济达到充分就业时，生产资源和劳动力都已得到充分利用，产量无法进一步扩大，此时继续增加货币供应量刺激有效需求，就会引起物价同比例上涨，出现真正的通货膨胀。这种认为通货膨胀的原因在于强制流通的纸币和信用货币对商品和劳务的需求（以货币代表的社会总需求）超过了按现行价格可以得到的商品和劳务的总供给量的理论，被西方经济学家称为"需求拉动的通货膨胀"理论。按照这一理论，需求过度和需求不足是不可能在经济生活中同时发生的，所以通货膨胀与失业也不可能并发。

但是，20世纪50年代后期，西方资本主义各国出现了一种"需求拉动论"无法解释的经济现象：一方面失业人数较以前有所增加，另一方面物价却也温和地持续上涨。为了解释这一经济现象，力求使得资本主义经济既能保证充分就业又能维持物价水平的稳定，新古典综合学派便将"菲利普斯曲线"引入自己的基本理论框架中。新古典综合学派经济学家认为，这一曲线分析有助于政府在制定经济政策时，在失业和通货膨胀之间作出选择，取得失业与通货膨胀这两个"祸害"之间的平衡。

在菲利普斯之前，许多西方经济学家都用"成本推进论"来解释失业与物价水平上涨并存的现象，即认为，物价水平上涨是由于生产成本（特别是工资水平）的上升造成的。工会要求提高工资水平，引起生产成本上升，物价水平上涨，由于这种物价上涨是由供给一方的成本上升引起的，所以抑制货币总需求并不能阻止物价上升，而只会导致企业减少雇佣劳动力，失业人数相应增加。美国经济学家哈伯勒 Gottfried Von Haberler 就曾说过："有组织的劳工要求提高工资……这就助成了一种趋势，要走向长期的、继续的或不断的、迂回的或急促的通货膨胀。"[1]

威廉·菲利普斯
（Alban William Phillips）

1958年，英国伦敦经济学院教授威廉·菲利普斯在《经济学报》上发表了"1861—1957年英国的失业和货币工资变动率之间的关系"一文，指出货币工资变动率与失业水平之间存在着一种此消彼长、互为替代的逆向变化关系。他根据英国1861—1957年的统计资料，利用数理统计方法估算出一条货币工资变动率与失业率的依存关系的曲线（见图1.8）。

这条曲线表明，货币工资变动率与失业率之间存在一种此长彼消的互相替换关系。在一定限度内，当失业率较低时，货币工资率的增长就变得较高；失业率较高时，货币工资率的增长就变得较低，甚至成为负数。菲利普斯根据他的研究所得出的结论是：在英国，要是能保持5%的失业率，货币工资水平就会稳定；而如果保持2.5%的失业率，货币工资增长率就会超过劳动生产率的增长率。

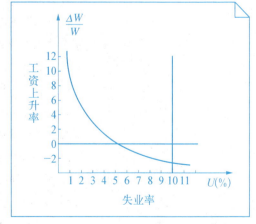

图1.8
菲利普斯曲线示意图

---

[1] 哈伯勒.繁荣与萧条[M].商务印书馆,1963：502.

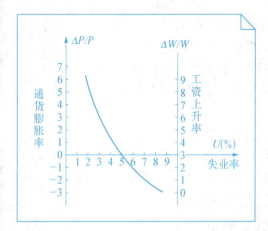

图 1.9　失业率与通货膨胀率/工资上升率的关系

菲利普斯曲线被提出后,新古典综合学派很快将它纳入了自己的基本理论框架,运用它来解释失业率和通货膨胀之间的关系。他们认为,在失业率和通货膨胀两者之间也存在着此长彼消的反方向变动关系,只要货币工资增长率超过劳动生产率增长率,就会导致通货膨胀或物价水平上涨。从图1.9可以看出,两个纵坐标分别代表通货膨胀率和工资变化率,横坐标代表失业率。自左上方向右下方倾斜的菲利普斯曲线表明:失业率较高时,工资上升率和通货膨胀率都较低;失业率较低时,工资上升率和通货膨胀率都较高。萨缪尔森和索洛根据美国20世纪60年代以前的统计资料分析得出如下结论:在美国经济生活中,要满足充分就业(使失业率保持在3%或以下),通货膨胀率就必定要保持在4%—5%的水平。

新古典综合学派根据菲利普斯曲线所反映的失业率与通货膨胀率之间的关系,提出政府可以有意识地通过财政金融政策和收入政策来利用菲利普斯曲线,在失业率、工资变动率和通货膨胀率三者间进行选择。例如,找出通货膨胀率的"关键点"(超过该点通货膨胀将无法控制)和失业率的"关键点"(低于该点工资增长率就会超过劳动生产率增长率),从而在一定范围内选择社会经济可以接受的通货膨胀率与失业率的组合。

20世纪60年代末期,特别是到了70年代以后,资本主义各国的通货膨胀率和失业率都在不断增高,最终酿成了"停滞膨胀"的局面。这种高通货膨胀率和高失业率的并发症,使得菲利普斯曲线的位置大幅度地向右上方移动,资产阶级经济学家感到菲利普斯曲线已不能成为资产阶级政府实行有效需求的理论依据了,连原先最积极地炮制美国"菲利普斯曲线"的萨缪尔森也不得不改变腔调,向当时的福特总统建议:"不要听顾问的那种话,说什么失业率提高到6%,并保持这样的失业率两年,就能使美国的通货膨胀率在20世纪70年代余下的年份中不超过3%或4%。"[1]当新古典综合派经济学家们认识到靠标准的凯恩斯经济理论的需求分析和菲利普斯曲线已经无法解释"停滞膨胀"问题时,他们提出,必须运用凯恩斯以前的新古典学派的微观经济理论来补充宏观经济理论,从而对20世纪70年代的现实经济问题作出新的解释。

在运用微观经济学补充宏观经济学以解释失业和通货膨胀并发症问题方面,新古典综合派经济学家提出了各种各样的理论,以下三种是其中比较主要的失业与通货膨胀理论。

---

[1]　新闻周刊,1974-09-30.

1. 微观经济部门供给的异常变动

这主要是沃尔特·海勒提出的看法。根据海勒的解释，个别生产部门供给异常与价格变化，是引起停滞膨胀的主要原因。例如，20世纪70年代世界性的石油危机——石油供给的严重短缺和石油价格的猛涨——推动了各国通货膨胀日益严重，但是通货膨胀不但没有促使有关部门的生产扩大从而有助于解决失业问题，反而使一些与石油有关的生产部门因成本上升过高而产品销路锐减，结果生产萎缩，失业增加，导致经济陷入了停滞膨胀的困境。海勒说："1973—1974年的通货膨胀有一半以上要归因于粮食、燃料价格膨胀"，"正是食品、燃料和进口商品的价格相对地急剧上涨——伴随着工资和物价向下的刚性——构成揭开当前的停滞膨胀毛病的秘密的线索"[1]。他提醒道："这些关于石油价格对宏观经济政策的含义的重要见解适合于经济学家在分清当前通货膨胀的原因和鉴别适当的对策等方面所作的颇为广泛的努力。"[2]

沃尔特·海勒
（Walter Heller）

2. 微观的财政支出结构的变化与停滞膨胀

萨缪尔森指出，由于国家福利制度的建立，在资本主义社会的经济活动中，资产阶级政府在财政支出中，有相当大的一部分并不是用于公共工程的支出，而是用于各种福利支出。这种财政支出的结构，不利于刺激生产扩张和供给增加。福利支出像失业津贴之类的政府转移支付（意指这种支付并没有使接受者提供相应的劳务和商品），只是弥补了失业者的家庭收入，使得失业者不急于寻找工作。因此，财政支出结构中福利支出的比重不断增加：一方面扩大了收入，使经济在萧条时期物价不下跌，甚至促使了通货膨胀；另一方面，又无助于尽快消除失业，从而形成停滞膨胀。他认为："当前世界性通货膨胀的根源就在于混合经济的本身性质，而现今世界上大多数国家所表现出来的特征正是混合经济。"[3]由于混合经济中国家大量的福利开支，使得"这一制度即使发生了经济停滞的情形，失业也不会像在残酷的资本主义制度下那样产生压低物价水平的力量"[4]。

3. 微观的市场结构特征

提出这一看法的主要是詹姆士·托宾和詹姆斯·杜森贝里。托宾在1972年发表的"通货膨胀与失业"一文中，提出了"劳工市场上的均衡和失衡"的观点，用市场结构的变化来解释失业和通货膨胀并发症。这一解释被

詹姆士·托宾
（James Tobin）

---

[1] 海勒.经济学对在哪里[M].外国经济学说研究会.现代外国经济学论文选：第1辑.商务印书馆，1979：465、471.

[2] 同[1]：469—470.

[3] 萨缪尔森.世界范围的停滞膨胀[M].D.默米尔斯坦因.经济学：主流派论文与激进派的批评.1976：253.

[4] 经济预测家的理论失去了作用[N].商业周刊，1974-06-29.

新古典综合学派经济学家认为是现代凯恩斯主义在停滞膨胀理论方面的一个"突破"。托宾认为,劳工市场的均衡(既无失业又无空位,劳工的供求一致)是极少见的情形,在大多数的时间里,劳工市场是处于失衡状态的。他指出:"劳工市场上过度供给取失业的形式,过度需求取未能补充的工作空位的形式。不论什么时候,市场在过度的需求或供给中广泛地变化,整个看来,经济显示既有空位又有失业。"[1]

托宾断定,"在任何独自的劳工市场上,货币工资增长率是两种成分的总和。即均衡成分和失衡成分"[2]。所谓失衡是指劳工市场上出现的过度需求和过度供给,即空位和失业的存在。就失衡成分而言,托宾认为当劳工市场出现失衡状态,工人将从过度供给的市场转移到过度需求的市场,从低工资市场转移到高工资市场。但是,如果在失衡状态中,失业对货币工资增长速度的减缓力量小于空位对货币工资增长速度的增强力量,就必然会发生下列情况。

(1)每个连续失业增量在降低通货膨胀方面起着越来越小的作用。这是因为在失业的同时也存在着工作空位,空位的存在势必抵制货币工资降低,从而使得物价仍旧上涨。

(2)在整个经济的空位减去失业的已知条件下,过度需求与劳工供给市场之间的变化越大,工资膨胀将越显著。因为空位多于失业,这势必加速货币工资的增长。

(3)甚至当空位总额至多等于失业的时候,由于劳工市场分散性和市场结构不断变化,平常的失衡成分也将确实会存在。通常的理论认为,空位等于失业时,劳工市场供求达到一致,经济就会处于充分就业和物价稳定的均衡状态。托宾认为这种看法是不符合经济实际状况的,他说:"在空位与失业相等的意义上的充分就业是与物价稳定有矛盾的。零通货膨胀需要失业多于空位。"[3]根据托宾的看法,如果不是失业多于空位,那么,劳工市场上以过度需求形式出现的空位便会促使货币工资上升,引起物价上涨,即不会存在零通货膨胀。

杜森贝里在托宾的基础上对劳工市场作了进一步的分析。他在"通货膨胀和收入分配"一文中指出,劳工市场是不完全竞争市场,劳工有不同工种、技术熟练程度之分,劳工的供给和对劳动的需求还有地区限制,这就必然出现失业与工作空位并存。由于强大的工会力量使工资易涨不易跌,所以尽管社会上

詹姆斯·杜森贝里
(James Stemble Duesenberry)

---

[1] 托宾.通货膨胀与失业[M].外国经济学说研究会.现代国外经济学论文选:第1辑.商务印书馆,1979:277.
[2] 同上.
[3] 同[1]:279.

存在失业,货币工资却不下降;而只要存在工作空位,货币工资就会迅速上升。这样,失业与工作定位的并存就转化为失业与货币工资率上升并存;由于货币工资上升会引起物价水平上升,因此失业与货币工资率上升并存就又转化为失业与通货膨胀的并发症。此外,杜森贝里还对个别劳工市场与货币工资增长率的关系作了分析。他认为,个别劳工市场上工作空位的存在,也会带动所有劳工市场上货币工资水平的提高,从而必然推动整个经济发生通货膨胀。

4."两种价格体系"分析

希克斯在《凯恩斯经济学的危机》一书中,提出了"两种价格体系"的分析,来研究通货膨胀的原因和后果。

希克斯提出,在固定价格市场中,价格由生产者规定;存货归专门经营该种商品的厂商拥有,没有中间商存在(即使有,他们也是受买者或卖者的有效控制);实际存货数量和合意存货水平往往是不一致的。在弹性价格市场中,价格取决于供求关系;存在着中间商,这些中间商的行动受他们对未来价格动向的预期所决定;实际存货数量总是与合意存货水平趋于一致。

如果经济中存在着剩余存货,弹性价格市场上的商品价格就会趋于下降。当投资的乘数发生作用时,存货逐渐减少,弹性价格就开始回升。如果剩余存货减少到一定程度,价格又回升到某种程度,经济在渡过了严重的萧条阶段之后,这时若存货既不那么丰裕,又不那么短缺,价格既不过高也不过低,在弹性价格市场上,扩大有效需求对于存货的变动和价格变动的影响就会减弱,扩大有效需求也不再可能像在严重萧条阶段那样有力地刺激价格上升。于是,弹性价格市场上的商品价格将保持在正常水平。希克斯断言:"至少在原则上,至少在弹性价格制度里,很清楚,对膨胀性工资上升和相应的价格上涨可能有一个全面的调整——一个'膨胀性均衡',在其中,各种实际价格比率和在没有通货膨胀时并无不同。"[1]这种膨胀性均衡,按照希克斯的解释,"就是一种在凯恩斯意义上的均衡,它不含有充分就业的意思"[2]。这就是说,在弹性价格市场上,通货膨胀可以同大量失业并存,而仍然保持均衡状态。在这种均衡中,实际价格比率依然如故,因为所有价格均可自由变动。希克斯认为,弹性价格市场出现的这种通货膨胀,对社会经济不具有很大的危害。

可是在固定价格市场里,生产者规定价格时是要考虑到生产成本的,固定价格市场上的商品价格并非固定不变,而是随生产成本的升降而升降。当

---

[1] 希克斯.凯恩斯经济学的危机[M].商务印书馆,1979:19.
[2] 同[1]:62.

存在两种价格体系的市场时,弹性价格市场的物价上涨并不会因为处于"膨胀性均衡"状态而无关大局,它易于甚至必然对固定价格市场发生影响,因为某种弹性价格市场中的商品的价格是作为固定价格的商品的生产成本的。然而,固定价格的升降幅度不可能与弹性价格一样,一般会小于弹性价格的波动。希克斯认为,劳工市场正是一种固定价格市场,那里的工资是由劳资双方直接来商定的。弹性价格市场的商品价格(如消费品)的上涨很容易加速工资的上升,而工资上升不可能引起各种价格同时有比例地上升,这样,弹性价格市场可能出现的膨胀性均衡不可能出现在固定价格市场中。由于固定价格市场的存在,虽然发生膨胀,但经济并不处于均衡状态。这样的通货膨胀不仅可以与大量的失业并存,而且这种通货膨胀还特别具有破坏性,因为各种价格上涨的幅度不一样,对社会经济的各个方面都会产生不利影响:它损害劳资关系,影响社会福利(如养老金、社会救济等),影响财政收入。希克斯说:"在通货膨胀的情况下,凡此种种都需要不断加以重新规定,因而那些看来已经不成问题的问题,又重新成为问题了。在完全弹性价格的模型里,所有这些都不予考虑;但这些都是通货膨胀的真正害人的方式。"[1]

第八节 经济政策主张

> 需求管理:政府采取财政政策、货币政策和收入政策,对社会总需求进行适时的和适度的调节,以保证经济的稳定增长。

新古典综合学派的经济政策主张的核心是"需求管理"思想。第二次世界大战后,凯恩斯的"需求管理"思想一直是美国历届政府制定经济政策的基本理论依据。所谓"需求管理",就是由政府积极采取财政政策、货币政策和收入政策,对社会总需求进行适时的和适度的调节,以保证经济的稳定增长。

作为需求管理对象的主要经济变量有投资、储蓄、消费、政府支出、税收、进口和出口等。需求管理的任务就是政府通过各种经济政策来设法直接地或间接地影响这些经济变量的变化,使社会经济的总产量或总收入水平符合政府的意图。政府实行需求管理的主要目标有充分就业、价格稳定、经济增长和国际收支平衡。

20世纪50年代,新古典综合学派主要根据汉森的理论,提出了补偿性的财政政策和货币政策。汉森认为:"经济停滞不是用自动调节的教条所能

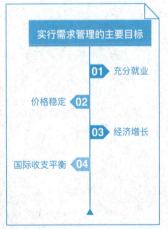

---

[1] 希克斯.凯恩斯经济学的危机[M].商务印书馆,1979:65—66.

解决的。解决的办法是大大地扩大民主政府的作用,担当起维持充分就业的作用。"[1]政府要实现这一职责,就必须将财政政策作为"一种平复私人经济的周期性波动的调节工具"[2]。据此,汉森提出,政府在确定预算时,不能把平衡财政收支作为准则,而是要按照私人支出(消费和投资)的数量来安排政府的预算,使私人支出与政府支出的总额保持在可以达到充分就业的水平。

新古典综合学派以此所提出的补偿性财政政策是:在经济萧条时期要扩大政府财政支出,降低税率,减少税收,实行赤字财政,以刺激社会总需求;在经济繁荣时期要压缩政府财政支出,提高税率,增加税收,抑制社会总需求,造成财政盈余,使两个时期的财政亏盈相互补偿。补偿性货币政策的主要内容是:中央银行在经济萧条时期放松信用,增加货币供给量,降低利息率,刺激投资及社会总需求;在经济繁荣时期则紧缩信用,减少货币供给量,提高利息率,抑制投资及社会总需求。补偿性财政政策和货币政策的实施,虽然防止了严重的预算赤字和通货膨胀,但由于艾森豪威尔总统执政时期,传统的预算平衡仍占据支配地位,经济增长速度并不快,还出现过两次经济危机。1953—1960年,由于艾森豪威尔总统采纳了新古典综合派经济学家的政策建议,美国的实际国民生产总值平均增长率约达2.5%,这一时期被人们称为"艾森豪威尔停滞"。

为了克服20世纪50年代的"艾森豪威尔停滞",进一步提高就业量和加快经济增长速度,新古典综合学派的托宾和<u>阿瑟·奥肯</u>等人在肯尼迪总统执政时期,提出了"潜在的国民生产总值"和"充分就业预算"这两个新概念,企图使人们注意到财政政策的长期目标和长期水平必须与充分就业增长轨道保持一致[3]。

奥肯认为,在20世纪60年代以前,凯恩斯主义财政政策的运用,都是采用"救火"的策略,即只是随着经济循环出现危急情况并已发出警报时,才利用预算赤字或预算盈余来实行审慎的刺激或抑制,而在平时,则似乎还是正统规则(预算平衡)占支配地位。从第二次世界大战后至20世纪60年代初,除了个别时期(如朝鲜战争的刺激)达到或超过充分就业水平外,绝大多数年份美国并未达到充分就业。奥肯说,"正是针对着这种情况,才在20世纪60年代重新制订了经济政策的策略",这一策略最重要的特点是,它"不只是以经济是否在扩张,而是以经济是否已充分发挥出它的潜力,作

阿瑟·奥肯
(Arthur M. Okun)

---

[1]《经济学动态》编辑部.当代外国著名经济学家[M].中国社会科学出版社,1984:133.
[2] 同上.
[3] 托宾.十年来的新经济学[M].商务印书馆,1980:13.

为判断经济表现的标准"[1]。

奥肯通过著名的"奥肯定律"阐述了充分就业经济政策的必要性。根据奥肯的研究，社会经济中存在着某种"潜在的产出量"，即在充分就业条件下的国民生产总值。估计"潜在的产出量"的方法，是将它与失业率联系起来，把失业率作为一个变量，代表由于资源闲置对产出量产生的影响，只须求出超过4%的失业率给产出量造成的损失，再加上实际已达到的产出额，便可得出"潜在的产出量"。若以g表示超过4%的失业率给产出量带来的损失的百分比；$\bar{u}$代表自然失业率，等于4%；a为系数，表示超过4%以上的失业率每增加1%给产出量带来的损失（奥肯根据1947—1960年55个季度的统计资料，通过简单回归方程计算出$a=3$）；u表示实际上的失业率（假定为7%），则根据奥肯定律的计算公式

$$g=a(u-\bar{u}) \tag{1.35}$$

> 奥肯定律(Okun's Law)：当实际GDP增长相对于潜在GDP增长（美国一般将之定义为3%）下降2%时，失业率上升大约1%；当实际GDP增长相对于潜在GDP增长上升2%时，失业率下降大约1%。

可以计算出产出量的损失率$g=9\%$。如果知道实际产出量为1 200亿美元，那么"潜在的产出量"为1 200÷(100%−9%)=1 318亿美元，也就是说，由于失业率高达7%，使产出量减少了9%，即减少118亿美元。

奥肯强调说，新的经济政策从注重一般性的经济扩张转移到强调实现"潜在的产出量"具有三大意义：① 它注重消灭"潜在的产出量"与实际产出量之间的差距(称为"奥肯差距")；② 它突出了经济增长问题；③ 以"潜在的产出量"为目标进行扩张是防止经济衰退的最好办法。

托宾在《十年来的新经济学》一书中，也对实现充分就业政策作了详细的阐述。他断言，只有在政府的经济政策指导下，才能促使经济稳定的增长，摆脱经济衰退。为此，政府必须实行充分就业的财政预算。在某一年份内，只要实际的产出量小于潜在的产出量，即使在经济上升时期，也要通过赤字财政与扩张性货币政策来刺激总需求，使实际产出量达到潜在的产出量，实现充分就业。托宾和奥肯提出的充分就业政策修改了原来只主张在经济萧条时期实行扩张性政策的观点，因而被称为"新经济学"。

由于肯尼迪总统采纳了托宾和奥肯(两人均系总统经济顾问)的经济政策建议，在1960年实行了削减个人所得税的政策，使生产和就业得到了恢复和增长。许多经济学家在当时都认为，"新经济学"指明了达到充分就业的经济增长途径，奥肯也得意地说："正是这种积极的策略，才是打开20世纪60年代持续扩张之门的钥匙。"[2]

---

[1] 黄范章.美国经济学家奥肯[J].世界经济,1981(10)：74.
[2] 同上.

但是到了20世纪60年代后期，美国经济中长期的、爬行的通货膨胀急剧加甚，并在1973—1974年陷入"停滞膨胀"困境。在这一过程中，新经济学的财政政策和货币政策实际上起了一种推波助澜的作用，成了打开20世纪70年代通货膨胀加剧的"大门"的钥匙，于是盛极一时的"新经济学"陷入了困境，其呼声迅速地减弱了。

为了对付20世纪70年代的失业和通货膨胀并发症，新古典综合学派转而提出运用多种政策工具实现多种经济目标，即多种经济政策综合运用的策略。其基本内容包括以下三个方面。

1. 财政政策和货币政策的"松紧配合"

例如，用"松的"扩张性财政政策（投资优惠、减税、扩大政府支出）来鼓励投资，增加就业；同时配合以"紧的"收缩性货币政策（控制货币供给量）以防止经济增长过程中出现通货膨胀。再如，用增加货币供给量、降低利息和扩大信贷规模的"松的"扩张性货币政策来刺激投资，增加产量和就业；同时配合以"紧的"收缩性财政政策（缩减政府支出等）来减轻总需求对市场的压力，以稳定物价，防止通货膨胀。

2. 财政政策和货币政策的微观化

所谓"微观化"是指政府针对个别市场和个别部门的具体情况来制定区别对待的经济政策。微观化的财政政策的主要内容包括实行不同的税收方案，制定不同的税率，个别地调整征税的范围，调整财政支出的内部构成及政府对不同部门的拨款等。微观化的货币政策包括规定不同的差别利息率，控制对不同行业和部门的信贷条件和借款数量等。财政政策和货币政策的微观化，可以避免宏观经济政策在总量控制过程中给经济带来较大的震动，使得政府对经济生活的干预和调节更为灵活有效。

3. 收入政策和人力政策

收入政策是指通过工资和物价的指导线和管制政策，防止货币工资增长率超过劳动生产率的增长率，从而避免经济增长过程中出现严重的通货膨胀。人力政策是指联邦政府的就业政策和劳工市场政策，即通过就业指导和对劳动力的重新训练，促使青年和非熟练工人找到工作，尽量减少各种失业，扩大就业量。

除此之外，新古典综合学派还提出了浮动汇率政策、对外贸易管制和外汇管制政策、消费指导政策、能源政策、人口政策和农业政策等。这些经济政策尽管在维护现代资本主义经济的发展方面起了一定的作用，但它们毕竟不能根治由资本主义经济的基本矛盾所引起的周期性经济危机。

20世纪70年代以来，新古典综合学派受到了货币主义学派、供给学派和理性预期学派等日益激烈的抨击。面对这一形势，新古典综合学派开始进一步修改自己的理论,力图兼收并蓄更多的新观点,以弥补本身的不足。1985年,萨缪尔森和诺德豪斯共同对《经济学》一书作了重大修订,加强了对总供给的分析,吸收了理性预期学派等的宏观经济理论和经济政策。

本 章 总 结

1. "凯恩斯革命"是在20世纪30年代资本主义世界经济大萧条背景下,发生在西方经济学发展过程中的一场经济学理论的"革命",在此基础上产生了现代西方经济学的宏观经济理论。

2. 新古典综合派的最基本的理论特征就是以现代资本主义的"混合经济"为研究对象,将凯恩斯学派的宏观经济理论与新古典经济学的微观经济理论结合在一起,构筑起一个包括宏观经济学和微观经济学的比较完整的经济学理论体系。

3. 新古典综合派的最基本经济政策主张,是坚持政府运用财政政策和货币政策来调节宏观经济运行,政策的重点是总需求的调控,政策的主要目标是充分就业、经济增长、物价稳定和国际收支平衡。

思 考 题

1. 凯恩斯经济理论的产生为何被称为是西方经济学发展过程中的"凯恩斯革命"?
2. 凯恩斯有效需求理论的核心内容是什么?
3. "新古典综合"的经济理论特征是什么?
4. 什么是"IS-LM"模型?
5. 什么是哈罗德模型和新古典经济增长模型?
6. 什么是"乘数-加速数原理"?
7. 什么是新古典综合的基本政策主张?

Neo-Cambridge School

第二章

新剑桥学派

20世纪50—60年代的西方经济学界,按英国剑桥大学经济学教授琼·罗宾逊夫人的说法,正处于一个智力高度增长的年代。由于"凯恩斯革命"的影响,各种新的学说和新的经济学派不断涌现,新剑桥学派就是其中最引人注目的学派之一。

新剑桥学派是当代凯恩斯主义的一个重要分支,主要代表人物有琼·罗宾逊、卡尔多、斯拉法、帕西内蒂、约翰·伊特韦尔等。由于该学派的主要代表人物都在英国剑桥大学任教,但他们的经济理论又在相当程度上"叛离"了以马歇尔为代表的新古典经济学的"剑桥学派",所以被称为"新剑桥学派"。此外,又因该经济学派中斯拉法、帕西内蒂等经济学家原籍为意大利,也被称为"英国-意大利学派"。

第一节 | 新剑桥学派的理论渊源

1936年,凯恩斯《通论》一书的出版,在西方经济学界爆发了一场"凯恩斯革命"。但是，凯恩斯的经济学说是为了解决20世纪30年代资本主义世界大规模的经济危机和大量的失业现象而产生的，有着许多的局限性。例如：凯恩斯使用的是短期的和比较静态的分析方法，没有讨论长期经济增长和波动问题，缺乏对经济的动态分析；此外，凯恩斯经济学说也没有讨论价值问题和收入分配问题，缺乏宏观经济的微观基础研究。对此，在第二次世界大战后，美国的一些经济学家，如汉森、萨缪尔森、索洛等人直接把新古典学派的传统的微观经济理论（如边际效用价值论和边际生产力分配论）用来填补凯恩斯经济理论的不足，形成了新古典综合经济理论。

美国经济学家的这些做法遭到了琼·罗宾逊和其他一些经济学家的严厉批评。他们认为，美国经济学家的这些做法是对凯恩斯经济理论原意的曲解，是向传统经济理论的倒退，是冒牌的凯恩斯主义。作为曾经和凯恩斯长期共事和密切合作过的剑桥同仁，他们认为，凯恩斯的《通论》是努力从传统经济学的束缚中摆脱出来的成果，虽然凯恩斯本人做得并不彻底，这也正说明了从传统理论的束缚中彻底摆脱出来的艰难性，即凯恩斯本人所说的"困难不在新说本身，而在摆脱旧说"[1]。因此，新剑桥学派把凯恩斯作为和他们具有相同思想的开拓者，以凯恩斯理论的正宗传人自居，要在凯恩斯理论的基础上进行经济学的第二次革命。

琼·罗宾逊
（Joan Robinson）

1953年，琼·罗宾逊发表了"生产函数和资本理论"一文，对新古典综合学派的资本理论进行了猛烈的抨击。这篇文章的发表在西方经济学界引起了强烈的反响和争论，酿成了当代西方经济学界有名的"两个剑桥之争"（或称"双桥之争"）。挑起争论的一方是以琼·罗宾逊为首的英国剑桥大学的一些经济学家，应战的一方是以萨缪尔森为首的美国马萨诸塞州剑桥市（即坎布里奇市）的麻省理工学院的一些经济学家。争论从资本度量问题开始，涉及价值理论、分配理论和经济增长理论。在这场争论中，新剑桥学派对新古典综合理论进行了全面的抨击，包括分析方法问题、动态和静态问题、宏观和微观问题、意识形态问题以及经济理论与政策的问题。双方争论的最终结局是，新剑桥学派揭露和批判了新古典综合理论体系中的一些内在逻辑错误，在一定程度上动摇了新古典综合学派作为西方经济学界主流学派的地位。

新剑桥学派批判新古典综合学派经济理论的目的是为他们自己的新学说鸣锣开道。1956年，两个剑桥争论开始后的第四年，琼·罗宾逊出版了《资本积累论》这部著作；同年，剑桥大学的卡尔多发表了"可供选择的收入分配理论"一文[2]。两人都从收入分配的角度阐述了经济增长理论，这标志

---

[1] 凯恩斯.就业、利息和货币通论[M].商务印书馆,1981：5.
[2] 尼古拉斯·卡尔多.可供选择的收入分配理论[J].经济研究评论,1955—1956(23)：85—100.

着新剑桥学派的诞生。1956年5月1日，卡尔多应邀到中国进行学术交流，在北京大学作了题为"从凯恩斯经济学看资本主义的演进"的演讲，第一次向中国经济学界阐述了他的新剑桥学派经济思想。由此可见，新剑桥学派的经济理论体系是在与新古典综合派的论战过程中形成的。

新剑桥学派的理论渊源可以从以下三个方面加以概述。

（1）凯恩斯的经济理论。新剑桥学派不仅师承了凯恩斯的"投资储蓄分析"，强调投资对就业量和国民收入水平的决定作用，同时，他们也强调，凯恩斯经济理论的基本要点是《通论》第二十四章中关于社会哲学的论述，即论述资本主义社会财富和收入分配的不均，以及推论资本主义社会必然走向没有食利者阶层的文明生活新阶段。

米哈尔·卡莱茨基
（Michal Kalecki）

（2）米哈尔·卡莱茨基的经济理论。卡莱茨基在1933年发表的"商业循环理论大纲"这篇著名论文中，提出了几乎与凯恩斯有效需求理论相同的资本主义经济周期性波动的理论，并把不完全竞争、垄断价格等因素的作用引进国民收入决定理论，强调投资对国民收入分配的影响。琼·罗宾逊对此十分推崇，认为"卡莱茨基所作的说明在一定程度上比他（指凯恩斯——引者）更富于逻辑上的一贯性"[1]，因此，"卡莱茨基的论述在某些方面是比凯恩斯的《通论》更为真正的'通论'"[2]。

（3）皮埃罗·斯法拉的经济理论。斯拉法于1960年出版了他近30年的研究成果《用商品生产商品》。在这本小册子中，斯拉法以其精练的文字和严谨的逻辑重新恢复了李嘉图的价值理论和分配理论，为新剑桥学派的价值理论和分配理论提供了基础，也为批判新古典综合学派的边际生产力分配论提供了理论武器。新剑桥学派宣称要通过斯拉法的理论返回到李嘉图的古典经济学传统，"重建政治经济学"。所以，该学派也往往被人称为"新李嘉图主义"。

皮埃罗·斯拉法
（Piero Sraffa）

第二节 方法论和理论前提

新剑桥学派是在与新古典综合学派的论战中成长起来的，琼·罗宾逊等人自命是凯恩斯经济理论的嫡传，而把新古典综合学派称作"冒牌的"

---

[1] 琼·罗宾逊，约翰·尹特韦尔.现代经济学导论[M].商务印书馆，1982：63.
[2] 琼·罗宾逊.经济理论的第二次危机[M].外国经济学说研究会.现代国外经济学论文选：第一辑.商务印书馆，1979：7.

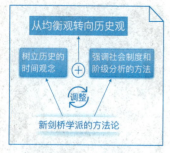

凯恩斯主义，认为新古典综合学派的经济理论是对凯恩斯经济理论原意的曲解和向旧理论的倒退和让步。新剑桥学派和新古典综合学派在一些重大经济理论问题上的分歧，首先反映在经济学研究的方法论和经济理论分析的前提等方面。

经济学研究的方法论反映了经济学家对他所处的世界的总的看法，新剑桥学派的方法论有两个显著的特点：一是坚持抛弃均衡概念，树立历史的时间观念；二是强调社会制度和阶级分析的方法。

凯恩斯以前的新古典经济学家从经济人的理性行为出发，认为在社会经济中每个人都追求着本身的最大利益，生产者追求最大利润，消费者追求最大效用。在完全竞争的市场条件下，追求最大经济利益的经济人会在"看不见的手"——市场机制的指导下最大限度地利用社会经济资源进行生产和交换，最终使资源达到最优配置。这时，整个社会经济进入一种静态均衡。但当在经济分析中引入时间，并考虑到投资和技术进步这些因素时，社会经济可能会在某种程度上偏离原来的均衡位置，但经过调整它又会重新趋向一个新的均衡位置。

新剑桥学派经济学家认为，凯恩斯革命的重大突破之一就在于从均衡观转向历史观，从而打破了新古典经济理论的均衡观对经济分析的束缚，考虑到了现实经济生活的特点——昨天与明天的区别，强调时间是一个历史过程，过去是不可改变和逆转的，未来是不能确知的。明天发生的事是受今天行为影响的，而今天的行为又是受到过去的历史和对明天的预测支配的；由于未来不可知，在社会经济活动中，人们大都只能依据过去的经验来推断未来，严格的理性行为是不可能存在的。罗宾逊指出："一旦我们承认经济是存在于时间中的，历史是从一去不返的过去向着未卜的将来前进，那么以钟摆在空间来回摆动的机械比喻为基础的均衡观就站不住脚了。整个传统经济学都需要重新考虑。"[1]基于这种历史观，琼·罗宾逊非常强调"不确定性"在资本主义社会经济分析中的重要作用，她认为"凯恩斯所论证的问题的真正本质是不确定性"[2]。例如，对有效需求、生产就业和收入水平起主要影响作用的投资规模之所以容易发生波动，就因为投资是联系现在经济与未来经济的纽带，它涉及对未来的预期和不确定性问题。

新剑桥学派认为，新古典综合学派在"综合"凯恩斯主义的宏观经济理论和新古典的微观经济理论的过程中，承袭了马歇尔的局部均衡理论和瓦

---

[1] 琼·罗宾逊.凯恩斯以后[M].商务印书馆.1985：8.
[2] 琼·罗宾逊.经济理论的第二次危机[M].外国经济学说研究会.现代国外经济学论文选.第一辑.商务印书馆,1979：6.

尔拉的一般均衡理论,并把这些已经被凯恩斯革命破除了的均衡概念重新恢复起来,移植到凯恩斯理论中,这完全是一种理论上的倒退,也是对凯恩斯理论的"庸俗化"。罗宾逊说:"就一个始终处在均衡状态的世界而言,将来与过去两者之间是没有区别的,没有历史,也不需要凯恩斯。"[1]这实际上是指责新古典综合学派完全阉割了凯恩斯经济理论的精神实质。

由于新古典综合学派认为只要实行以凯恩斯理论为依据的宏观经济政策,使资本主义经济达到充分就业均衡,新古典的微观理论仍然是适用的。所以,他们继承了新古典经济学的传统,把资源最优配置作为经济学的主题;他们的整个分析仍旧以个人(经济人)作为出发点,无需考虑社会制度和社会经济关系,或把这些因素看作经济分析中的外生变量,集中分析经济活动中的人与物的关系和物与物的关系。

新剑桥学派对这种忽视社会制度和社会经济关系的分析方法持严厉的批判态度。新剑桥学派认为,无论在过去、现在,还是将来,社会制度和社会经济关系(尤其阶级之间的经济关系)等因素在经济活动和经济分析中都起着巨大作用。琼·罗宾逊和伊特韦尔在代表新剑桥学派观点的经济学教科书《现代经济学导论》中谈到分析方法时指出:"要包括在任何一种分析中的最根本因素是表明它要进行分析的社会制度的性质。经济关系是人们之间的关系。人类同物质世界的技术关系规定了人们过着的经济生活的条件,虽然人类社会(或就这一点来说的动物社会)的技术发展水平对社会中的各种关系有着重大影响,但技术条件并不能完全决定人类社会的各种关系。"[2]因此,他们认为,"人类关系和工艺关系的相互作用是经济分析的论题"[3]。这种强调社会制度和经济关系的分析方法,尤其突出地表现在新剑桥学派的收入分配理论中。正是在这一点上,新剑桥学派的经济学家认为,他们恢复了李嘉图的古典经济学,并与马克思的理论衔接了起来。

新剑桥学派在对新古典综合学派分析方法的批判和确立自身方法论的过程中,在经济分析的理论前提方面,新剑桥学派与新古典综合学派的主要分歧反映在两个问题上,即如何看待"萨伊定律"和如何认识投资与储蓄之间的关系。

凯恩斯以前的新古典经济学家是完全信奉"萨伊定律"的,认为在自由竞争条件下,由市场的自发调节,总供给总是等于总需求的,经济总是趋于充分就业均衡的。凯恩斯在《通论》一书中抨击了"供给自行创造需求"的

---

[1] 琼·罗宾逊.凯恩斯以后[M].商务印书馆,1985:9.
[2] 琼·罗宾逊,约翰·伊特韦尔.现代经济学导论[M].商务印书馆,1982:71.
[3] 同上.

萨伊定律,摒弃了新古典学派关于资本主义经济可以通过市场自动调节以实现充分就业均衡的说教。但是,凯恩斯本人确实也说过:"实行管理以后,总产量与充分就业下之产量相差不远,则从这点开始,经典学派理论(即新古典经济学——引者注)还是对的。"[1]新古典综合学派正是以此作为依据,认为通过财政政策和货币政策使资本主义经济达到充分就业后,新古典经济理论可以再度适用。罗宾逊对凯恩斯的上述论断持否定的态度,认为这是凯恩斯"考虑不充分的、完全与他的主要论点相反的意见"[2]。她指出,新古典综合学派在把凯恩斯的经济理论与新古典经济学综合起来的过程中,使得"萨伊定律被矫揉造作地恢复了,并在它的掩护下,所有旧学说都偷偷地又回复过来了"[3]。

新剑桥学派在投资与储蓄的分析中提出,"正统观念是以萨伊定律的说法为依据的,根据萨伊定律,储蓄量决定投资率"[4]。新古典学派正是持有这种观点,认为在任何时候,储蓄额总是一定的,只要通过利息率的调节,储蓄总是可以全部转化为投资的,因而投资是由储蓄支配的。凯恩斯的观点则相反,他认为投资和储蓄是由不同的人,出于不同的目的进行的,投资是由公司、企业家决定的,储蓄是由居民行为决定的。居民储蓄的增加,意味着消费需求的减少,从而减少了有效需求,减少了就业。只有增加投资,才能增加收入和就业,从而使储蓄和投资在新的国民收入水平上达到相等。新剑桥学派认为,根据凯恩斯的观点,不是储蓄支配投资,而是"储蓄不能不受投资量(增添设备和原材料的支出)的支配。储蓄水平随收入水平而变化。在工人失业和生产设备利用不足的时候,投资支出的增加会提高收入,从而增加消费支出,又增加储蓄"[5]。新古典综合学派则认为,只要根据居民的储蓄倾向算出充分就业时所能达到的国民收入中的储蓄量,然后通过政府的财政政策和货币政策安排足够的投资来吸收这笔储蓄,经济就可以实现充分就业均衡了。在新剑桥学派看来,这种观点实际上是抛弃了凯恩斯"投资支配储蓄"的基本论点,"回到了储蓄支配投资这种均衡世界,而微观理论也就可以再滑进老槽了"[6]。

总之,新剑桥学派认为,新古典综合学派无论是在经济学方法论上还是在经济分析的理论前提方面,都背叛了凯恩斯经济理论。琼·罗宾逊说:

---

[1] 凯恩斯.就业、利息和货币通论[M].商务印书馆,1981:322.
[2] 琼·罗宾逊.经济增长的年代[M].外国经济学说研究会.现代国外经济学论文选:第一辑.商务印书馆,1979:38.
[3] 同[2]:31页.
[4] 琼·罗宾逊,约翰·伊特韦尔.现代经济学导论[M].商务印书馆,1982:65.
[5] 同上.
[6] 琼·罗宾逊.经济理论的第二次危机[M].外国经济学说研究会.现代国外经济学论文选:第一辑.商务印书馆,1979:7.

"在北美以及由北美向世界传播的占统治地位的经济理论,我称之为冒牌的凯恩斯主义。"[1] "曲解凯恩斯理论的冒牌凯恩斯主义,实际上助成了与失业、通货膨胀交织在一起的无计划的增长局面"[2],从而产生了经济学的"第二次危机"。

第三节 价值论与分配论

新剑桥学派的经济学家认为,分配理论是价值理论的引申,为了建立客观的价值理论,就必须批判边际效用学派的主观价值论,回复到古典经济学的传统,从李嘉图的劳动价值论出发进行研究。在琼·罗宾逊看来,斯拉法的《用商品生产商品》一书,为新剑桥学派的收入分配理论提供了一个价值论基础。

众所周知,李嘉图的经济理论是以分配问题为研究中心的,但由于他混淆了价值与生产价格,因而无法解释劳动时间决定商品价值量的法则与等量资本得到等量利润这一经济现象的矛盾。为解决这一理论难题,李嘉图花费了毕生的精力企图寻找一种"不变价值尺度"——这种商品的价值在投入劳动量不变的条件下不会随着工资和利润分配份额的变化而变动。斯拉法在《用商品生产商品》一书中,通过建立一套由合成商品组成的"标准体系",解决了李嘉图遗留下来的理论难题。

斯拉法首先建立了一个"为维护生存的生产的经济模型"。先假定社会经济由两个生产部门构成,分别生产铁和小麦。两种产品又都作为投入参加生产过程:小麦部门投入的生产资料和劳动者的生存资料为280夸特小麦和12吨铁,产出为400夸特小麦;铁生产部门投入的生产资料和劳动者的生存资料为120夸特小麦和8吨铁,产出为20吨铁。该经济模型的生产方程为

$$280\text{夸特小麦} + 12\text{吨铁} \rightarrow 400\text{夸特小麦}$$
$$120\text{夸特小麦} + 8\text{吨铁} \rightarrow 20\text{吨铁}$$

首先,生产方程中小麦和铁的产出量恰好等于耗费的投入量,因而可以

---

[1] 琼·罗宾逊.经济增长的年代[M].外国经济学说研究会.现代国外经济学论文选:第一辑.商务印书馆,1979:30.
[2] 同[1]:29.

满足进行简单再生产所需的物质补偿;其次,生产过程结束后,为了使社会进行再生产,小麦部门和铁部门必须在市场上交换各自的产品。为此,铁与小麦的交换价值应是1吨铁=10夸特小麦,这一交换价值可以保证这两个部门得到进行简单再生产所需的生产资料和劳动者生存资料。

上述经济模型可以从两个生产部门推广到具有K个生产部门的经济体系,其生产方程的一般形式为

$$A_a P_a + B_a P_b + \cdots + K_a P_k = A P_a$$
$$A_b P_a + B_b P_b + \cdots + K_b P_k = B P_b$$
$$\cdots \quad \cdots \quad \cdots \quad \cdots \quad \cdots$$
$$A_k P_a + B_k P_b + \cdots + K_k P_k = K P_k \tag{2.1}$$

方程中的$P_a, P_b, \cdots, P_k$表示商品$a, b, \cdots, k$的价格;$A, B, \cdots, K$表示商品$a, b, \cdots, k$的总产量;$(A_a, B_a, \cdots, K_a)$、$(A_b, B_b, \cdots, K_b)$和$(A_k, B_k, \cdots, K_k)$分别表示生产$A, B, \cdots, K$所消耗的相应商品的数量(如A_b为生产B所消耗的a的数量)。方程组(2.1)中,共有K个线性方程和K个变量$(P_a, P_b, \cdots, P_k)$,其中只有$(K-1)$个独立方程。若设某一商品价格为1,则可解出其余$(K-1)$个商品的价格。这套价格能够保证经济体系进行简单再生产。

如果经济体系生产出一种超过维持简单再生产所必需的物质数量的剩余,并假定这种剩余现在按均等利润率(r)在各生产部门进行分配,但劳动者无权享受任何剩余。这时,将有下列生产方程

$$(A_a P_a + B_a P_b + \cdots + K_a P_k)(1+r) = A P_a$$
$$(A_b P_a + B_b P_b + \cdots + K_b P_k)(1+r) = B P_b$$
$$\cdots \quad \cdots \quad \cdots \quad \cdots \quad \cdots$$
$$(A_k P_a + B_k P_b + \cdots + K_k P_k)(1+r) = K P_k \tag{2.2}$$

方程组(2.2)含有K个独立方程,设某一商品价格为1,可解出其余$(K-1)$个商品的价格和利润率。

在第二个模型的基础上,斯拉法撤销了劳动者无权享受任何剩余的假定,假定劳动者以工资形式占有一部分剩余,由此提出了第三个经济模型,其生产方程如下

$$(A_a P_a + B_a P_b + \cdots + K_a P_k) \cdots (1+r) + L_a W = A P_a$$
$$(A_b P_a + B_b P_b + \cdots + K_b P_k) \cdots (1+r) + L_b W = B P_b$$
$$\cdots \quad \cdots \quad \cdots \quad \cdots \quad \cdots$$
$$(A_k P_a + B_k P_b + \cdots + K_k P_k) \cdots (1+r) + L_k W = K P_k \tag{2.3}$$

式中，$L_a, L_b, \cdots, L_k$ 为各部门投入的劳动量，W 为工资。

斯拉法用总产品中扣除各生产部门消耗的生产资料后余留下的产品构成国民收入，并使之等于1，所以又有一个国民收入方程

$$\begin{aligned}
& [A-(A_a+A_b+\cdots+A_k)]P_a \\
& +[B-(B_a+B_b+\cdots+B_k)]P_b+\cdots \\
& +[K-(K_a+K_b+\cdots+K_k)]P_k \\
& =1
\end{aligned} \quad (2.4)$$

斯拉法同时规定社会年劳动投入量等于1，即 $L_a+L_b+L_k=1$，表明年国民收入是由社会年劳动投入量（活劳动）生产的。

第三个经济模型共含有 $(K+1)$ 个独立方程和 $(K+2)$ 个未知数（K 个价格加利润和工资），由于国民收入（全部剩余）可以分解为利润和工资两部分，故只要工资（或利润率）已知，根据上述方程即可解出 K 个商品的价格和利润率（或工资）。

斯拉法通过所建立的"标准体系"证明，在"标准体系"中，国民收入在工资和利润之间的分配，不会影响到商品价值（或生产价格）本身的变化，在全部国民收入对全部生产投入量的比率 R（或称工资为零时的最大利润率）既定时，利润率和工资率（w）的关系如下式

$$r=R(1-w) \quad (2.5)$$

这一式子表明，在经济生活中，如果工资是由国民收入支付的，则工资和利润之间存在着一种线性关系，且两者呈反方向变动[1]。

斯拉法的分析说明了剩余（国民收入）的生产和商品价值（或生产价格）的形成是由物质生产条件决定的，是一个客观的过程；而剩余的分配则是与社会制度因素和生产关系有关的过程，涉及阶级之间的利益关系。斯拉法明确指出："我现在发表的这套命题有一个特征，虽然它没有对价值和分配的边际学说进行任何讨论，它们仍旧是为了作为批判那一学说的基础而设计的。"[2] 新剑桥学派正是以斯拉法理论为基础，批判了新古典综合的理论观点，提出了自己的价值论和分配论。

新剑桥学派认为，斯拉法的理论坚持了自重农学派创立者魁奈以来的，并为李嘉图和马克思所继承和发展的古典经济学的分析方法，把资本主义生产看作一个循环往复的再生产过程，拒绝了新古典学派（新古典综合学派

---

[1] 斯拉法.用商品生产商品[M].剑桥大学出版社,1963：1—18.
[2] 同[1]：6.

亦持有)的把生产看作一种从"生产要素"的使用开始到消费者"偏好"得到满足而结束的"单行道"观点。在价值论和分配论方面，斯拉法抛弃了把主客观因素混淆在一起的供求论，根据物质生产条件和社会制度因素来解释价值的形成和收入分配的决定。新剑桥学派据此提出，在资本主义经济制度下，国民收入的分配中，工资和利润是对立的。收入分配结局的形成与历史上形成的财产占有制度有关，也与劳动市场的历史条件有关，在研究收入分配问题时，绝不能撇开所有权因素和历史因素对分配的影响。工资可以划分为货币工资和实际工资，前者受到一国历史上形成的工资水平、国内劳资双方议价的力量对比等因素的影响，后者则与利润率、商品和货币流量以及收入分配构成有关。在斯拉法的生产方程中，国民收入是由年投入劳动量生产的，由此可见，利润作为国民收入的一部分是资本占有者凭借其财产占有权而取得的非劳动收入。

在此基础上，新剑桥学派批判了新古典综合学派的边际生产力分配理论。这一理论认为，工资和利息(利润)各自取决于劳动和资本的边际产量。以新古典综合学派常用的"柯布-道格拉斯生产函数"为例，该生产函数的形式是 $Y=AL^{\alpha}K^{1-\alpha}$，由于生产函数服从边际收益递减律，分别对 L 和 K 求 Y 的偏导数，得出

$$\begin{cases} \dfrac{\alpha Y}{\alpha L} = \alpha(Y/L) \\ \dfrac{\alpha Y}{\alpha K} = (1-\alpha)(Y/K) \end{cases} \tag{2.6}$$

式(2.6)表明，劳动和资本的边际产量决定了工资和利润在国民收入中的分配份额。

新剑桥学派认为，新古典综合学派的边际生产力分配论是完全错误的。

(1) 新古典综合学派企图不考虑社会制度因素，只从生产的技术条件方面来解释收入分配方式，把现行制度中的工资和利润分配格局看成是公平合理的，这一理论不仅不能说明经济中收入分配的实际状况，而且歪曲了真实的社会经济状况。

(2) 按照新古典综合学派的边际生产力分配论，必须先依照一定的价值(或价格)计算出各种异质资本品的价值(或价格)总量，然后才能计算出资本的边际产量的价值(或价格)，再得出利润率和利润额；而斯拉法的生产方程体系已经证明，计算资本总量必须以一定的收入分配条件(即利润率与工资的确定)为前提，因此边际生产力分配论在逻辑上是一种循环论证。琼·罗宾逊曾指出："资本概念本身意义的含混，……这一

错误使得新古典学派（指新古典综合经济学——引者注）的主要部分是不合逻辑的。"[1]

第四节 经济增长理论

新剑桥学派的经济增长模型，也是在哈罗德-多玛经济增长模型上发展起来的，其主要倡导者是琼·罗宾逊、尼古拉斯·卡尔多和卢伊季·帕西内蒂。新剑桥学派经济增长理论的一个最重要的特点是把经济增长同收入分配问题结合起来考察，一方面阐述如何通过收入分配的变化来实现经济的稳定增长，另一方面说明在经济增长过程中收入分配变化的趋势。

琼·罗宾逊和卡尔多是新剑桥学派经济增长理论的奠基者，1956年他们分别在自己的著作和文章中提出了各自的经济增长模型。

在卡尔多的经济增长模型中，经济增长速度和收入分配是具有相互内在联系的范畴。卡尔多认为：一方面，既然社会的收入是在各个阶级之间分配的，其中每一个阶级都有自己的固定不变的储蓄倾向，那么，收入分配中利润和工资的比例关系就直接影响到整个社会的储蓄水平，从而决定了积累率和经济增长速度；另一方面，要达到一定的经济增长速度，就要有一定的积累率，从而也要有相应的收入分配的比例关系。因此，经济增长速度和积累率也是影响国民收入分配的重要因素。上述关系可以用下面一组方程式来加以说明

尼古拉斯·卡尔多
（Nicholas Kaldor）

$$Y = W + P \qquad (2.7)$$

$$S = s_p P + s_w W = I \qquad (2.8)$$

将式（2.7）变形为 $W = Y - P$，代入式（2.8），则有

$$s_p P + s_w (Y - P) = I \qquad (2.9)$$

将式（2.9）移项整理后，可写成下列形式

$$\frac{P}{Y} = \frac{1}{s_p - s_w} \cdot \frac{I}{Y} - \frac{s_w}{s_p - s_w} \qquad (2.10)$$

卢伊季·帕西内蒂
（Luigi L. Pasinetti）

---

[1] 琼·罗宾逊.生产函数和资本理论[M].经济学论文选集：第2卷.麻省理工学院出版社.

上述方程组中，Y为国民收入；W为工资总额（劳动者收入）；P为利润总额（财产收入）；S为储蓄总额；s_w为工资总额中储蓄所占比例（劳动者的储蓄倾向）；s_p为利润总额中储蓄所占比例（财产所有者的储蓄倾向）；I为投资总量。

卡尔多模型中，收入分配和资本积累是直接相关的，当s_p和s_w既定时，资本积累率（I/Y）直接影响着利润在国民收入中的份额（P/Y），也可以说，投资量直接决定着利润量的大小。卡尔多运用这一模型所反映的各经济变量相互之间的关系阐明了经济增长理论中的两个基本问题：经济均衡增长的条件和决定经济增长率的各种因素。

关于经济均衡增长的条件，卡尔多认为，只要把$s_p>s_w$这一限制条件作为收入分配机制运用到经济增长模型中去，那么，经济均衡增长不仅是存在的，而且是稳定的。卡尔多确信，在现实经济生活中，S同I的任何偏离都会引起国民收入分配的变化，以致使得S适应于I。例如，在充分就业条件下增加投资并导致社会总需求的普遍增加，将会产生的后果是价格上涨超过工资提高的速度，因此，收入分配的变化有利于利润的增加和降低工资在国民收入中的份额；由于$s_p>s_w$，结果收入分配的变化使社会总储蓄额增加，S与I恢复均衡。假定出现相反的情形，投资和社会总需求趋于全面缩减，则价格的下跌会快于货币工资下降的速度，收入分配变化将有利于劳动者，由于$s_w<s_p$，结果社会总储蓄额将会相应减少，使得S与I恢复均衡。这种通过国民收入分配变化来调整储蓄，使之适应于投资的分配机制的作用，在西方经济学文献中，通常被称为"卡尔多效应"。据此，卡尔多断言，在短期内，国民收入分配是投资和总需求及相对价格变动的函数。

在分析长期经济增长的因素时，国民收入分配也是一个非常重要的因素，因为它直接影响到积累率的大小。在式（2.10）中，若s_w和s_p既定（同时资本产出系数也既定），积累率的任何上升（也就意味着国民收入增长率的上升），必然要求利润在国民收入中的份额增大，反之亦然。卡尔多将式中含有的$\dfrac{1}{s_p-s_w}$这一系数，称为"收入分配的灵敏度系数"，因为它表明了积累率的变化对利润在国民收入中所占比重的影响。s_p-s_w的差额越大，积累率变化对利润份额的影响就越小；s_p-s_w的差额越小，此种影响就越大。同样，假定积累率是既定的，那么收入分配的变化将取决于资本家和劳动者各自的储蓄倾向，当s_w不变时，s_p越小，P/Y值越大。也就是说，资本家（财产占有者）储蓄越少、消费越多，利润在国民收入中的份额越大。这也证实了新剑桥学派信奉的卡莱茨基的名言：<u>资本家所得到的也就是他所花费的</u>。

> 资本家的收入取决于开支，工人的开支决定了收入。
> The capitalist 'earns what he spends' while the worker 'spends what he earns'.
> ——Michal Kalecki

卡尔多经济增长模型表明，经济中的经济增长问题和收入分配问题是密切相关的。经济要按照充分就业均衡道路增长，势必涉及收入分配问题。由于社会中各阶级的储蓄倾向是不相同的，因此，收入分配将要精确规定利润和工资在国民收入中的相对份额，以保证一定社会积累率的实现；并且当在经济增长过程中发生波动时，分配份额的改变是保证经济稳定增长的必不可少的条件。

如果将卡尔多模型中的式(2.9)写成 $S=s_pP+s_w(Y-P)$，并使式子两端同除以 Y，则得到全社会储蓄率 $s\left(=\dfrac{S}{Y}\right)$ 的公式

$$s\left(=\frac{S}{Y}\right) = \frac{P}{Y}(s_p - s_w) + s_w \quad (2.11)$$

将式(2.11)代入哈罗德经济增长模型，得到

$$G_w = \frac{s}{V} = \frac{P}{Y}(s_p - s_w)\frac{1}{V} + \frac{s_w}{V} \quad (2.12)$$

由于 $V=\dfrac{K}{Y}$，代入上式后，则有

$$\begin{aligned} G_w &= \frac{P}{Y}(s_p - s_w)\frac{Y}{K} + \frac{s_w}{V} \\ &= \frac{P}{K}(s_p - s_w) + \frac{s_w}{V} \\ &= p(s_p - s_w) + \frac{s_w}{V} \end{aligned} \quad (2.13)$$

式中，p 为利润率，等于 P/K。

假定自然增长率 (G_n) 等于 $6\dfrac{2}{3}\%$，$V=3$；$s_p=0.3$，$s_w=0.05$；若利润在国民收入中的比例 (P/Y) 为 0.4，则将上述数字代入式(2.13)，可算出有保证的增长率 (G_w) 等于 5%，则有 $G_w<G_n$，不能保持经济沿着充分就业均衡道路增长。在这种情况下，如果将利润在国民收入中的比例调整到 0.6，同时假定 s_p 与 s_w 不变，即可改变全社会的储蓄率（从收入分配变化前的 15% 提高到 20%），从而使得 $G_w=G_n$。

琼·罗宾逊的经济增长模型与卡尔多的模型略有不同，她力图根据由社会生产的两大部类即生产资料生产和消费品生产之间在技术经济上的相互联系，引出与经济增长和收入分配有关的主要经济变量的关系。她运用

了两大部类和两大阶级收入的分析模型,把生产部门划分为投资品(生产资料)和消费品(消费资料)两大部类,把总收入分为利润和工资两大部分。按照她的分析,工人将其所有收入(工资总额 W)用于消费(C),资本家将其所有收入(利润总额 P)用于投资(I),这时,工人的收入等于消费品的总价格,资本家的利润等于投资品的总价格,国民收入中利润和工资的相对份额,等于消费品的总价格与投资品的总价格之比。如果根据凯恩斯的储蓄等于投资的假定,$P=S=I$,则有下列方程

$$Y=W+P=W+S=W+I \tag{2.14}$$

如果加进对资本存量(K)的考察,那么,利润率(π)就等于资本积累率(g),公式表示为

$$\pi = \frac{P}{K} = g = \frac{I}{K} \tag{2.15}$$

倘若取消资本家将其全部收入都用于投资的假定,这时利润总额中有一部分被用作资本家的消费,其余部分则是可用作投资的储蓄总额。用 s_p 表示资本家的储蓄倾向(储蓄总额占利润总额的比重),则利润、储蓄和投资三者间的关系为

$$s_p \cdot P = S = I \text{ 或 } P = \frac{I}{S_p} \tag{2.16}$$

把式(2.16)代入式(2.15),得到

$$\pi = \frac{P}{K} = \frac{I}{K} \cdot \frac{1}{s_p} = \frac{g}{s_p} \tag{2.17}$$

> **中性技术进步**(neutral technical progress):劳动和资本的生产效率同比例增加,技术进步并不引起资本和劳动在产品价值构成中的相对份额。

依据中性技术进步的假定,资本价值对产量的比例在经济增长过程中保持不变,因而,资本增长率(积累率 I/K)也就等于整个经济增长率(g)。

根据上述公式所揭示的关系,在资本家储蓄倾向一定的情况下,利润率与积累率(从而经济增长率)有一种互相制约的关系,即一定的利润率产生于一定的积累率(或增长率),而一定的积累率(或增长率)又必须以一定的利润率水平为前提,两者呈正比变化。按照琼·罗宾逊的经济增长理论,资本主义经济要想稳定地、均衡地发展,必须满足下列条件:技术进步稳定而没有偏向,市场竞争机制充分发挥作用,积累率与劳动人口增长率以相同的比率稳定增长,利润率长期不变,实际工资水平随人均产量上升而提高,资本家对投资的未来收益有足够的信心,投资以每年相同比率

增加。在这种情况下，年产量（国民收入）同资本量（新增资本即投资）以一种适当的比率同时增长。琼·罗宾逊把满足上述条件的经济增长状态称为"黄金时代"。

与卡尔多不同的是，琼·罗宾逊认为，"稳定增长模型不过是用简单形式说明论点的一个便当方法。在现实中，增长绝不是稳定的"[1]，也绝不能根据增长模型就轻率地断言资本主义经济会自动地趋向一条充分就业的稳定增长的均衡途径。她强调指出，由于资本主义经济中经常出现资本家的积累冲动不稳定而引起的投资波动、市场竞争机制受阻碍、劳动力的供给不足或过剩、技术进步对生产方法和经济结构的影响等，所以不可能经常具备"黄金时代"所需要的种种条件。

琼·罗宾逊在以"黄金时代"为标准，对资本主义经济失调的类型进行分析时，揭示了资本主义经济不能稳定增长的一些原因，认为"劳动与财产的分离"，即资本主义的生产资料私有制是造成资本主义经济中各种矛盾和冲突的重要原因。例如，琼·罗宾逊指出，假如资本家的高利润不是高积累率的结果，而是垄断的结果，那么，由于工资没有得到相应的提高，社会消费需求水平的增加将受到阻碍，从而进一步制约了投资需求，使得在高利润的条件下出现投资缩减和经济停滞的趋势。这时，必须通过改变国民收入的分配来使得工资随着劳动生产率的提高而提高，从而解决经济增长过程中的矛盾，保持一定的经济增长速度。

第五节 | 停滞膨胀的理论

新剑桥学派在解释停滞膨胀的原因时坚持认为，必须抛弃物价水平仅取决于货币数量的传统理论，回到凯恩斯关于物价水平主要受货币工资率支配的理论上来。他们从区分商品市场类型或不同类别的经济部门着手，结合价格形成中的垄断因素和货币工资谈判中的阶级冲突因素，来说明通货膨胀的原因，进而解释经济运行中的停滞膨胀现象。

卡尔多将经济活动部门区分为三类：初级部门，它为工业提供不可缺少的基本供应品，如食物、燃料和基本原料；第二级部门，它

[1] 琼·罗宾逊,约翰·伊特韦尔.现代经济学导论[M].商务印书馆,1982：245.

将原料加工为成品以供投资或消费之用;第三级部门,它提供辅助其他部门的各种服务(如运输或销售,或各种专门技术),以及提供欣赏的而不是辅助其他部门的服务(如戏剧演出)。卡尔多当时认为,第三级部门不太可能发生严重的经济问题,但是初级部门和第二级部门(工业部门)都很可能成为通货膨胀的根源。根据卡尔多的看法,"持续和稳定的经济发展要求这两个部门的产量的增加应符合必要的相互关系——这就是说,可出售的农矿产品产量的增加,应该和需求的增加相一致。这种需求的增加又是反映第二级(以及第三级)部门的增长的"[1]。但是,"从技术观点看,不能保证由节约土地的革新所推动的初级生产的增长率,正好符合第二级和第三级部门的生产和收入的增加所要求的增长率"[2]。这也就是说,如果初级部门产量的增长和工业制造业部门生产的增长之间出现比例失调的话,就有可能导致经济生活中出现停滞膨胀。因此,卡尔多的研究结论是不同类型生产部门的产品价格决定是通过不同的经济机制进行的。

首先,在初级生产领域中,对个别生产者和消费者来说,市场价格是既定的,价格是以亚当·斯密所描述的传统方式,直接响应市场供求关系的压力而变化的,价格变动是调节未来生产和消费的信号。

其次,在工业部门中,至少是在大部分生产集中在大公司手中的现代工业社会中,制造品的价格是被"管理"的,也就是由生产者自己确定的;生产对需求变动的调节是通过库存调节机制进行的,与价格无关;商品积存时,就减少生产,库存减少时则增加生产。工业制造品的这种"管理"价格不是由市场而是由生产成本决定的,具体地说,是根据"完全成本原则"和"垄断程度原则"来决定的,即在直接的劳动和原料成本上,加上按工厂的标准开工率计算出来的一般管理费和折旧费,再在这两种成本之上加上一个纯利润。按照这种方式决定的价格,对需求的反应不是非常敏感的,但对成本的变化(如工资和原料价格)却能作出迅速的反应。

根据以上分析,卡多尔得出一个"基本的命题",即从世界经济范围来看,"农矿产品价格的任何巨大变动——不论它对初级生产者是有利还是不利——对工业活动往往起抑制作用"[3]。究其原因在于以下两个方面。

(1)初级部门的农矿产品价格下降时,虽然有可能刺激工业部门吸收更多的初级产品,同时由于食物价格的下降会使工人的实际工资有所提

---

[1] 尼·卡尔多.世界经济中的通货膨胀和衰退[M].外国经济学说研究会.现代国外经济学论文选:第一辑.商务印书馆,1979:322.
[2] 同上.
[3] 同[1]:324.

高，从而有可能因此而增加了对工业制成品的需求。但是，由于贸易条件（初级产品和制造品两类价格或两类总价格水平的比率）在农矿产品价格下降时对初级部门生产者极为不利，所以就将减少初级部门生产者对工业制成品的有效需求，结果势必是抵消了农矿产品价格下降所带来的对工业制成品的需求而有余，造成一种灾害性的后果——经济大萧条。卡尔多认为，20世纪20年代末至30年代的资本主义经济大危机正是由此引起的。

（2）当农矿产品的价格上涨时，它在工业品成本方面具有强有力的通货膨胀的影响。因为农产品、基本原料和燃料价格的上涨，通过各个生产阶段，将依次进入制成品的成本中，使得工业制成品价格提高。这种价格上涨将有利于利润而不利于工资在国民收入中的份额，因而在工会力量强大的国家中，它是引起工资增加压力的一个有力的因素，工人将通过工会与资方的工资谈判，抵制实际工资的降低，要求增加工资，以保持工资在国民收入中的份额。与此同时，通货膨胀本身也有着缩小工业制成品有效需求的作用：一方面，初级部门的生产者利润的增加和他们的开支增加不相称，如石油生产者积累了大量的金融资本而未花费掉；另一方面，大多数国家的政府有可能采取财政金融措施来对付国内的通货膨胀，这些紧缩性的经济政策和措施，将会减少消费者的需求，并抑制工业部门的投资。这样，农矿产品价格上涨很可能在工业部门引起工资物价螺旋上升的通货膨胀，它反过来又使工业部门的活动受到紧缩性经济政策的限制。卡尔多认为，美国1972—1973年的通货膨胀就是起因于农矿产品的价格上涨（同时工资随着生产费用的上涨而上升）；在这种情形下，政府采用了强有力的抑制主义的货币政策来对抗通货膨胀，从而造成了一次相当严重的经济衰退[1]。

琼·罗宾逊除了通过区分各种类型的市场和分析操纵价格外，还从货币和资本主义经济的"不确定性"因素方面来解释停滞膨胀问题。琼·罗宾逊认为，按照凯恩斯的看法，资本主义经济是一种货币经济，而货币之所以存在且在经济生活中起着重要的作用，并不因为它仅仅只是一种交易媒介；货币本身还具有贮藏的职能，正是它的这种性质使得它成为"现在"和"不确定的未来"之间的联系环节。因为货币在所有价值贮藏手段的资产中，流动性最高，风险性最小，人们愿意把一部分收入或财富以货币形式保存在身边；社会经济活动中的一切契约也都是用货币来计量和订立的。同

---

[1] 尼·卡尔多.世界经济中的通货膨胀和衰退[M].外国经济学说研究会.现代国外经济学论文选：第一辑.商务印书馆，1979：325—326.

时，货币和信用制度的存在，也为资本家的投资提供了取得资金的便利，使他们的投资不受自有的收入或财富的限制，资本家可以通过投资来控制经济资源在投资品和消费品生产之间的分配。当社会经济生活中的投资率较高时，势必造成比较多的经济资源用于投资品生产，比较少的经济资源用于消费品的生产，结果是工人的实际工资份额将相对下降。在货币经济中，工资是以货币支付的，货币工资是由劳资双方通过集体谈判制定的，可是一定的货币工资的实际价值（即工资所能购得的消费品）却是受企业资本家的投资决策决定的；投资率的提高所引起的消费品产量的减少和实际工资的下降，将会产生一种"通货膨胀障碍"，即通过通货膨胀来制止利润的提高和实际工资的下降。琼·罗宾逊指出："在一个工会强大的现代经济社会中，厂商要提高利润率以压低综合工资份额（特别是它如果导致实际工资率下降的话）的企图会受到坚决抵制。于是厂商提高货币工资率以免工人罢工；……这被认为是提高利润的通货膨胀障碍。"[1]这也就是说，投资率提高导致实际工资下降时，就会促使工人通过工会提出提高货币工资的要求，从而导致工资物价螺旋式上升的通货膨胀，最终造成经济停止增长和大量失业，出现停滞膨胀局面。

此外，琼·罗宾逊在分析停滞膨胀问题时，还以卡莱茨基的理论为基础，讨论了"政治方面商业循环"问题。琼·罗宾逊在分析资本主义国家的政治生活对经济周期的影响时认为，当下届政府的选举问题隐约出现时，政府可能在要求减轻失业灾难的压力增加的背景下，实行减少失业的经济政策；过后，政府又可能屈服于大企业和食利者阶层的压力，从而使得政府的经济政策非但没有解决失业和通货膨胀问题，还把经济置于停停走走的"政治方面商业循环"的状态中。琼·罗宾逊指出："卡莱茨基在1943年曾经预言，战后，我们战胜了经济方面商业循环，我们就将生活在政治方面商业循环的制度下。现在，政治方面商业循环似乎正在采取一个比以前任何时候更为激烈的方式。"[2]根据新剑桥学派的看法，正是新古典综合学派这一冒牌的凯恩斯主义的经济政策造成了经济停滞膨胀的局面，因而他们反对新古典综合学派用调节总需求和实行工资物价管制的方法来解决滞胀问题，而积极主张把调节资本主义经济和解决停滞膨胀的政策措施的重点放在改善社会收入分配方面。

---

[1] 琼·罗宾逊,约翰·伊特韦尔.现代经济学导论[M].商务印书馆,1982:245.
[2] 琼·罗宾逊.经济理论的第二次危机[M].外国经济学说研究会.现代国外经济学论文选:第一辑.商务印书馆,1979:9.

第六节 经济政策主张

在经济政策主张方面,新剑桥学派既反对新古典综合学派给资本主义经济开的药方,也反对货币主义者减少国家干预的主张。他们认为,新古典综合学派提出的调节社会总需求和实行工资物价管制的经济政策主张已经被实际经济生活证明是无效的;它们不仅没有解决通货膨胀和失业问题,反而造成了社会资源的巨大浪费、环境的污染和收入分配的进一步失调。对于货币主义者提出的减少政府的干预,听任市场机制发挥作用调节经济的主张,新剑桥学派认为,20世纪30年代的资本主义经济大危机已经证明,市场机制是一个效率不佳的调节工具,因此货币主义者的观点实质上是一种经济理论上的倒退。

新剑桥学派通过对收入分配、经济增长和停滞膨胀等问题的研究,对资本主义社会的"病症"得出了他们的看法。新剑桥学派认为,资本主义社会的症结在于分配制度的不合理和收入分配的失调。在资本主义社会中,分配是在一部分人占有生产资料,另一部分人未占有生产资料这一历史形成的不合理的分配制度中进行的,现存社会的分配制度是造成收入分配不公平的原因,因此不能指望在现行制度下通过市场机制的调节作用来改变不合理的分配格局。并且,在现行制度下,经济增长本身是在收入分配失调的基础上进行的,因而经济增长丝毫不能改变这一分配格局,反而只会加剧收入分配不合理的程度。根据上述对资本主义社会"病症"的诊断,新剑桥学派的经济学家们得出结论,要医治资本主义社会的弊病,必须改革资本主义社会的收入分配制度。所以,新剑桥学派的经济政策主张的重点就是收入分配政策。

基于市场机制的调节作用并不能改变不合理的收入分配格局,新剑桥学派提出,必须通过资本主义国家政府实施一系列的社会经济政策,才能改变现行的分配制度和收入分配不合理的格局。他们的主要政策主张有以下六项。

(1) 实行累进的税收制度来改变社会各阶层收入分配不均等的状况。累进的税收制度可以对高收入者课以重税,以在一定程度上消除一些收入不均等(尤其是收入水平太悬殊)的状况。

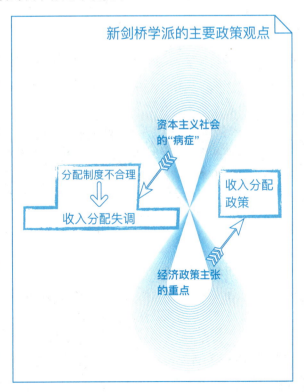

新剑桥学派的主要政策观点

（2）实行高额的遗产税和赠与税，以便消除私人财产的大量集中，抑制社会食利者阶层收入的增加；同时，政府还可以通过这一税收方式将所得到的财产用于社会公共目标和改善低收入贫困阶层的状况。

（3）通过政府的财政拨款对失业者进行培训，提高他们的文化程度和技术水平，以使他们有更多的就业机会，并能从事收入较高的技术性工作，从而拉平一些收入上的不均等状况。此外，国家可以通过预算给低收入水平的家庭以一定的生活补贴，增加他们的收入。

（4）制定适应经济稳定增长的财政政策，减少财政赤字，逐步平衡财政预算；并根据经济增长率来制定实际工资增长率的政策，以改变劳动者在经济增长过程中收入分配的相对份额向不利方向变化的趋势，从而在经济增长过程中逐渐扭转分配的不合理。

（5）实行进出口管制政策，利用国内资源的优势，发展出口产品的生产，以便为国内提供较多的工作岗位，增加国内的就业机会，降低失业率，提高劳动者的收入。

（6）政府运用财政预算中的盈余来购买私人公司的股票，把一部分公司股份的所有权从私人手中转移到国家手中，从而抑制食利者阶层的收入，增加低收入家庭的收入。

本 章 总 结

1. 新剑桥学派是凯恩斯主义经济学的一个重要学派，是在与新古典综合经济学争论中形成的一个经济学派。新剑桥学派以凯恩斯理论的正宗自居，抨击了新古典综合学派的经济理论。

2. 新剑桥学派在研究方法上更强调历史观和制度分析。在价值理论方面试图重建客观的价值理论，同时非常重视收入分配问题在经济学研究中的中心地位，主张回复到古典经济学的传统。

3. 新剑桥学派在经济政策主张方面更重视分配制度的不合理问题，主张改变现行的分配制度和收入分配不合理的格局，通过政府的各种收入分配政策来缓解资本主义经济运行中的矛盾。

思 考 题

1. 什么是新剑桥学派的方法论特点？
2. 为何说斯拉法为新剑桥学派的收入分配理论提供了价值论基础？
3. 新剑桥学派的经济增长理论有何特点？
4. 什么是新剑桥学派的"停滞膨胀"理论的基本内容？
5. 什么是新剑桥学派的主要经济政策主张？

New-Keynesian School

第三章

新凯恩斯主义学派

凯恩斯1936年出版的《通论》，对当代西方经济学理论的发展产生了重大影响。自20世纪30年代后期至60年代中期，希克斯、汉森、萨缪尔森、莫迪利安尼、克莱因、帕廷金等许多经济学家纷纷著书立说以解释、发展和完善凯恩斯《通论》中的宏观经济理论，从而奠定了第二次世界大战后宏观经济学领域中凯恩斯经济学的主导地位。随着凯恩斯经济学新正统地位的确立，凯恩斯学派的经济学家已经习惯于用希克斯所发展起来的一般均衡分析方法来阐述凯恩斯经济学，$IS\text{-}LM$模型（又称希克斯-汉森模型）和收入-支出理论成了凯恩斯经济学的同义词。但是，一些与凯恩斯学派对立的经济学家却针对凯恩斯学派所作的解释来攻击凯恩斯经济学和凯恩斯主义的经济政策。从20世纪50年代中期开始，随着货币学派和各种自由主义经济学派别的兴起，在西方经济学界围绕着凯恩斯经济学的理论争论日趋尖锐和激烈，形成了所谓的"新凯恩斯主义学派"。

第一节 | 早期新凯恩斯主义

1966年，美国经济学家罗伯特·克洛沃（R.W. Clower）发表"凯恩斯主义的反革命：一个理论评价"，对凯恩斯学派以一般均衡理论来解释凯恩斯经济学提出了尖锐的批评；1968年，瑞典经济学家阿克塞尔·莱荣霍夫德（Axel Leijonhufvud）出版了《论凯恩斯学派经济学和凯恩斯经济学》，认为凯恩斯学派曲解了凯恩斯经济学，凯恩斯学派的理论充其量只不过是一种"庸俗化的凯恩斯主义"。他指出，必须对凯恩斯著作加以重新解释，还凯恩斯经济学真实的面目。由于克洛沃和莱荣霍夫德都是从原凯恩斯主义阵营中反戈而出，又以重建凯恩斯经济学为己任，所以可被称为新凯恩斯主义的先驱。

在克洛沃、莱荣霍夫德等人的经济理论的基础上，美国经济学家巴罗、格罗斯曼，法国经济学家贝纳西和马兰沃德等人建立了非均衡理论模型。非均衡理论一方面为凯恩斯宏观经济理论奠定了微观基础；另一方面也促进了西方经济学宏观经济理论本身的发展。他们可以说是新凯恩斯主义的早期代表。

一、凯恩斯与瓦尔拉斯体系

凯恩斯在1937年的"就业的一般理论"中指出，《通论》中的经济理论与古典学派的经济理论之间存在两大基本差异：第一，古典经济学家认为我们对有关未来的知识非常清楚，而事实上我们有关未来的知识是被动的、含糊的和不确定的，结果古典学派的货币和利率理论发生了错误；第二，古典学派信奉瓦尔拉斯的一般均衡理论和萨伊定律，认为供给能自行创造需求，整个社会的总供求能自动达到均衡，而事实上是需求决定了供给水平，结果古典学派由于缺乏有效需求理论，无法解释就业水平和总产量的波动[1]。

瓦尔拉斯体系存在两个问题：第一，由于只有在拍卖人的反复喊价使得各种物品供求都均衡后才进行实际的交易，因而就完全排除了经济生活中的不确定因素；第二，由于排除了不确定因素，货币在经济中的作用就会被置于一种可有可无的地位。针对瓦尔拉斯关于试探过程能使经济达到一般均衡的观点，克洛沃指出，在现代货币经济中有必要区分名义需求和有效需求。名义需求是指交易者能以现行价格购买和销售他们所想购买和销售的物品或劳务时的需求函数，它是以计划销售总是能够实现

---

[1] 凯恩斯.就业的一般理论[J].经济学季刊,1937(2): 209—223.

这一假定为基础的,计划销售的实现保证了计划购买也总是能顺利进行的。有效需求是指以实际支付能力为支柱的需求,它是以当前销售的物品和劳务所得到的收入可能与计划销售的收入有偏差,从而会对当前的支出形成某种限制这一事实为基础的。他认为瓦尔拉斯体系考虑的只是名义需求,是一种单一决策假说。有效需求分析则要考虑交易者供给决策对其需求决策的限制,因而是一种双重决策假说。根据双重决策理论,只有在所有市场都已出清(供求均衡)时,名义需求才与有效需求一致,否则的话,实际消费完全可能与意愿消费相偏离,这时瓦尔拉斯定律将不再适用。例如,当工人失业时,工人所意愿提供的劳务未能销售出去,这时没有任何方法可以确定;倘若工人是就业的,他们本来会用销售劳务的收入购买何种商品、购买多少数量,也就是说工人的名义需求不能被传递给生产者。但是,工人由于失业所引起的收入减少,会直接引起工人对商品需求量(有效需求)的减少。这个信息却会马上传递到生产者那里,于是生产者就削减产量。

克洛沃认为,最关键的问题是名义需求并不能够传递到生产者那里,因而无法实际上影响产量和就业水平,而瓦尔拉斯关心的恰恰只是名义需求。与此相反,凯恩斯以有效需求作为分析基础,因此他得出了经济可能处于"非充分就业均衡状态的结论"。

莱荣霍夫德认为,在凯恩斯与瓦尔拉斯的两大基本差异中,不确定性问题是最重要的。他指出,瓦尔拉斯一般均衡理论的根本弱点就是忽视了信息传递中的不确定因素和信息成本问题。在市场信息不完全或是缺乏无代价地提供和获取信息的条件下,价格的瞬时调节不可能成为最有效的市场调节方式,因此,市场对需求变化的最初和最直接的反应并不是价格调整,而是数量(或产量)调整。他认为,价格调整和数量调整是瓦尔拉斯体系和凯恩斯理论的重要区别之一,而数量调整的结果往往是经济的非均衡状态,即导致资源闲置和生产能力过剩等现象的发生。

以资本品市场为例,若没有瓦尔拉斯拍卖人喊价,工厂所得到的产品市场需求信息是有限的,特别是不知道市场出清价格,故面临供大于求时,它们的反应并不是马上降价,而是凭经验为产品估计一个保留价格,并通过增加库存来对付市场需求的下降。但最后由于工厂库存积压过多,他们将被迫减产。显然,在不确定情况下,对需求下降的理性反应可能是调整数量而非立即改变价格。莱荣霍夫德认为,凯恩斯与瓦尔拉斯有关失业问题的分歧在于,在瓦尔拉斯体系中,价格调整会立即消除失业,而对凯恩斯而言,不完全的市场情报等因素会使价格调整推迟进行,经济体系会进行数量调整,从而导致产量和就业水平的下降。

二、凯恩斯与凯恩斯学派

凯恩斯在《通论》中论述有效需求的决定时，提出了流动偏好学说，认为流动偏好是影响有效需求变动的一个极其重要的原因。但是，凯恩斯学派经济学家曲解了凯恩斯的理论，错误地推论出流动陷阱和投资缺乏利率弹性，忽视了凯恩斯对货币和货币政策的论述，得出了重视财政政策的结论。根据莱荣霍夫德的看法，造成凯恩斯学派经济学这一错误的关键原因在于，凯恩斯学派的四物品经济模型是建立在对凯恩斯经济学的错误理解的基础之上的。

为了比较凯恩斯经济模型与凯恩斯学派经济模型，莱荣霍夫德列举了五种物品：消费品、资本品、货币、政府债券（或公债）和劳动。他指出，凯恩斯学派与凯恩斯经济学的一个重要差异就在于，把这五种物品归类为四物品经济模型时，各自归类所依据的标准和建立的经济模型是不同的。

在凯恩斯学派的四种物品经济模型（或称标准模型）中，凯恩斯学派经济学家单纯以总量生产函数来决定产品和产量，将消费品和投资品合并为一类物品。标准模型所包含的四种物品是商品、公债、货币和劳动。莱荣霍夫德认为，在凯恩斯的模型中，消费品是单独一类物品，而资本品与公债（包括股权资产）被合并为一类物品，称为非货币资产。他认为，这种划分和归类的理由在于，公债和资本品都与预期收益流量有关，可以用同一利率（长期利率）来计算它们的现值。此外，非货币资产是一种长期资产，它们与货币和消费品这些短期因素决定的资产是有区别的。根据这一归类，凯恩斯经济模型中所包含的四种物品是消费品、货币、非货币资产和劳动[1]（见图3.1）。

图3.1 凯恩斯四物品经济模型

莱荣霍夫德通过比较表明，标准模型与凯恩斯模型有以下三点不同。

（1）标准模型包含一种商品，是"单一商品模型"，而凯恩斯模型包含两种商品（消费品和非货币资产中的投资品被区分开来了），是"二元商品模型"。

---

[1] 凯恩斯四物品经济模型是莱荣霍夫德根据他对《通论》的理解建立的。

（2）"单一商品模型"的一个重大缺陷就是排斥了相对价格及其对经济生活的影响。依照莱荣霍夫德的分析，在凯恩斯经济学中，相对价格问题是十分重要的。例如，资本品和劳动之间的相对价格是决定投资的重要因素，而资本品与消费品之间的相对价格是决定消费的一个重要因素。此外，在凯恩斯看来，经济危机也往往是由错误的相对价格及预期引起的。

（3）标准模型在将物品归类时，特别重视物质资产（商品）与金融资产（货币和债券）的区别，而凯恩斯经济模型所注重的是流动资产（消费品、货币）与非流动资产（资本品、公债）或固定资产的区别。资产划分的这种差异必定会引起对资产选择、利率和货币政策作用等问题看法上的分歧。

凯恩斯学派经济学家在讨论投资与利率的关系时，一般都依据凯恩斯的流动偏好学说，把利率看作放弃一定时期内的流动性的报酬，并由此推论由于存在流动陷阱和投资缺乏利率弹性，货币政策在经济危机时期是无效的，从而得出了必须依赖财政政策作用的结论。

针对这种观点，莱荣霍夫德指出，在凯恩斯本人的著作中从未出现过货币政策无效的思想。凯恩斯学派关于这个问题的分析实际上是片面和错误地理解了凯恩斯的思想。根据凯恩斯在"就业的一般理论"一文中的论述，关于流动偏好函数及其在利率决定中的作用，只是凯恩斯利率决定分析的第一阶段。如果我们只按照凯恩斯第一阶段的利率决定理论，就自然会被诱至凯恩斯学派的分析，忽视凯恩斯的资产选择理论和关于货币政策作用的分析。

凯恩斯在"就业的一般理论"中指出，可供人们选择的财富持有方式，不只是凯恩斯学派根据凯恩斯关于利率决定第一阶段分析所得出的货币与公债两种金融资产形式。人们还可在流动资产和非流动资产、金融资产和物质资产之间进行选择。

凯恩斯在"就业的一般理论"中接着指出，资本资产的产量规模取决于其生产成本与其预期在市场上所能出售的价格。因此，倘若利率水平与资产预期收益一起使资本资产价格上升（下跌），当期投资量将增加（减少）。

由此可见，利率对投资的影响并不是像凯恩斯学派所论述的：货币供求决定利率，利率与资本边际效率决定投资。利率的作用并不只在于它能够直接影响投资决策，还在于通过影响资本资产的价格来影响投资决策，是一种间接的影响作用。

此外，从失业原因的分析来看，莱荣霍夫德指出，失业的基本原因在于资本资产与劳动两者的相对价格发生了问题,是资本资产的相对价格过低了。假定在某一个充分就业均衡的经济中,储蓄开始较以前有所增加,如果人们对未来的变化有确定的知识,市场信息极为完全,那么,用于当时消费品生产的资源马上可以转移到别的生产部门,经济将仍然保持充分就业均衡。可是,生产者可能并未收到这种信息。同时,当储蓄者增加储蓄,使得非货币资产(包括资本资产)价格上升时,投机者也可能并未接到储蓄者改变储蓄意愿的信息,在非货币资产价格上升时卖出资产,换取存款,以致利率不能下降,资本资产价格不能继续上升至保持充分就业均衡的水平,导致经济危机和失业的出现。据此,他进一步分析指出,在凯恩斯理论中,为了避免失业,必须控制住长期利率,从而控制住投资、国民收入和就业水平。因此,只要中央银行能够迅速将长期利率调整至充分就业所需的水平,货币政策仍是有效的。

第二节 凯恩斯经济学的非均衡分析

非均衡学派认为,凯恩斯理论的思想精髓在于把非瓦尔拉斯均衡作为现实经济的一种常态,而把瓦尔拉斯均衡看作一种特例。传统的凯恩斯主义者试图把凯恩斯理论强行纳入一般均衡,其结果是使凯恩斯理论更加远离现实世界和缺乏微观理论基础。因此,他们试图在不完全信息、不完全竞争和价格缺乏完全弹性的假设前提基础上,在一个非均衡的结构中重建凯恩斯主义宏观经济理论及其微观基础。

非均衡学派对凯恩斯理论的重新解释和拓展,从微观非均衡分析入手。

若价格具有充分弹性,价格信号调整可以保证市场全部出清;家庭实现的需求等于意愿需求。然而,现实中价格并不一定具有充分弹性使市场出清。在这种情形下,家庭消费行为不仅受价格信号调节,而且也受非价格的数量信号调节。

克洛沃在家庭消费行为双重决策和自愿交换前提假定下,分析了劳动过度供给时的家庭消费行为[1]。他认为家庭消费计划不仅取决于实际工资 W/P(其中,W 为名义工资、P 为价格水平),还受劳动供给量($\overline{N}$)的约束,即家庭有效需求函数为 $C=f(W/P, \overline{N})$。当不存在劳动供给约束时,家庭消费

---

[1] 克洛沃.凯恩斯的反革命[M].汉恩等.利息理论.麦克米伦公司,1960.

受价格信号调节；当存在劳动供给约束时，家庭将根据能够实现的劳动供给量决定消费品购买量。他还认为，劳动市场的数量限制导致家庭就业不足，从而导致家庭收入减少；这又将进一步导致商品市场上的有效需求不足。这就是宏观经济处于非均衡状态的微观原因。

罗伯特·巴罗和桑福德·格罗斯曼分析了商品过度需求条件下的家庭消费行为[1]。他们认为，在这一情形下，由于实现的消费需求小于其意愿需求，家庭对不能实现的商品需求可能会作出两种不同的反应：一是把不能消费掉的收入储蓄起来；二是减少劳动供给增加闲暇。如果长期存在过度需求，储蓄和闲暇对不能消费掉的收入都具有替代性。一般来说，两种反应的某种组合将是最理想的。在商品过度需求条件下，家庭的第二种反应会导致劳动供给量减少，从而引起产量下降。

罗伯特·巴罗
（Robert J. Barro）

克洛沃、巴罗、格罗斯曼等人还通过引入预期和存货两个因素，假定价格和工资率具有刚性，分析了非均衡条件下的企业行为。他们认为，在非均衡条件下，企业可能受到市场销售量和就业量两种数量约束。在图3.2中，F点表示企业在商品市场和劳动市场上都不受数量约束，商品市场中的需求量等于企业的意愿供给量（图中为x_0）；劳动市场中家庭的劳动供给量等于企业对劳动的意愿需求量（图中为l_0）。FA线代表企业受到劳动供给的数量限制时的商品供给曲线。由于家庭在现行工资水平下愿意提供的劳动小于企业的意愿需求，企业的有效供给小于意愿供给，即$\bar{x} < x_0$。FB线代表企业受市场销售量的数量约束时的劳动需求曲线。在这种情形下，企业将减少劳动雇用量，从而降低产量。企业对劳动的需求量取决于预期市场销售量。图中的C点表示存在劳动供给量和市场销售量的双重数量约束，企业有可能把C点对应的就业量所能生产的商品用于增加存货。

桑福德·格罗斯曼
（Sanford J. Grossman）

巴罗、格罗斯曼等人的上述微观非均衡分析的目的在于建立宏观非均衡模型，法国经济学家让-帕斯卡尔·贝纳西的微观非均衡理论则试图给非均衡的宏观经济学提供一个非均衡的微观经济学基础。他在《市场非均衡经济学》一书中系统分析了货币经济条件下单个市场和多个市场的非均衡状态，并进而用这一理论框架解释宏观上的失业和通货膨胀。

贝纳西首先考察了固定价格条件下的单个市场非均衡状态。他提出了两组不同的需求和供给概念，用d_{ip}^*表示第i个经济当事人对第p种产品所实现的购买量，用s_{ip}^*表示第i个经济当事人对

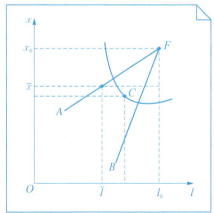

图3.2
非均衡条件下的企业行为

---

[1] 巴罗,格罗斯曼.收入和就业的一般非均衡模型[J].美国经济评论,1971:61.

让-帕斯卡尔·贝纳西
(Jean-Pascal Benassy)

第 p 种产品的销售量，用 $\tilde{d}_{ip}^*$ 表示第 i 个经济当事人想要消费的需求量，用 s_{ip}^* 表示第 i 个经济当事人想要出售的供给量。实现的购买量和实现的销售量必相等。所以有

$$\sum_{i=1}^{n} d_{ip}^* = \sum_{i=1}^{n} s_{ip}^* \tag{3.1}$$

但是，想要消费的需求量和想要出售的供给量就不一定相等。所以有

$$\tilde{D} = \sum_{i=1}^{n} \tilde{d}_{ip} \ne \sum_{i=1}^{n} \tilde{s}_{ip} = \tilde{S} \tag{3.2}$$

显然，只要 $\tilde{D} \ne \tilde{S}$，那么就总有一些需求或供给是不能实现的，市场处于未出清状态。在这种情形下，行为人将通过数量调整来实现短边均衡。

在按比例配额方案下，当 $\tilde{S} > \tilde{D}$ 时，按短边规则，能实现的需求量等于想要实现的需求量；想要实现的供给量只能按 $\tilde{D}/\tilde{S}$ 比例实现。当 $\tilde{S} < \tilde{D}$ 时，企业实现的供给量等于想要实现的供给量；而能实现的需求量则按 $\tilde{S}/\tilde{D}$ 比例实现。

在按排队方式进行配额时，当 $\tilde{D} > \tilde{S}$ 时，需求者根据排队次序配额，其规则是

$$d_i^* = \tilde{S} - \sum_{j=1}^{n} d_j^* \quad (j = i - 1) \tag{3.3}$$

式（3.3）表明，当第 i 个需求者购买时，所实现的购买量最多只是他前面需求者购买后的剩余量。

在单个市场非均衡分析基础上，贝纳西通过引入"溢出效应"概念，对多个市场进行了非均衡分析。"溢出效应"是指行为人由于在别的市场上的需求或供给受到了配额限制，从而在某一个市场上想要发生的交易受制于其他市场的配额约束，结果实际发生的交易额低于想要发生的交易额。贝纳西的微观非均衡分析，为宏观非均衡分析创造了新的微观经济分析基础[1]。

巴罗和格罗斯曼在"收入和就业的一般非均衡模型"一文中，首次把商品市场和劳动市场统一起来进行综合考察，并建立了过度需求和过度供给条件下的宏观非均衡模型。马兰沃德在《失业理论的再思考》一书中，把商品市场和劳动市场上可能出现的过度需求和过度供给的非均衡状态进行了不同组合，得出了四种不同的宏观非均衡状态。非均衡学派重点分析了以

---

[1] 贝纳西的微观非均衡理论详见：贝纳西.市场非均衡经济学[M].上海译文出版社，1989；平新乔等.西方学者论社会主义非均衡[J].管理世界，1989(3).

下三种宏观非均衡状态以及相对应的政策。

（1）凯恩斯失业均衡，即商品市场和劳动市场都存在过度供给的非均衡状态。在这种情形下，由于企业意愿出售的商品量多于家庭意愿购买量，而企业意愿雇佣劳动量却少于家庭意愿实现的劳动供给量。于是，家庭只能根据劳动市场的就业限额决定其对商品的需求，根据商品市场的供给限额决定劳动供给；企业只能依据商品市场上的供给限额决定其劳动需求，依据劳动市场上的供给限额决定其商品有效供给。这种现象是由于有效需求不足引起的，实际供求均衡由有效需求确定。

（2）抑制型通货膨胀均衡，即劳动市场和商品市场同时出现过度需求的非均衡状态。在这种情形下，劳动市场上达到充分就业，企业不能通过增加劳动投入来增加供给。家庭不能得到想要购买且有支付能力的商品，在商品市场上就只好采用正式或非正式的数量配额。于是家庭降低劳动供给量，增加闲暇时间，从而导致劳动供给量低于劳动需求水平，进一步加剧商品短缺程度；而企业生产不足又进一步造成劳动市场上的供给不足。这种恶性循环被格罗斯曼和巴罗等人称为"供给乘数"。在价格刚性条件下，由于供不应求的市场潜在压力无法通过物价上涨的方式释放出来，于是物价上涨的潜能转化为强迫储蓄和闲暇替换。这种状况被称作抑制型通货膨胀。

（3）古典型失业均衡，即劳动市场上出现过度供给，商品市场上出现过度需求的非均衡状态。古典失业理论认为，由于劳动市场上工资过高，引起消费需求增大，使商品市场出现过度需求；同时，又引起企业对劳动的需求下降到充分就业的水平之下，于是就出现了商品市场上的供不应求与劳动市场上的非自愿失业同时并存的现象。在这种情况下，政府的有效需求管理不仅不能增加就业，反而会进一步加剧商品市场的供不应求。

图3.3中的第Ⅰ象限代表抑制型通货膨胀均衡，第Ⅲ象限代表凯恩斯的失业均衡，第Ⅳ象限代表古典型失业均衡。由此可见，凯恩斯的失业均衡模型事实上仅仅描述了非均衡学派宏观非均衡模型中的一种非均衡状态。

所以，巴罗和格罗斯曼等人的一般非均衡模型，是对凯恩斯宏观经济学的重新解释和拓展。

西方非均衡理论较之于瓦尔拉斯均衡理论具有更强的现实性，它引起越来越多的经济学家的关注。它为长期处于分离状态的宏观经济学和微观经济学的有机结合提供了现实基础。

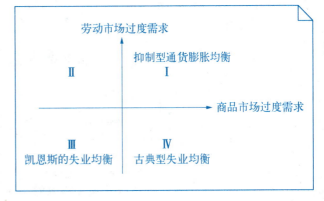

图3.3
均衡模型与非均衡模型

尼可拉斯·格里高利·曼昆
（N. Gregory Mankiw）

劳伦斯·亨利·萨墨斯
（Lawrence Summers）

20世纪80年代以来，宏观经济学家认为宏观经济模型需要可靠的微观经济基础。新古典宏观经济学已经在这方面提供了大量的早期文献。而后不断增长的关于实际经济周期模型的文献中已经有大量的古典微观经济学传统。这类宏观经济分析使许多人认为凯恩斯宏观经济学是与通常关于经济主体最大化行为分析方法不一致的。为答复这种批评，新凯恩斯主义者力图证明大多数凯恩斯体系实际上与标准的微观经济模型是相容的。

20世纪80年代以后，凯恩斯经济学遭遇了新古典宏观经济学的严峻挑战。面对厄境，一批中青年经济学家，以哈佛大学的尼可拉斯·格里高利·曼昆（N. Greogory Mankiw）和劳伦斯·亨利·萨墨斯（Lawrence Summers）、麻省理工学院的奥利弗·布兰查德（Olivier Blanchard）和胡里奥·罗特姆伯格（Julio Rotemberg）、哥伦比亚大学的埃德蒙德·费尔普斯（Edmund Phelps）、伯克利加州大学的乔治·阿克尔洛夫（George Akerlof）、珍妮特·耶伦（Janet Yellen）和戴维·罗默（David Romer）、斯坦福大学的斯蒂格利茨（Joseph Stiglitz）、普林斯顿大学的本·伯南克（Ben Bernank）、威斯康星大学的马克·格特勒（Mark Gertler）等人为主力，奋起迎战，以凯恩斯理论为基础，通过补充、修正、完善，建立了一批新理论模型，有力地回应了新古典宏观经济学[1]。他们的贡献构成了新凯恩斯主义的主流。

新凯恩斯主义认为一个宏观经济模型起码要有三点特征才有可能描绘实际经济事件。首先，模型应当与非自愿失业的存在相一致；其次，模型应当与总产出提高几乎总是意味着福利的改进这一观念相一致；最后，模型应当允许名义扰动（如货币冲击）等能够引起实际经济活动的变化。为此，他们建立了若干理论模型，力图从经济主体最大化行为这一基本前提假设出发推论出凯恩斯主义的大多数结论。下面重点介绍两个模型：效率工资模型和宏观经济的粘性价格模型[2]。

第三节　效率工资模型与非自愿失业

宏观经济学一般认为，起码在某些时间或某些地点，存在着非自愿失业。当失业者准备和愿意接受比通行的实际工资率更低的工资，然而却无

---

[1] 王健.新凯恩斯主义经济学[M].经济科学出版社,1997: 2.
[2] 更多的新凯恩斯主义理论模型，可参阅王健的《新凯恩斯主义经济学》(经济科学出版社，1997年)。

法就业时,就存在非自愿失业。

以往凯恩斯经济学用刚性名义工资说明非自愿失业的存在。然而这种观点受到两点批评:一是它没有明确界定工资制定者;二是没有提供任何健全的理由来说明,为何工资制定者在面对超额劳动供给时不能迅速降低名义工资。

效率工资模型提供了一个富有吸引力的、可替代名义工资刚性模型的、对非自愿失业的合理说明。效率工资模型依存于工人的生产效率与厂商支付的实际工资率直接挂钩的可能性,表明工人的努力程度与厂商支付的实际工资正相关。如此,厂商的利益则在于向工人支付的实际工资率要超过劳动市场所决定的均衡工资率。虽然厂商可以用比通行水平低的工资率雇佣失业者,但这可能使厂商在工人生产率方面的所失大于实际工资下降方面的所得。在这种分析中,超额劳动供给的出现与工人和厂商的最大化行为并无冲突,也与劳动市场中充分完成所有有利交易的现象相一致。这种效率工资模型能说明作为均衡结果的实际工资刚性和非自愿失业。

埃德蒙德·费尔普斯
(Edmund S. Phelps)

效率工资基本模型由耶伦(Yellen,1984)提出。假设代表性厂商以劳动为唯一可变生产要素。假设生产函数为

$$Y=af(L), f'>0, f''<0 \qquad (3.4)$$

式中,Y 为产出,L 为劳动,a 为生产率的潜在外生扰动。

通常 L 代表就业人数或工作的人时数,但这里把 L 当作劳动的效率单位数量。它等于劳动力规模 N 乘以工作努力水平 e。效率工资理论的独特特点是假定工作努力水平 e 是实际工资率 w 的增函数。

厂商真实利润由下式决定

$$\frac{\Pi}{p} = af[e(w)N] - wN \qquad (3.5)$$

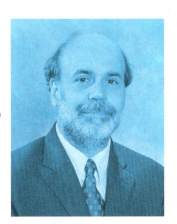

本·伯南克
(Ben Shalom Bernanke)

假定劳动供给无弹性,为 $N = \bar{N}$。若工作努力独立水平于实际工资率,那么劳动市场的均衡要求实际工资率等于劳动的边际生产力

$$w = af'(\bar{e}N)\bar{e} \qquad (3.6)$$

$\bar{e}$ 代表固定的工作努力水平。均衡工资率 w^* 将使劳动需求等于劳动供给,不存在非自愿失业。并且均衡的实际工资率为

$$w^* = af'(\bar{e}N)\bar{e} \qquad (3.7)$$

它将随外生的生产率参数 a 而单调增加。

效率工资理论采纳了另一种假定,即工作努力水平 e 依存于实际工资

珍妮特·耶伦
(Janet L. Yellen)

率。由于这一假定,代表性厂商通过选择 w 和 N 来最大化实际利润。现在代表性厂商的最大化问题为

$$\max_{w,N} \frac{\Pi}{P} = af[e(w)N] - wN \tag{3.8}$$

该最大化问题的一阶条件为

$$\frac{\partial(\Pi/P)}{\partial N} = af'e(w) - w = 0 \tag{3.9}$$

$$\frac{\partial(\Pi/P)}{\partial w} = (af'e' - 1)N = 0 \tag{3.10}$$

式(3.9)是标准的实际工资率与边际产品之间的等式。式(3.10)要求厂商使每效率单位的劳动成本最小化。结合两式加以整理,则

$$\frac{w}{e} \cdot \frac{de}{dw} = 1 \tag{3.11}$$

这意味着效率工资正好是使努力水平对于实际工资率的弹性等于1的工资。若这个实际工资率大于 w^*,那么实际就业将小于 $\bar{N}$,非自愿失业就将作为均衡的结果而存在。那些失业者将愿意接受较低的实际工资率,但无法就业。

效率工资模型的关键在于其认为实际工资率独立于生产率扰动 a。并且,实际工资率也独立于任何需求一方的扰动。因此,效率工资模型为实际工资刚性提供了一个正规的理论基础。同时,虽然均衡工资率独立于生产率扰动 a,但就业水平则不。在这个模型中,有利的供给扰动导致就业增加但不改变实际工资率。因此,这个模型避免了刚性名义工资模型经常遭受的批评。因为它预言了与经济周期反向运动的实际工资率,即实际工资率在萧条时上升而在繁荣时下降。但经验研究一致否定了这一预言。

效率工资模型的关键假说是实际工资率与工人工作努力水平之间的直接联系。这一必不可少的假说可以通过数种不同但并不相互排斥的方式将其说明。

可能生产率与工资之间最具体的联系是由莱本斯坦(Leibenstein, 1957)提出的。在工资率接近维生水平时,实际工资的提高会改善工人的营养状况并增强他们的体力。一个健壮的劳动力在单位时间里将生产更多产品。

效率工资说的另一种理论基础是由夏皮罗和斯蒂格利茨(Shapiro & Stiglitz, 1984)提供的。他们提出,对工人的工作努力水平进行监督需要厂

约瑟夫·斯蒂格利茨
(Joseph Eugene Stiglitz)

商支付很高的成本，因此工人很可能偷懒并避免被发现。在纯粹竞争模型中，偷懒的工人被发现后虽然可能被解雇，但他很快能在另一家支付相同工资的厂商那儿就业。所以，在均衡时没有激励机制使工人不偷懒，所有工人都偷懒。相反，厂商支付高于竞争性水平的实际工资对于偷懒的工人是一种有效的惩罚机制，因为他一旦因偷懒而被解雇之后就无法再获得这份高工资，而只能在支付较低工资的部门就业。这种刺激机制可能导致一种均衡状态：在高工资厂商那里就业的工人比在低工资厂商那里就业的工人平均来说更努力工作。

另外，塞洛波（Salop, 1979）考虑到雇员转换率较低的厂商其工人可能有较高的生产率。这是因为资深雇员可能更有生产性，而有经验的雇员的流失会给厂商造成损失。较高的实际工资率能降低雇员的流动率并提高平均生产率。

阿克洛夫（Akerlof, 1982）认为实行效率工资的原因更多的是社会学意义上的。他认为工人和厂商交换各自的"礼品"。厂商自愿付给工人超过竞争性工资的高工资，而工人向厂商提供超过最低标准的工作努力水平。在他的模型中，超过竞争水平的工资被用于维持工人和厂商之间"礼物"交换的均衡，"工作按规范"和共同的压力促使工人提高生产率。有趣的是，他表明通过"礼物"交换可以实现的某些最优结果不能通过纯粹的市场机制来达到。

乔治·阿克洛夫
(George A. Akerlof)

维斯（Weiss, 1980）提供了一个雇佣活动中的逆选择模型，它同样为效率工资提供了说明。概括地讲，厂商不能事先衡量不同工人的生产率。然而，若工人知道自己的生产力，那么平均说来，工人接受的工资将与他们的能力正相关。因此，较高的工资率可能引起工人较高的生产率。

效率工资模型对非自愿失业和实际工资刚性提供了一个精巧的说明，20世纪90年代以来已有不少实证研究。在充分评价效率工资模型之前，还需要更仔细的、创造性的经验工作。

然而，尽管效率工资模型可以说明劳动市场的一些特征，但这类模型对解释宏观经济现象的有用性仍是十分有限的。首先，它虽然能解释实际工资刚性，但不能说明名义工资刚性的必然性以支持传统的凯恩斯刚性工资模型；其次，它几乎没有谈到工资和就业是如何在时间进程中和不同地点发生变化的。

虽然效率工资模型对于总量波动的源泉不能提供新的说明，但它可能有助于说明这类波动的部分传导机制。效率工资模型的特征，就在于强调就业运动主要受劳动需求而不是劳动供给控制。效率工资模型因此经常被包含在更充分叙述的关于就业和产量决定的新凯恩斯模型中。

第四节 | 宏观经济的粘性价格模型

新凯恩斯的宏观经济粘性价格模型的微观基础是下述一套一般性假设。首先,产品市场上的名义刚性很可能比劳动市场上的名义刚性更影响资源配置,因为劳动市场上支付的工资率反映了长期关系下的分期支付;其次,为使刚性价格成为一种最大化行为,单个厂商的利润函数必须是厂商索要的价格的连续函数,这种考虑使垄断竞争模型对于宏观经济分析来说最有用;最后,既然定价成本相对于总量经济变化来说是小的,那么个别价格制定者面对的定价成本必定具有放大的总效应。

> 塞克赫梯研究了1953—1979年美国38份杂志的价格,发现这些杂志连续两次价格变化的平均年限从1.8—14年。

以下模型以上述三条假设为基础。这种模型可以推导出刚性价格均衡,刚性价格均衡中的就业和产量水平与柔性价格下的水平有很大不同。并且这个模型肯定高产出伴随着改进的福利,并承认货币政策影响资源配置的潜力。

凯恩斯宏观经济模型面临的劳动市场基础的困难问题,促使人们对产品市场名义刚性的理论基础发生兴趣。尤其是塞克赫梯(Cecchetti, 1986)发现了<u>杂志价格的名义刚性的重要证据</u>。<u>布兰查德</u>(Blanchard, 1985)指出了名义价格比名义工资更具粘性的经验证据。

本节提供了刚性产品价格模型的微观经济基础。为了提供刚性名义产品价格的严格微观基础,需要赋予模型若干特征。

第一,需要用价格制定者来代替完全竞争范式中的瓦尔拉斯拍卖商。新凯恩斯宏观经济模型一般依存于垄断竞争的市场结构,其中每个厂商在广泛的范围中能够自己决定价格。

第二,价格制定者必须考虑变动名义价格的特殊成本。这类成本经常被称作"菜单"成本,它包括打印新价格单或菜单的成本。另外,罗特姆勃格(Rotemberg, 1982)指出,那些变动名义价格的厂商经常被认为是行为不规则的,这种行为可能引起销售量下降。

第三,小定价成本可能导致产量和就业的大范围波动,两者之间的联系是由阿克洛夫和耶伦(Akerlof & Yellen, 1985)提出的。

1. 垄断竞争宏观经济模型

本节按照罗特姆勃格(Rotemberg, 1987)的思路提供了一个垄断竞争宏观经济模型。经济由 J 个厂商组成,每个厂商都用劳动作为唯一的可变投入生产不同产品。经济也由大量家庭组成,他们的行为由一个代表性家庭的行为来代表。下面把分析集中在一个时期。

设代表性家庭的效用函数

奥利弗·布兰查德
(Olivier Blanchard)

$$V = \frac{1}{\beta} \left[\frac{1}{J} \sum_{i=1}^{J} (C_i)^{\theta} \right]^{\beta/\theta} - L, \quad 0 < \beta < \theta < 1 \quad (3.12)$$

式中，β 和 θ 是常数，C_i 代表第 i 种产品的消费，L 代表劳动供给。代表性家庭的预算约束

$$\sum_{i=1}^{J} P_i C_i = WL + \sum_{i=1}^{J} \Pi_i \quad (3.13)$$

式中，P_i 为第 i 种产品价格，W 为名义工资率，Π_i 为第 i 家厂商名义利润分给代表性家庭的部分。

除了选择消费水平和劳动供给，代表性家庭也选择最优的实际货币持有量。假定货币需求函数

$$M_d = Py \quad (3.14)$$

设价格指数公式和总实际收入为

$$P \equiv \left[\frac{1}{J} \sum_{i=1}^{J} (P_i)^{-\theta/(1-\theta)} \right]^{-(1-\theta)/\theta}$$

$$y \equiv \frac{1}{P} \sum_{i=1}^{J} P_i C_i = \frac{WL}{P} + \frac{1}{P} \sum_{i=1}^{J} \Pi_i \quad (3.15)$$

假定货币市场持续扫清，故

$$M = M_d = Py \rightarrow \frac{M}{P} = y \quad (3.16)$$

代表性家庭最大化下拉格朗日函数

$$\zeta = \frac{1}{\beta} \left[\frac{1}{J} \sum_{i=1}^{J} (C_i)^{\theta} \right]^{\beta/\theta} - L + \lambda \left[WL + \sum_{i=1}^{J} \Pi_i - \sum_{i=1}^{J} P_i C_i \right] \quad (3.17)$$

最大化的一阶条件

$$\frac{\partial \zeta}{\partial C_i} = \left[\frac{1}{J} \sum_{i=1}^{J} (C_i)^{\theta} \right]^{\beta/\theta - 1} (C_i)^{-(1-\theta)} - \lambda P_i = 0, \quad i = 1, \cdots, J \quad (3.18)$$

$$\frac{\partial \zeta}{\partial L} = -1 + \lambda W = 0 \quad (3.19)$$

最优劳动供给的一阶条件意味着 $\lambda = 1/W$。把该式代入式(3.18)的 J 个

一阶条件,并把它们加总,则整理后得

$$\frac{1}{J}\sum_{i=1}^{J}(C_i)^\theta = W^{\theta/(1-\theta)}\left[\frac{1}{J}\sum_{i=1}^{J}(C_i)^\theta\right]^{(\beta-\theta)/(1-\theta)}\left[\frac{1}{J}\sum_{i=1}^{J}(P_i)^{-\theta/(1-\theta)}\right] \quad (3.20)$$

回顾式(3.15)关于 P 的定义式,则上式可重写为

$$\frac{1}{J}\sum_{i=1}^{J}(C_i)^\theta = \left(\frac{W}{P}\right)^{\theta/(1-\beta)} \quad (3.21)$$

式(3.18)的 J 个一阶条件可写为

$$C_i = \left(\frac{W}{P_i}\right)^{\theta/(1-\beta)}\left[\frac{1}{J}\sum_{i=1}^{J}(C_i)^\theta\right]^{(\beta-\theta)/\theta(1-\theta)} \quad (3.22)$$

把式(3.21)代入上式,可得

$$(C_i)^\theta = \left(\frac{P_i}{P}\right)^{-\theta/(1-\theta)}\left(\frac{W}{P_i}\right)^{\theta/(1-\beta)} \quad (3.23)$$

由此可知,对 i 产品的需求负相关于它的相对价格 P_i/P,正相关于以 i 产品价格表示的实际工资 W/P_i。

由式(3.18)和式(3.19)的 J 个一阶条件可加总为

$$\left[\frac{1}{J}\sum_{i=1}^{J}(C_i)^\theta\right]^{\beta/\theta} = \frac{1}{W}\sum_{i=1}^{J}P_iC_i = \frac{P}{W}y \quad (3.24)$$

把式(3.21)代入上式,可得

$$\left(\frac{W}{P}\right)^{\theta/(1-\beta)} = \frac{P}{W}y \quad (3.25)$$

设技术线性,则 $y_i=L_i$,且在总量上有 $y=L$。因此由上式可得劳动供给函数大约为

$$L_s = \left(\frac{W}{P}\right)^{1/(1-\beta)} \quad (3.26)$$

因此,可知劳动供给随实际工资 W/P 的上升而上升。

由式(3.23)可得个人对产品的需求函数

$$C_i = \left(\frac{P_i}{P}\right)^{-1/(1-\theta)} \left(\frac{W}{P}\right)^{1/(1-\beta)} \qquad (3.27)$$

由于劳动和货币市场是均衡的,且由式(3.26)可知$L=(W/P)^{1/(1-\beta)}=y=M/P$,因此产品需求函数可写为

$$C_i = \left(\frac{P_i}{P}\right)^{-1/(1-\theta)} \frac{M}{P} \qquad (3.28)$$

下面分析厂商行为。由于技术线性,故对于所有厂商来说都有$y_i=L_i$。因所有厂商面临相同的问题,下面考虑任意一家厂商i的决策问题。其决策是

$$\max_{P_i, Y_i, L_i, D_i} \Pi_i = P_i y_i - WL_i - cD_i \qquad (3.29)$$

s.t. $y_i = L_i$

$$y_i = C_i = \left(\frac{P_i}{P}\right)^{-1/(1-\theta)} \frac{M}{P} \qquad (3.30)$$

式中,c为变动价格的菜单成本,D_i是一个二值决策变量,若厂商i使$P_i=P_0$则$D_i=0$,若厂商i使$P_i \neq P_0$,则$D_i=1$。P_0为厂商i索取的基期价格。它不会引起厂商的菜单成本。

2. 菜单成本为零时的情况

首先考虑$c=0$时的情况,把约束条件加入利润函数中,则最大化问题为

$$\max_{P_i}(\Pi_i) = (P_i - W)\left(\frac{P_i}{P}\right)^{-1/(1-\theta)} \frac{M}{P} \qquad (3.31)$$

该式对P_i求微分,可得一阶条件

$$P_i^* = \frac{W}{\theta} \qquad (3.32)$$

P_i^*为i厂商在价格变动的成本为零时的最优价格。由此可知最优价格随W上升而上升,并且因$0<\theta<1$,名义工资率W的增加引起最优价格更大幅度增加。把上述最优价格表达式(3.32)代回到需求函数式(3.30)和利润函数式(3.31)中去,得

$$Y_i^* = \theta^{-1/(1-\theta)}(W/P)^{-1/(1-\theta)} M/P \qquad (3.33)$$

$$\frac{\Pi_i^*}{P} = \theta^{-1/(1-\theta)} \frac{1-\theta}{\theta}(W/P)^{-\theta/(1-\theta)} M/P \qquad (3.34)$$

$c=0$ 的情况是一个有用的基准情况,可用来比较存在菜单成本时的情况,后者可能导致粘性价格均衡。尤其注意均衡的实际工资 $(W/P)^*$,均衡的总就业 $L^* = \sum_{i=1}^{J} L_i^*$,以及均衡总产出 $Y^* = \sum_{i=1}^{J} Y_i^* = L^*$。为了给出整个经济均衡的特征,首先要注意到,由于每个厂商面对相同的问题,故均衡要求 $P_i^* = P_j^*$, $i \neq j$,由式(3.15)可知

$$P^* = P_j^* = \left[\frac{1}{J} \sum_{i=1}^{J} (P_i^*)^{-\theta/(1-\theta)} \right]^{-(1-\theta)/\theta} \quad (3.35)$$

或由式(3.32),可得

$$P^* = W/\theta$$

由劳动的供求均衡及式(3.26)和式(3.35),可得

$$\theta = L^{(1-\beta)} \quad (3.36)$$

由于均衡的就业水平、产量水平和实际货币供给都相同,可得

$$L^* = Y^* = (M/P)^* = \theta^{1/(1-\beta)} \quad (3.37)$$

由于均衡时就业沿需求曲线决定,由式(3.37)和式(3.26),可得

$$(W/P)^* = \theta \quad (3.38)$$

另一个有用的基准情况是 $\theta=1$ 时的情况。它意味着代表性家庭所有 J 种产品都是完全的替代品。这将迫使厂商处于完全竞争状态。在这种情况下

$$L^* = Y^* = (M/P)^* = (W/P)^* = 1 \quad (3.39)$$

在 $\theta<1$ 的情况下产量和就业始终低于完全竞争时的水平。并且,实际工资率也小于产品市场完全竞争时的工资率。

无菜单成本的均衡中,代表性家庭的效用水平为

$$V(Y^*) = (Y^*)^\beta/\beta - Y^* = \theta^{\beta(1-\beta)}/\beta - \theta^{1/(1-\beta)} \quad (3.40)$$

效用水平对总产出的微分为

$$\frac{dV}{dY} = Y^{-(1-\beta)} - 1$$

在均衡邻域有

$$\left.\frac{\mathrm{d}V}{\mathrm{d}Y}\right|_{Y=Y^*} = \theta^{-1} - 1 = \frac{1-\theta}{\theta} > 0 \tag{3.41}$$

前面说过只要 $\theta<1$,垄断竞争均衡的产出水平就太低。由上式可知更高的产出将使代表性家庭情况有所改善。

3. 菜单成本不为零时的情况

任何价格变动都引起一笔固定成本 c,它与价格变动的大小无关。这笔成本被称作菜单成本。由于存在菜单成本,厂商必定要比较变动价格与不变价格对利润水平的影响。

本节主要考虑刚性价格均衡是否存在。尤其是若所有其他厂商令其价格为 $P_i=P^0$,则第 i 家厂商维持其价格为 $P_i=P^0$ 是否是最优行为。若是最优行为,那就建立了一个固定价格的<u>纳什均衡</u>。

令 Π_i^0 为厂商 i 在定价为 $P_i=P^0$ 且所有其他厂商亦定价为 $P_j=P^0$ 时所获利润。令 Π_i^1 为厂商 i 在定价为 $P_1\ne P^0$ 而所有其他厂商仍定价为 $P_j=P^0$ 时的利润。厂商 i 将在下述情况下停止变动价格

$$\varDelta \equiv \Pi_i^1 - \Pi_i^0 < c \tag{3.42}$$

在所有厂商仍定价为 P^0 时,厂商 i 的利润函数由式(3.29)和式(3.30)可知

$$\Pi_i(P_i) = (P_i - W)\left(\frac{1}{J}\right)\left(\frac{P_i}{P^0}\right)^{-1/(1-\theta)}\frac{M}{P} \tag{3.43}$$

在 J 很大且所有其他厂商定价 P^0 时,可得独立于 P_i 的 $P=P^0$。由式(3.38),劳动市场均衡要求 $W=\theta P$。由式(3.37),柔性价格模型中的均衡价格水平 P^* 满足 $M=P^*\theta^{1/(1-\beta)}$,因此厂商 i 的利润函数可重写为

$$\Pi_i(P_i) = \theta^{1/(1-\beta)}\frac{P^*}{P^0}\left(\frac{P_i}{P^0}\right)^{-1/(1-\theta)}(P_i - \theta P^0) \tag{3.44}$$

把该式(记为 Δ)扩展为在 $P^0=P^*$ 时的泰勒展开式,以表明利润是外生的初始价格水平 P^0 的函数。这将近似地把价格变动的收益当作是无摩擦均衡价格 P^* 与基期价格 P^0 之间差异的函数。适当的泰勒展开式为

$$\Delta(P^0) \approx \Delta(P^*) + \left.\frac{\mathrm{d}\Delta}{\mathrm{d}P^0}\right|_{P^0=P^*}(P^0-P^*) + \frac{1}{2}\left.\frac{\mathrm{d}^2\Delta}{\mathrm{d}(P^0)^2}\right|_{P^0=P^*}(P^0-P^*)^2 \tag{3.45}$$

式中的一阶导数

> 纳什均衡(Nash Equilibrium),又称非合作博弈均衡,以约翰·纳什命名。它是指,如果任意一位参与者在其他所有参与者的策略确定的情况下,其选择的策略是最优的,那么这个采取该策略的结果就被定义为纳什均衡。

$$\frac{d\Delta}{dP^0} = \frac{d(\Pi_i')}{dP^0} - \frac{d(\Pi_i^0)}{dP^0} = \frac{\partial(\Pi_i')}{\partial P_i}\frac{dP_i}{dP^0} + \frac{\partial(\Pi_i')}{\partial P^0} - \frac{\partial(\Pi_i^0)}{\partial P^0} \quad (3.46)$$

通过包络定理和 P_i 被选择以最大化 Π_i' 的结果，上式中的第一项等于零。计算上述泰勒展开式是相当简明的，可以发现

$$\frac{\Delta}{P^*} \approx \theta^{1/(1-\beta)} \frac{1-(1-\theta)^2}{2(1-\theta)} \frac{(P^0-P^*)^2}{(P^*)^2} \quad (3.47)$$

该式的重要特征，在于它只包括 (P^0-P^*) 的二次项（精确的表达式包括更多次项）。固定价格 P^0 是否是一种纳什均衡，只需要比较 Δ 和 c。若 $\Delta < c$，则不改变价格是最优的。并且，既然比例于 $(P^0-P^*)^2$，则只要 $|P^0-P^*| \leq 1$，那么，非常小的菜单成本就可能使 $c > \Delta$。

现在已经表明，菜单成本只要比 $(P^0-P^*)^2$ 大到一定程度，就能够产生固定价格均衡。然而，固定价格均衡中的总产出会与柔性价格均衡时的总产出 Y^* 有重大差别吗？这种固定价格均衡相对于柔性价格均衡来说会导致福利的损失吗？下面将证明这两个问题的答案都是肯定的。

在计算固定价格均衡中的产出水平 Y^0 之前，可以注意到，由式(3.28)，$Y_i = C_i$ 总是依存于需求曲线

$$C_i = (P_i/P)^{-1/(1-\theta)} M/P \quad (3.48)$$

但在任何统一价格均衡中，对所有厂商来说，$P_i = P^*$。并且由式(3.37)，柔性价格均衡中的价格水平 P^* 可满足 $M = P^*\theta^{1/(1-\beta)}$。由此可得

$$Y^0 = \theta^{1/(1-\beta)} \frac{P^*}{P^0} \quad (3.49)$$

式中，Y^0 为固定价格均衡中的产出水平。两种均衡中的产出之差由上式及式(3.37)可知为

$$Y^0 - Y^* = \frac{\theta^{1/(1-\beta)}}{P^0}(P^* - P^0) \quad (3.50)$$

代表性家庭效用的均衡水平为

$$V = \frac{1}{\beta}Y^\beta - Y \quad (3.51)$$

两种均衡中的效用水平之差大致为

$$V^0 - V^* \approx \left.\frac{\partial V}{\partial Y}\right|_{Y=Y^*} (Y^0 - Y^*) \text{ 或 } V^0 - V^* \approx \frac{1-\theta}{\theta} \frac{\theta^{1/(1-\beta)}}{P^0} (P^* - P^0) \quad (3.52)$$

现在可以肯定早先的论断了。虽然菜单成本能否允许价格变动与 P^*-P^0 的平方项有关,但由于价格非柔性引起的产出和效用对价格柔性时的产出和效用的偏离则与 P^*-P^0 本身有关。因此,从总体上看,很小的价格变动成本可能导致经济远离柔性价格均衡。

另一个值得注意的是 $P^0 \geqslant P^*$ 时的后果与 $P^0 \leqslant P^*$ 时的后果不对称。虽然 P^* 对 P^0 相当小的背离能导致固定价格均衡,使 $Y \neq Y^*$。当 $P^* > P^0$ 时,所导致的固定价格的后果肯定会使得福利相对于 $P^* = P^0$ 时获得改进;然而,当 $P^* < P^0$ 时,福利肯定会比 $P^* = P^0$ 时减少。因此,通货膨胀扰动在价格刚性条件下将导致经济状况的改善;相反,通货紧缩扰动在价格刚性条件下将导致经济状况的恶化。

P^* 相对于 P^0 的变化的不对称效应与传统的凯恩斯观点非常吻合。在凯恩斯的观念中,向下的刚性价格比向上的刚性价格更令人注意。相反,带有更古典观点的经济学家可能把这两种刚性都看成是同样的麻烦。

图 3.4 表明了厂商变动价格的条件。在不完全竞争市场中,厂商面对向下倾斜的需求曲线。

当需求曲线从 D_0 下移为 D_1 时,若不存在菜单成本,利润最大化的产量由 Q_0 减少为 Q_1。但是如果存在菜单成本,并且大于 P_1WVS-P_0JTS 之差,则厂商不会改变价格。

图 3.5 分析存在菜单成本时,企业降价的后果。

若不存在菜单成本,当企业的需求曲线由 D_0 下移为 D_1 后,利润最大化的价格和产量应当是 P_1 和 Q_1。与不变动价格相比,利润增加额为 $B-A$。但

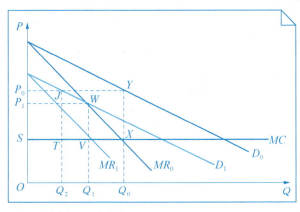

图 3.4 厂商变动价格的条件

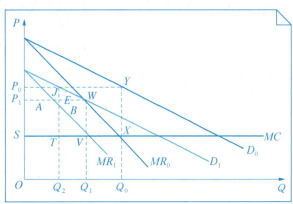

图 3.5 存在菜单成本时企业降价的后果

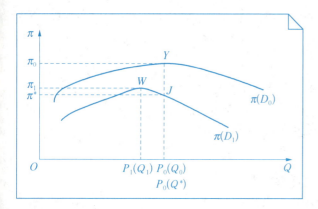

图 3.6
存在菜单成本时企业不变动价格所引起的利润损失

若存在菜单成本 c，且 $c > B-A$，则追求利润最大化的企业将不变动价格。从社会的角度来看，企业选择不变价格下的产量 Q_2 而不是变动价格到 P_1 后的产量 Q_1，总损失是 B 所代表的企业损失和消费者损失 E，即 $B+E$。如果 $B+E>c>B-A$，则企业不降价会降低整个社会的净福利。

但是，存在菜单成本时企业不变动价格所引起的利润损失也许是非常微小的，如图 3.6 所示。

图中纵轴代表利润，横轴为产量，$\pi(D_0)$ 为原有需求曲线下的利润函数，$\pi(D_1)$ 为需求下降后的利润函数。该图表明，如果企业不变动价格，即便不考虑菜单成本，利润损失 $\pi_1-\pi^*$ 也很小。所以企业不变动价格可以称作是近似理性的。

然而，如果大量的企业面对菜单成本时，都采取这种近似理性的决策，整个社会就会产生显著的宏观经济效应。总需求的下降会引起所有企业的产量由于存在微小的菜单成本而有更大的减少。这种减少显然是降低整个社会的福利水平的，因此通过宏观经济政策来减少宏观经济的波动，是能够改善整个经济的福利的。这就为政府干预宏观经济提供了理论依据。

本 章 总 结

1. 凯恩斯经济学早期的发展是通过 IS-LM 模型而趋向一般均衡化，这种发展在新古典综合学派那里达到顶峰。随着凯恩斯主义经济政策所带来的一系列问题，在20世纪60年代以后，克洛沃、莱荣霍夫德和贝纳西等这些早期新凯恩斯主义者试图从非均衡的角度来解读凯恩斯经济学，并取得了一定的成果。他们从微观不均衡分析开始，为宏观不均衡奠定了微观基础，考察了宏观不均衡的各种表现，并提出了针对不同类型的政策建议。

2. 20世纪80年代以后，新古典宏观经济学迅速崛起，对凯恩斯经济学形成了严重挑战。面对这种挑战，一批中青年经济学家奋起迎战，提出了一系列理论模型，尤其是效率工资模型和固定价格模型，从微观基础上论证了宏观经济的不稳定性，指出了政府干预宏观经济的必要性。

思 考 题

1. 论述克洛沃的两种需求。
2. 论述莱荣霍夫德对凯恩斯经济学的解读。
3. 论述非均衡学派如何分析宏观非均衡状态并提出相应的对策。
4. 论述失业的效率工资模型。
5. 试述垄断竞争宏观经济模型。
6. 试比较新凯恩斯主义与新古典宏观经济学。

Monetarism School

第四章

货币学派

迈克尔·帕金
（Michael Parkin）

　　货币学派，也称货币主义或现代货币主义，是20世纪50年代中期在美国出现的一个重要的经济学流派。货币学派的领袖人物是美国芝加哥大学经济学教授米尔顿·弗里德曼，其他主要代表人物有美国经济学家哈帕格、布伦纳和安德森，英国经济学家罗宾斯、沃尔特斯、莱德勒和迈克尔·帕金等。"货币主义"这一词语就是布伦纳在1968年7月发表的一篇题为"货币和货币政策的作用"的论文中提出来的。

　　货币主义的兴起与第二次世界大战后西方各国的经济运行变化有着极为密切的关系。第二次世界大战后，凯恩斯主义的扩张性财政政策和货币政策虽然对于刺激西方各国经济的增长、缓和经济周期性危机起了很大的作用，但同时也引起了长期持续的通货膨胀。到了20世纪60年代后期，美国的社会经济中通货膨胀急剧发展，以致到20世纪70年代初，出现了经济停滞和通货膨胀并发的"停滞膨胀"局面。正是在这一背景下，货币主义在美、英等国异军突起。他们打着现代货币数量说的旗号，鼓吹货币作用的重要性，主张采取控制货币数量的金融政策以消除通货膨胀，保证经济的正常发展，以此与凯恩斯学派相抗衡，并自称是凯恩斯革命的反革命。正如布赖恩·摩根所说："财政政策的失败和便宜货币的灾难性后果加重了某些经济学家关于货币理论发展得过于狭窄的说法的分量，结果出现了另一种替代的学派，他们对当前的问题提出了不同的解决办法。这些解决办法的基本概念比作为凯恩斯学派体系的基础的货币过程更为广泛，它以货币数量的变化为中心。这一学派被称为货币学派或现代数量学派。"[1]

第一节 货币学派的理论渊源

货币学派的理论渊源是西方经济学中的传统货币数量说，这一货币数量说的核心论点是：物价水平的高低和货币价值的大小是由一国的货币数量所决定的，物价水平与货币数量成正比变化，货币价值与货币数量成反比变化。

货币数量说的思想萌芽早在古罗马就出现了，古罗马的法学家鲍鲁斯就曾发表过货币价值取决于货币数量的观点。但是，货币数量说的创始人被认为是近代法国重商主义者波丹，他将16世纪下半叶法国的物价上涨归因于金银数量太多，并认为金银的价值与一般商品的价值相同，它的数量增加会使人们降低对它的估价，它的价值既然被低估，那么与它所交换的商品的价值自然就相对上涨了，用货币来表示的商品价值（价格）也就上涨了。之后，英国古典政治经济学家约翰·洛克和大卫·休谟进一步发展了货币数量说。洛克认为，货币的价值是由其供给数量决定的，货币供给数量的增加必然使币值降低；休谟则认为，金银作为货币，完全依靠它们在社会交换过程中的职能，才具有自己的价值，一国内流通的货币只不过是用来计算或代表商品的价值符号；在交换中的商品数量不变的情况下，货币数量的增加会导致物价成比例地上升。19世纪的许多经济学家，包括英国古典政治经济学的集大成者李嘉图，都是信奉货币数量说的。

20世纪初，货币数量说在美英等国得到了进一步的发展，美国经济学家凯默尔和费雪提出了"现金交易数量学说"；英国经济学家马歇尔和庇古提出了"现金余额数量学说"。

凯默尔在1907年发表的著作《货币和信用工具与一般物价的关系》中，提出了他的货币数量说。这一学说继承了古典经济学的供求论的货币数量说，同时，凯默尔对信用与物价水平关系的研究启发了以后费雪等人的方程

---

[1] 布赖恩·摩根.货币学派与凯恩斯学派——它们对货币理论的贡献[M].商务印书馆，1984：75.

式的货币数量说。

在当代西方经济学传统的货币数量说的代表人物中，影响最大的是美国耶鲁大学经济学教授欧文·费雪。他于1911年出版了《货币的购买力》这部著作，提出了"交易方程式"这一著名的现金交易数量说。此后，传统的货币数量论开始形成一个较为完整的理论体系。若以 P 表示社会平均物价水平，M 表示货币数量，V 表示货币流通速度，T 表示社会总交易量，则"交易方程式"为

$$P = \frac{MV}{T} \text{ 或 } MV = PT \tag{4.1}$$

欧文·费雪
（Irving Fisher）

如考虑到银行存款因素，设 M' 为银行存款，V' 为银行存款流通速度，则当银行通过信用渠道使存款进行流通影响物价水平时，上述方程式可写作如下形式

$$P = \frac{MV + M'V'}{T} \text{ 或 } MV + M'V' = PT \tag{4.2}$$

费雪认为，在包括银行存款在内的交易方程式中，直接影响物价水平的因素有五个，其中货币和银行存款的流通速度是由社会的制度和习惯等因素决定的，在长期内相当稳定；同时，在充分就业的条件下，社会的商品和劳务的总产量乃至社会总交易量也是一个相当固定的因素。费雪由此断言：在货币的流通速度与社会商品和劳务量不变的条件下，物价水平是随流通中货币数量的变动而成正比例变动的。因为费雪的理论所强调的是在商品和劳务的交易中，货币作为流通手段和支付手段的作用，所以称为"现金交易数量说"。

与此不同，英国剑桥学派的创始人马歇尔十分强调货币作为贮藏手段的职能，认为货币不仅具有随时购买商品的能力，也可以储存起来延期使用，他从人们手中所意愿持有的货币数量的角度来分析货币与物价水平的关系，提出了"现金余额数量说"。1917年，英国剑桥大学经济学教授庇古在他的老师马歇尔的货币学说的基础上，提出了所谓"剑桥方程式"，即

$$M = P_y K \tag{4.3}$$

式中的 M 表示人们手中保存的货币数量，P_y 表示以货币计算的国民生产总值，K 表示人们手中保存的货币数量与以货币计算的国民生产总值的比例。可以看出，"剑桥方程式"中的 K 等于"交易方程式"中 V 的倒数（$1/V$）。两个方程式所反映的基本观点——物价水平与货币数量成正比变化——是

一致的，所不同的只是，"交易方程式"强调货币在支付过程中的作用（货币供应量的作用），而"剑桥方程式"则强调人们手持现金的作用（货币需求量的作用）。在货币学派的理论中，尤其是在弗里德曼的货币需求理论中，可以明显地看出剑桥学派特别重视货币需求分析这一理论传统的影响。

除了传统的货币数量说外，货币学派另一个最直接的理论渊源是在20世纪30年代前后形成的早期芝加哥学派的经济理论。早期芝加哥学派的主要成员有劳夫林、奈特、西蒙斯、明茨等人。根据弗里德曼的自述，在20世纪30年代的经济大危机后，凯恩斯革命性的著作使得传统的货币理论黯然无光，许多货币学者纷纷背弃了传统的货币数量说，在这种形势下，芝加哥大学是当时少数依然讲授货币理论与政策的大学之一。西蒙斯和明茨等教授的货币理论与政策，其内容已经开始摆脱机械式的货币数量学说，形成了一种能解释经济活动现象并提供政策建议的分析工具。这些理论观点散见于西蒙斯和明茨的论著中，形成芝加哥大学经济理论研究的口述传统。芝加哥学派经济理论和政策主张的主要特点：一是继承货币数量说的传统，重视货币理论的研究；二是经济自由主义，鼓吹市场机制的调节作用。他们虽然不像传统的货币数量说那样单纯用货币数量来解释物价的波动，但都坚持"货币至关重要"这一理论研究方法，承认物价水平与货币数量之间存在着重要的联系。

芝加哥学派坚持自由放任的传统，认为市场机制的自发调节可以使资本主义经济趋向均衡。20世纪60年代后，当凯恩斯经济学日益陷入困境时，芝加哥学派的传统又得以恢复和发扬。

弗里德曼曾经说过："从长期来看，货币主义几乎全盘接受早期货币数量论。它对早期货币数量论的主要贡献，就是它对短期后果作了更详细、更深入的分析，并对这些后果作了更详细的整理概括。"[1]根据弗里德曼的看法，货币主义的基本观点可以概括如下。

（1）货币量的增长率同名义收入的增长率有着保持一致的关系，如果货币量增长很快，名义收入也会增长很快，反之亦然；流通速度虽说不是固定不变的，却完全可以预测。

（2）货币增长的变化对收入发生影响需要一段时间，即有一个时间滞后过程。

（3）货币变化只在短期内影响产量，在长期中，货币的增长率只影响价格，产量则是由一系列实际因素（如产业结构、节俭程度等）决定的。

---

[1] 米尔顿·弗里德曼."论货币"（1980年版《大英百科全书》的《货币》辞条）[J].世界经济译丛，1981(5)：29.

(4) 通货膨胀随时随地都是一种货币现象,亦即是说,如果货币量的增长快于产量的增加,就会发生通货膨胀;如果政府开支是通过印发货币或银行信贷取得的,并且导致货币增长率超过了产量增长率,那么,政府的财政政策就是通货膨胀政策。

(5) 货币量的变化并不直接影响收入,它最初影响的是人们的资产选择行为。这种行为使得现有资产(债券、股票、房产、其他实物资本)的价格上升(货币数量增加时),利息率下降,鼓励了人们扩大开支,导致产量和收入增加。

(6) 货币增长加速时,起初会降低利率,但是,由于它使人们增加开支,刺激了价格的上涨,引起了借贷需求的增加,又会促使利率上升。货币量和利率之间这种步调不一致的变化关系表明,利率不是制定货币政策的好向导。

(7) 货币政策是十分重要的,但在制定货币政策时,重要的是控制货币数量,并应该避免货币量的变化率大幅度地摇摆,明智的政策是让货币量在一定时期内按某种规则稳定地增加。

第二节 货币需求理论

米尔顿·弗里德曼
(Milton Friedmann)

货币主义学派的理论基础是弗里德曼提出的货币需求理论。

米尔顿·弗里德曼1912年出生于美国纽约,1932年毕业于拉哲斯大学,1933年获芝加哥大学硕士学位,1946年获哥伦比亚大学博士学位,1948年任芝加哥大学教授,1967年曾担任美国经济学会会长。由于他在"消费的分析和货币的历史与理论方面的成就以及他论证了稳定经济政策的复杂性"[1],1976年被授予诺贝尔经济学奖。弗里德曼的主要著述有《实证经济学论文选》(1953)、《消费函数理论》(1957)、《货币稳定方案》(1959)、《1867—1960年美国货币史》(与A.斯瓦茨合著,1963)、《货币最优数量论文集》(1969)、"货币分析的理论结构"(载《政治经济学杂志》1970年3—4月)和《自由选择》(1979)等。

1956年,弗里德曼在"货币数量论——一个重新表述"一文中,着重分析了货币需求问题。弗里德曼认为,"货币数量论首先是货币需求的理论。它不是产量或货币收入的理论,也不是物价水平的理论。关于这些变量的任何论述,需要把货币数量论同有关的货币供应条件及其他一些变量的详

---

[1] 世界经济编辑部.荣获诺贝尔奖经济学家[M].四川人民出版社,1985:245.

细说明结合在一起"[1]。按照弗里德曼的看法，影响人们货币需求的因素是多种多样的。因此，可以用一个多元函数来表示货币需求函数

$$\frac{M}{P} = f\left(y, w, r_m, r_b, r_e, \frac{1}{p}\frac{\mathrm{d}p}{\mathrm{d}t}, u\right) \tag{4.4}$$

这一货币需求函数表明，实际货币需求(M/P)是实际收入(y)，由非人力财富获得的那一部分收入(或财产收入)与恒久性收入的比例(w)，预期的货币名义报酬率(r_m)，预期的债券名义报酬率(r_b)，预期的股票名义报酬率(r_e)，预期的价格变动率$1/p \cdot \mathrm{d}p/\mathrm{d}t$和其他的非收入性变量($u$)的函数。

弗里德曼的货币需求函数继承了传统的货币数量说中的"现金余额数量说"，同时又受到凯恩斯的流动偏好理论的重要影响。但是，弗里德曼的货币需求函数也具有自己的独特之处。从研究方法来看，在建立这一货币需求函数时，弗里德曼运用了实证经济学的方法论，并在分析各种影响货币需求的因素时，运用了大量的实际统计资料；从理论上来说，这一货币需求函数很大程度上受益于弗里德曼在《消费函数理论》一书中提出的恒久性收入的假说。可以说，强调恒久性收入对货币需求的主导作用是弗里德曼的货币需求函数的最显著的特点。

弗里德曼在分析消费与收入的关系时，将消费者的收入分为一时的收入和恒久性收入。一时的收入是指消费者在短时期内得到的、非连续的和带有偶然性的收入；恒久性收入是指消费者从自己所拥有的物质资本和人力资本中，在长期内经常能得到的、带有长久性和规则性的收入流量。若以Y表示消费者在某一时期的实际收入，Y_p表示恒久性收入，Y_t表示一时收入；再以C表示消费者在同一时期的实际消费开支，C_p表示与恒久性收入相应的恒久性消费，即具有经常性的消费开支，C_t表示与一时收入相应的一时消费，即非经常性的消费开支；则可以写出下列一组概括恒久性收入假说的方程组

$$C_p = K(i, w, u)Y_p \tag{4.5}$$
$$Y = Y_p + Y_t \tag{4.6}$$
$$C = C_p + C_t \tag{4.7}$$

从后两个公式中可以看出，一时消费与一时收入之间不存在固定的比例关系；一时收入和恒久性收入之间、一时消费与恒久性收入之间也不存在任何固定比例关系。但是，如式(4.5)所反映的，在恒久性消费和恒久性收入之间却存在着固定的比例关系。这一比例关系K依赖于利息率(i)，财

---

[1] 米尔顿·弗里德曼.货币数量论研究[M].芝加哥大学出版社，1956：4.

产收入与恒久性收入总量的比例(w)和其他影响货币效用的非收入性变量(u),如消费者的年龄、家庭结构、偏好等因素。

对于弗里德曼而言,在货币需求函数中引入恒久性收入的意图是十分明显的。弗里德曼认为,货币的需求主要取决于总财富,总财富实际上是无法衡量的,所以可以用人们的收入来代表。然而,人们现期的收入(或一时收入)是非常不稳定的,不能确切地代表财富;但是,恒久性收入却是相对稳定的收入流量,用它来代表财富,则基本上可以反映财富的状况。因此,可以说货币需求主要取决于恒久性收入,货币需求的变化在很大程度上只是受恒久性收入变动的支配。由于恒久性收入具有相当高度的稳定性,所以受恒久性收入支配的货币需求也是高度稳定的。弗里德曼通过统计资料的分析表明,利息率对货币需求的影响是很小的(利息率增减1%,货币需求仅递减或增加0.15%),而恒久性收入对货币需求的影响是很大的(恒久性收入增加1%,货币需求将增加1.8%)。他强调指出,货币需求和货币流通速度虽然并非常数,但它们与恒久性收入之间存在着一种稳定的函数关系,由此所决定的货币流通速度也是相当稳定的(在美国,从1867年到1960年,大约每年下降1%)。这样,弗里德曼的货币需求理论,既不同于早期货币数量说关于货币流通速度固定不变的观点,也不同于凯恩斯主义关于货币需求主要受利息率影响、货币流通速度由于投机动机的作用而极不稳定的观点。

根据对货币需求函数的论证和分析,弗里德曼得出如下三点结论。

(1)凯恩斯主义认为消费是现期收入(一时收入)的函数,并用消费支出增量和现期收入增量的关系——边际消费倾向递减规律——所造成的消费需求不足来解释有效需求不足及短期经济波动。恒久性收入假说认为,各个时期的消费支出中只有较小的部分与现期收入有关,因而凯恩斯的学说不能完全解释经济波动问题。

(2)由于消费支出与现期收入关系不大,因而,政府为了克服经济危机而采取的财政政策(例如减税)可能是无效的。根据恒久性收入假说,居民的这种临时性额外收入只有很少一部分作为实际消费,其余都转化为储蓄,减税并没有达到刺激消费需求的目的。反之,对于政府为对付通货膨胀而采取的增税政策而言,亦是如此。

(3)货币需求是相当稳定的,而货币供给量却因受政府货币当局的操纵在短期内剧烈变

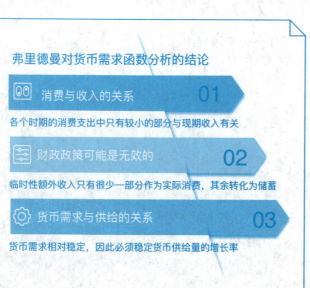

弗里德曼对货币需求函数分析的结论

01 消费与收入的关系
各个时期的消费支出中只有较小的部分与现期收入有关

02 财政政策可能是无效的
临时性额外收入只有很少一部分作为实际消费,其余转化为储蓄

03 货币需求与供给的关系
货币需求相对稳定,因此必须稳定货币供给量的增长率

化，从而影响了经济体系的稳定；而要使经济稳定地发展，就必须稳定货币供给量的增长率，使货币供给与货币需求相适应。

第三节 货币分析的理论模型

弗里德曼认为，现代货币数量理论与传统的货币数量说和凯恩斯的收入-支出理论的一个重要的区别，就是货币主义学派所创立的名义收入货币理论。弗里德曼在美国《政治经济学杂志》1970年第2期发表的"货币分析的理论结构"一文中，提出了一个吸收了费雪货币数量论和凯恩斯经济学理论的货币分析理论模型，实际上也就是货币主义的宏观经济模型。为理论分析的简化起见，弗里德曼假定所考察的是一个省略了对外贸易的封闭经济，同时也不考虑政府财政支出和各种随机扰乱。这一模型由下列六个方程式构成

$$\frac{C}{P} = f\left(\frac{Y}{P}, r\right) \tag{4.8}$$

$$\frac{I}{P} = g(r) \tag{4.9}$$

$$\frac{Y}{P} = \frac{C}{P} + \frac{I}{P} \left(\text{或} \frac{S}{P} = \frac{Y-C}{P} = \frac{I}{P}\right) \tag{4.10}$$

$$M^D = P \cdot L\left(\frac{Y}{P}, r\right) \tag{4.11}$$

$$M^s = h(r) \tag{4.12}$$

$$M^D = M^s \tag{4.13}$$

上述方程式中，第一个方程(4.8)是消费函数，表示以实际的消费(C/P)是实际收入($Y/P=y$)与利息率(r)的函数；第二个方程(4.9)是投资函数，表示实际的投资(I/P)是利息率的函数；第三个方程(4.10)是收入流量的定义性方程，表示在均衡条件下，实际收入等于实际支出，或者说实际投资等于实际储蓄。这一组的三个方程式表明，投资量与储蓄量是随收入和利息率而调整的，并在投资等于储蓄时决定国民收入的均衡水平。第四个方程(4.11)是简化的货币需求函数，表示对货币的需求是名义收入($Y=P, Y/P$)和利息率的函数，或人们对现金余额的需求(货币需求函数所反映的货币需求M^D/P)是实际收入与利息率的函数，即$M^D/P=L(Y/P, r)$；

第五个方程(4.12)是货币供给函数,表示货币供应量是利息率的函数;第六个方程(4.13)是均衡方程,表示在均衡条件下,货币需求量等于货币供给量。这一组的三个方程表明,货币的需求量与供应量随收入和利息率变化而调整,最终使货币市场达到均衡状态。

在以上方程组体系中,共有六个方程式和七个未知变量(C、I、Y、r、P、M^D、M^s),因此,这些变量中必须有一个变量要在上述方程体系外被决定,使得未知变量与方程式数目相等,从而可以解出这组方程式。弗里德曼认为,货币数量说和凯恩斯收入-支出理论之间的主要分歧就在于把哪一个变量放在模型外来决定。在短期内,货币数量说和收入-支出分析都认为货币供应量的增加会引起名义国民收入($Y=Py$)的增加,但他们都无法确定,由货币供给量的增加引起的名义国民收入的增加,有多少部分表现为物价水平(P)的提高,有多少部分表现为实际产量(y)的扩大。对于这一问题,货币数量说假定实际产量为既定的,货币供给量的增加全部因物价水平的提高而被吸收了;凯恩斯的收入-支出理论则认为:物价水平是既定的,由一些模型外的变量(如货币工资率)所决定,货币供给量的增加全部被实际产量的扩大而吸收。弗里德曼指出,现代货币数量分析是一种"简单名义收入货币理论",着眼于经济的长期均衡分析,而在长期中,所有实物变量(如实际产量、实际利息率、就业和失业率等)都是由非货币因素或者说实际因素(如人的事业心、独创性、节俭和勤奋程度、经济结构和政府结构)来决定的。货币的作用只是决定物价水平,决定以货币表现的名义收入和名义利息率等。

那么,货币供给量的变化是通过何种途径传导给经济体系的呢?或者说,货币供给量对经济活动发生作用的传导机制是什么呢?

按照传统的货币数量说$M=PKy$或$M/P=Ky$,人们自愿经常保存在手上的货币数量(现金余额)所能支配的实物量(M/P)在实际收入(实际产量y)中所占比例是固定不变的。例如M/P是y的1/4,K即等于1/4。如果货币数量增加一倍,人们手中的货币量也随之增加一倍,在物价没有变化时,人们的现金余额所能支配的实物量在实际收入中所占的比例也将增加一倍(K增至1/2);但按照假定,K的数值是固定不变的,因而人们将减少手中的货币量,用以购买物品;在实际收入(实际产量)不变时,这就将导致物价水平上涨一倍,从而使M/P在y中所占的比例回复到K的原来数值。因此,传统的货币数量说的传导机制是:货币供给量增加将通过人们用手上增多的货币来购买数量既定的产品,最后导致物价水平和名义收入(Py)同比例上升。

凯恩斯主义认为,货币数量的变动将只是通过对一组约定的收益(即对一组金融资产如政府债券或公司债券的市场利率)的影响而影响产量或价格。当货币供给量增加时,人们将以超过他自愿保持的货币数量去购买债券,结果债券的价格上升，亦即利息率下降；随着利息率下降，投资将增加；投资的增加最终通过乘数的作用使得国民收入增加。因此，凯恩斯主义的传导机制是通过利息率的变化使赢利能力和投资量发生变化，最终影响国民收入。

货币主义者不同意凯恩斯主义关于货币传导机制的看法。他们认为，货币增加量可以直接影响支出、价格以及物质资产很多种类固有的收益，不仅限于金融资产的一小组收益。弗里德曼指出，他和凯恩斯主义在货币传导机制方面的分歧，主要是在所考虑的资产范围上，凯恩斯主义只是考虑相当狭窄范围的金融资产及利息率，故十分重视投资的利息率弹性；而他所考虑的是较为广义的资产和利息率，包括了耐久性消费品和其他实际资产。由于所考虑的资产范围较大，资产选择的范围也就更为广泛，当货币数量增加引起利息率一定程度的下降时，货币需求的利息率弹性极小，即利息率下降不会导致人们增加对货币的需求，而是用增加的货币去购买各种资产，这样，大部分货币增加量将直接作用于名义收入。总之，货币主义者认为，货币数量对实际经济体系的影响，其传导机制是通过较广泛范围内的资产选择所引起的各种金融资产、实物资产、债务和耐久性消费品的相对价格变化而起作用的。

由于资产选择范围较为广泛，弗里德曼在分析货币数量与利息率的相互关系时指出，货币数量增加后，人们会发现手头现金与其他资产的比例变化了，所以会用货币去购买其他资产以调整其资产结构，于是引起各种资产价格上升、利息率下降。但在货币数量急剧增加时，随着人们的购买，利息率最初是下降的，但随着物价的上涨和企业贷款需求的提高，又会促使利息率上升，尤其是当考虑到物价上涨时实际利息率和名义利息率的背离幅度，名义利息率还会进一步上升。根据弗里德曼的观察，巴西、智利等国就是因为货币数量增加过多，引起物价急剧上涨，从而利息率也高涨。货币主义者正是根据这一分析来反对凯恩斯主义的货币政策，认为依据利息率来制定货币政策，必然会导致货币政策的失误。因为，从长时期看，货币供给量的增加并不会降低利息率，反会使利息率上升，而为降低利息率再增加货币供给量，则只会加剧通货膨胀。

第四节 通货膨胀与自然失业率

如何解释通货膨胀和失业问题，一直是西方经济学家们争论不休的问题。弗里德曼在1976年接受诺贝尔经济学奖时，发表了题为"通货膨胀与失业"的演讲，阐述了货币主义者对这一问题的看法。

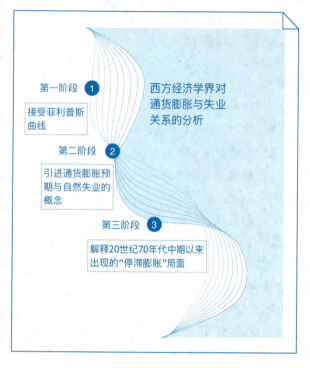

弗里德曼所代表的货币主义经济学家认为,在第二次世界大战结束后的30多年中,经济学界对于通货膨胀与失业之间关系的分析已经经历了两个阶段,从20世纪70年代中后期起正在进入第三阶段[1]。

第一阶段是接受菲利普斯曲线,这一曲线表明失业水平与工资变化率存在着稳定的反方向变化的关系,即高的失业水平伴随着下降的工资,低的失业水平伴随着上升的工资。这种关系被许多经济学家理解为因果关系,它为决策者提供了一种稳定的交替选择。然而,对菲利普斯曲线的经验估算却并不令人满意,更重要的是,与规定的失业水平相一致的通货膨胀率并不是一成不变的。当各国政府到处寻找提高就业水平的途径时,通货膨胀在任何一国都在随时增长,早期与低失业率并存的通货膨胀,后来开始与高失业率同时并存。货币主义者在此期间一直在怀疑是否存在着一条稳定的菲利普斯曲线。

第二个阶段的特点是开始引进通货膨胀预期这个概念,作为推移短期菲利普斯曲线位置的变量,并引进了自然失业这一概念,用来决定垂直的长期菲利普斯曲线的位置。"自然失业率"这一概念是弗里德曼在1967年美国经济学协会年会上所作的题为"货币政策的作用"演说中提出来的。"所谓'自然失业率'是这样一种失业率,它可以根据瓦尔拉斯的一般均衡方程体系计算出来,只要给予这些方程式以劳动力市场和商品市场的现实的结构性的特征,这些特征包括市场不完全性,需求和供给的随机变化,获得有关工作空位和可利用的劳动力的情报的费用,劳动力的流动的费用,等"[2]。可以看出,弗里德曼的"自然失业率"实际上就是传统庸俗经济学所说的社会经济生活中的摩擦性失业和自愿失业。

按照弗里德曼的观点,自然失业率的存在,使得任何旨在使失业率低于自然失业率的政策措施,只有在下述条件下才能暂时收效,即工人在要求提高工资时预期的物价上涨率低于实际发生的物价上涨率,从而货币工资增长率低于物价上涨率。在这种条件下,雇主乐于增加产量,于是就业量也随之增加,这时失业的减少必然伴随着物价的上涨。但是,物价上涨

---

[1] 米尔顿·弗里德曼.米尔顿·弗里德曼论通货膨胀[M].中国社会科学出版社,1982:68—95.

[2] 米尔顿·弗里德曼.货币政策的作用[M].外国经济学说研究会.现代国外经济学论文选:第一辑.商务印书馆,1979:120.

又会影响到人们对物价的预期重新调整,当工人察觉到货币工资增长率低于物价上涨率时,就会进一步提出提高货币工资的要求,使货币工资进一步上升,实际工资恢复到原来的水平;这样,雇主也就会因工资上升而减少产量、解雇工人,从而使失业率回到一个与较高的物价上涨率和较高的货币工资增长率相对应的自然率水平。在这种情景下,继续扩大货币供给量并不能将失业率降到自然失业率水平之下,而只是引起物价同比例的上涨。根据这一分析,弗里德曼认为,菲利普斯曲线所反映的通货膨胀与失业率之间的交替关系,只有在短期内一定条件下才存在,在长期中是根本不能成立的。由于自然失业率的存在,凯恩斯主义以充分就业为目标的扩张性财政政策和货币政策不仅无法消除失业,只能因增加货币供给量引起通货膨胀。

第三阶段的出现是以这样一个事实为标志的,即20世纪70年代中期以来,从资本主义各国经济的实际发展情况看,通货膨胀与失业率之间存在着明显的正比关系,两者同时向同一方向变动,也就是出现了"停滞膨胀"现象。对于"滞胀"形成的原因,弗里德曼回答说:"通货膨胀和低速增长是政府庞大化的产物,两者有相互强化的力量。"[1]

(1) 就政府庞大化和通货膨胀的因果关系而言,弗里德曼认为,"无论何时何地通货膨胀总是个货币现象"[2]。而政府庞大化的结果必然会导致货币供应量加速增长。究其原因在于,由于政府的庞大化,政府的支出就必然增加,为了给庞大的政府日益增加的开支筹措资金,政府不能仅仅依靠增加税收,因为经常增税要受到人们的抵制,于是,政府自然会用征税以外的途径取得收入。其中最好的"捷径"就是发行新的货币弥补财政赤字,结果自然是货币供应量增加和通货膨胀。

(2) 就政府庞大化、通货膨胀和经济停滞的关系来看,弗里德曼认为,庞大的政府必然会过多地对经济实行干预,造成如下后果:

① 人们的税收负担加重,从而使人们失去了努力工作、存款投资的积极性。

② 由于通货膨胀日益频繁和加剧,使市场结构出现不平衡,经济活动的效率受到损失。

③ 由于通货膨胀率经常发生变化,人们为了防止资产的损失,必然以对付通货膨胀和投机活动代替努力工作,即通过各种方式来逃避通货膨胀,而不是积极从事生产活动以多获取收入。

④ 政府为制止通货膨胀,采取了物价、工资管制政策,导致价格体系不能

---

[1] 米尔顿·弗里德曼.危机中的自由经济[J].世界经济译丛,1982(2): 22.
[2] 米尔顿·弗里德曼.米尔顿·弗里德曼论通货膨胀[M].中国社会科学出版社,1982: 21.

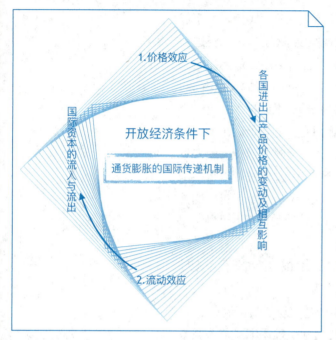

正常变化,以致不能使经济资源得到有效的配置。正如弗里德曼所说,"通货膨胀变动性增加的第二个连带关系的影响是给市场价格一个效率更差的制度去协调经济活动","即:价格制度指导经济活动的能力受到削弱,相对价格由于所有的市场产生了更大的摩擦而被歪曲了,而且,很可能会有更高的创纪录的失业率"[1]。

由上述分析可知,弗里德曼所提出的货币主义的通货膨胀理论是以考察封闭经济(舍去了对外贸易和国际收支活动的经济)条件下的通货膨胀问题为基本内容的。一旦将考察对象从封闭经济转向开放经济,那么,就必须通过建立开放经济模型来补充和发展弗里德曼研究的不足之处。货币主义开放经济模型的研究者中,主要的代表人物有哈里·约翰逊、罗伯特·罗德尔、雅可布·弗兰克尔、大卫·莱德勒和亚历山大·斯沃博达。这些货币主义经济学家在他们的著作中阐述了如下观点:根据货币数量理论,世界的货币供应量等于各国货币供应量的总和;因此,如果其他国家的货币供应量不变,一国的货币供应量的增加就意味着世界货币供应量的增加,而世界的通货膨胀率则取决于由各国的货币供应量所组成的国际货币供应量。

货币主义者认为,在开放经济条件下,通货膨胀可以从一国传递到另一国,这种通货膨胀的国际传递机制,主要有如下两类。

(1)通货膨胀通过各国进出口产品价格的变动及其相互影响而在国际传递,即通货膨胀通过国际贸易从一国转递到另一国。莱德勒在《货币和通货膨胀论文集》(1975)一书中,把商品划分为"可进入国际市场的商品"和"不进入国际市场的商品"两类。他认为,前一类商品的价格受国际市场上商品价格波动的影响,易于随国际市场的供求关系而波动,然后又影响到后一类商品价格的波动,这样也就把通货膨胀从国外传递到国内来了。这种通货膨胀在国际的传递渠道,也被称为"价格效应"。

(2)通货膨胀通过国际资本流动渠道传递。根据约翰逊和斯沃博达的研究,通货膨胀的国际传递既与国际贸易有关,又与国际资本流动有关。例如,世界的通货膨胀率的变动会影响到国际金融市场的利息率水

---

[1] 米尔顿·弗里德曼.米尔顿·弗里德曼论通货膨胀[M].中国社会科学出版社,1982:89—90.

平，这又会引起国际范围内资本的流动，从而引起一国国际收支差额的变化和国内的货币供应量，这样，在一个开放经济的国家的国内利息率因国际资本流入或流出而适应国际金融市场利息率水平的过程中，世界通货膨胀也就被传递到国内来了。这种通货膨胀在国际的传递渠道，也被称为"流动效应"[1]。

第五节 货币主义的经济政策

货币主义的经济政策主张是建立在现代货币数量说的理论基础上的，反对国家过多地干预经济，宣扬经济自由是货币主义经济政策主张的基调。货币主义者认为，市场自发力量有使资本主义经济自然而然地趋向均衡的作用，第二次世界大战后资本主义社会经济的大的波动大都是由于政府采取了旨在干预市场经济的错误的财政金融政策造成的。在反对凯恩斯主义的财政政策的同时，货币主义者十分强调正确的货币政策的重要作用，弗里德曼曾把正确的货币政策的积极作用归纳为三点。

（1）货币政策能够防止货币本身成为经济混乱的主要源泉。
（2）货币政策能够给经济运行和发展提供一个稳定的背景。
（3）货币政策能够有助于抵消经济体系中其他原因引起的比较重要的干扰[2]。

货币主义的经济政策主要有以下三项。

一、"单一规则"的货币政策

货币主义者不仅反对凯恩斯主义的财政政策，也反对凯恩斯主义者倡导的由中央银行根据经济情况随时用调整贴现率和买进或卖出政府债券等方法来调节货币供给量的货币政策。弗里德曼通过运用大量历史统计资料所作的实证研究表明，货币增长率的变化平均需在6—9个月以后才能引起名义收入增长率的变化，在名义收入和产量受到影

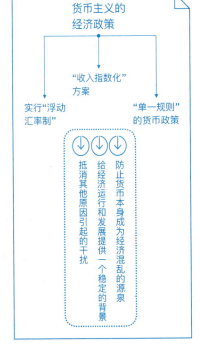

---

[1] 赫尔姆特·弗里希.通货膨胀理论，1963—1975年："第二代"概述[J].经济学文献杂志，1977（12）.
[2] 米尔顿·弗里德曼.货币政策的作用[M].外国经济学说研究会.现代国外经济学论文选：第一辑.商务印书馆，1979：126—128.

响后,平均要再过6—9个月价格才会受到影响。因此,货币增长的变化和通货膨胀率的变化两者间隔的总时间平均为12—18个月[1]。根据这一分析,弗里德曼反对货币当局有意识地运用货币政策来克服经济的不稳定,他认为,由于货币数量变化对实际经济和通货膨胀影响的时延效应,往往使政府在扩大和收缩货币供应量时做过了头(刺激过度或收缩过度),以致经济波动更频繁、更不稳定。因此,弗里德曼建议货币当局只需实行"单一规则"的货币政策,把控制货币供应量作为唯一的政策工具,由政府公开宣布把货币供应量的年增长率长期地固定在同预计的经济增长率基本一致的水平(例如每年是4%—5%)。只有实行"单一规则"的货币政策,才能避免经济波动和通货膨胀。

二、"收入指数化"方案

为了对付20世纪70年代的滞胀局面,各主要资本主义国家的政府都推行了对工资、物价实行冻结或管制的政策,即所谓"收入政策"。由于收入政策在抑制资本主义国家的通货膨胀方面并未取得多大效果,一些西方经济学家,尤其是货币学派的弗里德曼,提出了"收入指数化"方案以代替收入政策。根据这一方案,应该将工资、政府债券收益和其他收入同生活费用(例如消费物价指数)紧密地联系起来,使它们根据物价指数的变化进行调整。按照弗里德曼的看法,实行收入指数化方案可以抵消物价波动的影响,减少通货膨胀造成的痛苦,甚至医治通货膨胀。因为,收入指数化方案可以消除通货膨胀过程中带来的不公平,剥夺政府从通货膨胀中所得到的非法收益和一些债券者所占的便宜,这样也就消除了社会经济生活中搞通货膨胀的动机[2]。弗里德曼也承认由于不可能使社会经济活动中所有的合同契约(包括政府与个人之间的默契)都随物价变动而调整,所以,收入指数化政策并不是稳定物价的最好的方法。要彻底医治通货膨胀,唯一有效的方法就是控制货币供应量的增长率。

英国货币主义经济学家莱德勒也认为凯恩斯主义企图利用工资和物价管制对通货膨胀施加影响,完全是徒劳无益的,而只有采用收入指数化的方案,才有可能比较迅速地降低通货膨胀率[3]。

---

[1] 米尔顿·弗里德曼.论货币[J].世界经济译丛,1981(5):29.
[2] 米尔顿·弗里德曼.利用升降条款有助于与通货膨胀作战[J].幸福杂志,1974-07-02.
[3] 参阅米尔顿·弗里德曼《失业还是通货膨胀?——对菲利普斯曲线的评价》一书中,莱德勒的评论文章"一个英国人的评论——'需求管理'的终结,如何减少20世纪70年代的失业",商务印书馆,1982年。

三、实行"浮动汇率制"

第二次世界大战后，国际金融体系实行的是布雷顿森林会议制定的固定汇率制度，即美元与黄金直接挂钩（每盎司黄金为35美元），各国货币直接与美元挂钩，以美元为基础来确定各国货币的汇率。弗里德曼在1950年写的一篇论文"浮动汇率问题"中，详细地分析了国际收支变化的调节问题，反对实行固定汇率制，主张用浮动汇率制取而代之。根据弗里德曼的看法，浮动汇率是一种自动调节机制，它有助于国际贸易和国际收支均衡的自动维持，减轻国际收支失衡对国内经济的不利影响。这对于实现经济的稳定增长、发展不受限制的多边贸易都是极为有利的。20世纪60年代末期和70年代初，当资本主义各国普遍发生了严重的通货膨胀时，弗里德曼和一些货币主义经济学家认为，主要原因之一就是由于固定汇率制导致各国都从美国输入了通货膨胀。1971年，"美元危机"的频频爆发和一浪高过一浪的美元抛售风潮逼迫尼克松政府宣布外国中央银行暂停以美元兑换黄金，即宣告了以美元为台柱的战后国际金融体系和国际货币体制的破产，随后资本主义各国又都陆续实行了程度不同的浮动汇率制，这也就证实了弗里德曼等人的预见，使货币主义的浮动汇率制政策主张得以实现。据说，一贯坚持浮动汇率制是弗里德曼1976年获得诺贝尔经济学奖的原因之一。

综上所述，以弗里德曼为代表的货币学派虽然对传统货币数量说作了一些修正和补充，分析了货币数量对经济的影响及传导机制，分析了资本主义经济的通货膨胀和失业问题，但并没有改变货币数量说的理论本质。货币主义者之所以重新祭起货币数量说，目的完全是为了解决资本主义各国战后出现的新的经济危机，尤其是停滞膨胀，维护资本主义制度。20世纪70年代中期后，货币主义开始在美英等国逐渐取代了后凯恩斯主流经济学的地位，成为资产阶级政府制定经济政策的理论依据。美国总统里根曾声称他的经济政策的"指导理论来自米尔顿·弗里德曼"，而英国首相撒切尔夫人则更是制定了以货币主义为纲领的经济政策，在英国大力推行缩减货币供应量、削减政府开支等经济政策。这些经济政策虽然在某些方面一时奏效，但并没有能够消除资本主义经济中的通货膨胀和失业，反而导致了1980—1981年大部分主要资本主义国家都"感染了货币主义的病症"——失业增加和经济增长速度放慢，一些西方的主流经济学家也不得不承认这是"货币主义的失败"[1]。

---

[1] K.屈赫内.凯恩斯主义的经济政策面临现实的考验[J].世界经济译丛,1982(8).

本 章 总 结

1. 货币学派是在传统货币数量理论基本上发展起来的一个重要的经济学流派,货币学派的领袖人物是美国经济学家米尔顿·弗里德曼教授。

2. 货币学派继承了货币数量理论的传统,重视货币需求理论的研究,建立了货币分析的经济模型,强调货币在宏观经济运行中的重要作用,形成了以货币理论为基础的宏观经济理论体系。

3. 货币学派的经济政策主张的基调是经济自由主义,强调市场机制对经济运行的调节作用,反对政府过多干预经济。

思 考 题

1. 什么是货币学派的基本经济观点?
2. 什么是弗里德曼的货币需求理论?
3. 什么是货币学派的货币分析理论模型?
4. 什么是货币学派的通货膨胀与失业理论的基本内容?
5. 什么是货币学派的基本经济政策主张?

Rational Expectation School

第五章

理性预期学派

在20世纪70年代，西方各国大都陷入了严重的通货膨胀、大量失业和经济停滞的困境，第二次世界大战后流行了多年的凯恩斯主义经济理论和政策发生了危机，与凯恩斯主义相对立的货币学派的理论和经济政策在扭转停滞膨胀局面时并未发生神效。正是在这种历史背景下，一些比较年轻的经济学家从货币学派中分离了出来，形成了一个新的经济学流派——理性预期学派(亦称"合理预期学派")。

理性预期这个概念是由美国经济学家约翰·F.穆思(John F. Muth)在1961年美国《经济计量学》杂志上发表的"理性预期和价格变动理论"一文中提出的，穆思从工程学文献中借用了这一概念，构造了一个假定经济主体在形成他们的预期时以最优化为目标并有效率地使用信息的经济模型。但是，这一理论当时并未引起大多数经济学家的注意。到了20世纪70年代初，芝加哥大学教授罗伯特·E.卢卡斯连续发表论文将理性预期概念应用于稳定性经济政策的争论，从而在美国逐步形成了以罗伯特·E.卢卡斯、托马斯·萨金特和尼卡·华莱士为核心的理性预期学派。这一学派的其他著名代表人物还有普林斯顿大学的约翰·泰勒、明尼苏达大学的爱德华·普雷斯科特和罗彻斯丹大学的罗伯特·巴罗等人。美国的明尼阿波利斯联邦储备银行曾经是这一学派的重要据点。

罗伯特·E.卢卡斯
(Robert E. Lucas, Jr.)

爱德华·普雷斯科特
（Edward C. Prescott）

理性预期理论的出现，在一定程度上引起了西方经济学界的震动，英国经济学家约翰·斯特拉瑟说："在理论和经验宏观经济学中，新近发展的最具挑战性的概念之一，是合理预期论。"[1]美国明尼阿波利斯联邦储备银行总裁马克·威尔斯在"'理性预期'：反凯恩斯革命的革命"一文中指出："虽然理性预期理论仍然处于幼年时期，但它已经摧毁了通行的理论，并且看来提供了一个有希望的可供选择的理论。"[2]

那么，什么是"理性预期"呢？理性预期学派的主要经济理论和经济政策又是什么呢？

第一节 | 经济学的预期理论

西方经济学家在分析经济现象时使用预期因素可以说是由来已久，在舒尔茨、里西和丁伯根等人提出的"蛛网理论"中，就涉及价格预期问题，瑞典学派的"事先"和"事后"的时间序列分析，凯恩斯的"对资本资产未来收益的预期"，也都包含着预期因素。在经济理论中，所谓预期是指从事经济活动的人，在进行某项经济活动之前，对未来的经济形势及其变化，尤其是市场供求关系和价格的变动作出一定的估计和判断。例如，企业在制定产销计划时必须估计市场将来的行情变化，以避免可能造成的经济损失或错过赢利的机会。

> 预期：从事经济活动的人，在进行某项经济活动之前，对未来的经济形势及其变化，尤其是市场供求关系和价格的变动作出一定的估计和判断。

根据穆思的阐述，在理性预期概念产生之前，经济理论研究中所涉及的预期理论，按照经济学家们所设想的预期形成机制，大致可以分为三种不同的类型。

一、静态预期

静态预期理论假定经济活动主体——厂商或消费者——完全按照社会经济活动中过去已经发生过的情况来估计或判断未来的经济形势。传统的蛛网理论中，厂商必须对未来市场上的产品价格进行预期，以决定其供给数量，根据蛛网理论的假定，厂商通常都以当期的市场价格作为对下一时期市

---

[1] 约翰·斯特拉瑟.合理预期是有前途的研究大纲，还是货币学派的原教旨主义理论[J].经济学译丛，1986(8)：71.
[2] 丹尼尔·贝尔等.经济理论的危机[M].上海译文出版社，1985：113.

场价格的预期,这就是所谓静态预期。若以P_t表示第t期的实际价格水平,P_{t-1}表示第t期前一个时期的实际价格水平,$\overline{P}_t$表示在$t-1$期所预期的第t期的价格水平,则静态预期模型为

$$\overline{P}_t = P_{t-1} \tag{5.1}$$

由此可见,"静态的预期形成最为单纯,它把前期的实际价格完全当成现期的预期价格"[1]。

二、非理性预期(外插型预期)

非理性预期是凯恩斯在《通论》中提出来的。凯恩斯认为,资本主义社会中,经济形势是变化莫测的,前景是无从确知的,因而人们的预期是缺乏可靠基础的,是非理性的,容易发生突然而剧烈的变化。例如,资本家对投资的未来利润率的预期就是非理性的,是由"油然自发的情绪"支配的,当投资者情绪乐观时,乐观的预期导致投资激增,经济扩张;反之,当投资者情绪悲观时,悲观的预期使"资本边际效率"突然崩溃,投资萎缩,经济衰退。以α表示预期中的调整系数,P_{t-2}为第$t-1$期前一时期的实际价格水平,非理性预期的模型为

$$\overline{P}_t = P_{t-1} + \alpha(P_{t-1} - P_{t-2}) \tag{5.2}$$

根据这一模型可以分析出,如果α等于零,该模型则转化为静态预期模型。假定市场实际价格从$t-2$时期到$t-1$时期上涨了,即$P_{t-1} > P_{t-2}$,根据非理性预期理论,乐观的人预期价格上涨趋势将持续下去($\alpha=1$),悲观的人则预期价格上涨趋势不会持续,反而会大幅度下降($\alpha=-1$)。因为乐观与悲观两种情绪的支配,预期价格出现正好相反的结果(如图5.1所示)。

概括地说,非理性预期理论有三个特征:① 预期的形成缺乏可靠的基础,因而易受情绪支配;② 预期被作为一个外生变量来对待,从而被排除在模型的分析范围之外,即"把预期主要看作外部变数,因而同任何模式中的现行变数无关"[2];③ 预期不受有关经济变量与政策变量的影响[3]。

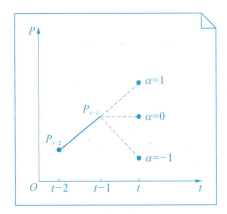

图5.1
非理性预期

---

[1] 伊贺隆.关于合理预期形成的理论[M].外国经济学说研究会.现代国外经济学论文选:第七辑.商务印书馆,1983:101.
[2] 约翰·斯特拉瑟.合理预期是有前途的研究大纲,还是货币学派的原教旨主义理论[J].经济学译丛,1986(8):71.
[3] 李任初.论预期在现代宏观经济学中的地位[J].南京大学学报(哲学社会科学版),1986(2):59.

三、适应性预期

适应性预期最初是由菲利普·卡根在1956年发表的"超通货膨胀的货币动态理论"一文中提出来的,后由弗里德曼在分析通货膨胀和"自然失业率"时加以运用和推广。以 β 表示适应性预期的调整系数,而且 $0<\beta<1$,适应性预期的模型可写为

$$P_t = P_{t-1} + \beta(P_{t-1} - \overline{P}_{t-1})$$
$$或 \overline{P}_t = (1+\beta)P_{t-1} - \beta \overline{P}_{t-1} \qquad (5.3)$$

适应性预期形成的一个特点,就是考虑到前期实际价格 P_{t-1} 与预期价格 $\overline{P}_{t-1}$ 的差距,进行现期的价格预期,形成反馈型预期机制。如图5.2所示,前期预期价格高于实际价格时,现行预期价格下降;反之,前期预期价格低于实际价格时,现期预期价格上升[1]。

适应性预期理论强调,经济活动主体的预期并不是独立于其他经济变量之外的某种心理状态,而是以他们过去的经验和客观的经济活动变化为基础的,人们可以利用过去的预期误差来修正他们现在的预期。弗里德曼在分析通货膨胀问题时就采用了适应性预期理论。他认为:"各种预期应根据现时通货膨胀率与预期通货膨胀率之间的差额进行调整。比如,预期率是5%,现时率是10%,预期率就将调整到10与5之间的某个位置上。"[2]适应性预期虽然认为各个经济活动主体总是能够一步一步地纠正自己过去的错误,但其形成机制有一个很大的不足之处,即它在讨论预期形成时只注意人们受过去经验和经济变化的影响,而忽略了其他方面信息来源,尤其是没有考虑到政府的经济政策因素对于预期的影响。因此,适应性预期在政府经济政策变化时,便会失去其预期的准确性,也就是说,如果人们不去利用与他们有关的政府当局所遵循的制订经济政策的规则,那么就会在纠正自己过去的错误时不断地犯新的错误,或者说,在作出预期时系统地犯错误。

由于在适应性预期理论中,人们总是处于被动的地位,只是随着过去的经济变化和政府经济政策变化等因素来调整自己的预期,因此,适应性预期理论遭到一些经济学家的批评,并由此产生了理性预期理论。

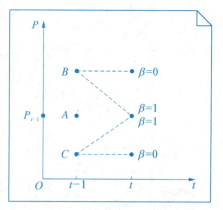

图 5.2
适应性预期

---

[1] 关于用递归法建立的更详细的适应性预期模型可参阅伊贺隆.关于合理预期形成的理论[M].外国经济学说研究会.现代国外经济学论文选:第七辑.商务印书馆,1983:101—103.

[2] 米尔顿·弗里德曼.失业还是通货膨胀?——对菲利普斯曲线的评价[M].商务印书馆,1982:25.

所谓理性预期,"它假定单个经济单位在形成预期时使用了一切有关的、可以获得的信息,并且对这些信息进行理智的整理"[1]。在这一基础上,经济主体对经济变化的预期是有充分根据的和明智的,它在很大程度上是可以实现的,并且不会轻易为经济主体所改变。正如穆思所指出的:"由于预期是对未来事件有根据的预测,所以它们与有关的经济理论的预测本质上是一样的。我们把这种预期叫作'合理的'预期。"[2]

理性预期理论有两个显著的特点。

(1)人们对经济未来变化的理性预期总是尽可能最有效地利用现在的所有可以被利用的信息,而不是仅仅依靠过去的经济变化及经验;而且,"在用理性预期来代替适应性预期的结构里,模型中的经济主体会注意到政策的变化。……经济主体将改变他们的决策,以便充分利用一项新的政策产生出来的任何有利机会"[3]。理性预期理论并不认为每个经济主体的预期都是完全正确的,或者说是与未来经济情况一致的预期,而是说这些经济主体的预期(主观的后果的概率分布)与经济理论的预测(客观的后果的概率分布)是趋向一致的。

(2)理性预期理论并不排除现实经济生活中的不确定因素,也不排斥不确定因素的随机变化会干扰人们预期的形成,使人们的预期值偏离其预测变量的实际值,但是,它强调一旦人们发现错误就会立即作出正确反应,纠正预期中的失误。因此,人们在预测未来时不会犯系统的错误。

<u>弗兰科·莫迪利安尼</u>认为理性预期理论包含下列三个重要的论点。

(1)价格预期的误差不可能避免,但它们只能是短命的和偶然碰到的,如果预期与连续误差高度相关,将与理性预期理论相矛盾。

(2)任何企图以固定的货币规则或财政规则来稳定经济的做法必然会统统无效,因为他们的效应将被合理的预期完全消减。

(3)政府也不可能特别成功地实行抵消冲击的各种政策措施,只有在政府的信息比公众更充分完全时(按照理性预期理论,公众能获得同样多的信息,因此这一点是不可能存在的),政府的政策才可能有效[4]。

弗兰科·莫迪利安尼
(Franco Modigliani)

---

[1] 贝尔特·T.麦卡勒姆.合理预期理论的意义[M].外国经济学说研究会.现代国外经济学论文选:第七辑.商务印书馆,1983:40.

[2] 布赖恩·坎特.合理预期理论和经济思想[M].外国经济学说研究会.现代国外经济学论文选:第七辑.商务印书馆,1983:13.

[3] 马克·威尔斯."理性预期":反凯恩斯革命的革命[M].丹尼尔·贝尔等.经济理论的危机.上海译文出版社,1985:120.

[4] 弗兰科·莫迪利安尼.货币主义论战,即我们是否应放弃经济稳定政策[M].外国经济学说研究会.现代国外经济学论文选:第一辑.商务印书馆,1979:174—175.

第二节 宏观经济的不变性命题

从理性预期理论出发,理性预期学派在许多经济问题上都与后凯恩斯主流学派和货币主义持不同的观点。后凯恩斯主流学派的经济学家们认为,西方各国的政府可以利用菲利普斯曲线所反映的通货膨胀和失业之间的替代关系来管理国民经济。货币学派反对后凯恩斯主流学派的这种观点,他们认为,菲利普斯曲线只能在短期内存在,而在长期内是不能成立的。

货币主义得出短期的菲利普斯曲线交替关系存在的结论,依据正是适应性预期理论。理性预期学派则断言,菲利普斯曲线交替关系即使在短期也不存在。在理性预期条件下,人们已经估计到货币供应量增长后可能发生的实际后果,从而采取了预防性措施(如预先要求提高货币工资增长率和利息率),因此,一旦政府增加货币供应量,它就只会导致通货膨胀率的变化,并不能使工资和利息率下降,于是连在短期内暂时的产量增加和失业率下降的情形也不会发生。正如赫尔姆特·弗里希所指出的:"理性预期导致十分不同的含义。由于经济当事人了解这个模型的各个参数,所以货币供应量增长率的任何变化不仅引起通货膨胀率的变化,而且也引起预期通货膨胀率的变化,从而不会对这一体系的实际变量发生影响。"[1]因此,在理性预期学派的经济学家看来,"在货币政策的反馈规则之间所作的选择对于具有合理预期的新古典主义经济中失业率的随机变化是无关的"[2]。

> 不变性命题:货币供给中的可预见部分对就业、产量或其他实际变量均无影响;不能被预期的部分虽然能够对上述变量产生一定的影响,但其作用只会加剧经济的不稳定与波动。

由此,理性预期学派推出一个非常重要的命题,即不变性命题。这一命题断定:货币供给中的可预期部分对就业、产量或其他实际变量均无影响,其中不能被预期的部分或货币供给量意外地不规则地变动,虽然能够对上述变量产生一定的影响,但其作用只会加剧经济的不稳定与波动。因此,政府货币当局的经济政策,无论从长期还是短期来看都是无效的,其结果都将引起通货膨胀[3]。

不变性命题的分析可以用图5.3加以说明:图中纵轴代表价格水平,横轴代表国民收入水平,AD代表总需求曲线,AS代表总供给曲线,Y_n代表与自然失业率相应的就业水平时的国民收入水平。假定最初时AD与AS相交在E点,这时国民收入产量为Y_n,价格水平

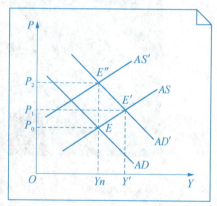

图5.3 通货膨胀与失业

---

[1] 赫尔姆希·弗里希.通货膨胀理论:1963—1975年"第二代"概述[J].经济学文献杂志,1977(12):1302.
[2] 贝尔特·T.麦卡勒姆.关于"政策无效"争论的目前情况[M].外国经济学说研究会.现代国外经济学文选:第七辑.商务印书馆,1983:1.
[3] 李任初.论预期在现代宏观经济学中的地位[J].南京大学学报(哲学社会科学版),1986(2).

为 P_0；如果政府认为这一国民收入水平不能使经济达到充分就业均衡，决定增加货币供应量以刺激总需求，那么，按照凯恩斯主义的观点，总需求会变化（从 AD 到 AD'），产量和物价将都会上升（从 P_0 和 Y_n 上升为 P_1 和 Y'），失业会相应减少。货币主义认为，短期内货币政策将生效，但长期内则无效，失业率会回到自然率水平，而通货膨胀则更严重。理性预期学派则认为，人们对价格水平的预期绝不是固定不变的或只是根据以往的经验作出的，他们会考虑到未来货币供应量变化率的情况。出于对本身经济利益的考虑，经济主体在从事经济活动中会充分利用目前可以得到的一切有关信息，能够较为准确地预期到由于货币当局增加货币供给量的政策，价格不会停留在原有水平上而必将会向上移动到与货币供应量增长率相应的水平上。这时，工资、利率等都会立即作出相应的调整，结果总需求曲线和总供给曲线同时分别从 AD 和 AS 变化到 AD' 和 AS'，其交点为 E''，即国民收入水平仍然停留在与自然失业率相应的就业水平时的国民收入产量上（Y_n），而价格水平则由于货币供应量的增加猛升到 P_2。根据不变性命题的分析，理性预期学派得出结论：在短期内菲利普斯曲线也是一条位于"自然失业率"上的直线，通货膨胀与失业之间不存在任何替代关系。正如卢卡斯所说的："当扩张性的货币政策反复推行时，它就不再能实现自己的目标。推动力消失了，对生产没有刺激作用。预期得到扩大，但结果却是通货膨胀，而不是别的。"[1]

理性预期学派也按照不变性命题来分析货币量与利息率之间的相互关系。根据凯恩斯主义的观点，在其他条件不变时，货币供应量的增加将促使利息率的下降，从而刺激投资需求和扩大就业量。货币主义者则根据适应性预期理论，对货币量与利息率之间的关系作了短期和长期的区别和分析。他们认为，假定货币当局突然出人意料地将货币供应量的增长率从 5% 增加到 10%，这种变化的短期效果是利息率下降，这是因为由于货币供应量的增加，人们将发现他们手中持有的货币数量超过了所愿意持有的货币，于是把过多的货币数量用于购买各种物品，购买债券和股票，结果债券价格上升，利息率下降。所以，增加货币供给量最初确实是收到了降低利息率的效果。但是，从长期来看，货币数量增加使得价格水平提高了，贷款人会因此修正自己对通货膨胀率的预期，要求提高利息率来弥补由于通货膨胀率上升造成的本金的损失。例如，贷款人的利息率原为 5%，由于货币量增加造成通货膨胀率上升了 10%，那么贷款人将要求将利息率提高到 15%。由此可见，名义利息率（i）是由两部分组成的：实际利息率（r）和与通货膨胀预期有关系的利息率或预期通货膨胀率（P^e）。即

---

[1] 小沃尔特·格萨迪. 切合实际的新经济学[J]. 世界经济译丛，1979(4): 3.

$$i=r+P^e$$

因此,货币主义者认为,长期内货币数量的增加将使利息率(i)上升。

理性预期学派则认为,货币主义者关于中央银行突然地、出人意料地提高货币供应量的增长率这一假定是不符合实际的。在这一假定下,人们不能了解货币当局的行为规则,只能消极地根据货币政策来调整自己的预期。实际上中央银行总是按照某种连续一致的准则来制订货币政策的,例如当失业率达到某一水平时,中央银行为降低利息率,刺激总需求,总会将货币增长率提高到某一水平。无论它采取何种准则,只要按这一准则反复推行货币政策,公众就会很快地掌握它,并据此形成对通货膨胀的预期,在上述例子中,如果公众已掌握了货币当局的政策规则,那么货币供应量一增加的话,公众立即就会形成通货膨胀率将上升P^e的预期,并将这一预期通货膨胀率考虑到利息率变化的决策中去,于是货币供应量的增加,在短期内也不会产生降低利息率的效果,只能引起名义利息率的立刻上升。但是,由于价格水平同时也将上升,所以实际利息率和其他实际经济变量并没有受到任何影响。这样,由于人们的理性预期,政府增加货币供应量的货币政策无论在什么时期内在降低利息率、刺激总需求、扩大就业和增加产量方面都将是无效的,其结果只能是通货膨胀。

第三节 | 周期性经济波动理论

理性预期学派的经济学家认为,20世纪初的新古典经济学的理论分析是建立在两个前提上的。

第一,个体寻求最优化,即经济主体——企业和个人——在一定的技术水平和收入条件的限度内力求取得最大的预期利润或最大的预期效用。

第二,市场趋向供求均衡,即每个市场上在某一特定价格水平下买卖双方的意愿供求数量相等。

但是,新古典经济学有一个重大的缺陷,他们认为资源是始终能够得到充分利用的,绝不会有持续的大量的短缺和失业,因此他们甚至不能解释普通的经济周期问题。理性预期学派认为,"今天,经济学家可以有两种可供选择的方法来处理经济学中早期出现的这个危机——他可以像凯恩斯主义所做的那样抛弃古典的前提,或是像理性预期所做的那样,寻找古典经济学前提的更加连贯和更为复杂的形式"[1]。

以卢卡斯、萨金特和华莱士为代表的理性预期学派在努力恢复新古典经济学的理性原则（经济个体寻找最优化）和均衡分析，反对凯恩斯主义的经济理论和经济政策的同时，试图建立一个以理性预期为特征的经济周期理论，重新解释周期性经济波动现象。

理性预期学派在分析周期性经济波动时继承了新古典经济学的理性原则。在具体分析经济周期问题时，理性原则体现为两个重要的假说。

一、理性预期

理性预期，即经济主体都是有理性的，在信息充分的条件下，他们对未来经济活动和经济事件的主观预期和经济理论的预期是一致的。穆思曾经这样说过："如果企业老是按照错误的预期行事，就会在市场上不断吃败仗，到头来必然被淘汰掉。因此留存下来的企业乃是能够进行正确预期的企业。"[2]

二、短暂替代假设

短暂替代假说，认为产品和劳动的供应者根据相对价格或相对工资的变化情况，进行即刻的产品生产的替代和劳动时间与闲暇时间的替代。因此，市场是充分竞争性的，工资和物价的短期微小变化就能引起产量与就业量的显著波动。

卢卡斯在1977年"对经济周期的理解"和1978年"失业政策"等文章中，比较系统地阐述了他对经济周期问题的看法，明确地提出他的经济周期理论。卢卡斯认为，资本主义长期以来各个经济周期过程中出现的一些共同特点是解释经济周期的原因和建立经济周期理论模型的基本出发点。这些特点可以归纳为如下七个方面。

（1）各部门产量的波动具有很高的同步性。
（2）耐久资本品和耐久消费品的波动幅度大于非耐久产品的波动幅度。
（3）农产品和自然资源的产量和价格的波动具有较高的一致性。
（4）与其他经济变量相比，企业利润率表现出较高的一致性。
（5）价格显示为超前循环波动。
（6）短期利息率也是超前循环波动，而长期利息率不太明显。

---

[1] 马克·威尔斯."理性预期"：反凯恩斯革命的革命[M].丹尼尔·贝尔等.经济理论的危机.上海译文出版社，1985：114—115.
[2] 伊贺隆.关于合理预期形成的理论[M].外国经济学说研究会.现代国外经济学论文选：第七辑.商务印书馆，1983：107.

(7) 货币总量和货币流通速度也是超前循环波动的[1]。

根据经济周期过程中的上述特点，卢卡斯认为，既然价格的波动和货币总量的波动发生在产量的波动之前，那么，经济周期性波动就应该主要从价格的波动和货币总量的波动方面去寻找原因。价格的波动又可以分为两种类型：一种是一般物价水平的变动，也就是由通货膨胀（或通货紧缩）引起的价格总水平的变化；另一种是相对价格的变化，也就是不同产品价格之间比例关系的变化。一般物价水平的变化最终是由货币总量的变化引起的，而相对价格的变化则是由生产技术条件和消费者偏好的变动引起的。在卢卡斯看来，在一个物价总水平经常变化的社会经济中，生产者面临着一个"信号筛选"问题。这就是说，生产者经历着名义价格的变化，但他必须推测名义价格的变化中有多少是由通货膨胀引起的，又有多少是由相对价格变化引起的。对于生产者来说，在决定增加或减少雇佣劳动和产量时，只有相对价格的变动才是至关重要的，因为相对价格的变动的特点是长久持续的，它可以起到一种调节资料配置的作用。另一方面，一般物价水平的波动是相对短暂的，除非政府实行持续的、单一方向的货币政策（如不断增加货币供应量）。如果一般物价水平的变动按一种均衡的、成比例的方式作用于各种商品的价格，那么名义价格的绝对水平上升但相对价格比例不变，并且这种价格水平变化如果是在人们预期到的情况下发生的话，那么，它并不会影响实际产量和就业量。这也就是"货币中性"的含义。

卢卡斯认为由于信息的不完全性，经济主体在市场活动中往往容易混淆一般价格水平的变动和相对价格的变动。假设政府在人们没有预期到的情况下突然地增加货币供应量，一般物价水平将会随之上升，这时生产者可能会把一部分未预期到的一般物价水平的上升误认为是他们所生产的产品的相对价格的上升，于是就增加投资，扩大生产规模，使经济进入繁荣时期。但是到了某一时期，一旦生产者掌握了更充分的信息，意识到自己预期的错误时，他就会立刻加以纠正，并重新调整生产决策，减少投资，结果经济由繁荣走向萧条，爆发周期性的经济危机。根据卢卡斯的看法，政府连续不断地采取出人意料的行动是不可能的，他说："政府就是不能永远以高于人们预期的速度来增加货币供应量，是吗？它不能不断地以同经济有系统联系的行动来使私营经济感到意外。"[2]这就是说，

---

[1] 李实.现代西方经济周期理论[J].经济学动态,1986(5):53(原载卢卡斯.经济周期理论研究[M].麻省理工学院出版社,1981:217).

[2] 小沃尔特·格萨迪.切合实际的新经济学[J].世界经济译丛,1979(4):3.

如果一个国家以往的物价水平比较稳定,政府利用突然的、出人意料的通货膨胀政策是比较容易制造经济繁荣的。但是,政府持续利用这种政策的时间越长,生产者对政策的反应就越小;当政策的效果被人们事先完全预期到时,政策就变得无效了。正如萨金特所说的:"人们认识到真理,就不再犯同样的错误。当他们这样做时,他们取消了政策所期望达到的效果。"[1]

第四节 经济政策主张

托马斯·萨金特
(Thomas J. Sargent)

根据理性预期学派经济学家的看法,"理性预期学派的一个主要原则就是:经济如果不反复遭受政府的冲击,就会基本上是稳定的"[2]。他们认为,凯恩斯主义所主张的干预经济生活的财政政策和货币政策(所谓"积极行动主义的宏观经济政策")能够生效的暗含前提是:政府可以出其不意地实行某种政策以影响经济生活,即政府总是比公众高明。但是,在理性预期理论冲击下,主张政府干预的凯恩斯经济学原理正在烟消云散。在理性预期条件下,人们对政府的经济政策及其实施后果早已充分预计到了,并作出了相应的预防措施和对策,使得政府的经济政策不能有任何效果。理性预期学派在批判凯恩斯主义的"积极行动主义的宏观经济政策"时,主要提出了三点看法。

(1)日益增多的经验的和理论的证据表明,凯恩斯主义经济政策在抵消产量、就业或其经济总量的波动方面是不会取得任何成效的,在某些场合它们也许能在一定程度上影响经济生活,但它们不可能克服经济周期。

(2)凯恩斯主义经济政策的结果大部分是不确定的。而任何一种经济理论都明确地告诫人们,政策的结果确定性越小,实施政策就越要小心谨慎,因为任何一项错误的政策都会将事情弄得很糟。同时,政策的制订更加需要从容不迫,步子更要谨慎,决不能用那些曾经使用过的大规模的措施去刺激经济增长。

---

[1] 小沃尔特·格萨迪.切合实际的新经济学[J].世界经济译丛,1979(4):3.
[2] 同[1]:5.

(3) 对于许多凯恩斯主义经济政策，即使知道了它将会产生的结果，我们仍然无法判断这种结果是不是符合公众的意愿。根据凯恩斯主义的方法来制定政策的人无法让经济中的个人去选择自认为有良好结果的政策，他们是被迫选择这些政策的。其结果是，除非人们的偏好恰好与政策制定者的规定相配合，否则这些经济政策很可能使人们的处境普遍地变得更糟糕。

基于这些看法，理性预期学派提出，过多的政府干预只能引起经济的混乱，为保持经济稳定，唯一有效的办法就是尽量减少政府对经济生活的干预，充分发挥市场的调节作用，因为"市场比任何模型都聪明"。政府的任务只是在于为私人经济活动提供一个稳定的可以使人们充分了解的良好环境，为了做到这一点，"我们需要的是稳定的政策，而不是积极行动主义政策"[1]。正如卢卡斯所指出的：政府干预越少，经济效率也就越高。由于理性预期学派上述经济政策主张所反映的政策哲学思想，人们通常把它看作是比货币学派更为彻底的经济自由主义派别。

理性预期学派出现的初期，它对美国和其他各主要资本主义国家的经济政策制定的实际影响并不大，但随着时间的推移，理性预期经济理论的政策影响力在不断增加，同时它对西方主流经济学理论的影响也在日益增大，以致一些经济学家将理性预期理论的产生称为"预期革命"。布赖恩·坎特断言："合理预期理论可以被认为不仅仅是针对凯恩斯主义经济学的批评，而且特别代表了在不肯定的前提下重建均衡经济学的尝试"[2]，"没有对预期的解释，经济理论就不能对一个把将来估计在内的世界中的宏观经济现象的理解作出贡献"[3]。

尽管理性预期学派在当时的西方经济学界成为时髦，可仍有许多经济学家对这一理论持有异议，他们认为理性预期理论主要有如下的弱点。

(1) 由于整个理性预期理论的分析必须建立在市场随时处于"出清"的状态之下，因此货币工资的刚性这一在现实经济生活中常见的现象就构成了对理性预期理论分析的严峻挑战。一些经济学家认为，如果名义工资确实刚性的话，那么凯恩斯主义"积极行动主义的政策"可能仍然是有一定作用的。

(2) 理性预期学派认为人们会根据他们对经济结构的了解来形成自

---

[1] 马克·威尔斯."理性预期"：反凯恩斯革命的革命[M].丹尼尔·贝尔等.经济理论的危机.上海译文出版社,1985:131—132.
[2] 布赖恩·坎特.合理预期理论与经济思想[M].外国经济学说研究会.现代国外经济学论文选：第七辑.商务印书馆,1983:11.
[3] 同[2]:37.

己的"预期",这一基本假定是十分值得怀疑的。首先,谁能保证社会大众有能力及时掌握足够有用的信息?其次,任何信息的取得都是要付出代价的,人们在收集信息以形成"预期"时,如何斟酌取得信息的成本与运用信息的效率,以决定其购买信息的最适度数量?因此,认为人们可以像理性预期理论所设想的那样可以得到充分的信息,明智地整理信息,是不现实的。

(3)理性预期学派在分析经济问题(尤其是通货膨胀和失业问题)时,都借用了货币学派的"自然率"(如"自然失业率")的假定,然而,无论是货币学派还是理性预期学派,对于"自然率"究竟如何决定的问题,都没有给出明确的解说。

(4)理性预期学派攻击凯恩斯主义积极干预经济生活的政策主张最大的弱点就是假设政府当局操有主动之权,个人和企业部门处于被动地位。事实上,理性预期学派本身也犯了类似的错误,他们认为个人和企业部门可以收集充分的信息来预测政府的政策及其后果,即理性预期学派所说的:"聪明才智寓于广大民众之中,而非集中在华盛顿。"[1]但是,就实际情况而言,政府收集和处理信息的能力至少是不弱于民间的。因此,政府积极的宏观经济政策是能够影响经济的实际变量的,而不管是否存在理性预期。

基于上述种种理由,对理性预期理论持异议的经济学家认为,理性预期理论排斥了经济中的不确定性,导致了对预期的不现实的看法和对积极的稳定性经济政策的放弃。其结论是:以理性预期来代替观察不是一种恰当的科学方法。理性预期学派针对那些批评他们的理论是不符合实际的观点反驳说:"问题的要点是,理论是否正确不能由其假设是否符合实际来判断——表面上脱离现实的假设能够得出符合实际的结果。"[2]

本 章 总 结

1. 理性预期学派是在货币学派基础上发展出来的一个重要的经济学流派,其特征是将理性预期引入宏观经济理论,为宏观经济分析奠定了微观经济基础。

2. 理性预期理论的发展,对宏观经济学的演进产生了深刻的影响,极大地丰富和深化了宏观经

---

[1] 小沃尔特·格萨迪.切合实际的新经济学[J].世界经济译丛,1979(5):3.
[2] 马克·威尔斯."理性预期":反凯恩斯革命的革命[M].丹尼尔·贝尔等.经济理论的危机.上海译文出版社,1985:126.

济学有关经济增长、通货膨胀、失业和国际收支问题的认识。

  3. 理性预期理论对政府的宏观经济政策也有着深刻和长远的影响,在一定程度上改善了政府对宏观经济运行的调控能力。

思 考 题

1. 什么是静态预期和适应性预期?
2. 什么是理性预期?理性预期的特点是什么?
3. 什么是不变性命题分析?
4. 理性预期理论如何解释周期性经济波动?
5. 什么是理性预期学派的经济政策主张?
6. 如何评价理性预期理论对西方经济学所产生的影响?

Supply-Side Economics School

第六章 供给学派

20世纪70年代后期起，在美国又形成了一个与凯恩斯主义相对立的经济学流派——供给学派。供给学派的主要代表人物有：南加利福尼亚大学教授阿瑟·拉弗，哈佛大学教授马丁·费尔德斯坦，《华尔街日报》的罗伯特·巴雷特、裘德·万尼斯基、保罗·罗伯茨，哥伦比亚大学的罗伯特·蒙代尔、密契尔·伊文斯和乔治·吉尔德等人。供给学派主张经济自由主义，他们反对凯恩斯主义的有效需求管理理论及其政策主张，注重供给，刺激储蓄、投资和工作的积极性，主张更多地让市场机制自行调节经济。自1981年里根总统把供给学派理论作为美国官方经济学以来，供给学派在美国颇为得势，对西方经济学产生了重大影响。

第一节 供给学派产生的历史条件和理论渊源

什么是供给经济学？供给经济学的实质是什么？供给学派的主要代表人物阿瑟·拉弗声称，供给经济学是一种"新经济学，即对个人刺激的

阿瑟·拉弗
（Arthur Betz Laffer）

新经济学"[1]。伊文斯认为："凯恩斯派的模型之所以不能处理好现行的经济问题，是因为他们把注意力集中在需求问题上。"他指出，我们所需要的经济模型必须强调供给方面，注意集中在调节生产率方面。"中间供给学派"的代表人物马丁·费尔德斯坦也指出：供给经济学家强调，需要有新的税收刺激结构，去鼓励人们储蓄和鼓励企业在新的以及更有效率的工厂和设备方面进行投资[2]。可见，供给学派都以重视供给的分析为标榜。所谓供给，指商品和劳务的供给，也就是指生产。所以，供给学派又称生产学流派。20世纪70年代资本主义世界出现"滞胀"以后，供给学派认为，资本主义经济的症结在于供给不足，需求过旺，他们反对凯恩斯主义的需求管理，主张通过减税政策实行供给管理，刺激投资。总的来说，供给学派缺乏自己的系统经济理论，其以古典经济学理论作为基础，提出一系政策主张。它是一种偏重于政策方面的经济学新流派，正如托马斯·J.海尔斯通尼斯所说的："供给经济学是通过商品和服务供给效应方面的多种手段措施，为了调节经济增长和促进物价稳定而提供的一种政策研究。"[3]

一、供给学派产生的历史条件

19世纪以后，西方资本主义国家相继发生生产过剩的经济危机，从而宣告了萨伊定律的破产。第二次世界大战以后，随着国家垄断资本主义的发展，凯恩斯主义经济学取代了在西方占统治地位达一个半世纪的"古典经济学"[4]，成为西方的正统经济学。凯恩斯对萨伊定律中包含的"古典"经济思想进行了全面的批判，认为在自由竞争的条件下，不可能经常达到总供给等于总需求的充分就业，而大量失业的根源在于"有效需求"的不足，不是"供给会创造自己的需求"，而是需求创造供给，制约着供给，是有效需求决定了供给、产量和就业量。在凯恩斯看来，投资需求和消费需求的不足，是造成失业的根本原因。并且，由于资本主义的经济机制不能自动调节总供给与总需求趋向于充分就业的均衡，那么，只有依靠国家对经济的干预来刺激总需求。由此，凯恩斯主义者制定了一整套政府调节经济活动的政策，即"需求管理政策"。第二次世界大战后西方各主要资本主义国家纷纷推行凯恩斯主义，采取了一系列国家干预经济生活的形式和措施，特别是在20世纪70年代以前，凯恩斯主义的政策、措施曾经在推迟经济危机的爆发、减轻危机的破坏力

---

[1] 为什么供给经济学突然广泛流行[J].商业周刊,1979-09-17:16.
[2] 索玛.新经济学的超级明星[J].时代杂志,1980-03-23:33.
[3] 托马斯·J.海尔斯通尼斯.供给经济学导论[M].莱士顿出版公司,1982:3.
[4] 参见《经济影响》1982年第1期.

和推动西方经济的增长等方面，起到了一定的作用。例如，美国从第二次世界大战后到20世纪60年代的经济平均增长率达到了4.3%，大大超过了两次世界大战之间（1919—1939）1.8%的水平。在这段时期内，美国的通货膨胀率和失业率都比较低，其他资本主义国家也出现了类似的黄金增长时代。

但是，凯恩斯的"需求创造供给"的理论与萨伊定律一样，都没有正确地揭示出资本主义的症结所在，因而凯恩斯主义的需求管理政策也不可能从根本上解决资本主义固有的基本矛盾，凯恩斯主义的需求管理政策的推行只能导致一个否定凯恩斯主义本身的现实世界。进入20世纪70年代以后，西方资本主义经济形成了"停滞膨胀"的局面，政府赤字庞大，通货膨胀加剧，居民税收负担加重，实际收入水平下降，经济停滞不前，面对这种局面，凯恩斯主义者无法解释，主流经济学出现了重大危机。正是在这种历史条件下，供给学派经济学应运而生了。

在供给学派看来，凯恩斯主义经济理论无非是与萨伊的"供给自行创造需求"相对立的一种"需求自行创造供给"的理论。他们认为，长期以来，凯恩斯主义不断人为地刺激了需求，持续地损害了资本主义"将欲取之，必先予之，为了需求，就必须供应"的道德心理。供给学派指出，当时美国经济已然进入"滞胀"，在高失业率和高通胀下，居民对市场失去信心，没有动力进行生产活动。在此经济社会背景下，一再刺激需求并不会使得企业劳动生产率上升，因此产品实际产量并不一定增长，更可能的结果是供需持续失衡下，货币数量增加促进物价上涨，并最终导致储蓄率和投资率放慢，技术变革延缓。由此，乔治·吉尔德断言："在经济学中，当需求在优先次序上取代供应时，必然造成经济的呆滞和缺乏创造力、通货膨胀以及生产力的下降。"[1]供给学派正是在对凯恩斯有效需求理论的批判和否定凯恩斯主义需求管理政策的基础上，来复兴"古典经济学"和萨伊定律，从而提出他们供给管理的政策主张的。

乔治·吉尔德
（George Gilder）

二、供给学派的理论渊源

供给学派的主要代表人物也承认，供给学派经济学"不过是穿上现代服装的古典经济学"。他们所指的古典经济学[2]，主要是指从亚当·斯密到约翰·穆勒（John S. Mill）经过萨伊所建立的以供给为理论出发点，以生产、成本、生产率为研究重点，以经济自由主义为主要政策主张的经济理论体系。吉尔德认为，"自从斯密为供应派经济学赢得首次胜利以后的两个世纪中，

---

[1] 乔治·吉尔德.财富与贫困[M].上海译文出版社,1985：45.
[2] 参见《经济影响》1982年第1期.

需求派经济学接二连三获胜"[1]。吉尔德等供给学派成员竭力呼吁应该抛弃凯恩斯主义,重新返回到"古典经济学"[2]去。

"古典经济学"的理论是建立在充分就业和其他资源充分利用或具有充分就业的经常趋势这个基础之上的。他们认为,经济的正常情形是充分就业的稳定均衡。如果这种均衡发生经常性的偏差,就归咎于政府的干预或私人垄断妨碍了市场机制的自由活动。他们认为,只有自由放任这个政策才能保证正常的充分就业。古典学派以"萨伊定理"从而以充分就业作为其宏观经济理论的不言自明的前提,因而其理论体系集中阐述一定量的总资源如何在多种用途之间进行配置,生产出来的收入如何在参与生产的多类资源之间进行分配。在生产中配置资源和在分配中决定报酬的市场力量,就是供给和需求,一般的供求关系决定着多种资源和多种商品的相对价值或价格,价格体系所组成的市场机制——看不见的手,它指导各个私人在追求其最大利益时,为经济体系的总资源作出最合理的安排。

"古典经济学"把充分就业看成是经济运行的正常情形,它的理由在于假定"供给会自行创造自己的需求"。这一条"古典经济学"的基本原理是法国经济学家萨伊提出来的,被称为"萨伊定律"。萨伊认为:商品的买卖,只不过是商品和商品之间的交换,货币只在一瞬间起媒介作用,一个商品的卖主同时也是另一商品的买主,一种产品的生产必然给其他产品的生产开辟销售道路。因此,只有生产才创造了对其他产品的需求。萨伊概括了"古典经济学"理论体系的性质与结构特点:生产是起点,分配是生产的结果,交换是分配的继续,消费是经济活动的终点。生产者的最大利润必然会带来全社会的最大利益,消费者的利益寓于生产者的利益之中,是生产决定了消费,经济学研究的重点应该放在生产和供应上,"所以一个好的政府以刺激生产为目的,而一个坏的政府则鼓励消费"[3]。萨伊还认为,当一种资源得到充分利用时,就生产出一定量的产品,参加这种生产的人们也获得一定的收入,从而他们将以就业中所得的这些收入去购买产品。只要生产安排好,不论生产什么都能销售出去,发生过剩的产品不过是一种劣等货或不对路的暂时过剩;只要供给会创造它自己的需求,就不会发生一般生产过剩,总供给和总需求一定相等。在政策主张方面,供给学派直接吸收了"古典经济学"强调供给、生产,刺激储蓄、投资,提高生产率方面的基本经济思想;在基本理论方面,供给学派则利用"萨伊定律"来直接否定凯恩斯主义。乔治·吉尔德作出了

---

[1] 乔治·吉尔德.财富与贫困[M].上海译文出版社,1985:44.
[2] 在本书相应的地方将在上述供给学派所特指的意义上使用"古典经济学"这一范畴。
[3] 萨伊.政治经济学概论[M].亨利·黑兹利特.凯恩斯主义的批评者.普林斯顿大学出版社,1960:20—21.

这样的结论:"萨伊定律,它的各种变化,是供应学派理论的基础规则。……萨伊定律之所以重要是因为它把注意力集中在供应、集中在刺激能力或资本的投资方面。它使经济学家们首先关心各个生产者的动机和刺激,使他们从专心于分配和需求转过来,并再次集中于生产手段。"[1]

第二节 | 正统供给学派的理论模型

供给学派还不是一个成熟的经济学流派,还缺乏严密、明确的体系,在其内部还存在着分歧,它大体上可以分成"正统的供给学派"[2]和"中间的供给学派"两支。两者的主要区别在于,前者主张实行大幅度的减税,并且醉心于减税的快速效应。在这一节里,我们主要介绍以拉弗、万尼斯基等为代表的"正统的供给学派"提出的一些理论和政策主张。

一、供给学派的历史使命

供给学派的历史使命是填平"新的凯恩斯洼坑"。供给学派是先提出政策主张,然后逐步提出一些理论模型和观点进行解释论证的,它是一个偏重于政策方面的经济学流派。因此,在这里,我们也先行介绍供给学派的一些基本政策主张。供给学派的经济政策主张主要有以下四种。

(1)大幅度和持续地削减个人所得税和企业税,以刺激人们的工作积极性,以及增强储蓄和投资的引诱力。

(2)采取相对紧缩的货币政策,使货币供给量的增长和长期的经济增长潜力相适应,从而恢复某种形式的金本位制。

(3)供给学派主张减少国家对经济生活的干预,特别是要改变国家干预的方向和内容,主张应更多地通过减税实行"供给管理",更多地依靠市场的力量自动调节经济。

(4)缩小政府开支,大规模削减福利开支,提高私人的投资能力。

在供给学派的这些政策主张中,最主要的经济政策则是减税。供给学派认为,过去凯恩斯是通过调节货币的供给量、增加公共开支、降低利率,以增强投资的引诱力来刺激投资、促进经济增长的。但是,到20世纪70年代

> **供给学派的基本政策主张**
> ↓ 大幅度、持续削减个人所得税和企业税
> ↓ 采取相对紧缩的货币政策
> ↓ 减少国家对经济生活的干预
> ↓ 缩小政府开支,大规模削减福利开支

---

[1] 乔治·吉尔德.财富与贫困[M].上海译文出版社,1985:61.
[2] 人们所谓的供给学派,一般就是指"正统的供给学派",在此书中我们将沿用这一事实。

末期，经过通货膨胀和税收调整后的利率一直是负数，如果降低利息的目的是为了提高投资的引诱力，那么现在适当的经济政策就不能再是降低利率来刺激需求了，而是要减税，刺激供给。供给学派的代表人物之一吉尔德指出，目前收入和资本的高税率对阻止投资所起的作用，已经大于过去利用利率杠杆所起的调节作用了；如果说过去持久不下的高利率是导致投资引诱不足的"凯恩斯洼坑"，那么，今天的政府则成了"新的凯恩斯洼坑"。因此，供给学派从"供给自行创造需求"的原理出发，把减税看成使美国摆脱当前经济增长停滞困境的基本手段。吉尔德综合概括了供给学派的这一基本思想，他指出："税收政策要能有效地影响实际收入，其唯一办法在于改变对供应者的刺激。用改变报酬的方式来使人们喜欢工作胜过闲暇，乐意投资胜于消费，使生产源泉胜过财富的洼坑，并使纳税活动胜过不纳税的活动，这样政府就能直接而有力地促进真正的需求和收入的扩大。这就是供给学派的使命。"[1]

在供给学派看来，正是美国日益增加的税收和政府开支这根"楔子"，严重挫伤了储蓄和投资以及工作的积极性，从而导致供给不足引起通货膨胀和经济停滞增长。他们从以下四个方面分析了高税率对美国经济增长带来的危害，从而来论证减税政策的必要性和正确性。

> 边际税率（Marginal Tax Rate, MTR）：纳税人在增加一些收入时，增加这部分收入所纳税额同增加收入之间的比例。

（1）高税率特别是高的边际税率是美国工作积极性和劳动生产率下降的重要原因之一。他们指出，当税率提高时，虽然为了纳税后的收入不下降，人们有更加勤勉和工作更长时间的意向。但是，如果进行边际分析，就会发现当税率提高时，一个社会的个人确实会工作得更加卖力，他们的生产率却下降了。因为，如果企业主是一个边际生产者，税率的提高将使他停产或进行较低水平的经济活动，社会就将失去这个企业的全部产品。高税率对就业结构也会产生不利的影响，从而导致美国生产率下降，高税收和通货膨胀使人们的收入提到更高的纳税等级，而实际的购买力却没有增加，其结果等于提高了税率的累进程度。据供给学派推测，进入20世纪80年代以后，美国人的边际税率已接近了50%，这样高的边际税率使单靠一个人的收入维持生活的家庭受到惩罚，从而把庞大的家庭妇女赶入劳动大军之中，去寻找工作。该如何看待这种情况？吉尔德认为："当家庭收入不管出于何种原因，增加的可能性减少时，已婚妇女会更加努力地工作，而已婚男子则恰恰相反。鉴于在美国赚取高薪的已婚男子是劳动生产率增长的主要源泉，不难看出我们的、因受通货膨胀的影响而提高的高度累进

---

[1] 乔治·吉尔德. 财富与贫困[M]. 上海译文出版社，1985：70.

的税率,在劳动大军不断壮大的同时,只会使劳动生产率不断下降。"[1]供给学派还认为,很高的边际税率会导致美国工人作出偏好于休闲、消遣、享受等方面的选择,这是致使美国企业劳动生产率下降的又一重要原因。当边际税率很高时,则多劳动所得的收入需要按照更高的税率纳税,到手的收入且很少,休闲变得相对有利,因为休闲的价格降低了。因此,进入20世纪70年代以来一般美国的工人特别是男性工人宁愿少做工、多休息,不愿意加班加点努力工作、积极学习和提高技术以多挣工资收入。这导致美国工厂的出勤率下降,劳动纪律松弛和劳动生产率下降。吉尔德认为,正是"这些情况给美国家庭生活罩上了一层阴影,而且在20世纪70年代的大部分时间内使人们的经济受到损害,导致在劳动大军不断壮大的同时劳动生产率却不断下降"[2]。

(2)高边际税率是导致美国储蓄和投资供给不足,经济增长停滞不前的根本原因。由于边际税率越高,则用于消费的价格越便宜,用于投资和储蓄的价格相对提高,从而鼓励人们多消费,少储蓄和投资。他们认为,这是美国近年来储蓄率和投资率下降的重要原因之一。吉尔德指出:"20世纪80年代伊始,这种发展给美国各个收入阶层和美国经济发展前景造成了灾难性的影响:劳动生产率的增长陷于停顿,储蓄率降至百分之四以下。通常作为经济发展锋芒的上层阶级——大部分投资的源泉——纷纷转向可以躲避税捐的非生产性活动,囤积黄金,购置不动产,从事投机买卖。"[3]

(3)高税率下政府收入分配无益于改善美国经济"滞胀"局面。供给学派认为,由于大规模的福利支出,阻碍了贫困的改善,导致整个美国社会的生产率和生活水平下降。吉尔德指出,这主要是由于"竭力从富人那里拿走他们的收入,就会减少他们的投资,而把资金给予穷人,这样就会减少他们的工作刺激,肯定会降低美国的劳动生产率并限制就业机会,从而使贫穷永远存在下去"[4]。所以,只有通过大幅度减税,刺激储蓄,提高投资率,增加产量,才能摆脱这种贫困,因为这不仅可以增加就业机会,而且将使劳动者的工作热情增加,愿意加班兼职,从而增加劳动供给,这样穷人的生活水平才能提高。

(4)供给学派认为,过高的边际税率不仅阻碍了个人和企业的财富积累,更加重要的是它使个人投资者的革新、发明、创造的精神丧失殆尽,这是

---

[1] 乔治·吉尔德.财富与贫困[M].上海译文出版社,1985:23.
[2] 同[1]:20.
[3] 同[1]:29.
[4] 同[1]:103.

美国经济增长和社会进步的最大危害。吉尔德断言:"在任何经济制度中创造性和主动性的主要来源都是个人投资者。经济不会自行增长,也不能靠政府的影响而发展起来。经济是由于对人们的事业心,即甘冒风险、把设想变成垄断、垄断变成工业,并在知道将得到什么回报之前就给予的这种意愿作出反响而增长的。"[1]

此外,高税率导致地下经济的规模不断扩大,避税和逃税更加盛行,家庭分裂、离婚增多和道德败坏等社会问题更加突出。

二、税收收入和"拉弗曲线"

为了说明税率和税收收入之间的关系以及减税在刺激经济增长中的作用,供给学派理论家拉弗提出了著名的"拉弗曲线",成为供给学派解释减税理论的依据和工具。

1978年,"拉弗曲线"首先在一些报纸和裘德·万尼斯基的《通向成果的道路》一书中披露。在这里我们也将主要引用万尼斯基对"拉弗曲线"的解释,并通过图6.1来说明[2]。如图6.1所示,在平面坐标图中,"拉弗曲线"用一条函数曲线表示税率同政府收入之间的关系,纵轴表示税率,横轴表示政府税收收入。当税率为零时,人们能够得到他们在货币经济中生产的全部成果,收益和纳税后的收入之间就不会加进政府这个"楔子",这时政府对经济生活不发生任何干预,政府对生产也就没有阻碍作用,生产能够达到最大化。货币经济中的产量只会受到工人的选择闲暇和工作之间愿望的对比力量的限制。但是,当税率为零时,政府的收入就等于零,政府也就不可能存在。这时经济处于无政府状态,可见这种经济是不可取的。当税率上升到100%时,这意味着人们的全部收入都要作为税收上交给政府,这时将无人愿意工作或投资,由于生产中断,就没有什么可供征100%的税源,因此,政府的收入也就为零。

"拉弗曲线"存在于上述两种情况之间。当税率从100%下降到A点,生产开始恢复,政府略有所得,可以看到,由于税率的下降,税收收入还可以增加。在A点代表一个很高的税率和很低的产量,而在B点代表一个很低的税率和很高的产量,然而两者可以为政府提供同样多的税收收入,同样在C点和D点政府的税收收入也一样多。"拉弗曲线"告诉我们,政府可以通过进一步降低税率,如从A

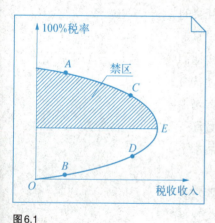

图6.1
拉弗曲线

---

[1] 乔治·吉尔德.财富与贫困[M].上海译文出版社,1985:59.
[2] 裘德·万尼斯基.赋税、收益和"拉弗曲线"[M].外国经济学说研究会.现代国外经济学论文:第五辑.商务印书馆,1984:28.

点降到 C 点，随着产量的进一步扩张，政府税收收入也可以增加；而政府也可以通过提高税率，如从 B 点提到 D 点，政府的税收收入也会增加得一样多。税收收入只有在 E 点为最大，在 E 点，如果政府还要降低税率，产量将增加，但税收收入会下降；如果提高税率，产量和税收收入都会下降。对于政府来说，图中的阴影区域是禁区，在这个区域内，只有降低税率，产量和收益才能增加。对于政府和政治家来说，他们的主要任务就在于要找到税率的最佳点 E。

"拉弗曲线"已经成为供给学派解释、宣扬他们政策主张的有力的分析工具，他们把"拉弗曲线"看成是理解整个人类社会经济发展秘密的一把钥匙。他们认为，美国一直到第一次世界大战以前，都是成功地停留在"拉弗曲线"禁区之外的。但是，从此以后美国的大多税率都一直处在"禁区"之中。因此，供给学派相信，当前美国首要的经济政策应该是减税，降低边际税率，从而提高工作、储蓄、投资的相对价格，提高投资的相对收益，来刺激工作、储蓄和投资的积极性。他们认为，只有减税才能使政府的收益和私人的储蓄、投资同时增加，而以往使用税制对财富进行再分配只会造成经济停滞，用减税刺激储蓄、投资和工作积极性一定行得通。他们声称，凯恩斯主义是建立在将日益缩小的经济"馅饼"从富到穷地重新分配的基础之上的，而拉弗以及供给学派经济学的宗旨在于要不断扩大这块"馅饼"本身。

三、劳动、资本"楔子"模型

阿瑟·拉弗和其他供给学派的经济学家还从理论上考察了税率与劳动供求以及与资本形成之间的关系，建立了所谓的劳动、资本"楔子"模型[1]，试图说明改变税率对劳动供给和工作闲暇之间的选择弹性和刺激作用，以及对劳动需求函数和资本形成的影响。

假设雇佣每个工人的平均成本愈高，就业机会就愈少。那么，高税率，特别是高的工资税实际提高了雇主雇佣工人的成本，他就会减少就业机会。因为税收是支付给政府的，当税率提高时，雇佣工人的实际总成本就比支付给工人的实际工资更高。这种差异状况就被供给学派经济学家称之为税收"楔子"，而在这里则称之为劳动"楔子"。如图6.2所示，在没有税收"楔子"打入的 Y_0 点，雇佣劳动的雇主成本与工人实际得到的工资收入是相等的。当工资税开始增加时，不仅增加了雇佣工人的成本，而且由于工人也支付了类似的税收，因而工人得到的实际工资也降低了。可见，这一税收"楔子"

---

[1] 托马斯·J.海尔斯通尼斯.供给经济学导论[M].莱士顿出版公司,1982：120—125.

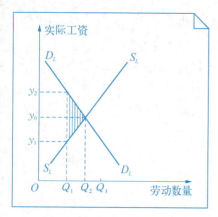

图6.2
劳动、资本"楔子"模型

导致了企业主对劳动需求数量的减少,以及劳动市场上劳动供给的减少。作为税收和雇主雇佣工人成本上升而工人实际工资减少的"楔子"的增大(见图6.2),当"楔子"增大到 y_2 时,这意味着在每个工人的雇佣成本和工人得到的实际工资之间"破离"的增长。雇佣劳动数量为 Q_1 时,雇佣一个工人的成本是 y_2,而支付给这个工人的实际工资却是 y_1。相反,如果税收减少,市场的力量会向相反的方向作用于劳动的供给与需求。如果拔掉了政府税收这根"楔子",就能使劳动的供给趋向等于劳动的需求,达到 Q_2。并且当例如公共服务等领域的某些就业工作通过支付转移的形式得到津贴补助时,由于雇主的劳动成本小于工人所得的工资水平,这样会刺激企业主提供更多的就业机会,就有可能使就业量达到 Q_3。

供给学派经济学家认为,一个类似于劳动"楔子"模型中的税收"楔子"存在于资本的供给与需求之间。同样,税收"楔子"使资本的供给成本和<u>需求成本</u>不断上升,从而严重地挫伤了储蓄者和投资者的积极性,导致资本的供给不足和投资引诱的削弱,这是美国经济增长停滞的根本原因。

> 需求成本是站在市场角度的说法,供给成本是站在投资者角度的说法。
> 投资引诱是由一般资本的边际效率和利率之间的大小关系决定的。当一般资本的边际效率大于利率时,雇主投资有利,投资增加,此时投资引诱大。

上述劳动、资本"楔子"模型实际上是一条派生的"拉弗曲线",它是"拉弗曲线"在理论上的进一步引申(见图6.3)。在图6.3中,由于劳动力的供给函数(它与资本的函数是对称的),仅仅是一个税后工资函数,假定在工资和工资税率中,有一个外生变量,那么劳动力的供给函数可以看成是固定不变的。由于劳动力的需求函数是处于税前工资条件下,因此工资税这一外生变量会改变劳动力的需求函数。在图6.3中,LD_1 代表对劳动力的需求,假定这时的工资税率为零,那么这时劳动的就业机会是较为丰富的。当工资税率开始提高时,由技术决定的边际生产率保持不变,然而由于税后工资普遍下降,导致了劳动力需求曲线移到 LD_2。如果工资税率进一步提高,就会使劳动力的需求曲线进一步向较低的就业均衡点或税后工资均衡点移动。

供给学派的劳动、资本"楔子"模型旨在从理论上论证减税同劳动、资本的供给和需求之间的关系,进一步证实减税具有增加劳动就业、鼓励资本供给、增强投资引诱力的积极效应,从而为他们的经济政策主张提供理论注脚。在他们看来,"今天,资本主义前途所面临的危险一点也不减当年。在那时候,彻底的改革保存了资本主义。不过,这种改革虽然恢复了人们的希望,但也打入了楔子。随着时间的推移,这个楔子耗竭了这个制度的创造性。现在应尽力抽出这根楔子,恢复独创性和

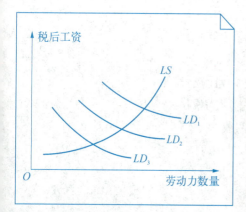

图6.3
派生拉弗曲线

生产率,只有这样,才能解救资本主义"[1]。

第三节 马丁·费尔德斯坦的供给经济学理论及政策主张

马丁·费尔德斯坦(1939—2019)是不同于拉弗、万尼斯基等美国"正统供给学派"的"中间供给学派"的主要代表人物。他曾任哈佛大学教授、美国经济研究局主席以及里根总统经济顾问委员会主席。

马丁·费尔德斯坦
(Martin Feldstein)

从20世纪70年代至80年代初,费尔德斯坦开始著书立说,在其主要经济论著如《美国税收刺激、国民储蓄与资本积累》《社会保障与财富分配》《社会保证金与国民资本积累》《失业的个人与社会的损失》以及《通货膨胀与股票市场》等中,阐述了他的基本理论观点:在当今已趋充分就业的美国经济中,凯恩斯主义的扩张性财政政策和货币政策是引起失业率和通货膨胀率上升以及资本形成率下降的主要原因;政府通过扩大社会福利计划使失业人数反而增多,个人的储蓄减少,也阻碍了资本的投资和经济增长。他认为,美国当前的经济问题主要表现在供给方面,应当尽力提高供给能力,为此他特别强调增加储蓄的重要性。从这一点出发,他也赞成必须减少政府对市场的干预,应该充分发挥个人的积极性和创造性,提高生产效率。在政策措施方面,他主要有以下五项建议。

(1)他主张平衡预算收支,削减不必要的支出,尤其是要削减福利开支和价格补贴等。

(2)他主张逐步改革税收体制,平衡国家预算,消除财政赤字,鼓励储蓄和投资,增加生产,加速资本形成。

(3)他主张长期推行低货币增长率(年货币增长率不超过6%,并至少坚持5—7年),采取有节制并可预期的货币供给政策。

(4)政府应该倡导废除束缚生产的一些规章制度,以利于刺激企业投资的积极性。

(5)他主张应该"有选择地"适度减税,特别是要削减公司所得税和资本收益税,放宽折旧条例,从而刺激资本形成率的迅速增长。

---

[1] 约兰·伊万斯,罗伯特·诺维克."供应学派经济学"的来历和含义[J].财经理论与实践,1983(1).

在政策主张上，费尔德斯坦同"正统供给学派"有明显的分歧。费尔德斯坦认为，"正统供给学派"为解决美国经济问题而提供的方法过于简单化，他尖锐地批评拉弗等人使里根政府醉心于减税的快速效应，误以为减税会自动地产生政府的收入，并会消除通货膨胀，达到经济快速增长。费尔德斯坦认为，当前美国宏观经济政策的主要任务在于平衡预算、稳定并降低财政赤字和降低通货膨胀率，这样才能创造出一个刺激储蓄、投资的环境，求得一个较高的资本形成率。因为在费尔德斯坦看来，美国经济的病症不仅在于很高的边际税率方面，也在于财政赤字、通货膨胀、税收结构、社会保险制度共同作用下的并发症。费尔德斯坦为了使他的供给经济学理论和政策含义更加充分地显示出来，提出了著名的"费尔德斯坦曲线"，作为说明财政赤字对通货膨胀、资本形成的影响及其相互关系的一个分析模型。

费尔德斯坦的分析模型是由政府发行的货币、债券和私人有价证券三种资产组成的一个货币增长模型。费尔德斯坦认为，当时美国经济的背景已不是凯恩斯创立需求经济学时非充分就业的情况，美国经济正处于自然失业率条件下的充分就业，他的理论模型就是建立在这种同凯恩斯主义完全不同的经济假设条件之上的。他认为，在充分就业和经济增长的条件下，财政赤字的增加可以表现为政府债券或货币供给的增加，或两者同时增加。而货币供给的增加会造成通货膨胀的压力，政府债券的发行会引起债券利率和私人有价证券利率之间相对水平的变化，从而产生政府债券对私人有价证券的替代效应，导致私人有价证券需求的缩小，降低整体资本形成水平。费尔德斯坦认为，由于美国政府一直推行债务赤字政策，并且混合发行货币和债券，导致通货膨胀和财政赤字的共同作用，产生了对资本形成水平的长期抑制效应，结果财政赤字的增加降低了资本形成水平，又提高了通货膨胀率。

费尔德斯坦试图探索一条在财政赤字稳定或增长的条件下，消除赤字对通货膨胀的加速作用和对资本形成抑制效应的有效途径。首先，他分析了这样一种情况，财政赤字的增加不影响通货膨胀率。要使通货膨胀率不变，只需要通过政府的债券来平衡财政赤字，而不必扩大货币供给量就可以达到。但是，这会导致政府债券和货币相对利率的提高，加强了政府债券对私人有价证券的替代效应，从而会降低资本形成水平和实际国民收入。可见，避免通货膨胀率的代价是资本形成水平和国民收入增长率的降低。

费尔德斯坦认为，在财政赤字增加的情况下，财政赤字可以通过发行债券，而主要通过扩大货币供给量来弥补，就可以消除政府债券对私人有价证券的替代效应的压力。货币供给量的扩大产生的通货膨胀从而引起名义利率的上升，通过降低边际税率，提高资本的实际净收益，就能使一部分扩大的货币供给被私人有价证券的投资吸收，再转而推进通货膨胀。

根据以上财政赤字对通货膨胀、资本形成的影响及其相互对应关系，费尔德斯坦用一条曲线加以简明描述表达，这就是著名的"费尔德斯坦曲线"（见图6.4）。"费尔德斯坦曲线"除了表示在财政赤字条件下，通货膨胀和资本形成水平表现为一种正相关以外，它还会随财政赤字水平的变化而相应地上下移动。如图6.4所示，当政府赤字增加时，曲线从Ⅰ上升到Ⅱ，这时为了保持原来的资本形成水平K_1，通货膨胀的代价增加到π_2；相反，如果财政赤字减少了，曲线从Ⅰ下移到Ⅲ，这时用较低的通货膨胀率π_3就可以维持原来的资本形成水平。同时他认为，当财政赤字为零时，"费尔德斯坦曲线"就下移为一条和自然通货膨胀率重合的水平线，这种通货膨胀率独立于政府的财政变量，对资本的形成没有影响。

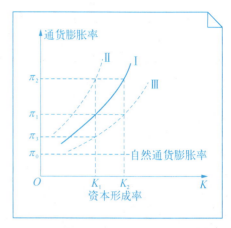

图6.4
费尔德斯坦曲线

费尔德斯坦根据他的这个理论模型，推断凯恩斯主义的分析工具菲利普斯曲线所反映的通货膨胀率和就业之间的替代关系已经不能解释当今的美国经济现状。菲利普斯曲线的理论内容在于说明一个国家可以有低通货膨胀率与高失业或高通货膨胀率与低失业之间的替代关系，通货膨胀率和失业率的反比关系，其政策含义是选择一个最优的通货膨胀率和失业率的组合。费尔德斯坦认为，菲利普斯所反映的这种替代关系在经济处于非充分就业的条件下和短期内是存在的、有效的，但是当经济达到充分就业时，菲利普斯曲线的替代关系就消失了并为"费尔德斯坦曲线"的替代关系所代替。以此出发，费尔德斯坦认为，一方面这时的经济问题就主要表现在供给方面，如果继续推行财政赤字政策，就会使费尔德斯坦曲线向上移动，不仅产生加强通货膨胀的压力，而且会给资本形成水平的提高带来困难，因此，他认为，在充分就业的条件下，凯恩斯的传统经济政策已经失效了，这时宏观管理政策应该从需求转到供给方面，主要的政策任务是平衡预算，推行紧缩性的货币政策和刺激性的财政政策，逐步降低或消除财政赤字，使"费尔德斯坦曲线"向下移动转化为一条水平线，达到自然通货膨胀率的水平。另一方面，费尔德斯坦认为，尽管他的理论观点和政策主张与"拉弗曲线"背后的思想是完全不同的，他们都认为美国经济增长停滞的症结在于供给方面，特别是在于储蓄率和资本形成率低，因此他们都主张政策方面应该从刺激需求转到刺激供给。但是，他们在看待抑制通货膨胀以及减税的效应等方面则大相径庭，费尔德斯坦完全不同意"拉弗曲线"所谓减税会自动地、快速地增加政府的收入，抑制通货膨胀和导致经济增长的看法。他认为,即使减税也主要是改善目前美国的税制结构以及压缩政府预算,以作为平衡财政赤字的一个重要手段,从而使"费尔德斯坦曲线"向下移动,来提高资本的供给水平,促进经济增长。

第四节 供给学派的政策实践

供给学派的经济理论,早已成为美国里根政府制定国家经济政策的理论根据。1981年,里根上任不久,就向国会提出了具体的"经济复兴计划",这些计划包括四个方面的内容。

(1) 削减个人所得税和企业税率,其中个人所得税率自1981年7月1日开始每年削减10%,三年削减30%。

(2) 削减联邦开支,减少预算赤字,逐年平衡预算。

(3) 放宽和取消政府对企业的一些限制性规章条例。

(4) 控制货币信贷,推行有节制的、稳健的货币供给政策。

里根"经济复兴计划"是根据供给学派和货币主义的理论与政策主张综合制定的。因此,尽管供给学派形成的时间还不算长,它在美国的影响却日益扩大。

一、"里根经济学"和"经济复兴计划"

里根早在1980年的总统大选中,就全盘接受了供给学派的理论和政策主张,并作为自己的竞选纲领,这主要是因为供给学派的理论和政策主张能更好地反映和体现里根所代表的美国部分政治集团和收入阶层的利益。

在总统竞选之前,里根就是美国大多数所谓"平等保守主义分子"的支持者和利益代表人。这部分人大多是西部的中小企业主、农场主、房地产主等。他们的经营规模小,主要立足在国内市场,因此,他们不仅要受到国内政府有关企业的规章、条例、法规的严格限制,而且没有大型垄断跨国公司逃税避税的便利条件,税负沉重,储蓄和投资的能力日益枯竭。为此他们竭力反对国家政府对企业过多的干预,主张恢复自由企业制度,反对大规模的社会福利开支和所得税政策。他们之中很多人还是1978年加利福尼亚州"第13号提案"抗税运动的参加者和肯普罗斯税法案的拥护者,供给学派中的著名经济学家,如肯普、拉弗、万尼斯基等就是"平民保守主义分子"的主要代表和理论家,而里根的政治基础正是根植于这批"平民保守主义"

极端保守派的。里根也曾是"第13号提案"和肯普罗斯减税提案的积极支持者。在那时,他就和一些供给学派的经济学家来往,他早就对重视宏观经济、注意微观分析,并主张财政、金融措施并重的供给学派寄予很大希望。早在1980年的竞选总统纲领中,里根就提出了在头三年中每年减税10%、争取削减财政开支、逐年平衡预算、控制货币信贷、控制通货膨胀等供给学派的主张。

当然,里根当选总统以后所提出的更具体的"经济复兴计划"的思想基础,并不全部属于供给学派的经济理论,因为里根政府看到,凯恩斯当年所面临的主要问题是需求不足,凯恩斯的宏观经济理论提供了被战后资本主义经济发展的实践所证明的、解决需求不足的短期有效的药方。但是,20世纪70年代以来,资本主义的经济发展不仅出现了与凯恩斯所面临的完全不同的新现象,即资本主义经济所面临的经济问题已经不是需求不足,而是供给不足,经济衰退;而且由于凯恩斯主义需求管理的结果反而导致"停滞膨胀"局面。因此,对里根来说,一方面要努力刺激供给,另一方面必须控制需求,这就成了当前保守主义经济思潮在美国由里根政府实验的基本内容。从里根"经济复兴计划"的理论基础看,这一计划是以供给学派的政策对付经济停滞,用货币主义代表人物弗里德曼关于严格控制货币供给量增长速度的理论来抑制通货膨胀,也吸收了代表东部财团利益的经济学家如乔治·舒尔茨、阿伦·格林斯潘、威廉·西蒙等人的理论观点,强调平衡预算。因此,所谓以"里根经济学"为理论基础的"经济复兴计划"不过是供给学派理论、平衡预算理论和货币学派理论的混合物。

二、里根"经济复兴计划"的主要内容

里根经济复兴计划被提出来以后,很多人担心三年减税30%的计划,会加剧通货膨胀,扩大贫富之间的差距,加剧社会矛盾,经过国会的激烈争论和里根同国会的反复讨价还价,最终达成了妥协;第一次减税幅度改为5%,并推迟到1981年10月1日起实行。这样供给学派的经济政策主张,除了恢复金本位制以外,在美国开始大规模地实验。

(1)削减个人所得税率和减免企业税以刺激工作、储蓄和投资的积极性。对个人所得税率,从1981年10月1日起削减5%,1982年7月1日起再削减10%,这样33个月共削减个人所得税25%。在削减所得税的方面,里根完全采纳了供给学派的主张,减税时只按照税率,而不管纳税的绝对数额,因此,纳税等级越高的人,削减税额越多,得到的好处越多。在供给学派看来,减税的主要目的在于减轻高中收入阶层的税收负担,因为只有这部分人才有储蓄和投资的能力,他们才是美国经济增长的"发动机",对生产起着

决定性作用。减税法案中还规定,个人收入中利息、红利等非劳动收入的最高税率从1982年起削减20%,资本收益税率从1981年6月起从28%削减为20%。新税法从1985年起将个人所得税率指数化,个人所得税率将按照通货膨胀率来确定升降。

在减免企业税方面,主要是通过加速固定资产折旧,来使资本家加速投资回收,减少应纳税收。从1981年起,厂房建筑折旧期从32—43年缩短为10—15年;机器设备折旧期由5—15年缩短为5年,汽车、轻型货车、研究和实验机器设备的折旧统定为3年,加速折旧减轻了企业的税收负担。新税法还规定对企业的利润投资给予优惠税,其中对汽车等资产给予6%投资税优惠,所有机器设备、公用设施、铁路建筑物等给予10%的投资税优惠,这种投资税优惠实际上直接减少了企业的税收负担,降低了企业固定资产的成本。加速折旧法一般对大型的或资本有机构成高的企业带来较多好处。为了减轻中小企业的相应税收负担,又规定了削减公司所得税率的办法,应纳税收入在25 000美元以下的企业,原税率为17%,1982年降到16%,1983年减为15%。应纳税收入在25 000美元以上的,但不超过50 000美元的企业原税率为20%,1982年降为19%,1983年起削减到18%。

(2) 以削减社会福利开支为主,逐年平衡预算也是里根经济复兴计划的主要组成部分。里根上台以后,在1982年削减了352亿美元的政府支出,其中100亿美元直接影响到福利支出。1983年和1984年又分别削减440亿美元和514亿美元的支出,削减的内容也主要是社会支出方面。从项目内容看,它们主要是停发食品券,使美国40万个家庭失去了在购买食品时的政府价格补助;减少儿童营养补贴和对抚养儿童家庭的补贴;降低对低收入的青年人、盲人、残疾者等提供的医疗费用补助;废除《全面就业训练法》,削减政府为职工教育和培训计划所负担的经费等。里根政府削减社会支出计划,使中下层的劳动人民、广大黑人和少数民族受害最深。联邦政府给州和地方政府补助的削减部分,大约60%要落实到对低收入个人救济或补助的项目上,并且使失业的青年、妇女和黑人更加难以找到工作,失业率上升。因此,里根政府的削减预算计划完全反映了供给学派经济学"劫贫济富"的性质。

(3) 放宽政府对限制企业经济活动的规章条例。撤销、放宽管理企业的法令规章,让市场机制更多地发挥自动调节作用,这是供给学派经济学的重要原理及其重要的政策主张之一。里根一进白宫,就开始着手撤销、放宽管理企业的规章条例工作,他宣布要"消除烦琐的、不合理的而且无意义的规章制度",还成立了以布什副总统为主席的特别工作小组,全面负责和监督"撤销、放宽工作"的展开。仅仅在1981年,特别工作小组就审核了91

种现行政府管理企业生产经营的法令规章条例,已经撤销放宽的有65种,其中主要是取消了工资和物价的"自愿限制",以及国内生产石油和天然气的价格管制;接受了供给学派关于自由放任,大力淘汰效率低、亏损多的企业,合并和建立规模大的企业,以提高生产率,加强美国企业工业竞争能力的理论观点;放宽了《反托拉斯法》;还放宽了环境保护方面的一些条例,如放宽了34项防止污染和保护行车安全等方面的规定等。总之,里根政府撤销或放宽对企业管理的规章条例,旨在贯彻供给学派的政策主张,减少国家对经济的干预,鼓励企业自由竞争,但这实际上是通过降低工人的劳动安全保护条例,来达到降低企业的生产成本、增加利润、推动美国经济增长的目的。

(4)推行有节制的、稳健的紧缩性货币政策。里根上台不久,就要求联邦储备委员会实施与他的"经济复兴计划"相协调的货币政策。联邦储备委员会从1980年起大力降低货币供应量的增长率,1980年12月至1981年1月以M1-B指标计算货币实际增长率为4.1%,远远低于原计划的6%—8.5%的增长率。

三、里根"经济复兴计划"的政策后果

里根的经济政策为美国经济摆脱"滞胀"起到了积极作用,表现为以下三个方面。

(1)抑制了严重通货膨胀。通过调控货币发行量等政策抑制通货膨胀,稳定了当时的物价水平,并改善了居民的心理预期。

(2)推动了经济持续增长。在减税、放松企业管制、增加国防开支等政策作用下,美国经济受到了良好推动,稳步回升并保持增长。同时降低了失业率,恢复了市场活力。

(3)促进了科学技术的发展。为与苏联相抗衡,将大量国防开支用于军工研发及生产,增强美国军事实力的同时促进了科技发展,使得军工企业迅速崛起并带动民间工业企业发展。

但里根的经济政策也造成了一系列不良后果,表现为以下三个方面。

(1)财政赤字加剧。里根不仅未能实现财政收支平衡,在大规模的减税和国防支出下,财政赤字愈加庞大。美国政府不得不大量举借外债,从1982年的世界最大债权国变为1986年的世界最大债务国。

(2)贸易逆差扩大。美国国内储蓄率低,故弥补巨大财政赤字只能依赖外国投资者,为达此目的,里根在任期内不得不维持高利率吸引外国投资者。这导致美国出口大幅下降、进口不断增长,形成巨额贸易逆差。

(3)贫富差距拉大。里根的减税政策更加利于高收入人群,尤其是

超富裕阶层，而不利于低收入者，使得美国本就存在的贫富差距进一步拉大。

第五节 对供给学派的简要评价

供给学派的产生，从经济思想发展史上来说，它是对凯恩斯主义的直接否定，从经济发展的实践需要看，它是适应当代资本主义经济从需求不足到供给不足，也即资本主义经济从经济过剩到经济衰退、停滞膨胀这一经济背景巨大变化的产物，因此，我们应该肯定供给学派的经济理论及其政策主张是适应了经济实践的发展变化而产生的。供给学派作为这样一个新的经济学流派，有它一定的合理成分。

（1）供给学派对资本主义经济所面临的主要症结的看法和对凯恩斯主义恶果作出的揭露，比较符合当时美国等资本主义国家经济发展的客观现实。20世纪70年代以来，资本主义经济的发展出现了与凯恩斯时代完全不同的新现象，资本主义经济面临的主要问题已经不是需求不足，而是供给不足、经济衰退、停滞膨胀。凯恩斯主义在统治新古典主流经济学30余年以后，在20世纪70年代以来的"滞胀"中陷入了深刻的危机，随着经济实践的不断发展和变化，凯恩斯主义经济理论被逐渐淘汰，供给学派等保守主义经济思潮的出现是一种正常的、必然的现象。

（2）供给学派把凯恩斯主义中供给和需求之间的关系颠倒过来，肯定了生产对消费的支配作用，继承了古典经济学中某些合理的成分。供给和需求、生产和消费是经济生活中相辅相成和不可分割的两个方面，供给学派强调增加供给或增加生产、提高生产率，是适应当时时代发展需求的。"为什么供给学派突然广泛流行"一文于1979年9月17日刊登于美国《商业周刊》，很好地概括了这一点："现在的主要问题很清楚，它已经不是如何刺激需求而是如何刺激供给，而已被称作供给学派经济学的这种思潮则反映着与生产率、资本形成、劳动供给、工艺技术、资源短缺以及管理有关的新关系。"

（3）供给学派主张减少政府对经济生活的干预，更多地发挥市场机制的调节作用，这在一定程度上反映了市场经济的内在规律。供给学派提出的新思想认为市场经济体系如同弹簧，如果政府施加过大压力，它就会萎缩，如高税率和过多的规章制度使得经济增速放缓。一旦给经济主体松绑减负、恢复自由,经济弹簧就会恢复其固有的张力,市场经济就会重新活跃起来。因此,供给学派通过调整政府干预的内容与作用方向,提出税收改革、资源再配置与经济结构调整、再市场化三个改革主张,为个人和企业从事经济活动松绑,促进经济增长。

但是,供给学派与其他所有的当代经济学流派一样,由于他们没有正确认识和揭示资本主义经济制度内部所固有的基本矛盾,他们的经济理论有许多实质性错误和局限性,不可能正确地揭示资本主义经济发展中的内在规律性。这主要表现为以下两点。

(1) 供给学派完全承袭了萨伊定律的衣钵,这不过是一种古典思潮的复古。我们应该看到,供给学派在社会哲学基础和宏观经济理论方面是非常贫乏的,它本身没有形成一个完整的理论体系与凯恩斯主义进行对抗,为了突出它们反凯恩斯主义的性质,他们就假"萨伊定律复旧"之名与凯恩斯主义经济学形成直接对抗。萨伊定律主张"生产决定论"和"买卖平衡论",这一定律没有随时代发展,而供给学派也未对其进行修正与完善。

(2) 在经济政策主张方面,供给学派没有也不可能倒退到自由竞争的资本主义时代中去,实际上还是企图通过国家干预来刺激供给。供给学派的政策主张可能具有一定的时效性,能够解决一部分当时美国社会所面临的供需不平衡问题,帮助美国经济摆脱"滞胀"。但就长期而言,由于供给学派也并未从根本上解决资本主义经济存在的问题,资本主义生产方式的基本矛盾仍然存在,美国经济可能遭遇更严重的冲击,陷入新的供需恶性循环。2008年的金融危机最终导致美国多个金融机构倒闭或被政府接管,对美国经济造成了严重的不良影响,便是一次例证。

二战后,在两轮石油危机和经济结构性失衡等外因与内因的打击下,美国经济陷入滞胀,1980年美国经济表现为负增长,年通货膨胀率攀升至13.5%,失业率接近10%。这些症状表明美国经济供给侧出现了问题。在此背景下,凯恩斯主义进退两难,供给学派从而登上经济学舞台,并为当时的总统候选人罗纳德·里根所青睐,而后成为美国政府的经济主张。实际上,在经济政策方面,供给学派与凯恩斯主义都承认当代资本主义经济单纯依靠市场机制不能实现供给和需求的自动均衡。因此,他们都需要国家干预,他们的分歧在于这种干预的程度、内容以及作用的方向上。供给学派认为,20世纪70年代出现"滞胀"以后,资本主义经济的症结在于供给不足,需求过旺,需要借助于国家的干预,特别是通过减税的财政政策来实行供给管理,刺激投资。同时,在他们看来,政府过多的管理与限制企业的规章条例,削弱了企业之间竞争的动力刺激机制,增加了企业的税收负担。因此,他们反对这种"过多""过细"的国家干预,供给学派在经济政策方面的这些看法，可以说比较接近当时美国资本主义经济发展的客观现实，具有一定的道理。但是供给学派和凯恩斯学派一样，都没有正确地认识到存在于资本主义经济中导致"生产过剩"和"经济衰退"的根源，因此从一个极端走向另一个极端。强调增加供给，在一定范围内也许能够填补一些凯恩斯主义造成的新"洼坑"，但是，即使这个"洼坑"被填平，供给过剩也即生产和消费的矛盾又会以比凯恩斯主义以前更加剧烈的形式出现。

本 章 总 结

1. 供给学派是20世纪70年代以后，在西方资本主义经济出现大规模停滞膨胀的背景下，对凯恩斯有效需求理论的批判和否定的基础上，复兴"古典经济学"和萨伊定理，从而提出的一套理论观点和政策主张。

2. 供给学派并没成为一个成熟的经济学流派，缺乏严密的经济学体系，内部大体可以分为正统的供给学派和中间供给学派两个分支，他们提出了著名的拉弗曲线和费尔德斯坦曲线等理论模型。

3. 供给学派最基本的政策主张是增强供给或生产，提高生产率，把凯恩斯颠倒了的供给和需求之间的关系重新颠倒过来，从而主张减少政府干预，调整政府干预的内容和作用方向。

思 考 题

1. 供给学派的理论渊源和产生的历史条件是什么？
2. 供给学派的基本理论特征是什么？
3. 试述马丁·费尔德斯坦供给经济学的基本理论内容。

The Swedish School

第七章

瑞典学派

瑞典学派，又称北欧学派或斯德哥尔摩学派，是当代西方经济学的重要流派之一。19世纪末至20世纪初的瑞典著名经济学家大卫·达维逊、古斯塔夫·卡塞尔和约翰·古斯塔夫·克努特·维克赛尔是这一学派的主要奠基者。19世纪20—30年代，伊里克·林达尔、冈纳·缪达尔、伊里克·伦德堡和贝蒂·奥林等瑞典经济学家进一步发展了维克赛尔等人的经济理论，正式形成了瑞典学派，并引起了西方经济学界的普遍重视。第二次世界大战后，尤其是20世纪60年代以来，以阿瑟·林德贝克为代表的瑞典经济学家对瑞典学派经济理论的发展作出了重要贡献。除瑞典经济学家外，挪威著名经济学家拉格纳·弗里希和沃德·奥克鲁斯特也是这一学派的主要代表人物。其中，弗里希、缪达尔和奥林曾分别荣获了1969年、1974年和1977年的诺贝尔经济学奖。

作为西方经济学中一个相对独立的学派，瑞典学派的主要特点是在沿袭欧洲大陆传统的一般均衡理论和收入分配理论的基础上，创造了一些分析经济现象的新概念，较早地运用宏观总量的分析方法和动态分析方法，建立起了一个动态经济理论体系。此外，瑞典学派关于国家调节经济生活的政策主张和关于"自由社会民主主义"的经济制度理论，在西方经济学界也有着重要的影响。因此，在第二次世界大战以后，瑞典学派的经济理论和政

古斯塔夫·卡塞尔
（Gustav Cassel）

策主张，同凯恩斯主义一样，曾经得到了许多西方国家尤其是北欧各国政府和经济学界的普遍重视。

第一节　瑞典学派的理论渊源

拉格纳·弗里希
（Ragnar Frisch）

约翰·古斯塔夫·克努特·维克赛尔
（Knut Wicksell）

萨缪尔森曾将瑞典学派的经济学家划分为三代人，在第一代的三位瑞典学派的奠基人中，维克赛尔被认为是最重要和最有影响的一位经济学家，瑞典学派的主要理论渊源是维克赛尔的经济学说。缪达尔曾经这样说过："在瑞典，我们是在克努特·维克赛尔的传统中成长的，凯恩斯的著作是作为沿着熟悉的思想方法的有趣而重要的贡献被阅读，而不是作为革命的突破而被阅读"，由于"维克赛尔理论的存在使我们有可能稍先于我们的英美同僚们提出新的理论和制定政策的指导方针"[1]。

维克赛尔（1851—1926）是一位在近代西方经济学发展史上占有重要地位的经济学家。熊彼特在《经济分析史》一书中将维克赛尔与瓦特拉和马歇尔并列称为19世纪70年代到20世纪10年代在经济学纯理论研究中作出最大贡献的经济学家。维克赛尔生前已对斯堪的纳维亚、中欧等国的经济学发展产生了重大影响，瑞典和挪威等国的许多现代著名经济学家几乎都出于他的门下。维克赛尔的主要经济学著作有《价值、资本和地租》（1893）、《利息与价格》（1898）和《国民经济学讲义》（上、下卷，1901—1906）。维克赛尔的经济学理论可分为价值、生产和分配理论以及货币利息理论两大部分，前一部分理论的特点是高度娴熟而精炼的综合，后一部分理论以独辟蹊径的创新而见长。西方经济学界认为，维克赛尔的货币利息理论在从自由放任向国家干预主义过渡时期的现代西方经济学发展史上具有独创性的贡献。

维克赛尔经济学说的核心内容是所谓维克赛尔累积过程理论，这一理论包括了他的货币利息理论和经济周期理论，反映了他对经济理论最重要的贡献，是在其代表作《利息与价格》一书中提出来的。

1898年维克赛尔的《利息与价格》这部著作问世之前，在当时西方经济学中占主导地位的新古典经济学的理论体系中，价值理论和货币理论是

---

[1]　缪达尔.经济学发展中的危机和循环[M].外国经济学说研究会.现代国外经济学论文选：第一辑.商务印书馆,1979：481—482.

彼此分离的、相互间没有逻辑对应关系的两个独立部分，即所谓"二分法"。在新古典经济学体系中，价值理论是一种相对价格理论，是以边际效用理论为基础的；而货币理论是讨论一般物价水平变动的理论，是以货币数量理论为基础的，与相对价格的形成和变化没有任何直接关系。缪达尔针对经济学说史上的这种情形曾经指出："所有关于正统派经济理论有系统的论文，都有一个共同的特点，就是认为货币理论和价格的中心理论之间，没有内部联系和完整的结合。"[1]凯恩斯也曾经明确地批评说："我以为把经济学分为两部分，一部分是价值与分配论，另一部分是货币论，实在是错误的。"[2]

维克赛尔是一位较早地认识到"二分法"缺陷的经济学家。在《利息与价格》一书中，维克赛尔在下述基本假定、理论前提和理论概念的基础上展开累积过程理论的分析。

（1）所考察的社会经济处于充分就业均衡状态，土地、劳动和资本等一切生产资源的数量均为固定的，并且已被全部加以利用，不存在任何闲置的生产资源。这样，维克赛尔是以一个静态均衡经济作为分析的起点。

（2）19世纪中叶后，欧美各主要资本主义国家的银行信用制度已相当发达，银行在社会经济中的作用日渐加强，信用规模的变动对交易量和价格水平有着重大的影响。因此，维克赛尔假定所考察的经济是一个有组织的、纯粹的信用经济，即全部支付都利用划汇和账面转移进行。

（3）维克赛尔将总供给和总需求都相应地划分为消费品的供求和投资品的供求，从而能够考察货币数量在影响一般物价水平的变化过程中，对生产结构、资源配置、收入-支出、储蓄和投资有何种影响，即把相对价格变动与一般物价水平结合起来加以考察。

（4）在维克赛尔的分析中，一个非常重要的概念是"自然利率"。自然利率是与货币利率相对应的一个概念，"如果不使用货币、一切借贷以实物资本形态进行、在这种情况下的供求关系所决定的利率，……称之为资本自然利率"[3]。由此可见，自然利率实际上是物质资本的收益率，或相当于庞巴维克所说的迂回生产过程中的物质边际生产力。与此相对应的是货币利率，即银行借贷活动中用货币支付的利息率，它是由资本市场上借贷双方的供求关系决定的。维克赛尔认为，经济活动和价值水平的波动都与自然利率和货币利率的相互偏离有关。

（5）维克赛尔所考察的是一个抽象对外贸易的封闭经济体系，他假定在

---

[1] 缪达尔.货币均衡论[M].商务印书馆，1982：15.
[2] 凯恩斯.就业、利息和货币通论[M].商务印书馆，1981：249.
[3] 维克赛尔.利息与价格[M].商务印书馆，1959：83.

这一封闭经济中各生产单位完全从银行借入资本从事经营活动；促使企业增加投资，扩大生产的刺激因素是利润动机；同时也假定各生产单位的生产时期是无差异的。这些假定都是抽象理论分析所必需的，放弃这些假定并不会改变整个分析的主要结论。按照维克赛尔的假定，分析的起点是一个静态均衡经济，投资与储蓄相等，经济资源充分，就业、物价水平稳定。如果这时由于某种原因银行新增了一笔资金，增强了向企业发放新贷款的能力，由于处于静态均衡经济中，自然利率和货币利率是一致的，企业没有增加贷款、扩大投资和生产的要求，银行只有采取降低货币利率的方法，才能吸引企业增加贷款，扩大投资和生产。

维克赛尔的理论研究表明，货币利率一经由银行降低，立刻从两个方面影响到社会总需求：从企业的角度看，由于现在货币利率低于自然利率，两者的差额作为超额利润刺激了企业增加投资和扩大生产的愿望，但是，在充分就业条件下，由银行增发给企业的新贷款所引起的对生产要素（各种资源）的需求就会超过生产要素的可供数量，生产要素的价格必定趋于上涨。从消费者角度看，货币利率的降低，使作为利率函数的居民储蓄减少，消费开支增加，但由于消费品生产在充分就业条件下无法扩大，消费品价格也就上涨了。乍一看，银行货币利率的降低，货币数量的增加，总需求的过度膨胀，一般物价的上涨，这个以货币利率变化为起因的经济变动过程，似乎由于一般物价水平的上涨吸收了增发的货币量而走到了终点，但其实不然。维克赛尔明确指出："有些人以为利率的一次单独的、但是持久的变动，其影响只能限于眼前的冲击。事实是经仔细考虑后，情况往往会显得完全不同。可以假定，低利率的维持，如其他情况无变化，其影响不仅是恒久的，而且是累积的。"[1]

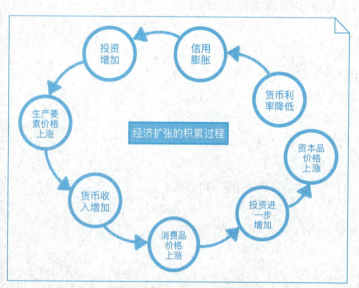

银行通过降低货币利率增加的贷款，首先是流入企业，企业利用贷款扩大投资引起生产要素价格上涨，由于不存在闲置资源，生产要素价格的变化必然会造成一部分生产要素从原有生产部门转移到有能力支付高价的生产部门。由于货币利率下降，资本的预期收益按市场利率计算的折现值提高了，资本品生产部门对生产要素的需求更为强烈，如果

---

[1] 维克赛尔. 利息与价格[M]. 商务印书馆, 1959: 76—77.

这时生产要素是从消费品生产部门转移到资本品生产部门,就会导致消费品生产部门的萎缩。但是,与此同时由于生产要素价格上涨,居民收入增加了(如工资、地租等),在货币利率保持低水平时,消费开支会进一步增加,但由于消费品产量非但没有增加反而减少了,消费品价格将进一步上涨。消费品价格上涨后,企业为增产又会增加对资本品的需求,这又促使资本品价格进一步上涨……因此,通过货币利率降低→信用膨胀→投资增加→生产要素价格上涨→货币收入增加→消费品价格上涨→投资进一步增加→资本品价格上涨……这种循环,会形成一个经济扩张的累积过程。在这个累积过程的发展中,社会生产并不会有实际的扩大,但是,原有的社会生产结构(资本品与消费品的生产比例)不断遭受破坏,相对价格体系不断变化,一般物价水平持续高涨,一切处于不稳定状况中的因素都在相互影响,加剧了整个累积过程的发展,使社会经济处于严重的失衡状态。这时,只有银行采取提高货币利率使之与自然利率相等的办法,才能制止这一累积过程的发展。同样,由于技术进步等原因引起的自然利率高于货币利率,也可能发生这种累积过程。此外,与上述向上扩张的累积过程相反,假定货币利率高于自然利率,则会发生向下萎缩的累积过程——经济危机和萧条。

总之,根据维克赛尔的分析,任何货币利率与自然利率的偏离,都会造成累积形式的经济失衡。这时,货币数量不只是影响一般物价水平,还会影响到收入、储蓄、投资、消费、各种商品的相对价格及社会生产结构。当货币利率等于自然利率时,投资等于储蓄,物价水平稳定不变,经济体系处于均衡状态。这时,各种商品的相对价格和产量都是由实际生产领域决定的,货币只作为流通手段和计价单位,不影响除一般物价水平外的其他经济变量,即货币是"中性的"。因此,根据维克赛尔的看法,经济达到均衡状态必须具备以下三个条件:① 货币利率等于自然利率;② 储蓄等于投资;③ 物价水平稳定不变。

维克赛尔的累积过程理论纠正了19世纪资产阶级经济学中的"二分法",第一次把价值理论与货币理论有机地结合在一起。哈耶克曾说过:"只是由于这位伟大的瑞典经济学家,才使得直到这一世纪下叶仍然隔离的两股思潮,终于确定地融而为一。"[1]除此之外,维克赛尔的累积过程理论实际上已经公开地对"萨伊定律"及资本主义社会的市场机制能自动调节经济达到充分就业均衡的观点提出了质疑,这对于瑞典学派的形成,对于现代西方经济学的货币理论和危机理论,以及凯恩斯的经济理论,都产生了巨大的影响。

---

[1] 哈耶克.物价与生产[M].商务印书馆,1959:26.

第二节　宏观动态经济理论

20世纪20—30年代是瑞典学派的形成时期,在维克赛尔理论基础上成长起来的新一代瑞典经济学家冈纳·缪达尔、林达尔、伦德堡等人,继承了维克赛尔的理论传统,建立了宏观动态经济理论,并得出了以宏观货币政策和财政政策为中心的国家干预经济生活的经济政策结论,形成了现代西方经济学发展过程中独树一帜的瑞典学派,亦称"斯德哥尔摩学派"。在这一过程中,缪达尔和林达尔两人作出了尤为显著的贡献。专门研究瑞典学派的经济学家卢德格伦在《现代瑞典经济学》一书中认为,缪达尔1927年的博士论文"价格构成和变化因素"是瑞典学派形成的标志。

冈纳·缪达尔
（Karl Gunnar Myrdal）

缪达尔在其早期代表作《货币均衡论》(1931)一书中,对维克赛尔的理论作了进一步的修改、补充和发展。缪达尔认为维克赛尔的纯技术意义（物质性）的自然利率概念,"从自然利率的决定中,把全部货币问题排除出去了"[1],因此,这一概念在货币经济中是自相矛盾和无法确定的。他认为,自然利率实际上是实际资本的收益率或预期利润率,它显然取决于生产要素和产品的价格,因此,"货币利率也必须包含在用来确定自然利率的公式之中"[2]。在缪达尔看来,维克赛尔在自然利率决定中排斥货币因素,也就是排斥了经济生活中的不确定性和人们对经济状况的预期因素,这对经济理论的完善和发展是不利的。考虑到现实经济生活以及理论本身的运用价值,缪达尔采用了一个用货币单位计算的、表述在价格关系中的新概念"实际资本的收益率"。实际资本的收益率本是在现实经济生活中企业家可能获得的收益率。由于现实经济生活并不恒常处于静态均衡中,在时间变动的过程中,收益率也必然受到商品相对价格变动和货币价值变动的影响,而且这些变化具有极大的不确定性。因而,"对任何收益的计算,必须联系到计算时的时间和核算收益率的时期。可以有两种不同的计算方法:收益率可看作事后的或事前的。……根据第一种计算方法,收益率是按照一个时期中已实现的收入和成本来计算的。根据第二种方法,收益率是根据在起点时只是作为资本化预期而存在的收入和成本来计算的。第一种计算方法是一种'簿记',它记录那些已经完结时期内实际发生的东西;第二种计算方法是以估计未来时期内会发生的情况为根据的商业计算。……第二种计算方法是以预期贴现为基础的,即一个企业的预期利润率,对企业家的

---

[1] 缪达尔.货币均衡论[M].商务印书馆,1982:48.
[2] 同[1]:49.

计划起决定作用的自然是这个预期利润率,而不是过去一个时期已经实现的利润率"[1]。

这样,缪达尔开始将"事前的"和"事后的"这两个分析工具引入经济理论中,并在分析资本主义经济动态过程时,把收入、成本、储蓄、投资等经济变量区分为"事前的"和"事后的"两种类型,开始形成瑞典学派完整、系统的宏观动态均衡理论的方法论。

在理论分析中,缪达尔用来代替自然利率的是事先的计划投资收益率(y_2),它是计划投资收益(e_1)与生产该收益的成本(r)之比(e_1/r),货币利率(i)等于净收益(e_2)与资本价值(c)之比(e_2/c)。维克赛尔的第一个均衡条件可以重新表达为

$$i = y_2 \text{ 或 } \frac{e_1}{c} = \frac{e_2}{r} \qquad (7.1)$$

根据缪达尔的看法,在实际经济生活中,货币利益(i)的构成十分复杂,计划投资收益率也因预期和风险估计等因素而难以测定,为避免实际应用的困难,上述均衡条件又可近似地表述为:"现有实际资本的资本价值与它的再生产成本两者均等的条件"[2],即

$$c_1 = r_1 \qquad (7.2)$$

缪达尔又从维克赛尔的理论中引申出<u>利润限界</u>。单个厂商的利润限界为$g'=(c_1-r_1)$,整个经济的利润限界为$Q = \sum w(c_1 - r_1)$(w表示加权数)。因此,维克赛尔第一个均衡条件是利润限界为零,不存在任何新投资,即$Q = \sum w(c_1 - r_1) = 0$。如果分析只限于静态经济时,利润限界为零的条件是可以成立的。可是,维克赛尔累积过程理论的目的在于研究经济失衡的动态过程,"在动态下,零的利润限界不能是货币均衡的标准,而代替这个标准的是刺激投资使其足够实现第二个均衡公式所指的均衡的利润限界"[3]。即在动态下,经济均衡的条件应当是投资等于储蓄。

假定R_2是社会实际投资总额,它是社会各个厂商利润限界的函数;社会可供处理的自由资本以W代表,它是储蓄(S)与实际资本的预期价值变动总额(D)之和($W=S+D$)。因而,缪达尔所说的经济均衡条件可以用公式表示为

$$R_2 = W = (S+D) \qquad (7.3)$$

> 利润限界(Marginal Profit):也即边际利润,指厂商每增加一单位产品的销售所增加的利润。

---

[1] 缪达尔.货币均衡论[M].商务印书馆,1982:50.
[2] 同[1]:63.
[3] 同[1]:73—74.

这一条件表明:"资本市场的均衡意味着投资总额R_2正好与可供处理与可利用的资本总额($W=S+D$)相等。因此,和货币均衡相适应的利润限界,乃是各种不同公司的利润限界的复合体,它正好刺激能够由可供利用处理的资本来照管的总投资额。"[1]

借助上述货币均衡公式,缪达尔考察了因利率、预期和储蓄的变动而引起的货币失衡和经济失衡,其中利率变动的影响是维克赛尔分析的典型情况,而预期和储蓄变动的影响是缪达尔对维克赛尔理论的补充和发展。如果企业家对未来利润率有更乐观的预期,将会提高利润限界,刺激投资,即R_2将增加,这时假如可供处理的自由资本没有增加,R_2的增加将由信用创造的购买力来满足,经济将会处于失衡。

缪达尔重点分析了储蓄变动对经济的影响。当储蓄总额增加时,它使得自由资本数量增加,但由于货币利率未改变,实际投资没有受到刺激而增加,在这种情况下,过多的储蓄将会打破经济均衡,一种向下的维克赛尔累积过程将会发生。原因在于储蓄的增加意味着对消费品需求的减少,使消费品价格下降,消费品价格下降自然会通过影响企业家的预期而倾向于降低资本价值,随之而来的是利润限界向负方向移动(即降低),导致实际投资的下降。尤其是经济萧条时期,"增加储蓄都必然会发生加深经济萧条的趋势"[2]。在这种情况下,如果银行体系放松信用条件,降低货币利率,一方面提高资本价值和利润限界,诱使实际投资增加;另一方面压缩储蓄使其减少到一定水平,将可以使R_2与W恢复均衡水平。

与缪达尔同一时期,林达尔发表了一系列论文,进一步补充和发展了维克赛尔的累积过程理论,这些论文后来大都收入林达尔的《货币和资本理论的研究》一书中。林达尔对瑞典学派形成时的理论贡献主要表现在以下三个方面。

首先,他在瑞典学派的动态经济理论中,提出了消费资料价格的基本方程式。假定E代表国民收入,s代表储蓄占国民收入的比率,Q代表消费资料,P表示消费资料的价格,这些经济变量之间有如下关系

$$E(1-s)=PQ$$

或

$$P = \frac{E(1-s)}{Q} \qquad (7.4)^{[3]}$$

根据林达尔的分析,社会在一定时期的国民收入,取决于货币政策、利率的变化、生产资源数量以及个人对将来生产力和物价水平的预期及风险

---

[1] 缪达尔.货币均衡论[M].商务印书馆,1982:73.
[2] 同[1]:95.
[3] 林达尔.货币和资本理论的研究[M].商务印书馆,1982:109—110.

估计等。一定时期的消费品产量是由该时期生产量和存货的大小决定的，短期利率的升降使存货因储存成本的变动而减增，造成消费品销售量的增减；长期利率的变动，造成生产资料和消费品相对价格的变动，引起生产的调整和消费品产量的变动。利率下降，会使消费品产量减少，引起消费品价格的迅速上升。

林达尔对价格变动的因果关系与维克赛尔的分析基本一致。价格变动过程可以从两个方面加以考察：一种变动过程是生产力和预期等因素直接影响方程式 $P=E(1-s)/Q$ 左边的 P，使得方程式右边的各个经济变量都作相应的变动，这时，银行信用机构只是推行消极的货币政策，将利率调整到与预期的物价相适应的水平；另一种变动是货币政策、利率、生产力和主观预期等因素先影响方程式右边的各个经济变量，通过它们的变化引起左边价格的相应变动，这时，货币政策是物价变动的主要原因。在这一分析中，林达尔提出利率对不同人的储蓄有不同程度的影响，但一般都是正方向的直接影响：当利率上升时，储蓄增加；当利率减少时，储蓄减少。在后一情形下，由于储蓄比例(s)下降，将引起方程式分子的增加，导致价格上升。此外，储蓄还受国民收入数额和国民收入分配结构的影响，在此，林达尔实际上已涉及不同社会集团具有不同储蓄倾向的观念。

其次，维克赛尔的累积过程理论是以充分就业均衡为前提的，林达尔在分析中抛弃了这一与20世纪30年代资本主义经济大萧条的经验事实相违背的理论前提，他考察了社会经济生活中存在失业和闲置资源时，货币利率和货币流量变动对生产和物价水平的影响。

一般来说，当存在闲置资源并且这些资源在各生产部门间具有流动性的情况下，货币利率的降低及信用规模的扩大，会引起社会生产的实际扩张，新增加的货币数量引起的需求扩张，一方面使物价缓和地上升，另一方面使闲置的资源得以利用，生产和收入都有实际的增长，这一扩张过程将一直持续到充分就业达到为止。在此以后，货币数量的增加和需求的扩张，不会使社会生产有任何实际扩张，只会产生物价高涨和经济失衡的累积过程。如果闲置资源在各生产部门不具有流动性，这时若银行信用扩张能够刺激存在闲置资源的部门扩大生产，社会生产也会有实际扩张；反之，存在闲置资源的部门没有扩大生产的动力，银行信用扩张刺激的是不存在闲置资源的生产部门，也将导致向上的维克赛尔累积过程发生[1]。林达尔这一分析与凯恩斯《通论》中非充分就业均衡条件下刺激有效需求、提高国民收入和就业水平的分析有不谋而合之处，但林达尔的分析比凯恩斯要早七八年，它对

---

[1] 林达尔.货币和资本理论的研究[M].商务印书馆,1982：135—138.

瑞典学派和以后经济理论的发展都有着重要影响。

最后,在瑞典学派的分析方法上,林达尔也作出了很大的贡献。林达尔在上述理论分析过程中运用的是动态均衡方法,他认为,传统的西方经济学理论虽然也讨论变动问题,但他们考察的是围绕着某一均衡点的变动,这种分析方法显然不符合一般的经济情况。因此,要讨论变动问题,就应当注意分析过程,分析一定时期内而不是某一时点上的变动。他举例说,在研究价格形成时,"我们的方法如下:一个动态过程分为若干短的时期,即若干日。一切关于业务计划和消费计划的决定、价格的修订,都是在这些时期的转折点发生"。"在这些时期中,买卖进行着:一方面卖方开价,一方面买方接受卖方所开的价格。此外,生产和消费过程,也或多或少地继续进行着。"[1] 林达尔借助事前的计划数值和事后的已实现的数值这两个概念工具,建立起动态序列模型,进行期间分析(亦称序列分析或过程分析),从而发展了瑞典学派的动态均衡分析理论。另一位瑞典学派的经济学家伦德堡,在《经济扩展理论研究》一书中,则试图采用时间序列分析来考察资本主义经济危机和周期问题。伦德堡将资本主义经济扩展过程分为:① 投资增加,从而消费品生产的扩展过程;② 流动资本增加时的扩展过程;③ 固定资本增加时的扩展过程,从而考虑利息率变动对经济变动的影响和经济合理化所引起的经济变动。

第三节 | 国际分工——国际贸易理论

瑞典学派的国际分工——国际贸易理论主要是在英国古典经济学家李嘉图的"比较成本学说"的基础上形成和发展起来的。

李嘉图在阐述比较成本学说时,运用了"两个国家-两种商品"的简单的国际贸易模型。假定英国和葡萄牙两个国家只生产两种进入国际贸易的产品:布和酒。在劳动和资本在国际不能自由流动、生产成本(劳动耗费量)和技术条件既定时,英国生产一定数量的布要耗费100小时劳动量,葡萄牙生产同样数量的布只需耗费90小时劳动量;英国生产一定数量的酒需耗费120小时劳动量,葡萄牙生产同样数量的酒只需耗费80小时劳动量。在布和酒的生产上,英国的单位产品成本显然都高于葡萄牙,但是,在布的成

---

[1] 林达尔.货币和资本理论的研究[M].商务印书馆,1982:38.

本上英国的生产成本是葡萄牙的1.1倍，酒的成本上英国的生产成本是葡萄牙的1.5倍。于是，英国在布的生产成本方面的劣势比在酒的生产成本方面的劣势要小。换言之，英国的比较成本优势在布的生产方面，因为在英国国内，布和酒的生产成本比例是100∶120，即少生产1单位酒的节余劳动，可以用来生产出1.2单位布。葡萄牙虽然两种商品成本都低于英国，但在布的生产中葡萄牙的生产成本为英国的90%，在酒的生产中葡萄牙的生产成本仅为英国的67%，葡萄牙的比较成本优势在酒的生产方面。在葡萄牙国内，布和酒的生产成本比例是90∶80，即少生产1单位布的节余劳动可以用来生产$1\frac{1}{8}$单位的酒。

如果英葡两国实行国际分工，只生产自己具有比较成本优势的商品，英国生产布，葡萄牙生产酒，然后进行国际贸易，这样对双方都有利。在实行按照比较成本优势的国际分工前，英国国内市场上需要以1.2单位布换1单位酒，葡萄牙国内市场要用1单位布换8/9单位酒。实行国际分工后，若按1∶1的比例交换（这一比例在1∶1.2和1∶8/9之间，若比例定在1∶1.2或1∶8/9，那国际分工和国际贸易只能对葡萄牙或英国一方有利），英国现在用100小时劳动生产的布可换到需耗费本国120小时劳动生产的酒。而葡萄牙则用80小时劳动生产的酒换到需耗费本国90小时劳动生产的布。国际分工和国际贸易使双方都节约了劳动，得到利益。

李嘉图的比较成本学说在西方经济学界占支配地位达一个世纪之久。到了20世纪20—30年代，这一理论受到了两位瑞典经济学家——伊·菲·赫克歇尔和戈特哈德·贝蒂·奥林的挑战，他们反对李嘉图劳动时间决定商品价值的学说，用在相互依赖的生产结构中的多种生产要素的理论来解释国际分工和国际贸易，提出了所谓"生产要素比例-生产要素密度原理"，即著名的"赫克歇尔-奥林定理"。

伊·菲·赫克歇尔
（Eli F Heckscher）

早在1919年，赫克歇尔在题为"对外贸易对国民收入的影响"这篇论文中，就提出了上述定理的一些基本思想和概念（如区域和次区域）。1933年，赫克歇尔的弟子奥林用英文写作和出版了《区际贸易和国际贸易》一书（该书被列入"哈佛经济研究丛书"），在他的老师的理论基础上作了进一步的发挥，全面阐述了自己的国际贸易理论。

奥林认为，两个区域在孤立状态时所存在着的相对价格的差异，是建立贸易关系的必要条件，而相对价格的差异是由不同区域的生产要素"禀赋"（或相对稀缺性）的差异决定的，按照奥林的看法，李嘉图的比较成本学说有两方面的缺陷：一是由劳动量决定生产成本，不考虑其他生产要素（如土地和资本）的作用及这些生产要素的价格（如地租和利息）对商品生产成本的

戈特哈德·贝蒂·奥林
（Bertil Gotthard Ohlin）

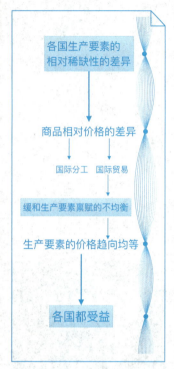

影响；二是只强调供给方面的因素，忽视了需求变化的重要影响。奥林继承了瓦尔拉斯的一般均衡理论，认为商品和生产要素的价格都是由市场供求关系决定的，而且是相互依存、相互影响的。具体地说，价格是由供求的四项基本因素决定的。

（1）消费者的欲望。

（2）生产要素所有权的情况（它通过影响收入从而影响需求）。

（3）生产要素的供给。

（4）生产的物质条件。

由于生产的物质条件即生产要素的物质特性在各地都是一样的（例如，各国种植小麦均需土地，劣等地的农产品产量较低），所以第（4）项因素可以置而不论。第（1）项因素和第（2）项因素构成有效需求，它与第（3）项因素所形成的对比关系称为生产要素的"相对稀缺性"，这种相对稀缺性决定了各国生产要素的相对价格差异，从而也就决定了各国商品相对价格的差异。因为不同的商品是由不同的生产要素组合生产出来的，为满足一定需求量所生产的商品成本比例反映了它的生产要素的价格比例关系。但是，如果各国间生产要素供给的差异恰好为需求差异所抵消，即各国对商品的需求与生产这些商品必需的生产要素供给的对比关系是相同的，那么各国生产要素的相对稀缺性的差异就消失了。可是这种情况是不太可能出现的，例如，在地广人稀的国家（如澳大利亚），居民对小麦的需求（从而对土地这一生产要素的需求）绝不会大到这种程度，以致地租上升与地狭人稠的国家（如英国）的地租水平同样高。在相对稀缺性的差异分析中，奥林特别强调第（3）项因素，即各国生产要素禀赋的差别，他指出："显然，生产要素配置的差异是产生区际分工和贸易的原因，恰如个人生产技能的差异是个人之间交换不同产品的原因。"[1]

根据奥林的国际分工国际贸易理论，各国生产要素的相对稀缺性的差异决定了商品相对价格的差异，导致了国际分工和国际贸易的产生。而国际贸易的结果，又会缓和各地生产要素禀赋的不均衡，并且使生产要素的价格趋向均等，从而给各国都带来利益。例如，澳大利亚地广人稀、资本短缺，英国地狭人稠、资本充裕，所以前者的地租低于后者而利息高于后者。按照生产要素的不同禀赋实行国际分工，澳大利亚生产和出口小麦，英国生产和出口制成品，由于小麦生产需较多的土地，澳大利亚的地租上升，而英国进口小麦，对土地的需求减少，则地租下降，即两国的土地相对稀缺性的差异减少，生产要素的价格和商品的价格都趋于均等化，这种均等化可以给双方

---

[1] 世界经济编辑部.荣获诺贝尔奖经济学家[M].四川人民出版社,1985:288.

都带来利益。

（1）价格均等化的趋势可以改善两国生产要素的结合比例，提高劳动生产率，增加国民生产总值。例如在澳大利亚，原先由于资本短缺，农业大都是粗放经营，占地多而投资少，土地的生产力并未被充分利用。由于价格均等化的趋势，澳大利亚的利息下降，可以在土地上投入较多的资本，土地和资本的结合比例更为合理，提高了土地的生产力和单位面积产量。

（2）价格的均等化趋势使得国内交换比例比贸易前更为有利，居民可以得到较多的商品。如在贸易前的英国，地租高使得小麦的生产成本较高，换取一定数量的小麦需要较多的制成品，现在与澳大利亚进行贸易，英国向澳大利亚出口制成品进口小麦，结果国内的小麦价格下降，制成品和小麦的交换比例发生变化，换取一定数量的小麦只需要较少的制成品。

按照上述分析，<u>赫克歇尔-奥林定理</u>可以简单表述如下：一国应出口运用本国丰饶的生产要素所生产的商品，而进口生产中须运用本国短缺的生产要素的商品，这种国际分工和国际贸易将造成各国生产要素均等化的倾向，使各国都得到更大的经济利益。1948年，美国经济学家萨缪尔森在内容和形式上又进一步补充和发展了这一理论，所以人们又称之为"赫克歇尔-奥林-萨缪尔森定理"（或"赫-奥-萨定理"）。这一理论把比较优势和国际贸易问题仅仅归结为生产要素领域的问题，用比较生产要素的成本来定义生产成本，用生产要素的禀赋来说明比较优势，用生产要素的相对稀缺性来说明国际贸易的原因，用生产要素的价格来解释国际市场的商品价格，用生产要素价格均等化来说明国际贸易的利益及分配，因此，它实际上是一种建立在"生产三要素论"和"供求价格论"基础上的比较生产要素优势理论。

尽管赫-奥-萨定理对西方国际经济学理论产生了重大影响，并为众多西方经济学家奉为金科玉律，但是，瑞典学派的重要代表人物之一缪达尔并不同意这一理论。从现实状况看，在对外贸易问题上发展中国家向来是处于不利地位的，缪达尔认为，赫克歇尔和奥林教授的国际贸易会促进各国生产和增进各国利益的观点，是不符合事实的。这类观点是建立在利益和谐、自然贸易这类在现实经济生活中并不存在的假定条件之上的。事实上，随着国际贸易的发展，发达国家和不发达国家的差距非但没有缩小，反而在扩大。缪达尔用"扩展效果"和"回荡效果"来说明国际贸易会导致国家间发展的不平衡。

"扩展效果"和"回荡效果"最初是在缪达尔的《经济理论和不发达地区》一书中提出的，用来说明一国内各地区发展的不平衡问题。一国内的"扩展效果"是指某一地区兴办新兴工业后，逐渐形成一个经济中心，带动了周围地区的发展，导致新的经济中心的形成。一国内的"回荡效果"是指某

> 赫克歇尔-奥林定理：一国应出口运用本国丰饶的生产要素所生产的商品，而进口生产中须运用本国短缺的生产要素的商品。这种国际分工和国际贸易将造成各国生产要素均等化的倾向，使各国都得到更大的经济利益。

一地区的发展,由于种种原因非但没促进其他地区的发展,反而引起别的地区的衰落。缪达尔也运用这两个概念分析了国际贸易活动中各国经济发展不平衡加剧的问题。他认为,国际贸易对发展中国家产生的"回荡效果"十分强烈,而"扩展效果"却是很微弱的。因此,缪达尔指出,国际贸易并不是在任何情况下都对贸易国各方有利的,只有在贸易双方的工业化水平差不多的情况下,国际贸易才是互利的。因此,他主张发展中国家必须实行贸易管制和贸易保护政策。

第四节　小国开放经济的通货膨胀理论——斯堪的纳维亚模型

沃德·奥克鲁斯特
(Odd Aukrust)

瑞典是一个开放式经济的工业化小国,对外贸易在国民经济中占有举足轻重的地位,国际市场上的经济波动对瑞典国内的经济波动有着决定性的影响。作为开放类型的小国经济,瑞典(以及与它类似的挪威)的经济周期的波动机制具有独有的特征。在通货膨胀理论方面,20世纪60年代的瑞典和北欧的其他国家也有其独特的模型,即斯堪的纳维亚模型或称北欧学派的通货膨胀模型。这一模型是由挪威经济学家沃德·奥克鲁斯特于1970年提出的,1972年伦德堡以瑞典实际经济经验支持了这一模型,1973年瑞典经济学家格斯塔·艾德格兰、卡尔-沃尔夫·法克森和克拉斯-艾里克·奥德纳进一步发展了奥克鲁斯特的观点,因而,这一模型也被叫作Aukrust-EFO模型(EFO是由上述三位瑞典经济学家姓氏的第一个字母组成的)。

对于这一模型,维也纳理工大学教授赫尔姆特·弗里希曾有过这样一段解释:"所谓斯堪的纳维亚模型把对通货膨胀的'结构性'解释的基本要点同通货膨胀从世界市场传递到一国开放式经济的特殊传递机制结合起来。经济的'小型'是由下述假定来下定义的:在这样的经济中,它的可贸易商品面临一个无限弹性的需求和供给函数;也就是说,这个国家被假定是世界市场上的价格接受者。在固定汇率制度下,这一模型把小国开放式经济的通货膨胀同国际价格增长联系在一起,同时也考虑到国与国之间的通货膨胀率的差别。"[1]

---

[1] H.弗里奇.通货膨胀理论,1963—1975年:"第二代"概述[J].经济学文献杂志,1977(12):1305.

如果将一国的经济分为两大部门，一是开放部门（E部门），二是非开放部门（S部门），前者所生产的产品是在世界市场上交换的，后者生产的产品不进入世界市场。假定π表示该经济体的通货膨胀率；π_E和π_S分别表示开放部门和非开放部门的通货膨胀，π_W表示世界通货膨胀率；λ表示劳动生产率增长率，λ_E和λ_S分别表示开放部门和非开放部门的劳动生产率增长率；ω表示货币工资增长率，ω_E和ω_S分别表示开放部门和非开放部门的货币工资增长率；α_E和α_S则分别表示开放部门和非开放部门各自在国内经济中所占的比重，且$\alpha_E+\alpha_S=1$。

Aukrust-EFO模型假定开放部门的通货膨胀率等于世界市场的通货膨胀率，即$\pi_E=\pi_W$；再假定开放部门的劳动生产率增长高于非开放部门的劳动生产率增长率，即$\lambda_E>\lambda_S$（所谓"生产率缺口"）。这样，Aukrust-EFO模型可以表述如下

$$\pi=\pi_W+\alpha_S(\lambda_E-\lambda_S) \tag{7.5}$$

该模型表示，小国开放式经济的国内通货膨胀率是由外生变量π_W（世界市场通货膨胀率）和$\lambda_E-\lambda_S$（两大部门的劳动生产率之差）和经济结构因素α_S（非开放部门在国民经济中的比重）所决定的。

如果采用序列分析，那么小国开放式经济的通货膨胀过程可以分解为如下序列。

（1）在固定汇率条件下，π_E随π_W的增长而增长。

（2）π_E和λ_E共同影响ω_E，亦即E部门的工人根据π_E和λ_E的变化提高了货币工资。

（3）S部门的工资向E部门看齐，ω_S随ω_E提高到同一水平。

（4）ω_S增加后，S部门企业主按成本加成定价，并根据λ_S的情况决定价格上涨幅度，即S部门的ω_S与λ_S一起影响到π_S。

（5）结果是π_E和π_S以及α_S（即π_E和π_S的加权平均）共同决定一国的通货膨胀率（π）。

赫尔姆特·弗里希把上述序列反映的通货膨胀过程图解如图7.1。

例如，假定开放部门占瑞典经济的比重（α_E）是1/3，非开放部门的比重（α_S）是2/3，设开放部门的劳动生产率（λ_E）为7%，非开放部门的劳动生产率增长率（λ_S）为2%，世界通货膨胀率（π_W）为2%；这时，开放部门的货币工资增长率（ω_E）为7%+2%=9%，非开放部门于是向开放部门的货

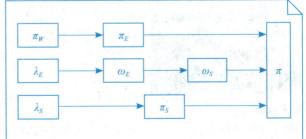

图7.1
通货膨胀过程

币工资增长率看齐，ω_s 也提高9%，由于非开放部门的劳动生产率增长率仅为2%，故其9%的货币工资增长率引起的价格上涨率为9%−2%=7%。将上述有关变量值代入Aukrust-EFO模型，则可计算出小国开放经济中的通货膨胀率

$$\pi = 2\% + \frac{2}{3}(7\% - 2\%) = 5\frac{1}{3}\%$$

根据这一理论模型，可以看出小国开放经济的通货膨胀具有两个显著的特点：一是其通货膨胀率受世界通货膨胀率的影响很大；二是通货膨胀从国际传递到国内与部门结构有很大关系。由于这些特点，对付通货膨胀不能单纯采取抑制总需求的政策，考虑到瑞典国内强大的工会组织，也不能采取限制工资的收入政策。而必须加强开放部门的发展，提高劳动生产率，增加本国出口商品在国际市场的竞争地位，以调节国际收入，缓和通货膨胀。美国经济学家A.齐巴利斯特和H.谢尔曼在评价这一模型时指出，"正如所谓的EFO模式中所指出的，出口部门合同工资的提高相当于受到国外竞争部门的生产力提高与国际价格上涨之和，它会使国外竞争加剧，国内价格上升，但并不会使瑞典的国际竞争地位恶化。然而，在1973年之后，物价的不稳和汇价的剧烈波动，使价格变化预测日趋困难。在20世纪70年代，模式的适用性变得更为模棱两可，使人犹豫。"[1]

第五节 经济制度的理论

阿瑟·林德贝克
(Assar Lindbeck)

瑞典学派的经济制度理论的主要内容是由瑞典学派第三代经济学家的代表人物阿瑟·林德贝克提出来的"自由社会民主主义"经济制度理论。

林德贝克年轻时师承美国著名经济学家萨缪尔森，后任斯德哥尔摩大学国际经济学教授和国际经济研究所所长，并兼任瑞典中央银行顾问，其主要代表作是《新左派政治经济学：一个局外人的看法》(1974)和《瑞典经济政策》(1975)。在这两部著作中，林德贝克从新古典综合派和自由社会民主主义的理论观点出发，全面地评述了西方激进经济学派的经济理论，系统地总结了近百年来尤其是第二次世界大战后瑞典的经济政策，并且进一步阐述了自己的自由社会民主主义经济制度理论。

---

[1] A.齐巴利斯特, H.谢尔曼. 瑞典劳动力市场的特征与政策[J]. 世界经济译丛, 1986(10): 65.

按照林德贝克的定义:"一种经济制度是用来就某一地区内的生产、投入和消费作出决定并完成这些决定的一整套的机制和组织机构。"[1]林德贝克认为,传统的研究经济制度的方法只是把经济制度简单地划分为资本主义和社会主义,它带来很强烈的政治争论性质,这种方法已经过时了。现代经济制度是一个多维性的概念,它至少应该从下述六个方面来加以考察。

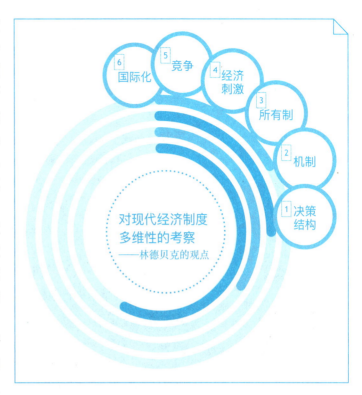

(1) 决策结构,在决策过程中是集权还是分权,即关于消费、生产和投资的决定是像在分散化的制度中那样,由消费者(家庭)和生产者(公司)作出的,还是像在集中化的制度中那样,由中央权力机构作出。

(2) 提供情报、分配资源和协调经济决策的机制,即在资源配置方面是市场调节的方法,还是行政管理的方法。

(3) 所有制,即财产所有权是公有还是私有。

(4) 经济刺激,是用经济刺激方式还是用行政命令方式来调动个人的生产积极性和生产者(企业或公司)的积极性。

(5) 竞争,即各个不同的经济决策单位(包括个人之间、企业之间及个人与企业之间)的关系是竞争还是垄断。

(6) 国际化,即作为一个整体的经济制度与外部世界的关系是开放的还是闭关自守的。

林德贝克认为,第二次世界大战后的瑞典经济制度,既不是传统的资本主义制度,也不是社会主义制度,而是自由社会民主主义制度。这一特殊的社会制度,在政治生活领域方面仍然保留着民主制度;而在经济生活领域方面,具有如下三个特征。

(1) 自由社会民主主义经济制度的基础仍然是私有制,例如,瑞典社会民主党在第二次世界大战后并没有采取工业国有化纲领,瑞典的工业直到今天仍几乎全部归私人所有;在农业方面,也没有实行土地国有化[2]。林德贝克认为,全盘国有化并不能解决资本主义社会的许多弊病,反而会给经济

---

[1] 林德贝尔.新左派政治经济学:一个局外人的看法[M].商务印书馆,1980:130.
[2] 阿兰·G.格鲁奇.比较经济制度.中国社会科学出版社,1985:385—386.

生活带来新的矛盾——官僚主义和经济缺乏刺激。因此，他主张在私有制占支配地位的基础上，实行部分国有化，如对公共产品和公共劳务的基础设施（铁路、邮局和电站等）实行国有化。林德贝克既不同意哈耶克关于国有化必然导致独裁的观点，也反对全盘国有化，其主要理由有以下几点：

第一，在历史上，除了苏联外，还没有任何国家的例子足以说明国有化导致了独裁专制，或两者一起发生。因此，国有化这种经济结构与独裁专制这种政治结构两者之间并没有必然的因果关系。

第二，在现代社会中，有两种类型的资本：一是物质金融资本，二是人力资本。人力资本是不能国有化的，物质金融资本也只能部分国有化，否则将会抑制经济活动者的积极性，导致经济权力的高度集中，以致出现官僚主义和经济的低效率。

(2) 林德贝克认为，现代经济的正常运行的机制只有两种：一种是市场机制，另一种是中央计划机制。只有市场机制而没有中央计划机制，便会导致经济生产中的无政府主义；反之，只有中央计划机制而全盘排斥市场机制，就会导致官僚主义。瑞典学派虽然十分重视政府干预在经济生活中的重要作用，但同时也极为强调市场机制的作用，主张寻找"集中和分散——以及市场和行政管理方法——之间的最优结合"[1]。例如，瑞典的金融系统就是由私营的货币和信用系统与政府的金融系统组成的，资本市场很有效地聚集国家有用的投资基金并把它们有效地分配给各种私人和公共借款者，而政府也通过对私人储蓄和投资过程作全面的指导的方式来干预资本市场活动，但并不直接干预个人或私营企业和金融组织的贷款和借款的具体活动。国家还制定指导性的计划，对不同时期的各种私人和公共的商品和服务的需求和供给总额进行预测，以便企业能较好地制定自己的投资、生产、价格和销售计划[2]。

(3) 福利国家政策。福利国家政策是自由社会民主主义经济制度的一个重要特征。社会福利问题早在维克赛尔的著作中就被提出来了，维克赛尔认为，资本主义经济中各阶层的利益并不总是和谐一致的，而是会发生抵触的，财产分配的不公平就很能说明这一点。因此，他说，"我们一旦认真开始把经济现象看成一个整体，并为这个整体寻求增进福利的条件，就必然要为无产阶级的利益进行考虑"[3]。维克赛尔主张改革当时的瑞典的经济制度，改善无产阶级的状况，增进全社会的福利。例如，他提出要扩大公共经济成分，由国

---

[1] 林德贝克.新左派政治经济学：一个局外人的看法[M].商务印书馆,1980：64.
[2] 阿兰·G.格鲁奇.比较经济制度[M].中国社会科学出版社,1985：393—399.
[3] 维克赛尔.国民经济学讲义[M].上海译文出版社,1983：10.

家执行收入再分配政策,以弥补由于根据生产要素边际生产力进行初次分配时造成的收入不平等。瑞典学派继承了维克赛尔的传统,为政府提出了许多福利政策主张,从而在第二次世界大战后建立起了一个强大的福利国家。

综上所述可以看出,瑞典学派的林德贝克等人主张的自由社会民主主义经济制度,其基础仍然是私有制,只不过是在利用市场机制调节经济的同时,由政府实行干预经济生活的各种经济政策,即日常的生产和消费的决策权仍归私人或私营企业,而经济稳定、环境保护、公共消费、收入再分配等决策权则归政府掌握,由政府实施一系列旨在增进全社会成员福利的经济政策,以弥补市场的缺陷和收入分配的不均等。因此,自由社会民主主义经济制度实质上只是"混合经济"的变种而已。

第六节 经济政策主张及实践

在瑞典学派形成和发展的半个多世纪中,他们根据自己的经济政策理论提出过许多具体的经济政策。这些经济政策主张主要有:20世纪30年代经济萧条时期实行的以公共事业投资为中心的衰退对策及其他经济周期对策;20世纪60年代的保障就业政策、通货膨胀对策、社会福利政策和产业民主化政策等。

(1)20世纪20—30年代大规模失业的增长,在资产阶级政府和自1917年起加入政府的社会民主党中引起了极大的不安。1927年,瑞典成立了"失业原因和防止失业措施研究委员会",1931年该委员会聘请了哈马舍尔德、缪达尔、奥林等著名经济学家从事研究工作。1933年,瑞典社会民主党政府的财政预算采用了以扩大公共事业为中心的扩大总需求政策,这一政策后来被称为"凯恩斯之前的凯恩斯政策"。1935年,哈马舍尔德执笔撰写了《失业委员会最后报告书》,概括了委员会几年来的研究成果,对瑞典的经济发展和经济政策做了详细的论述和总结,提出了以宏观货币政策为主,宏观财政政策、商业政策、工资政策为辅的消除失业问题的政策建议。在这一时期,瑞典学派的经济学家还陆续提出为各

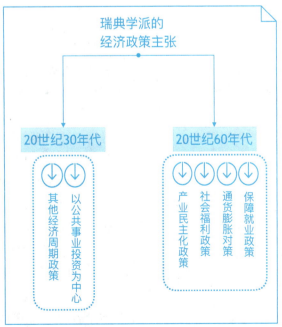

种应付经济周期变动的政策和制度，创立了考虑到经济景气好转和恶化使政府预算平衡的长期预算制度，以及萧条期供公共事业预备费之用的公积金制度，还制定了繁荣期控制民间投资支出、萧条期促进民间投资的投资税制度和投资基金或投资预备金制度。林德贝克教授把这种投资平衡化的两种制度称为瑞典在经济政策方面的"两个发明"。所谓投资基金制度，是在繁荣期企业将其部分利润以基金的形式冻结在中央银行的特别账户；到萧条期在政府要求下，用这种资金来投资可以减税。这种制度在第二次世界大战后瑞典的经济发展中发挥了极其重要的作用。

（2）根据伦德堡的看法，20世纪60年代以来瑞典的失业和通货膨胀主要是由于结构原因造成的。例如：部门、行业和地区间发展的不平衡，大量移民的入境以及开放部门和非开放部门的工资、成本、价格的相互关系和变化。瑞典经济学家认识到，在这种条件下，只凭凯恩斯、缪达尔的宏观总需求管理政策，不能实现每个劳动市场的充分就业和有效作业，而且充分就业和物价稳定难以两全。因而除了考虑宏观总需求管理政策外，还有必要调整每个劳动市场的供求关系，实行促进行业间工作变动的职业训练和实行促进地区间劳动力转移的各种政策。

为这种劳动市场政策提供论据的，是瑞典工会的经济学家果·廉。按照廉氏的理论，如果为了使萧条行业和萧条地区的大量失业领域的失业者充分就业而扩大总需求量，那么需求过剩就会造成通货膨胀。避免发生这种现象的方法之一是，扩大总需求应恰如其分，对失业率高的劳动力市场，应通过个别的劳动市场政策去谋求就业稳定，将宏观总需求政策和微观劳动市场政策配合起来，稳定物价和稳定就业就可能兼而得之。根据其他一些经济学家的看法，20世纪60年代瑞典和挪威的就业政策之所以成功，是宏观总需求管理政策和廉氏的劳动市场政策相配合的结果。在这一时期，这两个国家的失业率和物价上涨率都较低，经济稳定增长。

（3）20世纪70年代以后，与世界经济形势一样，瑞典的经济情况也开始恶化，于是人们对注重效率的就业政策产生了怀疑，工会要求实行的不是把劳动力转移到效率高的部门的政策，而是要求实行侧重稳定、公正和保证劳动者生活质量的政策。在这一情形下，产生了1974年的保障就业和促成残疾者就业的政策和新的劳动安全法以及1973年工人代表参加董事会等一系列工人参加经营管理和改善劳动环境的政策。在制定这些法律时，瑞典的全国工会组织掌握主动权，有关保障就业的法律就是以参与制定该法律条文的全国工会组织的律师的名字奥门命名的，称为奥门法。奥门法中的保障就业和促进残疾者就业的政策，提高了劳动者生活的稳定性，并有助于弱者在劳动市场获得同等的就业机会。

瑞典是一个在世界上有代表性的福利国家，在第二次世界大战后，瑞典的社会保障发展是惊人的，公共开支对国民生产总值的比例，在1950年只是25%，1970年增至45%，到1981年达60%。瑞典经济学家认为，一个理想的社会应当把福利普遍地给予社会的全体成员，他们反对那种主张大大削减国家干预和否定国有化的理论和政策建议，认为自由放任的市场经济会使福利国家的活动大大削弱，从而造成收入分配不平等，个人缺乏社会保障。为此，许多瑞典经济学家提出了自己的社会模型，例如林德贝克的"自由社会民主主义"（主要部门国有化、福利国家和市场经济三者的结合）、阿德拉等人的"职能社会主义"（对生产资料所有权本身并不实行社会化，但只要对构成其所有权的职能或权限实行社会化，也可以达到社会化目的）。这些主张都充分反映了瑞典学派的社会民主党的理论色彩。

20世纪70年代后期，尤其是80年代以来，福利国家产生的"瑞典病"（财政赤字增长、生产率增长缓慢、通货膨胀加剧）越来越严重地折磨着瑞典社会，瑞典学派的一些经济学家对福利国家的前景十分悲观，瑞典学派的经济理论和政策主张也在面临着新的考验。

本 章 总 结

1. 瑞典学派是西方经济学发展过程中较为独特的一个重要经济学流派，维克赛尔是瑞典学派的奠基者。

2. 瑞典学派在宏观经济运行的动态分析、国际贸易理论、通货膨胀和比较经济制度理论方面有着许多开拓性的理论贡献。

3. 瑞典学派的经济政策主张对瑞典及北欧的社会福利国家有着非常重要的影响。

思 考 题

1. 什么是经济理论中货币理论与价值理论的"二分法"？
2. 什么是维克赛尔的累积过程理论？
3. 林达尔对瑞典学派的经济理论贡献表现在哪些方面？
4. 什么是"赫克歇尔-奥林定理"？
5. 林德贝克的经济制度理论有什么特征？
6. 什么是瑞典学派的经济政策主张？

The Freiburg School

第八章

弗莱堡学派

弗莱堡学派是当代西方经济学中一个曾经具有较大影响的新自由主义流派，它的经济理论产生于20世纪30年代中后期，在第二次世界大战后的联邦德国盛行，成为联邦德国政府制定经济政策的理论依据，从而成了联邦德国的国家经济学。

第一节 弗莱堡学派的产生与发展

经济自由主义作为西方经济学的一种思潮由来已久。自18世纪下半叶的重农主义者和亚当·斯密等古典经济学家倡导经济自由主义以来至20世纪初，它在西方的主要资本主义国家一直居于正统的地位，但唯独德国例外。李斯特创立的主张国家干预的历史学派一直是德国经济学的主流，这与德国是一个后起的资本主义国家这一历史特点有着很大的关系。在第一次世界大战期间，德国政府为了适应战争需要又全面控制了国民经济。德国战败后，丧失了1/8的国土和全部殖民地，国外投资、税收、海关、铁路等均为协约国所掌控；再加上巨额的战争赔款，物价飞涨，德国马克形同废纸，因而整个国民经济处于十分困难和混乱之中。在这种情况下，原来在德国盛行的新旧历史学派理论和政策主张，既不能解决国内经济问题，也无法抵御社会主义思潮的影响。于是从20世纪30年代起，原来倾向于历史学派的德国经济学家瓦尔特·欧根(1891—1950)开始转向新自由主义。欧根的这一转变，反映了20世纪30年代大危机引起德国现代经济思潮的转化，反映了德国资产阶级从需要利用国家权力来保护经济发展以赶超其他发达国家，向实行自由主义经济政策的转化。1937年，欧根和其他一些经济学家、法学家一起编辑出版了新自由主义丛书《经济的秩序》，提出了新自由主义的经济理论，创立了德国新自由主义学派。

欧根是德国新自由主义学派的主要代表及其理论奠基者，出生于耶拿，其父是一位哲学家，他自己早年就学于基尔、波恩和耶拿等地，1913年获波恩大学博士学位；第一次世界大战期间他应召服役，1921年考取大学教师资格，曾任柏林大学讲师、图宾根大学教授；从1927年起他一直担任弗莱堡大学教授，第二次世界大战后曾兼任联邦德国联邦政府经济部咨询委员会委员，其著作主要有《德国货币问题批判的分析》(1923)、《资本理论研究》(1934)、《国民经济学的本质》(1938)、《国民经济学基础》(1940)以及在他去世后出版的《经济政策原理》(1952)，其中《国民经济学基础》一书，较集中地体现了他的新自由主义理论与方法。

第二次世界大战前和大战期间，由于德国实行法西斯经济统制，主张经济自由和反对国家全面干预经济的德国新自由主义学派，其代表人物有的逃亡国外，有的投靠纳粹，有的则参加了反法西斯运动。因此，这一学派实际处于涣散状态，它在当时流传不广，对德国的经济政策制定几乎没有什么影响。

第二次世界大战后，希特勒的法西斯统治被彻底推翻，德国新自由主义者的境遇迥然不同了。从1948年起，以欧根为中心的一些弗莱堡大学的教授们，创办了一个名为《奥尔多：经济与社会秩序年报》的理论刊物，开始大肆鼓吹新自由主义。奥尔多(ordo)一词，原为拉丁文，意思是指一种有别于现存社会秩序但又与现存秩序有联系的、有条不紊的正确秩序。由于参加创办《奥尔多》杂志的人以及为该刊物撰稿的人多数是弗莱堡大学的教授，除欧根以外，主要还有弗朗茨·柏姆、弗·鲁茨、亚历山大·鲁斯托夫、威廉·罗勃凯、阿尔弗雷德·缪勒尔阿尔玛克，以及当时曾任美、英占领区经济管理委员会美方经济区主席的路德维希·艾哈德(后任联邦德国经济部长、总理)等，因此，以欧根为主要代表的德国新自由主义学派，又称弗莱堡学派或奥尔多学派。由于该学派的一些代表人物的参政，该学派所倡导

瓦尔特·欧根
(Walter Eucken)

路德维希·艾哈德
(Ludwig Wilhelm Erhard)

的社会市场经济理论与政策主张,为当时执政的基督教民主联盟所接受并成为联邦政府制定经济政策的指导原则。1955年10月,当时联邦德国的另一个政党——社会民主党的议会代表,在联邦议会上也公开承认了"社会市场经济"的原则。可见,作为当代西方经济学中一个具有较大影响的弗莱堡学派,实际上是在第二次世界大战后的联邦德国发展起来的。同时,由于它倡导新自由主义经济理论,所以有人又把弗莱堡学派叫作"联邦德国新自由主义"。

弗莱堡学派的新自由主义经济理论,在战后的联邦德国之所以能获得顺利的发展,一跃而登上联邦德国正统经济学的宝座,其原因主要有以下四点。

(1) 德国的垄断资产阶级和广大人民群众,对希特勒法西斯的政治统治和经济统制深恶痛绝,渴望获得政治自由和经济自由,因此,弗莱堡学派新自由主义的社会市场经济理论和政策主张,对一般公众都具有颇大的吸引力。

(2) 战后在美、英、法三国占领军管制的联邦德国,经济极端困难,广大人民群众饥寒交迫,因此,弗莱堡学派鼓吹"公平分配""人人安居乐业"等口号,起了一定的宣传作用。同时,联邦政府奉行社会市场经济理论与政策,迅速使经济恢复与发展,也确实给人民群众带来了一些实惠。

(3) 德国在战争中失去了全部殖民地,随着战后联邦德国经济的恢复与发展,垄断资本渴望自由贸易、自由竞争,以实行向外经济扩张。

(4) 在政治上,战后社会主义国家在东欧和亚洲相继建立,使亿万人民摆脱资本统治与剥削的枷锁,这在当时对饱经战乱和深受法西斯统治之苦的联邦德国劳动人民,具有极大的吸引力。

在这种情况下,联邦德国垄断资产阶级迫切需要一种既能为垄断资本统治辩护,又能与社会主义思潮相抗衡的经济理论。联邦德国《经济学家》杂志1960年第52期就曾刊登过表明这种心情的一段文字:"在反对共产主义的斗争中,如果没有基本经济的和社会政治的理论,我们是无法应付的。社会市场经济就是这一理论的基础,必须使这个基础向纵深发展。"弗莱堡学派新自由主义的社会市场经济理论与政策主张,就是在战后联邦德国这样一个特殊的社会经济政治环境中发展起来的。

第二节 社会市场经济理论

"社会市场经济"这一概念,是缪勒·阿尔玛克在《经济管理与市场经济》(1947)一书中首先提出的,后来为联邦德国新自由主义者普遍接受,并成为联邦德国自由主义经济理论的一个基本概念。

对于究竟什么是社会市场经济,缪勒尔·阿尔玛克曾作过一个概括性的论述。他认为,"社会市场经济是依据市场经济规律进行的,以社会补充和社会保障为特征的经济制度","社会市场经济的概念,可以理解为一种秩序政策的思想。它的目的在于在经济竞争的基础上将自由的积极性同恰恰由于市场经济成就而得到保障的社会进步联结在一起"。[1]所以,简单说来,社会市场经济"不是放任不管的自由主义的市场经济,而是有意识地加以指导的,也就是社会指导的市场经济"[2]。

但是,若要真正弄清社会市场经济的含义,就必须了解和掌握联邦德国新自由主义者关于社会市场经济的基本理论。社会市场经济的理论可以简要概述为以下三个部分。

一、理念模型

联邦德国新自由主义者认为,社会市场经济只是人类社会两类理念模型的某种有机组合,而且是最为重要、最为理想的一种社会秩序。

在联邦德国的这些新自由主义者看来,人类社会的经济制度或经济秩序,不论是古罗马的还是中世纪各国的,不论是现代欧洲的还是现代亚非拉各民族的,不论是历史上曾存在过但现已消失的还是现存的,无一不是"中央管理经济"和"自由市场经济"这两种理念模型的某种交替或组合。所谓中央管理经济,也称中央指挥经济、命令经济或计划经济,指的是一种在很大程度上排斥市场、私有制和自发价格机制的中央直接集中管理型经济,它由一个中央计划当局通过政府的计划命令来控制、调节经济秩序;在那里,个人没有活动的自由,人是被计划的客体。自由市场经济,也称交换经济,则是借助市场价格机制自动协调社会经济秩序;在这里,个人是计划的主体,每个人都可以按照自己的意愿来组织从事生产、销售、购买和消费等活动。他们认为,理念模型是不变的,在人类历史发展过程中发生变化的只是这些理念模型的组合形式,但无论怎样变化,都逃不出这两种理念模型的范

---

[1] 荣裕民.西德社会市场经济的运行特征[J].经济社会体制比较,1985(2):14.
[2] 科托夫.西德新自由主义[M].商务印书馆,1963:65.

围；一切经济制度，莫不是这两者在不同程度上的体现。

联邦德国新自由主义经济理论的奠基人欧根认为，资本主义自由市场经济和社会主义集中计划经济这两种现存的经济制度，都有着各自的缺陷或障碍。社会主义集中计划经济作为中央管理经济模型的一种历史形态，存在着三大缺陷。

（1）中央计划机关无法使现代经济过程中的无数组成部分有机地结合起来，无人能洞察全局而事先作出妥善、合理的全面安排。

（2）经济大权操纵在中央政治机关手中，因而有破坏世界经济关系的危险。

（3）政府官僚直接控制全体人民的生活，个人失去了个性和自由，而且随着经济自由决策权和经济责任感的丧失，也便失去了整个社会的自由。

相反，资本主义自由市场经济作为市场经济的一种变换形式，由于奉行自由放任原则，也有着它的困难和失败：垄断力量限制了自由竞争，使得价格机制无法正确灵活地协调市场供求，资源不能得到最佳配置；自由放任下的私有制导致个人收入分配上的贫富悬殊，造成社会的动乱；自发的市场价格机制会产生经济的波动，损害经济的发展。因此，联邦德国新自由主义者认为，不论是资本主义的自由市场经济还是社会主义的集中计划经济，都不是人类社会理想的经济模型。现代人类社会最为完善、最为理想的经济模型，就是他们自己所提出的社会市场经济，这是一条既非资本主义（自由市场经济）又非社会主义（集中计划经济）的人类社会经济发展的第三条道路，它既能克服自由市场经济的弊端，又能避免集中计划经济的困境。只有社会市场经济，才能保证社会的高效发展、资源的合理配置、个性的充分发挥和人类生活的文明。所以，社会市场经济一方面强调自由竞争，但它又不同于新古典理论的自由放任；另一方面主张国家干预，但它又有别于社会主义的国家统制。社会市场经济所要的是国家有限干预下的自由竞争，通过国家的积极、适当、有效的干预来维持正常的竞争秩序，以自由竞争来实现全民的繁荣富裕。

二、自由竞争

联邦德国新自由主义者认为，自由竞争是实现全民繁荣这一社会市场经济基本目标的唯一有效手段。艾哈德说："竞争是获得繁荣和保证繁荣的最有效手段。只有竞争才能使作为消费者的人们从经济发展中受到实惠。"[1]因为，公民的繁荣富裕，需要经济的发展作为前提保障；而经济的发

---

[1] 艾哈德.来自竞争的繁荣[M].商务印书馆,1983:11.

展,在极大程度上取决于一个社会的创业精神的有无与大小,取决于人们能不能抓住一切发展机会努力奋进,敢不敢冒一切风险对自己的命运负责。只有当所有人的精神、智慧和胆识得到充分发挥时,社会经济才能蓬勃发展起来;而人的这种能量的释放,全依赖于人的独立、自由与竞争。反之,在一个中央统制的社会里,人们普遍缺乏独立与自由,人们无法对自己的命运负责,因而人们力求安全与稳定,消沉并避免责任,其结果使得整个社会缺乏一个充满生机的创业精神,国民经济也就会萎缩下去。因而,"凡没有竞争的地方,就没有进步,久而久之就会陷于呆滞状态"[1]。

此外,联邦德国新自由主义者还认为,独立与自由的意志不仅是人类最基本的动力,而且是人类的最强力量和最高价值。只有当一个人能独立地处理自己的事务,能利用一切可能的机会发挥自己的才干时,也就是说,只有当一个人能自愿地从事一种有用的事业,能对自己的所作所为、对自己的命运负责时,他才能证实他有存在的价值,他是不可缺少的、不能被侵犯的。反之,在一个中央统制经济里,一个人失去了独立的人格,丧失了活动的自由,他就失去了自己固有的价值,他就会变成一个没有灵魂的、可有可无的东西。因此,联邦德国新自由主义者都极为强调自由的竞争,认为自由竞争是实现全民繁荣这一基本经济目标的最佳途径;一种自由竞争的经济制度是所有经济制度中最具效率的、同时又是最民主的制度。

三、国家有限干预

联邦德国新自由主义者所理想的社会市场经济,与旧自由主义者所谓放任原则的自由市场经济是不同的。罗勃凯比喻说,后者好比"野生植物",而前者则是"人工培育的植物"。作为一种野生植物,自由市场经济所坚持的是自由放任主义,它要求的只是一个所谓廉价的政府,国家只是社会经济发展的"守夜人","看不见的手"自然会协调经济的发展。而社会市场经济,这株人工培育的植物,需要国家采取相应的法律规范和政策措施,以确保正常的自由竞争秩序,保障社会市场经济体制的顺利运行。

因而,联邦德国新自由主义者,一方面反对自由放任主义,主张国家干预;另一方面又反对中央集中管理,主张自由竞争,主张国家干预与自由竞争的有机结合。在他们看来,竞争是在国家保障下的真正的自由竞争,干预是以完善自由竞争为目的的有限干预;积极的、有限度的、间接有效的国家干预,是保障自由竞争的根本手段,自由竞争是国家干预的基础和目的。欧

---

[1] 艾哈德.来自竞争的繁荣[M].商务印书馆,1983:153.

根认为,在社会市场经济中,国家的职责是组织形成一种能使每个人都可以在其中充分发挥其积极作用的经济秩序,即建立一种"竞争秩序"。为此,罗勃凯曾举了一个形象生动的例子加以说明。他说,国家好比是一个富有经验的足球裁判员。作为裁判员,他的职责不是去参加比赛,亲自展示脚下功夫,也不是对运动员指手画脚,为他们提供什么神机妙算,而是不偏不倚地保证全部比赛规则得以实施,维护比赛的正常进行。国家的职责也是这样,它不应当干涉企业的正常生产活动,插手市场经济的运行,而是要制定积极的经济政策来维护竞争秩序,保证市场经济,使之有一个良好的环境,并为其发展创造必要的条件。

那么,什么是积极的、适当的、有效的国家干预呢?联邦德国新自由主义者认为,所谓积极的干预,它是相对于凯恩斯主义而言的。凯恩斯主义也主张通过国家干预来代替和克服过去的自由放任,但他们的干预重点放在对国民收入决定因素的分析和控制上,因而这是一种事后的、消极的干预。联邦德国新自由主义者则是主张事先的积极干预,通过国家的干预为企业创造一个相对平等的自由竞争环境,实现价格的自动调节功能。所谓适当、有效的干预,就是说国家不应直接干预企业经营,干预的范围应只限于自由竞争秩序的维持;而且,国家干预必须明确有效,千万不可模棱两可、朝令夕改。

第三节 社会市场经济的政策主张

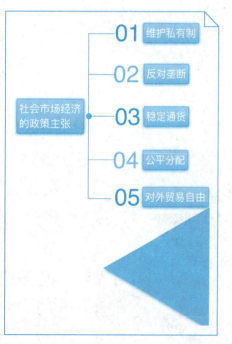

第二次世界大战后联邦德国政府所奉行的经济政策,就是弗莱堡学派社会市场经济理论在经济生活中的实际运用和具体表现。可以说,战后联邦德国的社会市场经济体制,就是在弗莱堡学派社会市场经济理论的指导下,通过制定一系列的法规、政策而逐步建立起来的。而弗莱堡学派新自由主义的政策主张以及联邦德国政府所采取的政策措施,主要体现在以下五个方面。

一、维护私有制

这是社会市场经济存在的必要前提。联邦德国新自由主义者认为,国家的首要职责是制定宪法,保护生产资料私有制,捍卫私有财产的神圣不可侵犯性。因为,生产资料私有制是社会市场经济存在的必要前提,没有私有制,自由竞争也就无从谈起。只有在生产资料私有制条件下,人们才能有活动的自由,他们的积极作用才能得到发挥。但是,《联邦德国基本法》第14条规定:"私人占有财产必须承担义务,对它的使用必须有利于集体事业。"这就是说,尽管在私有制下,人们有处置其财产的自由,但自由并非意味着可以胡作非为,因为"不负责任和缺乏义务感的自由只会导致退化和造成混乱"[1]。

二、反对垄断

这是为了排除阻碍自由竞争的不利因素,不仅要反对私人组织的垄断,也要反对社会组织的垄断(如工会垄断等)。因为,无论哪一种形式的经济垄断都是对自由竞争的排斥与破坏,都隐藏着欺骗消费者的危险,它会吞食技术进步和经济发展的成果,使广大消费者蒙受损失,使社会停滞不前。为了保障自由竞争的经济秩序,联邦德国政府于1957年制定了《防止限制竞争法》,并成立了相应的执法机关——联邦卡特尔局,以防止私人或社会组织对市场的垄断,保证价格机制的自动调节功能,促使经济顺利运行。

然而,由于联邦德国新自由主义者所谓的"垄断"是一个特定的概念,它指的只是"一个生产部门只有一个生产者"这样的垄断,所以《防止限制竞争法》的颁布,对联邦德国垄断资本家并没有多大的影响,而对工会组织却是一个很大的打击。

三、稳定通货

这是国家一切经济政策的中心环节。艾哈德认为:"经济政策的中心问题是在没有通货膨胀的趋势下,让经济继续向前发展。货币稳定是平衡经济发展和确定社会进步的基本条件。"[2]因为,通货的稳定是每一个公民都应享有的基本人权之一。只有通货稳定,物价方能稳定,消费者的实际生活水平才能得到保障。反之,只要物价稍微有所上涨,每一个公民就要毫无例外地为此付出相当大的代价。而且,通货、物价一旦失去稳定,人们就会对政治经济和社会制度的稳定失去信心,从而就会减少储蓄,阻碍经济发展。因此,通货稳定、物价稳定应成为国家一切努力汇合的焦点,在任何情况下都必须加以保持。

---

[1] 艾哈德.来自竞争的繁荣[M].商务印书馆,1983:157.
[2] 同[1]:81.

为此，联邦德国政府通过对货币流量和信贷活动的调控，来稳定通货、平抑物价，保证经济稳步增长。

（1）通过货币稳定器控制货币流量，即由中央专门机构掌握一定数量不同种类的重要商品，并对它们规定固定价格，当社会物价普遍上涨引致通货膨胀时，中央机构则大量抛售商品，以减少流通中的货币数量，消除通货膨胀现象；当社会物价普遍下跌引致通货紧缩时，则大量购进商品，以增加流通中的货币量，避免通货的紧缩和生产的衰退。

（2）通过变动信贷率控制信贷活动，即当社会出现通货膨胀、物价上涨的虚假繁荣时，政府就促使银行提高信贷利率，以限制信贷数量；相反，当社会出现通货紧缩、物价下跌和生产萎缩时，银行则降低利率，以增加信贷数量，防止失业和危机。

四、公平分配

这是实现经济人道主义的主要途径。联邦德国新自由主义的经济目标是实现经济人道主义，使每个人都成为财产的所有者，使人人都过上幸福、安定的生活，实现全民的繁荣和富裕。为此，联邦德国政府从20世纪50年代中期起就积极推行"人民股票"措施，实施各种福利政策，以保证公平分配，实现经济人道主义。他们认为，人民股票的发行，可以分散社会财产，打破旧的阶级界限，消除富人与穷人之间的敌意，在20世纪50—60年代，政府曾把一部分国有企业，如大众汽车公司、普雷萨格采矿冶金公司等，用发行人民股票的方法把它们变为人民大众共有的私有财产。

> 人民股票：能够吸引全体人民都能购买的小面额股票。

在社会福利方面，联邦德国新自由主义者既强调社会福利措施的必要，但又反对全面实施社会福利政策。他们认为，社会福利政策的全面实施必然会破坏社会市场经济的支柱——自由竞争。因为，如果实施社会福利政策的目的是给每一个人提供从生到死的全部安全，保证他绝对不冒任何的人生风险，那么人们的才能、智慧、创业精神以及其他许多人类优秀品德就得不到充分发展，国民经济也就无法兴旺起来，到了最后，建立的绝不是没有阶级差别的福利社会，而是一个没有灵魂的机械社会。艾哈德认为，社会福利措施越是全面，对人们的保护越是广泛，个人也就会越来越依赖于国家，结果原先平等自由的、有主见的公民就会变成没有头脑的"臣民"。所以，任何一个现代社会都需要一定的社会福利政策，以保障分配的公平，但这种政策的实施必须适当，必须以不损害自由竞争为前提。在这一理论的指导下，联邦德国政府所采取的社会福利政策也就只限于通过国民收入的再分配，对盈利少或不盈利的一些社会经济部门给予政府资助，对失业者、老弱病残者和低收入家庭给予一定的抚恤和救济。

五、对外贸易自由

这是社会市场经济理论的外向延伸。在国际经济问题上,联邦德国新自由主义者主张自由贸易,反对贸易限制;认为国家应积极设法取消国际贸易中的一切限制,消除关税壁垒,实行货币自由兑换,以促进贸易自由。

为了扩大联邦德国在国际经济关系中的作用和影响,联邦政府以社会市场经济理论为依据,积极采取措施,以发展对外经济联系和贸易交往活动。

(1) 联邦政府为了鼓励和刺激本国产品的出口和提高本国产品在国际市场上的竞争地位,通过财政税收政策和货币信贷政策对经营出口的单位和部门给予优待,以奖励出口。

(2) 为了实现贸易自由,扩大国际经济交往,联邦政府积极倡导和推行经济一体化政策,参与西欧共同市场的建设。

(3) 联邦政府还积极建立和发展同欧洲经济共同体以外各国的经济联系和贸易活动,特别注重同发展中国家的经济交往。

第四节 德国的社会市场经济政策

一、社会市场经济政策的三阶段

第二次世界大战结束以来,联邦德国政府为恢复和发展经济而奉行社会市场经济理论与政策,大体上经历了以下三个阶段。

(1) 第一个阶段,就是实行有限调节的社会市场经济阶段。这个阶段,在时间上是从第二次世界大战结束后至20世纪60年代中期。在这近20年的时间内,弗莱堡学派新自由主义的社会经济理论与政策主张,一直是联邦德国政府恢复和发展经济的指导原则。上面我们说过,这和弗莱堡学派的重要成员——艾哈德等人的参政有密切关系。

在第二次世界大战刚结束时,联邦德国的社会经济和人民生活处于极其困难的境地。在这危难之际,美国军管当局发现,联邦德国新自由主义的重要代表人物艾哈德是极少数几个懂得现代经济理论并有一定管理经验的反纳粹人士之一,于是就任命他为美国驻纽伦堡军管机构的经济顾问。1945年10月,艾哈德被提升为巴伐利亚政府经济部长。1947年10月,艾哈德到法兰克福任美、英占领区财政管理委员会货币与信贷特别处主任,负责筹备货币改革;1948年3月2日,他又成为美、英占领区经济管理委员会美方经济区主席。1948年6月20日,艾哈德以法兰克福经济管理委员会的名义,签署了具有重大历史意义的《关于货币改革后的经营管理与物价政策原则的法令》,宣布废除一百多项战后军管当局颁布的物价管理条例和管制经济的法令,并取消旧的帝国马克,实行新的德意志马克。从1949—1963年,艾哈德一直担任德意志联邦共和国政府的经济部长。艾哈德和他的两位合作者——财政部长弗里茨·舍费尔和德国州际银行行长威廉·福克博士,一起组织和领导了整个联邦德国经济的恢复与发展。1963—1966年,艾哈德又担任了联邦政府的总理。他与阿登纳总统分工合作。阿登纳是"在外地主",专管国际事务与联邦德国的对外经济关系,旨在使战败的德国重返欧洲和世界舞台;艾哈德则是"内当家",负责国家的经济事务,两人珠联璧合,被世人称为联邦德国的"复兴之父"。

艾哈德在战后近20年主持联邦德国经济工作期间,完全奉行弗莱堡学派新自由主义的社会市场经济理论与政策,使联邦德国经济获得了迅速的恢复与发展。艾哈德简直成了联邦德国"经济奇迹"的化身。因此,人们把战后这个时期的联邦德国经济,称为艾哈德时期的"社会市场经济"。这种社会市场经济以私人企业和个人经济活动为基础,主要通过市场力量来调节整个国民经济,国家尽可能不去干预再生产过程,但不反对必要的和有限的调节,以期尽可能达到经济权力分配上的社会公正与经济利益分沾上的社会公平。这种有限调节的社会市场经济,从战后到20世纪60年代中期,基本上适应了联邦德国垄断资产阶级的需要,并迎合了广大居民的心理。

(2) 第二个阶段,即实行全面调节的社会市场经济阶段。从有限调节的社会市场经济阶段转到全面调节的社会市场经济阶段,其原因在于联邦德国国内经济形势发生了变化。上面我们说过,从战后到20世纪60年代中期,联邦德国经济的恢复与发展是相当迅速的,但到20世纪60年代中期,特别是1966—1967年经济危机之后,它的经济增长速度明显减慢了,从1960年的9%下降到1966年的2.8%,20世纪60年代工业生产平均增长速度为5.92%,而70年代头8年的平均增长速度只有2.26%。大规模的失业和经济明显衰退,引起了政治斗争的激化。1966年基督教民主联盟的艾哈德政府倒台,由基督教民主联盟与社会民主党组成新政府。在这种形势下,要求国家干预经济的呼声日益高涨,于是联邦德国政府奉行弗莱堡学派新自由主义理论与政策主张就进入了第二阶段。

为了克服经济的停滞与大量失业,联邦德国垄断资产阶级要求国家对经济进行全面干预。例如,1974年"化学、造纸、陶业工会联合会"曾向联邦政府和州政府建议,对受危机打击最严重的制铝工业和化纤工业采取直接的指导投资政策。这个建议虽未被接受,却引起了广泛的注意。一些资产阶级经济学家也主张国家进行全面调节。哈麦尔和克夫就曾指出,实践已经证明联邦政府"所采取的经济政策手段还是不够的,还不能同时达到稳定经济所需要的四个目标:稳定的价格,高就业率,外贸的平衡,持续的、较快的增长。对两种体制的前景做一番比较,人们得到这样的结果,即在中央计划的制度条件下更容易达到这些目标"[1]。弗莱堡学派的新自由主义者也不得不承认,破坏自由竞争基础的垄断组织,在经济生活中起着越来越大的作用,他们感到自己以前所宣扬的有限调节的社会市场经济已经不能克服危机和失业,不能防止环境污染,不能改善工人劳动条件和保证国民经济的高速增长;同时,他们还考虑到,当时联邦政府已经实行的"反周期"政策,经济结构改革政策以及经济"计划化"等,也不得不考虑将其纳入他们自己的理论之中。于是,他们从"有限调节的社会市场经济"转到了"全面调节的社会市场经济"。他们所谓的"全面调节",其实就是国家垄断资本主义调节,旨在扩大和加强国家对再生产过程的作用,发展国家的企业精神,扩大国家在国民收入中所占的份额,扩大国家支出,运用货币政策和财政政策,特别是通过降低利率的货币政策和预算赤字的财政政策来影响总需求,制定包含一系列重要国民经济综合指标的长远规划,对经济进行全面调节。

弗莱堡学派的新自由主义者从"有限调节的社会市场经济"向"全面调节的社会市场经济"的转变,实际上是联邦德国新自由主义与凯恩斯主义的合流。1966年12月基督教民主联盟与社会民主党组成新政府时被任命为经济部长(在位时间:1966—1972年)的卡尔·席勒尔教授,在1967年曾写过一篇题为"欧根、凯恩斯和我"的文章,试图把弗莱堡学派的自由竞争和凯恩斯主义的有效需求学说综合起来。他在"经济任务是稳定和增长"一文中指出,必须了解,在主张竞争就是命令的弗莱堡学派和主张对实际总需求加以指挥的凯恩斯主义的代表们之间,有必要做一番意义深远的综合;小量的就让市场和个别经济去决断,大量的主要依靠经济手段和财政工具给予影响[2]。联邦德国政府在20世纪60年代末70年代初这个时期内所奉行的就是这种"少市场,多国家"的"全面调节的社会市场经济"理论与政策主张。

(3)第三个阶段,即20世纪80年代以来,又重新回到艾哈德时期的"社会市场经济"阶段。联邦德国在克服了前几次经济危机后,于1980年4月又

---

[1] H.哈麦尔,R.克夫.西德和东德的经济体制[M].中国社会科学出版社,1980:44.
[2] 席勒尔.西德和东德的经济体制[M].中国社会科学出版社,1980:27.

爆发了一次更严重的经济危机。这次经济危机也引起了政治危机，1982年10月基督教民主联盟、基督教社会联盟和自由民主党联合组成新政府。新政府指责前政府所实行的经济政策，国家拿得太多，花得太多，管得太多；结果严重损害了私人企业的利润收入，削弱了投资的意向和力量，挫伤了人们的"进取"精神，豢养了一批"寄生虫"，因而他们在《促进经济稳定和增长法》中所规定的经济增长、充分就业、物价稳定和国际收支平衡四大目标全部落了空。因此，新政府认为，要扭转这种局面，就必须重新回到艾哈德时期所实行的"多市场，少国家"的有限调节的社会市场经济理论与政策轨道上去。

从战后联邦德国历届政府所奉行的基本经济理论和政策演变的过程来看，由欧根、罗勃凯和艾哈德等弗莱堡学派的新自由主义者所奠定的社会市场经济理论和政策主张，已成为联邦德国经济政策的准则和社会经济体制的基础。正是这样一种经济理论和政策主张，有效地促进了战后联邦德国经济的迅速恢复与发展。

众所周知，第二次世界大战使劫后余生的德国生产力遭到了严重破坏。在美、英、法三国占领军管制的联邦德国土地上，原先的住宅和许多城市在战火中变成了废墟和瓦砾堆，根据当时一些英国人的估计，仅清扫西柏林市的场地就需要30年；另外，还有数百万无家可归的难民需要安置，食品供应匮乏，加上不法商人的投机倒把，严重的通货膨胀加剧了经济生活的混乱和困难。根据1945年8月波茨坦决议所附的第一个工业计划和1947年8月美、英、法军管当局公布的第二个工业计划规定的经济发展速度，当时有人估计"每个德国人每五年才能有一只盘子；每十二年有一双鞋子；每五十年有一套衣服；每五个孩子中间只有一个能用上自己的尿布；每三个德国人只有一个能有机会躺在棺材里埋葬"[1]，全国上下笼罩着一片悲观气氛。

但是，战后的联邦德国政府奉行社会市场经济理论与政策的结果，却使联邦德国经济获得了迅速增长。到1950年，工业生产水平就已恢复到战前1936年的水平，进而在1950—1966年间，国内生产总值增长近四倍，平均每年递增10.5%，工人的实际收入增长1.5倍，平均每年增加5.9%，失业率平均为2.8%，16年中生活消费品的物价指数每年仅涨2.27%。在对外贸易方面，1966年联邦德国的商品出口总额仅次于美国，居世界第二位。1986年联邦德国的外贸顺差再一次创造了纪录，达到1 102亿马克，在它的历史上第一次超过了美国，成为世界第一大出口国。自联邦共和国成立以来，它

---

[1] 艾哈德.来自竞争的繁荣[M].商务印书馆，1983：19.

的黄金和美元储蓄逐年增长，到20世纪70年代就已达到500亿马克，远远超过了包括美国在内的所有西方工业国家的货币储备。联邦德国马克自1948年诞生以来，也不断提高对其他货币的比值。1950年，1美元值4.20联邦德国马克，1法国法郎值1.20联邦德国马克，1英镑值11.76联邦德国马克；到1986年底，1美元仅值1.95联邦德国马克，1法国法郎只值0.30联邦德国马克，1英镑只值2.865联邦德国马克，而且，这种升值并没有严重损害联邦德国经济的竞争力，这也反映了联邦德国经济的出色成就及其政治与财政状况的稳定。在40余年的时间内，把一片衰败的联邦德国建成在西方国家中仅次于美国的经济强国，不得不承认其发展速度是相当迅速的。这当然是与其特别有利的国内外环境有关，如德国西部原有的工业基础较好和技术力量较强，美国出于战略需要所作的大量援助，以及新的科学技术的作用等。同样，我们也得承认德国所奉行的社会市场经济理论和政策主张的作用。

二、社会市场经济理论与政策主张的简要评述

弗莱堡学派新自由主义的社会市场经济理论与政策主张，可以说是对亚当·斯密的古典经济学和现代经济学自由主义理论在第二次世界大战后联邦德国具体条件下的应用与发挥。因此，有人曾把实践这一理论的杰出代表艾哈德看作在德国的"亚当·斯密的顽强化身"。

弗莱堡学派经济理论的世界观和方法论，仍旧是唯心主义形而上学的，这集中表现在他们的所谓"理念模型"学说上。欧根说，他创立的这个"理念模型"，只是"想象的典型"，而"不是现实的反映"。[1]在他看来，这种想象的典型是永恒不变的，它存在于一切时代，并不与一定的历史时期相联系。因此，他的"理念模型"学说完全避开了对划分历史时期和社会经济形态具有决定意义的生产关系性质与所有制问题，而且他还力求避免使用反映一定历史时期特点的一切术语。例如，他在解释为什么称企业为"机关"，称企业主为"机关领导人"时说："我们不说企业和企业主，而说机关和机关领导人，因为企业和企业主这些字眼使人想起'资本主义'时代，因而它们有一定的历史色彩。在确定理念模型时，一定要避免这种色彩。"[2]这就清楚表明其世界观与方法论的唯心主义形而上学性质。

弗莱堡学派倡导这套理论和政策主张，目的仍然是为垄断资本服务。首先，他们利用广大人民群众对希特勒法西斯统治深恶痛绝的心理，把社

---

[1] 欧根.国民经济学基础[M].斯宾格出版社,1950:87.
[2] 同上.

> **采邑**：又称"采地"。封建社会君主赏赐给亲信、贵族、臣属的土地，包括土地上的农民。受到这种赏赐的人必须效忠君主，并承担进贡和在战时提供兵员的义务。

会主义经济与希特勒的法西斯统制经济完全等同起来加以攻击，别有用心地把古埃及法老奴隶制经济、封建采邑经济、希特勒军国主义经济和现代社会主义经济都归属于"中央管理经济"，把社会主义经济说成是"包罗万象的""绝对的""全面的"垄断组织、"超垄断组织"等，其反社会主义的用意是很明显的；其次，他们把工会看作"非常危险的垄断联合"，是"社会或自由市场经济"的障碍，因此，他们利用对垄断的批评来打击和瓦解工会组织，妄图使工人脱离反对垄断资本统治的经济斗争和政治斗争；最后，他们无论是反对国家直接干预再生产过程，给企业充分的"行动自由"，实行"有限调节的社会市场经济"，还是主张扩大和加强国家对再生产过程的作用，实行"全面调节的社会市场经济"，都是以维护联邦德国垄断资本的统治利益为前提的。其实，他们所谓的"有限调节"或"全面调节"，实质上就是国家垄断资本主义调节。

但是，也必须看到，弗莱堡学派所倡导的这套理论和政策主张，确实适应了德国垄断资本统治利益的需要，有效地促进了战后联邦德国经济的迅速恢复与发展，其中反映社会化大生产和商品经济发展规律的某些具体管理方法与措施，对我国进行的经济体制改革，也是具有一定参考价值的。其主要启示有以下三点。

1. 如何处理经济自由与政府干预之间关系的问题

艾哈德在概括他所奉行的社会市场理论与政策时指出："西德并没有采用过什么秘密科学。我在事实上不过实践发展了西方各国的现代经济学原理，把漫无限制的自由与残酷无情的政府管制两者之间长期存在着的矛盾予以解决，从而在绝对自由与集权之间寻找一条健全的中间道路。"[1]在艾哈德等弗莱堡学派的新自由主义者看来，要想繁荣经济、实现全民福利这一社会目标，就只有走自由竞争的道路，而作为经济和社会政策制定者与执行者的政府，却只需对国民经济作适当的干预和调节即可。德意志民族不愧是善于思考的民族，它承认政府干预经济的必要性，但对干预什么和干预的目的等问题，却作出了自己的选择。联邦德国对经济的干预，不同于其他工业发达国家采用扩展性的财政政策、货币政策以解决由于市场经济本身的弊端所造成的需求不足，而是强调对市场运行本身的环节加以调节性的干预，以维护市场竞争机制的健康运转。它既不相信自由放任的市场经济活动能维持经济长期稳定增长，又不主张用行政手段去扭曲市场运行规律。这对于我国建立和健全社会主义市场经济体制是很有启发的。

---

[1] 艾哈德.来自竞争的繁荣[M].商务印书馆，1983：8.

2. 如何稳定通货与物价的问题

艾哈德等弗莱堡学派的新自由主义者认为，保持币值与物价稳定是商品经济得以灵活运转的前提条件。因此，他们主张无论在经济萧条、失业严重的场合，还是在经济繁荣、充分就业的形势下，都应保持通货与物价的稳定。如果滥发纸币、采用通货膨胀的做法，就无异于暗中窃取别人储蓄的钱财，这是最卑劣的行径。联邦德国自1948年进行货币改革、放开价格以来，始终注意保持币值与物价的稳定，赢得了经济繁荣、政局稳定的成功经验，这有力地证明了经济改革和通货膨胀并没有必然联系，所谓温和通货膨胀对经济的刺激作用，绝不是无条件的。像我国这样一个在改革开放初期并不存在生产力经常过剩的国家，物资一般供不应求，再加上长期实行低工资、低物价和低消费的政策，对物价上涨的承受力很弱，因此，通货膨胀政策是不符合我国国情的。事实上，保持币值与物价稳定，对社会主义国家的经济改革和模式的转换，具有更为重要的意义。

3. 如何发挥创业精神的问题

艾哈德自己在总结联邦德国经济复兴所取得的成就与经验时指出，这是"全体人民辛勤劳动的成果"，"如果德国这个例子对别国有些价值的话"，那就是在社会市场经济原则下，"有机会来发挥个人创业的精神和能力"[1]。艾哈德所总结的这条经验，对我国的经济体制改革也是很宝贵的。我国经济改革的成败，归根结底也取决于人民群众的积极性和创造性。如果每个公民的智慧、能力和创业精神都得到了充分的展现，那么我国的经济也就一定兴旺发达起来了，人民群众也就能过上富裕幸福的生活了。因此，在经济改革过程中，国家的首要职责也就在于消除一切阻碍人的积极作用得以发挥的不利因素，让每个公民自行实现其价值。正如联邦德国经济复兴的经验所证实的，只要创造了一种使人人有机会发挥自己创业精神和能力的环境，任何民族就可能步入繁荣之途。

本 章 总 结

1. 以德国新自由主义经济学家欧根、罗勃凯、艾哈德等人为代表的弗莱堡学派，产生于19世纪30年代，在第二次世界大战后的德国盛行，该学派所倡导的社会市场经济理论，成为联邦德国的正统经济学。

---

[1] 艾哈德.来自竞争的繁荣[M].商务印书馆，1983：114.

2. 弗莱堡学派所倡导的社会市场经济理论，主要内涵是建立"理念模型"，通过建立"理念模型"与"国家的有限干预"，以实现资源的合理配置、社会经济的高效发展、个性的充分发挥和人类生活的文明。

3. 第二次世界大战后联邦德国的社会市场经济体制就是在弗莱堡学派所倡导的社会市场经济理论的指导下，通过一系列的法规和政策措施而逐步建立起来的。它主要包括"维护私有制""反对垄断""稳定通货""公平分配"和"对外贸易自由"等方面。

4. 第二次世界大战后半个世纪以来，把遭到战争严重破坏的德国，建成在西方国家中仅次于美国的经济强国，其原因是多方面的，但也不得不承认，联邦德国政府奉行弗莱堡学派的社会市场经济理论和政策主张所起的作用是巨大的。

思 考 题

1. 弗莱堡学派所倡导的社会市场经济理论，在第二次世界大战后德国盛行的原因是什么？
2. 弗莱堡学派倡导的社会市场经济理论和政策措施的基本特征是什么？
3. 弗莱堡学派倡导的社会市场经济理论和政策主张中，反映社会化大生产和商品经济发展规律的某些管理方法与措施，对我们建设社会主义市场经济有什么启示？

Neo-Austrian School

第九章

新奥地利学派

新奥地利学派是一个范围不大容易确定的流派,它到底应当包括哪些经济学家,学界并未有统一看法。因为这个流派的主要成员大都曾师从于奥地利学派的第一代大师,然而后来却大都离开奥地利,流散于欧美。如果按照其自由主义的核心观点来确定成员,则除了米塞斯、哈耶克之外,似乎还应当包括罗斯巴德等人;如果按照师门渊源来确定成员,则熊彼特肯定应当算入其中。

考虑到上述划界的困难、篇幅的限制,以及研究程度的局限,本章暂时只介绍米塞斯、哈耶克和熊彼特三人,而且也只能介绍这三人的一部分理论。

第一节 | 米塞斯的经济思想

一、生平与论著

<u>路德维希·埃德勒·冯·米塞斯</u>(Ludwig Edler von Mises,1881—1973),出生于奥匈帝国伦贝格(今位于乌克兰境内)。他1906年获维也纳

路德维希·埃德勒·冯·米塞斯
(Ludwig Edler von Mises)

大学博士学位,1909—1934年任奥地利商会经济顾问,1913—1938年任维也纳大学教授,第一次世界大战期间曾服军役,战后至1920年任国际联盟奥地利赔偿委员会主任,1926年任新成立的奥地利经济周期研究所副所长;1934—1940年迁居瑞士日内瓦,任国际研究生院教授;1940年迁居美国,在国家经济研究所作研究工作;1942年赴墨西哥国立大学任教授,1945—1969年任美国纽约大学教授。其主要论著有:《货币与信用理论》(1912)、《国家、民族和经济》(1918)、《社会主义:经济学和社会学分析》(1922)、《自由主义》(1927,中译本名《自由与繁荣的国度》)、《币值稳定与经济周期政策》(1928)、《经济危机的起因》(1931)、《经济学的认识论问题》(1933)、《国民经济学:有关买卖和经济的理论》(1940)、《人类行为》(1949)、《经济科学的根本基础》(1962)。

二、货币与波动

米塞斯关于货币与波动的理论,主要见之于《货币与信用理论》一书。他在该书中提出了被后人称为纯货币的波动理论,这一理论在他的学生哈耶克那里得到了充分展开和说明。该书分为四篇:① 货币的本质;② 货币的价值;③ 流通手段及其与货币的关系;④ 货币体系的重建。他把货币定义为在交换过程中最能完成交换目的的财货,或最能发挥一般交换手段这一功能的财货。他认为货币价值由其购买能力所决定,而这种购买能力有历史的连续性,由过去、经现在而达于将来。溯本求源,货币的交换价值取决于被用作货币的财货其当时所有的价值。至于货币价值变动的原因,他认为取决于作为货币的财货的价值的变动,而导致这种变动的因素之一是货币数量,另一因素是对该财货的主观需要。由此可见,他并不完全赞同货币数量说。他区分了货币和银行或其他经济主体发行的可充作流通手段的信用凭证。在此区分的基础上,他提出了关于流通手段或信用的理论,认为银行不仅仅是信用的媒介,即不单是以别人托存的货币转贷他人,同时也自行创造流通手段。这种流通手段可替代货币,但与货币的区别在于其数量富于高度弹性。正是作为流通手段的银行信用的这一特征,在银行信用不要什么限制可自由变化的条件下,会引起货币利率与均衡利率(使投资与储蓄相等的利率)的差异。这种差异对消费品价格具有不同影响,从而引起通货膨胀或紧缩,造成繁荣与萧条的周期性波动。

这种关于经济周期的观点,与维克赛尔的相同之处在于他们都强调两种利率的差异在形成周期中的作用。其区别在于:① 米塞斯认为造成两种利率差异的主要因素是银行信用的高度弹性,是货币利率的变化造成差异,而维克赛尔则认为是自然利率因技术进步等原因造成的时断时续的变化引起两种利率之间的差异。② 米塞斯的周期理论突出强调了两种利率不一致所引起的消费品、资本品相对价格的变化在形成周期中的作用[1]。对这一论点的深入展开,便构成哈耶克的周期理论。

基于上述纯货币的周期理论,米塞斯认为,能控制信用数量的金本位制是最好的币制。在1928年出版的《币值稳定与经济周期政策》中,他进一步分析了经济周期反复出现的原因,认为是"因为企业家和政治家普遍存在着这样的思想,把利息率降低看作是经济政策的一个重要目标,把膨胀式信用扩张看作是实现这一目标最好的方法"[2],"因此,经济周期接二连三地出现。这一现象的根本原因是思想性的"[3]。他还进一步指出,商业银行之所以能一次次地扩张信用,是由于中央银行的支持,而中央银行之所以能有力量支持,是由于它垄断了纸币的发行权。假如纸币发行不由中央银行垄断,各银行都有权发行可自由兑换法偿币(黄金)的纸币,则人为增发货币扩张信用的现象将大大减少。因为不稳健的银行将被淘汰,只有稳健的银行才能存在下去[4]。这一废除中央银行纸币发行垄断权的思想,无疑对哈耶克后来于20世纪70年代提出的自由货币的主张有着直接影响[5]。

三、经济自由主义[6]

米塞斯在他1927年发表的《自由主义》(中文版译名为《自由与繁荣的国度》)一书中全面概述了他的自由主义观点,他认为自由主义的纲领可以概括为三个字——"私有制",即生产资料的私有制。他强调,在实行劳动分工的社会里,人类相互合作的唯一可行的制度是生产资料的私有制。私有制为个人创造了一个不受政府控制的领域,成为个人自由和自治的基础,对人类物质进步和精神文明发挥了深远影响。在这种意义上可以将私有财产称之为个人发展的基本条件。同时,他强调是资本主义中的自由导致技术进步,而不是技术进步导致资本主义。这种观点可以说是新制度经济学的先驱。

米塞斯主张自由劳动、自由贸易以及自由迁徙。他认为自由劳动之所以比奴隶制劳动更值得追求,并非单纯地出于慈善观点,而是因为自由劳动可以创造远远高于奴隶劳动的生产率。同样,他为自由贸易和劳动力自

---

[1] 哈耶克.物价与生产[M].上海人民出版社,1958:26—27.
[2] 哈伯勒.繁荣与萧条[M].商务印书馆,1980:81—82.
[3] 同上.
[4] 同上.
[5] 厉以宁.国外经济学评价:第二辑[M].上海人民出版社,1982.
[6] 米塞斯.自由与繁荣的国度[M].中国社会科学出版社,1994.

由迁徙所提供的依据，也是它们比贸易保护制度、禁止劳动力迁徙制度更具有效率。

米塞斯从自由主义的观点出发，强调法律面前人人平等，反对任何形式的特权，认为人人都有参与经济生活和社会生活的权利。但是，他并不主张收入平等和财富平等，因为财富的总量是与收入分配方式密切相关的，收入平等将降低财富的总量。同时，收入分配的不平等还有一个功能，即它造成富人的奢侈行为，而这种行为鼓励了消费水平的提高，刺激了工业的发展，是经济生活的动力源之一。概括地讲，他主张法律面前的平等，但反对收入的均等化。他认为只要废除了特权，私有制并不会导致不同地位的凝固化。在自由社会中，富有的人也必须不断改进自己的生产方式，以确保自己的财富，否则便会被竞争所淘汰。

米塞斯从自由主义的观点出发，认为政府的任务是：保护私有财产，保护自由，保卫和平。他坚决反对政府对私人活动领域的干预，认为这种干预一旦开始，就意味着要有越来越多的干预，直至接受极权主义的经济计划原则。政府一旦干预商品的价格，为之规定最高水平，就会导致短缺。为了消灭短缺，政府就必须进一步干预供给、干预生产，最终将发展为对各种商品的生产和价格进行干预。

米塞斯从自由主义观点出发，认为要有效地限制政府对私人生活的干预，就必须实行民主制度，使一般的公众有权力选择政府。他认为民主是一种使公民能够在不使用暴力的前提下让政府符合自己意愿的形式。否则，人民只能通过暴力、革命或内战来选择政府，而这将意味着极高的社会成本。

米塞斯从自由主义出发，主张在思想领域实行宽容，建立一个个人可以按照自己所选择的世界观和道德标准来塑造个人生活的社会，政府在世界观上保持中立和宽容的态度，同时制止任何人、任何团体将自己的观念强加给别人的企图。概括地讲，他认为自由主义就是要允许思想观念上的多元化。

四、共产主义经济运行机制

奥地利学派有一个分析共产主义经济运行机制的传统，这一传统在门格尔那里已初见端倪，他提出共产主义的物质基础是所有财货都不再具有稀缺性[1]。维塞尔和庞巴维克对共产主义的物质基础的看法不像门格尔那么苛刻，承认共产主义仍然可能存在着稀缺财货。他们主要是对共产主义经济应当如何运行进行了推测。维塞尔重点考虑了资源配置问题。根据对产品价格和要素价格的经济功能的看法，他提出即使共产主义的管理是尽

---

[1] 门格尔.国民经济学原理[M].上海人民出版社，1958：48.

善尽美的，管理者都是廉洁的，公民都是无私的，同时其他失误也不存在，但只要产品要素（尤其是土地和资本）具有稀缺性，那就仍然应当有由边际效用决定的产品的自然价值，应当有由边际生产力决定的自然利息和自然地租。若不按稀缺的非劳动资源的边际生产力确定其价值，不把这种价值记入产品价值中，单纯按劳动耗费决定产品价值，则将无助于非劳动的稀缺资源的有效利用，无法合理地解决它们的配置问题。当然，共产主义的地租和利息将不再成为私人收入，不再是分配范畴，而是纯粹的经济核算范畴[1]。庞巴维克重点分析了共产主义社会中的积累问题及利息的功能。根据对利息的控制生产迂回程度的经济功能的看法，他提出共产主义也将有利息，如果计划当局不愿犯"重积累，轻当前消费"的错误的话，共产主义的利息将具有控制生产迂回程度的经济功能，但不再是少数人的收入，而是全体人的收入。同时，若个人收入的分配按工作成果的大小来进行，则利息还将具有另一功能，即把需要较长时间才能获得的工作成果贴现为现值，以便比较在不同迂回方式中进行工作的劳动者的工作成果[2]。维塞尔、庞巴维克两人对共产主义经济应当如何运行的上述看法无疑对米塞斯有着重大影响。

米塞斯于1922年，也就是苏俄战时共产主义接近尾声的时候，发表了《社会主义：经济学和社会学分析》一书。该书共分五编，分别从社会、政治、经济、文化诸方面分析了社会主义。1927年他又出版了《自由主义》一书，在这两本书中，他的关于社会主义经济制度的基本结论是[3]：由于每个工作者的收入并不取决于其贡献，因为他的全部工作量只是整个社会工作量的一个极小部分，故全社会的工作总量不会因他们懒惰而受到明显影响。一旦这种想法普遍化，社会总产量将受到明显影响，社会主义将因为普遍的偷懒而降低效率。在经济方面，他的基本结论是，由于缺乏生产资料的私有制，缺乏建立在私有制基础上的市场，缺乏在市场中自发形成的、反映了消费者主观偏好和资源的客观制约的商品和生产资料（要素和半成品）的价格，社会主义经济在动态条件下不可能做到合理的经济计算，从而不可能合理配置稀缺资源，使既定资源条件下消费者的满足最大化。因此，社会主义经济不可能是一种合理的经济。他还进一步论证说，社会主义也无法通过建立人为的产品市场，并让经理人员追求利润最大化来实现资源的有效配置。因为社会主义不可能允许存在资本市场，不可能允许存在活动在资本市场上的资本家。这就使资本这一最重要的稀缺资源的合理配置无法实

---

[1] 维塞尔.自然价值[M].商务印书馆,1982：119、140、204—206.
[2] 庞巴维克.资本实证论[M].商务印书馆,1981：356—362.
[3] 米塞斯.自由与繁荣的国度[M].中国社会科学出版社,1994.

现,社会主义可以做到使企业经理们模仿资本主义条件下的同行的行为,却不能找到执行资本主义条件下的资本家所执行的职能的人。这种职能便是权衡收益和风险来决定积累多少资本,以及把这些积累的资本投向何方[1]。他通过对官僚主义的研究,对国有企业的低效率作出了深刻分析。他认为国有企业往往不能像私营企业那样以利润为唯一目标,必须兼顾政府认为主要的其他目标,这就导致了经营效率的低下。同时,作为官僚机构的一部分,上级部门很难对国有企业的工作业绩作出客观公允的判断。最后,上级部门很难对国有企业的领导人的业绩作出公正的判断,因为他们往往是上级指令的执行者,而不是独立的决策者。政府对经济生活的干预将导致企业的官僚化倾向,而这种倾向将导致经济活动的低效率。

米塞斯对社会主义的批评,直接引发20世纪30年代西方经济学家中关于社会主义经济的一场大论战。这场论战一方面导致后来哈耶克对社会主义所作的深刻批评[2];另一方面则使意大利经济学家巴罗尼对社会主义经济运行机制的分析[3]得到后人应有的重视;第三方面则是使既精通西方经济学也熟谙马克思主义经济学的波兰经济学家奥斯卡·兰格提出了他那著名的社会主义经济的分权运行模式。兰格以半是讥讽半是感激的心情写道:"一方面表示承认他的贡献,一方面经常提醒健全的经济会计的头等重要性。麦昔斯(即米塞斯——引者注)教授的像应当在社会化部或者社会主义国家的中央计划局的大厅里占一个光荣的位置。"[4]

弗里德里希·奥古斯特·冯·哈耶克
(Friedrich August von Hayek)

第二节 | 哈耶克的经济思想

一、生平与论著

<u>弗里德里希·奥古斯特·冯·哈耶克</u>是当代著名的经济学家和哲学家。他于1899年5月8日生于奥地利。他的父亲奥古斯特·冯·哈耶克是一位医生兼植物学家。在父亲的影响下,少年时代的哈耶克对自然科学颇有兴趣。第一次世界大战后,哈耶克进入维也纳大学学习法律,同时自修经济学

---

[1] 米塞斯.社会主义制度下的经济计算[M].外国经济学说研究会.现代国外经济学论文选:第九辑.商务印书馆,1986.
[2] 哈耶克.通向奴役的道路[M].商务印书馆,1962.
[3] 参阅本书第四章第三节.
[4] 奥斯卡·兰格.社会主义经济理论[M].中国社会科学出版社,1981:1.

和心理学。在维也纳大学期间,他受到奥地利学派两位著名经济学家弗里德里希·冯·维塞尔和路德维希·米塞斯的影响,逐渐把精力转向经济理论的研究。

哈耶克于1921—1926年担任的第一个公职,是在米塞斯任主任的国际联盟奥地利赔偿委员会中执行《凡尔赛和约》的金融条款。在此期间,他于1921年和1923年分别获得维也纳大学法学博士学位和政治学博士学位。在获得政治学博士学位后,他赴纽约15个月以研究美国的货币政策,并由此产生了兴趣。1927年,他又获得经济学博士学位,并受聘为新成立的奥地利经济研究所所长。从1929年起,他又兼任维也纳大学经济学讲师,讲授门格尔、庞巴维克、维塞尔及米塞斯的经济学说。1931年,哈耶克离开奥地利移居英国,应聘为伦敦经济学院教授,并于1938年入英国国籍。1941年后,他的研究方向转向社会哲学与当时风行的社会主义与社会政策。1943年,他又获得伦敦大学经济学博士学位,并被选为英国科学院院士。

1950年,哈耶克受聘前往美国,担任芝加哥大学社会思想委员会社会与道德科学教授直至1962年。在此期间,他主要从事社会哲学方面的研究。1962年,受联邦德国弗莱堡大学之聘,哈耶克任弗莱堡大学政治经济学终身教授。1969年,他退休返回奥地利,仍任萨尔茨堡大学聘任教授。1974年,由于在货币和经济波动理论方面的开创性著作,以及对经济的、社会的和制度现象的内在依赖性的精辟分析,他与瑞典经济学家缪达尔一起获得诺贝尔经济学奖。

哈耶克是一位多产的经济学家,到1974年他获得诺贝尔奖时为止,共出版15部书和10本小册子,发表130多篇文章以及10部由他主编并写序的文集。其论著中有较大影响的是《货币理论与经济周期》(1929)、《物价与生产》(1931)、《货币的国家主义与国际稳定》(1937)、《利润、利息与投资》(1939)、《资本的纯理论》(1941)、《通往奴役之路》(1944)、《个人主义与经济秩序》(1948)、《自由的宪章》(1960)、《哲学、政治学与经济学研究》(1967)、《法律、立法与自由》第一卷《法则与秩序》(1973)。获得诺贝尔奖以后,他又出版了《货币的非国家化》(1976)、《法律、立法与自由》第二卷《社会公平的幻想》(1976)和第三卷《自由人的社会秩序》(1978)等。

二、货币理论:从中性货币到自由货币

从20世纪30年代到70年代,哈耶克的货币理论可分为研究重点有明显差异的两个阶段。第一阶段以分析如何使货币保持中性为重点,其代表作是1931年出版的《物价与生产》。第二阶段的重点是宣扬货币的非国家化,主张实行自由货币,其代表作是1976年发表的《货币的非国家化》。

1. 中性货币

"中性货币"是瑞典学派创始人维克赛尔所首创的一个术语。在维克赛尔那里，货币中性意味着货币数量使市场利率等于自然利率，货币的币值即一般物价水平保持稳定，从而货币对实际的经济过程保持一种中立状态，即货币因素这时不是一种影响实际经济过程的因素。

哈耶克采用了"中性货币"这一术语，但对这一术语的含义作了相当大的变动。这种变动与他对当时流行的货币理论持不同的看法密切相关。他指出，以约翰·穆勒和费雪为代表的货币理论以及维克赛尔的货币理论，都认为货币数量的变化只有在引起一般物价水平变动时才会影响相对价格；而只要币值稳定（即保持维克赛尔意义上的中性），一般物价水平不变，货币就不会影响相对价格，从而也不会影响经济过程的实际方面。他认为，这种货币理论无法说明货币数量变化如何影响经济中个人的决策，所以与以研究个体经济决策为中心的一般经济理论发生了隔阂。

哈耶克认为，货币对物价和生产的影响，完全与对一般物价水平的影响无关，几乎货币数量的任何变动，无论它对物价水平有无影响，总会影响到相对价格，从而影响到受相对价格制约的生产数量和方向。因此，他要建立的货币理论，主要是要说明货币在什么条件下对商品相对价格，从而对生产数量和方向产生影响，以及说明这种影响的具体机制。我们可以把哈耶克的上述观点与其他当时流行的货币理论的区别表示如图9.1所示。

图9.1 哈耶克的理论与其他货币理论的区别

这表明，在其他货币理论中，一般物价水平是联系货币与生产的必不可少的逻辑中介；而在哈耶克那里，这个中介是不需要的。

由于相信货币数量变动会直接影响相对价格，哈耶克的中性货币的含义就不再是维克赛尔所强调的一般物价水平不变，而是指货币对商品的相对价格不产生影响，不引起相对价格的失衡，不引起生产方向的误导，即货币对商品的相对价格保持"中性"或保持"中立"。在如此规定货币中性的含义（我们可以把这种含义的中性称作哈耶克中性，以别于维克赛尔的中性）后，他认为构成货币影响生产的理论分析的出发点的，不是币值是否稳定，而是货币是否保持中性。于是，货币理论的目标是说明使货币保持哈耶克中性的那些条件。这些条件有三个：第一，货币总流量一定；第二，一切价格随供求状况的变化而完全伸缩自如；第三，一切长期契约都建立在对未来价格运动的正确预测的基础上。这三个条件对于保持货币中性是缺一不可的。

其中第一个条件，并不意味着货币总流量绝对不变。哈耶克指出，为了保持经济过程的均衡，保持货币的中性，在一定的条件下，必须变动货币总流量。这些条件之一就是哈耶克所命名的"货币交易系数"的变化。货币交易系数是指货物总流量与其中以货币成交的那一部分之间的比例。他强调，货币交易系数不能与货币支付数量对贸易的实物量的比例相混淆，后者受物价水平变化的影响，而前者则不然，整个社会的货币交易系数只取决于企业组织的纵向综合程度（即一个完整的生产过程是由一个企业来完成还是由若干个有着纵向联系的企业来完成）、生产者自给性生产的比重、物物交易占整个交易量的比重，以及货币在经济体系中各个货币交易系数互不相同的部分之间的分布。显然，当整个社会的货币交易系数发生变化时，货币流通量亦发生反方向的变化。

除了货币交易系数的变化以外，需要货币总流量在保持中性的前提下发生变化的另一个条件是货币流通速度。哈耶克提出，当流通速度变化时，必须以货币总流量的相反变化来加以抵消，以便使货币对相对物价与生产保持中性。由此可见，货币保持哈耶克中性的第一个条件应当表述为：在货币交易系数和流通速度一定时，使货币流通量保持不变。

哈耶克的中性货币概念，首先是一个理论概念，用来分析货币因素是如何影响实际的经济过程。他指出："任何试图解决理论问题的必要的出发点，就是承认这一事实，即在物物交易条件下必然存在的供求相等的情况，当货币成为交易中介时，就不复存在了。物物交易被分为两个单独的交易以后，一个交易发生时并不辅以另一个交易，这时就出现了货币的'一面'影响。因此，此时的问题就是把货币的这种影响游离开来加以考虑。"[1] 由此可见，货币中性概念主要是一个把货币影响游离出来进行考察的分析工具。

同时，哈耶克的中性货币概念对他的货币政策主张也很有影响。他认为中性货币概念为判断实际货币政策是否合理提供了一个虽非唯一但也许

---

[1] 哈耶克.物价与生产[M].上海人民出版社，1958：104.

是最重要的准则。从这一准则出发,他反对当时颇为普遍的"弹性"货币的政策(即中央银行应当使货币量随生产的增长而相应增长),因为这种政策不是像他所要求的那样按货币交易系数和流通速度的变化而相应变动货币流通量,而是使货币量随生产规模的变化而变化。这在他看来,必然导致相对价格和生产结构的扭曲,破坏货币的中性。哈耶克还分析了导致"弹性"货币主张的两个认识上的原因。一是混淆了开放经济和封闭经济,在开放经济条件下,如果生产规模的变化引起一国经济在世界范围中的比重的变化,那么该国货币数量的变化是自然而然的事,但在封闭经济条件下,不能认为还有同样的事情。弹性货币的提倡者没有区分开放经济和封闭经济对货币数量的不同要求。二是弹性货币的提倡者混淆了人们对某一种货币的需求与对一般通货的需求之间的区别。事实上随商业循环而变化的是人们对某种货币,尤其是现金的需求,而一般通货则不仅包括现金,而且包括各种起着流通媒介作用的信用。

哈耶克的中性货币理论是他全部经济观点的基础,他的周期理论是以货币保持中性的第一个条件遭到破坏,货币量变动破坏相对价格的均衡为前提的。他的自由主义观点,则与他的货币保持中性的第二个条件有逻辑关系,完全伸缩自如的价格体系只有在自由竞争条件下才是现实的。他的第三个条件,即一切长期契约都以对未来价格运动的正确预测为基础,实质上要求经济决策者对未来具有完全的信息,而这在实际上是做不到的。这也就意味着实际生活中货币是难以保持中性的,从而周期的波动作为货币中性被破坏的结果是不可避免的。这是哈耶克的中性货币理论没有明确表述却逻辑地蕴含着的结论。

哈耶克的中性货币理论作为一种探索货币因素对相对价格和生产结构影响机制的理论,从纯粹经济分析的角度来看,也值得我们注意。随着市场机制和货币金融的作用在改革进程中的扩大,我们除了要了解货币因素对我国一般物价水平的影响之外,也有必要了解它对相对价格体系及生产结构的影响,以便于制定符合我们目标的货币政策。在这方面,哈耶克的中性货币理论是能够给我们一定的启示的。

2. 自由货币

针对20世纪30年代的大萧条,哈耶克提出了中性货币理论;针对70年代的滞胀,他提出了自由货币理论,如果说中性货币理论是要限制中央银行的行为,那么自由货币理论就是要从根本上取消中央银行行动的权力。

哈耶克定义自由货币为私人发行而非由一国政府垄断发行的竞争性货币。他研究这一问题的目的是为了说明由政府垄断货币发行权的危害,说明对现行的货币制度进行根本性改革的必要——货币的非国家化。

哈耶克指出，从古罗马起，政府就垄断了货币发行权，这是因为这种权力能够给政府带来丰厚的财政收入。因为政府完全是从自身利益而非社会利益出发来垄断货币的发行权的。

哈耶克认为，政府对货币发行的垄断，在铸币时代就已经造成了危害，但还不算太明显、太严重，而在纸币时代，其不良后果就非常严重、非常显著了。因为纸币的历史就是通货膨胀的历史。垄断了货币发行权的政府，更关心的是自己财政支出的需要而非通货的稳定。他不会自觉地把纸币的发行限制在与贵金属储备相适应的范围之内。政府垄断货币发行权的结果，造成了持久的、广泛的通货膨胀，对经济生活尤其是第二次世界大战以后的经济生活带来了严重的不良影响。20世纪70年代西方各国发生的滞胀，便是这一不良影响的典型表现。

哈耶克指出，历史同样证明私人是能够发行稳定的、良好的货币的。只要私人有机会这样做，那将使得工商业兴旺，经济情况良好，政府收入亦得到保证。他还进一步从理论上分析了私人能发行良好货币的原因。他根据奥地利学派创始人卡尔·门格尔在1873年给货币所下的定义，指出货币通常被规定为被人们普遍接受的交换手段。但这并不意味着一个国家或一个地区在一定时期只有唯一的一种交换手段，人们有时会普遍接受两种或两种以上的交换手段，只要这些交换手段之间可以按一定的比率迅速兑换。许多国家在历史上都曾经存在过复本位制，即使在今天，两国交界处的一些城镇也往往通行两国的货币。由此可见，只流行唯一的货币不过是政府垄断货币发行权强制推行的结果，而非经济生活内在的必然要求。值得注意的是，哈耶克这种否认货币具有内在的唯一性、货币可以多元化的观念，其萌芽早在20世纪30年代便已出现。在《物价与生产》一书中，他就已经指出，一个国家的通货形成一个层次结构，政府发行的货币处于这个层次结构中的最下一个层次，尔后一个层次是中央银行的信用，再后一个是各商业银行的信用，最后一个层次是众多个别私人间的信用。这就是说，实际的通货是一个在不同程度上为人们所普遍接受的各种交换手段的组合。到了70年代，哈耶克更进一步认为，要确定地划分哪些物品是货币，哪些又不是，是做不到的。因为许多物品都具有程度不同的"货币性"，即它们可以有不同程度的在不同区域的"流通性"和"通用性"。

现实生活中这些通货多元化现象以及哈耶克对这种多元化现象的认识，使他为自由货币的主张奠定了理论基础。因为如果通货在本质上是不可能多元化的，那么自由货币就无法实现，不同私人发行的不同货币之间的竞争就必然为某一个私人发行的货币的垄断所代替，这又将重现政府垄断货币发行权的弊端，甚至可能更糟糕。哈耶克还通过分析货币的具体用途来论证自由货币。他认为货币的具体用途有四个方面：① 用于现金购买；② 作为购买力的储备用于未来的支付；③ 用作延期支付的标准；④ 用作可靠的核算单位。根据对这四种用途的分析，他的结论是：一种货币，只要能够成为被人们普遍接受的交换手段，并且具有稳定的价值，从而能够成为现金购买、未来支付、延期支付的手段和可靠的核算单位，那么无论是由谁提供的，不论是国家或私人，都可以成为通货。而且，与国家垄断发行的货币相比，私人提供的竞争性货币将更符合上述这些要求，更能够成为稳定的良好货币。因为公众将从若干竞争的私人货币中选择较好的一种货币，而在政府垄断货币发行时，公众没有选择，只有接受，即便它是一种坏的货币。

哈耶克认为在自由货币制度下，整个社会所向往的好货币将不再来自政府的仁慈，而是来自各私人银行对其自身利益的关心。各私人银行所面临的重大决策是试图发行自己的货币，还是选择其他人所发行的某一种或几种货币来作为储备。那些发行货币的私人银行从自身利益出发，将自觉控制货币发行量，并保持足够的储备，以应付各种待支付的债款，否则其发行的货币就会被公众所抛弃。而那些不发行货币的私人银行，其扩张信用的行为也将受到其货币被选择的那些银行的钳制。这样就使整个银行体系在相互竞争中以一种审慎的态度来对待货币发行，从而避免政府垄断货币发行时的通病——通货膨胀。

三、经济周期理论

哈耶克的经济周期理论，主要表述于他 1931 年出版的《物价与生产》一书之中。它直接受启示于奥地利经济学家米塞斯的信用周期学说，其根源则是维克赛尔的货币理论和奥地利学派创始人之一的庞巴维克的资本理论。对庞巴维克的资本理论作一简略介绍，将有助于理解哈耶克的经济周期理论。

庞巴维克把劳动和土地称为原始生产要素，把已经过加工的原料和工具称为中间产品或资本品，把消费品称为最终产品。他把生产消费品的方法区分为两种：① 利用原始生产要素直接生产消费品；② 先利用原始生产要素制造工具，然后使用工具去生产消费品。他把上述第二种生产方法称作资本化的生产方法或迂回的生产方法，并认为它比第一种方法更有效率，但是从制造工具到最后取得消费品，所需要的时间要长于第一种方法。他进一步指出，生产的迂回程度加深时，有更多的原始生产要素投入资本品而非消费品的生产，即迂回程度的变化意味着原始生产要素在资本品生产部门和消费品生产部门之间配置比例的变化。

1. 消费品生产与资本品生产之间的均衡

像 20 世纪 30 年代大多数西方经济学家一样，哈耶克也是从某种均衡状态出发来分析经济周期的。哈耶克的均衡，是在"一切可用的资源都被使用"[1]（即充分就业）、货币数量一定、整个社会的消费-储蓄比例一定，从而生产的纵向结构一定时，用于购买消费品的货币和用于购买资本品的货币之间的比例（这一比例也反映了对这两类产品需求之间的比例）等于消费品产量与资本品产量之间的比例，即两类产品的需求之比等于供给之比，可以把这个比例称作均衡比例。

哈耶克的均衡，是充分就业条件下的均衡。在他看来，均衡必然意味着充分就业，至于非充分就业现象，只是经济失去均衡的结果，正是周期理论所要加以说明的现象。非充分就业均衡，在他的理论体系中是不成立的。充分就业不仅是他的均衡的组成要素，也是他周期理论的逻辑前提之一，他整个周期理论的推导，如后文将述，是离不开这个前提的。

哈耶克的生产结构，就是生产的迂回程度或资本化程度。这个概念在他的周期理论中具有重要地位，有必要稍加说明。在他看来，迂回的生产包括若干顺次相继的生产阶段，其中每一阶段都以上一阶段的产出为投入，又以自己的产出为下一阶段的投入。除了最后一个阶段以外，其他阶段生产的都是中间产品。这种具有纵向顺序的诸生产阶段，就是他所说的生产结构。当生产的迂回程度不变时，生产结构一定。当生产的迂回程度增加时，就意味着出现了新的生产阶段，使生产的纵向结构不断扩张。生产迂回程度（或资本化程度）的变化，在他看来意味着生产结构的变化。他强调这种变化对于经济周期的出现有重大关系。生产结构是稳定还是变化，皆取决于各生产阶段上的企业家的赢利情况，而赢利情况又取决于各阶段产品的成本和相对价格。因此，相对价格是决定生产结构的最重要的因素。

2. 原有均衡向新均衡的移动（Ⅰ）

哈耶克认为，生产结构的变化，会引起均衡比例的变动。生产结构会由于两种原因而变化：一是货币数量不变时社会的消费与储蓄之间的比例发生自愿的变化；二是消费与储蓄之间意愿的比例不变，但货币数量有了变化。

哈耶克认为，当生产结构由于比如说自愿储蓄增加而变化时，只要货币数量一定，经济体系就会经过一个平稳的自发过程建立起新的均衡。

从某一均衡状态出发，若消费者决定把收入中的较大份额用于储蓄，即出现自愿储蓄的增加，则这种自愿储蓄的增量在哈耶克看来将毫无疑问地全部转变为投资。因此，自愿储蓄增加的结果是减少消费需求，增加资本品需求，从而引起消费品相对价格下降和资本品相对价格上升。但是，各种资本品的价格不会等量上涨，也不会全部上涨。接近消费品生产的较晚阶段，

---

[1] 哈耶克.物价与生产[M].上海人民出版社,1958：35.

其产出的资本品的价格由于受消费品价格下降的影响,可能下降,但下降幅度必然小于消费品价格的下降幅度;而较早阶段产出的资本品的相对价格则肯定上升。相对价格的这种变化,导致较晚阶段所用资金的利润相对下降,而较早阶段所用资金的利润则相对上升,从而使资金及非专门性货物[1]由较晚阶段向较早阶段转移,甚至导致新生产阶段的出现,即使得生产方法更加资本化或更加迂回。生产迂回程度加深的结果是消费品产量相对减少(绝对量则未必下降,因为更迂回的方式将提高生产效率,增加消费品产量),而资本品产量则相对增加。

与此同时,用于消费品生产阶段和接近消费品生产的其他较晚阶段上的货币量将减少,用于较早生产阶段上的货币量将增加。

结果,随着自愿储蓄的增加,消费品需求和供给都趋于相对减少,用于购买消费品的货币也趋于相对减少。因此,只要自愿储蓄的增加是稳定的,那么最终将建立新的均衡,消费品和资本品需求之间的比例将再次等于它们之间在供给方面的比例,但这一比例将小于自愿储蓄未增加时的比例。

当自愿储蓄减少时,将出现相反的结局,新的均衡比例将大于储蓄未变动时的比例。

3. 原有均衡向新均衡的移动(Ⅱ)

生产结构除了自愿储蓄的变化而引起变化之外,还会由于货币数量的变化而引起变化。前一种生产结构的变化,如上所述,将引起均衡比例的移动,这种移动是平稳的,不会造成经济波动。后一种生产结构的变化则不同,一旦货币数量发生变动而消费-储蓄之比不变,且货币交易系数和货币流通速度也不变时,旧的均衡将被打破,而新的均衡只有在经历了波动之后才能出现。

哈耶克认为,货币数量变动对均衡的扰动,会因为新增货币首先用于购买资本品还是首先用于购买消费品而有所不同,由旧均衡走向新均衡的途径会有所不同。

如果是以银行向生产者发放贷款的形式增加货币数量,为此必须使货币利率低于均衡利率(即维克赛尔的自然利率)。货币利率降低使原有各生产阶段的企业家实行要素替代,即用资本品替代原始生产要素。这种行为导致两种结果:一是在初始的充分就业状态中释放出一部分原始生产要素,并投入更早的生产阶段,使生产阶段增加,迂回程度加深;二是引起

---

[1] 非专门性货物是指那种可用于一个以上生产阶段的原始生产要素和中间产品;与之对应的是专门性货物,指那种只能专门用于某一个生产阶段的原始生产要素和中间产品。这是哈耶克所用的两个概念。

资本品生产，尤其是较早生产阶段的利润相对增加，非专门货物从消费品生产阶段和其他较晚生产阶段向较早生产阶段流动，在经历一段耗尽消费品原有储备所需要的时间后，非专门货物的这种流动将引起消费品减少。如果这种消费品减少伴随着消费者自愿储蓄的相应增加，那么货币数量变动引起的经济扰动将平稳地过渡到新的均衡。现在的问题是消费者并不打算改变原有的消费水平和原有的消费–储蓄比例，即消费需求并没有减少。消费需求维持原状，消费品供给却减少了，结果便是消费品价格上涨。

如果这种价格上涨没有被消费者货币收入的相应提高所抵消，消费者将被迫减少消费水平（实物意义上的），这样就出现了强迫储蓄。消费者货币收入最终将由于货币量增加而提高，这是因为经济始终保持充分就业状态，即原始生产要素的使用量并没有减少，只是改变了使用方向，所以企业家用新增货币进行投资的结果将使新增货币逐渐转移到原始要素所有者（同时也是消费者）手中。这就使消费者们有可能用更多货币购买消费品，结果消费品价格相对于资本品将更快上涨。

如果这种消费品相对价格上升的势头被银行对企业家的进一步放款所抵消，那么，已经拉长的生产过程将继续保持。但是，由于法律或营业习惯的限制，银行不可能持续地扩张信用，于是出现货币资本供给的短缺。

如果企业家在银行供给的货币资本出现短缺之前，借助于新增加的货币，已经胜利完成了为时较长的新的生产过程，那么就可以生产出较多消费品以供应消费。于是消费者增加货币收入后恢复原先消费水平（实物意义）的行为，也不会改变已经加深的生产迂回程度。

如果企业家尚没有完成为时较长的迂回生产，而货币资本已告短缺，那么，只要自愿储蓄不增加，银行增加货币贷款给企业家将引起资本品相对价格的一度提高以及生产迂回程度的一度加深；但最终将由于货币资本供给的短缺而出现消费品相对价格上升，非专门性货物又从较早生产阶段流回消费品生产阶段和较晚的资本品生产阶段，剩下的那部分非专门性货物不够完成较长生产过程之用，曾经一度拉长的生产过程将出现纵向收缩。在生产过程收缩之后，较早生产阶段将出现专门性货物，尤其是专用设备的闲置，这正是萧条的特征。哈耶克认为，正是生产过程这种一伸一缩的情况，使经济出现繁荣与萧条的周期性波动。

以上是新增货币首先用于购买资本品时的情况。如果从某种均衡状态出发，新增加货币首先用于购买消费品，那将出现相反的过程。这时消费品价格以及较晚阶段中生产出的资本品价格将相对提高，在短期中甚至超过最后将达到的均衡水平。于是大量非专门性货物由较早生产阶段流向较晚和最终的生产阶段，生产过程将缩短，在短期中甚至有过分缩短的倾向,即实际生产过程在短期中甚至比新的均衡比例出现后会有的生产过程还要短。原先一些较早阶段中的专门性货物将由于与之配合的非专门性货物的不足而闲置。不仅专门性货物会闲置,在原先较迂回的生产方式已无法维持,而新的较短的生产方式又没有充分完成到足以吸取全部非专门性货物的程度时,连非专门性货物也会出现一定的闲置。于是整个经济出现萧条现象。

哈耶克认为,专门性货物,尤其是耐用设备的闲置,并不能证明消费不足,因为可能的情况是没有足够的非专门性货物可以使耐用设备达到充分利用。他比喻说,一个孤岛上的居民打算制造一部巨大机器以供应他们的一切必需品,结果发现在这部新的机器能够生产出它的产品之前,已经耗尽了他们所有的储蓄和可以动用的自由资本。于是居民们便只好放下这项工程,而把他们的劳力在没有任何资本的情况下,全部用来生产他们每天的食物。只有当食物供应解决之后,他们才能继续原来的工程。在这个例子里,工程的停顿、设备的闲置、生产过程的缩短,并不是因为消费不足,而是由于非专门性货物——劳动不得不投入消费品的生产中去。由此可知,在哈耶克看来,萧条或者说资本品的闲置,并不是因为消费品生产部门因生产过剩而减少其对资本品的需求,而是因为消费相对来说太多,消费品生产抽光了使较早阶段的专用资本品得以发挥作用的非专门性货物。所以,哈耶克的周期理论被人称作消费过多论。而消费品生产之所以能够抽取大量的非专门性要素,又源于银行不肯充分供应货币资本以支持企业家的投资,所以,他的周期理论又被人称作资本短缺理论。

4. 对20世纪70年代滞胀的看法

哈耶克自20世纪30年代形成自己对于经济周期的看法之后,虽然不久以后发生的凯恩斯革命把大多数西方经济学家吸引了过去,但他始终没有放弃自己那种与凯恩斯截然不同的周期理论。直到70年代西方世界出现普遍的滞胀时,他仍然坚持认为,造成大规模失业的主要的真正原因是"各种商品和劳务的需求的分配同生产那些产品量的劳动及其他资源的配置之间,出现了矛盾"[1],是由于相对价格的结构已被政府搞乱。这就是说,他仍然坚持生产结构的不合理是导致经济失衡的根本原因。哈耶克认为,萧条和通货膨胀都由同一根源产生,两者可以并存。这是因为,要维持过去已经达到的充分就业生产水平,仅凭温和的通货膨胀是不够的,必须有加速的通货膨胀。如果政府既不愿用大规模失业来完全消除通货膨胀,又不敢实行

---

[1] 哈耶克.知识的虚伪[M].外国经济学说研究会.现代国外经济学论文选:第二辑.商务印书馆,1981:71.

加速的通货膨胀，那就必然造成既有通货膨胀又有失业的滞胀局面。他指责凯恩斯学派不懂得充分就业的保持依赖于加速的通货膨胀，而任何加速发展的过程都是不能无限延长的。

与30年代不同的是，哈耶克特别强调政府在凯恩斯主义指导下所奉行的需求管理政策，是导致资源在极大范围内配置不当的重要原因，是导致大规模失业的重要原因。他写道："在经济体系的某些方面连续注入追加的货币量，能在那里创造暂时的需求，而当货币数量的增长停止下来或者放慢的时候，再加上预期物价不再继续上涨，或涨势减缓，这种需求就必定终止。而追加的货币量的连续注入，会把劳动和其他资源投入就业，这种就业只有在货币数量按同一速度继续增长或者甚至按给定速度持续地加速增长的时候才能维持下去。……这种就业分配不能无限期地维持下去，……它只能靠一个会迅速导致整个经济活动混乱的通货膨胀来维持。……一旦通货膨胀不再加快速度，大量失业就必然出现，这是过去的错误政策的深为遗憾但无法回避的后果。"[1]

哈耶克进一步指出，政府之所以能够把追加的货币量连续注入经济体系之中，以扩张总需求，是因为政府垄断了货币的发行权。"过去三十年内政府支出的急剧增加，以及某些西方国家要求把国家收入的一半或一半以上用于集体的目标，因政府对货币发行的控制而成为可能。"[2] 70年代的停滞膨胀就是因为政府垄断了货币发行权并滥用这种权力，破坏市场机制的正常作用。

哈耶克反对一些西方经济学家用石油价格上涨或工资增长来解释滞胀的原因，他强调较高的石油价格或较高的工资，只有在政府增加货币量时，才可能引起一切商品价格的上涨；否则只会使产品成本提高、销售减少、失业增加，而不会引起一般价格上升。因此，成本推进的通货膨胀归根结底是由货币量增加引起的。

5. 自由主义的对策

为了避免经济萧条，哈耶克的一贯主张就是要实行自由主义，反对人为干预。在20世纪30年代，他认为避免萧条的条件是使货币保持中性。这就要求货币当局不能因产量变化而变动货币量，尤其不能在经济周期的上升阶段增加货币量，以免人为地增进繁荣。同时要求建立完全的市场体制，以保证各种商品的价格完全伸缩自如。一旦萧条已经出现，则不能寄希望于用小小的通货膨胀来克服萧条，这将是危险的，也不能用增加消费和公共

---

[1] 哈耶克.知识的虚伪[M].外国经济学说研究会.现代国外经济学论文选：第二辑.商务印书馆，1981：76.
[2] 哈耶克.货币的非国家化[M].经济事务研究所，1976：90.

开支的政策来对付萧条,因为这将使生产结构更加缩短,使萧条拉得更长。唯一的办法是让生产结构缓慢地适应自发形成的消费品需求与资本品需求之间的比例。

到20世纪70年代,哈耶克强调建立自由货币制度去克服滞胀。因为在自由货币制度下,政府将永远失去干预经济的武器——对货币发行权的控制,从而也就消除了萧条的根源。至于短期对策,他主张快刀斩乱麻,在6个月时间内通过大量增加失业来消除通货膨胀。他认为,要人民在6个月而不是一年甚至数年时间里忍受高失业的痛苦,是能够做到的。

从中性货币到自由货币,这就是哈耶克克服萧条的对策的发展轨迹。

四、经济自由主义

经济自由主义,源于法国的重农主义和英国的亚当·斯密。他们分别用"自然秩序"和"看不见的手"论证了自由竞争的可行性和合理性。边际革命之后,经济自由主义得到了进一步的阐发,新古典学派的代表人物运用"边际""均衡"等基本概念为分析工具,详细说明自由竞争条件下的经济运行机制,论述竞争制度在效率上的优越性。

哈耶克的经济自由主义主要表现在两个方面:一是指出了经济自由主义所根据的基本事实,指出了竞争制度之所以能够在效率上优于其他制度的根本原因;二是通过揭示集体主义制度在经济上的低效率和政治上的不民主,来反证经济自由主义的合理性。

(一)经济自由主义所依据的基本事实

哈耶克认为经济自由主义是个人主义在经济上的必然结论。但他再三说明,他所讲的个人主义绝不是利己主义和自私的代名词,而是尊重个人、承认个人在限定的范围中,他自己的观点和爱好是至高无上的,他自己的目标是高于一切而不受任何他人命令约束的。

那么这种个人主义的根据是什么呢?哈耶克认为,其一,各个社会成员的利益不可能用一个统一的具有先后次序的目标序列来表达;其二,不仅不存在无所不包的统一的目标序列,而且任何人都没有能力去了解所有人的互相竞争有限资源的各种需要并给它们排出先后次序。目标序列的不一致,以及个人视野的有限性,这两条构成了全部个人主义哲学所根据的基本事实。

任何人都不可能获得关于所有其他人的需求的完备知识,这是哈耶克证明市场机制优越于计划机制的基本观点。他写道:"市场秩序之所以优越,这个秩序之所以照例要取代其他类型的秩序(只要不受到政府权力的压制),确实就在于它在资源配置方面，运用着许多特定事实的知识，这些知识分散地存在于无数的人们中间，而任何一个人是掌握不了的。"[1]他认为，市场是一种整理分散信息的机制，它比人们精心设计的任何机制都更为有效，由于经济知识是分散的，不可能集中起来，因此就需要经济决策的分散化，需要有为分散的决策导向、纠偏的市场。

哈耶克还阐述了经济自由主义的基本原则，即尽量运用社会的自发力量，尽可能少地借助于强制，不是像手艺人做手工活那样去塑造成果，而是像园丁培育他的花木那样通过提供适宜的环境去促进成长。同时他又提出，对于自由主义的根本原则，必须加以灵活运用，不能拘泥于某种一时经验。他写道："深思熟虑地创造一种使竞争可以尽可能有益地起作用的制度，和被动地接受既定的法规制度，这两者之间的差别尤其悬殊。"[2]他特别强调，经济自由主义并不就是19世纪所盛行的放任主义，它赞成尽可能地利用竞争力量来协调人类的经济行为，而不是主张听任事物自生自灭。他认为经济自由主义并不意味着仅仅要求政府不应当干什么，而且还要求政府采取各种积极的行动，例如帮助私人企业建立和维持与货币、市场及信息传递有关的机构，尤其是完善法律，以保证竞争的健康进行。在哈耶克的经济自由主义中，国家不再扮演一个被要求束缚手脚只能袖手旁观的角色，而是创立和维持一种有效的竞争制度的积极参与者，创造条件使竞争尽可能有效；在不能使其有效的场合则加以补充；提供那些对社会有益，但由私人经营却得不偿失的服务。这就是哈耶克提出的政府行为原则。

（二）对集体主义的批判

首先应当对哈耶克的"集体主义"这一概念的特有含义有所了解。哈耶克之所以要使用"集体主义"这一术语，是因为两个原因。第一个原因是"社会主义"这一术语往往被人在两种含义上使用：第一种含义是指社会主义者的最终目标，如社会正义、平等、安全等，对此，他并没有多大异议；第二种含义是指社会主义者实现最终目标所采用的手段，即建立公有制，实行计划经济制度、由中央计划部门管理一切生产活动，对此，他坚决反对。由于"社会主义"一词的多义性，使他不愿意用这一名词来表述他所反对的经济制度。第二个原因是计划经济制度不仅被用于实现社会主义者心目中的目标，也可以用来服务于其他各种收入分配上的非社会主义性质的目标。因此就有必要用一个专门的名词来表达为了实现任何一种分配目标而需要的

---

[1] 哈耶克.知识的虚伪[M].外国经济学说研究会.现代国外经济学论文选：第二辑.商务印书馆,1982：73.
[2] 同[1]：22.

计划经济制度，哈耶克选择了"集体主义"这一术语。那么，他对集体主义作了哪些结论呢？

1. 集体主义并不是技术进步、经济发展的必然结果

哈耶克反驳了三种认为技术进步必然导致计划化的论点。

第一种论点强调技术进步使垄断取代了竞争，于是人们只能在私人垄断控制和国家计划管理这两者之间进行选择，显然计划管理更可取。这种论点实际上把垄断取代竞争的不可避免性作为计划的不可避免性的基础。对于这个论点，他的反驳是，英、德、美等国的实际历史证明，垄断的发展并非技术进步带来的规模报酬增加的必然结果，而是保护主义政策的结果。

第二种论点强调技术进步和分工发展所造成的现代经济的复杂性，认为要避免这种复杂性所引起的混乱，就必须有计划。对此，他的反驳是，正是这种复杂性使集中计划成为不可能，使权力分散不可避免。集中计划只能适用于比较简单的经济分工情况，而对于复杂的情况，由于没有哪个个人或机构能够了解全部经济情况，因此必须要有权力的分散。权力分散条件下，避免混乱所需要的只是各决策者都能得到他所必需的信息。竞争条件下的价格体系，就是这样一种信息，它使分散的决策者能够像工程师只需注视少数仪表的指针那样来调节自己的行为。

第三种论点强调计划制度对新技术的保护作用和促进产品标准化的作用。对此，哈耶克的反驳是，真正具有技术上的先进性和经济上的可行性的新技术，是用不着惧怕竞争，用不着由计划来提供保护的。至于产品标准化给社会带来的利益，是以消费者失去选择自由，尤其是社会失去了让各种技术、各种产品长期发展、相互竞争和优胜劣汰的可能为代价的。

2. 集体主义在经济上是低效率的

哈耶克认为，在社会主义制度中，中央计划当局为了按合理的方式把有限的资源配置在无数个相互竞争的目标上，就要设法迅速求解由上万个方程组成的联立方程组。他强调困难主要不在于这些方程的形式结构，而在于求解所需要的极庞大的资料、数据以及工作量，而实际上中央计划当局不可能具有求解方程组所必需的一切资料和数据，也不可能迅速地作出各种决策。因此，资源的配置将出现不合理的浪费现象，经济效率将低于市场经济。更有甚者，中央计划当局也可能作出严重失误的决策，使经济所受的伤害更严重于资本主义的萧条，而且这种伤害将被平均分摊给各社会成员。

哈耶克也承认，计划经济制度能比自由竞争制度更好地实现某些特定目标，也能够采用某些技术上非常先进但在竞争制度下由于不经济而

不会被采用的新技术。他认为，这些成就是计划当局不顾其他方面的需要，集中资源于这些特定目标的结果。它并不表明计划经济制度的成功，而是表明资源被错误配置、被浪费了。整个经济将由于这些目标的实现而降低效率。

针对波兰经济学家兰格（Oskar Lange，1904—1965）所提出的竞争社会主义模式，哈耶克反驳说，首先，如果社会主义的中央计划当局在指导生产时要在一定程度上借助于竞争的市场，那就等于承认计划并不优越于市场。其次，由中央计划当局控制生产要素价格来控制生产也是难以实行的，因为确定数万种产品的价格是一件非常繁重的工作，而根据各种产品的供求态势来调控价格的过程，将是非常耗费时间的。在价格调整所需要的过长的时滞中，企业是难以按照兰格所设想的行为规则行动的，这就使整个经济不可能运行得像自由竞争的经济那样有效率。再次，兰格所设想的模式，并没有回答投资规模或资金积累按什么原则进行。最后，兰格的模式从社会主义的观点来看，完全是非正统的，难以为那些非经济学家的社会主义者所接受。

3. 集体主义与民主政治是不相容的

哈耶克对于集体主义与民主政治的不相容性进行了深入详尽的分析。他指出，由于各个社会成员的目标序列的不同，因此"人民可能一致表示愿意让国会拟订一个全面的经济计划，然而人民或其代表们未必就会因此能够同意任何一个具体计划"[1]。这就好像一群人都主张外出旅游，却不能对旅游路线达成一致看法。一致同意要有计划，但对任何一个具体计划却不能一致通过，甚至不能多数通过，其结果必然使民主政治表现出无能、无效用。但这种无效用并非民主政治本身的缺陷，而在于他们所担负的任务中所固有的矛盾。要求全体人民或其代表对全国资源的全盘管理取得一致或多数一致的意见，对于这样一种任务，多数决定的制度是无法胜任的。在少数有限可能方案中进行选择，具有相同意见的多数是可以找到的，但如果方案为数极多时，就很难会有哪一个方案取得决定性的多数同意，最终的结果往往是把一个微小的少数人的意志强加于全体人民，因为这个少数是能够对争论的问题取得一致意见的最大的集体。

哈耶克谈道，通过民主程序制订一些分开的个别计划是可能的，但这些分开的计划的总和并不等于一个协调的全面计划，它往往比没有计划更糟糕。

哈耶克指出，民主政治在制订全面计划上的无能表现，必然使人们要求把制订具体计划的工作交给一个享有专断权力的专家班子，而这个班子又

---

[1] 哈耶克.通向奴役的道路[M].商务印书馆，1962：62.

必然把自己的偏好贯彻到计划中,这就导致了专制。

哈耶克强调说,如果把制订全面计划的工作委托给少数专家,而由国会投票来决定取舍,也仍然无法保持民主政治的实质。"整个制度将趋于全民投票性质的独裁制,在这种制度中,政府的首领一次又一次地通过人民投票保持他的地位,但是在他的地位上,他有一切支配的权力,使他有把握让投票按他所希望的方向进行。"[1]民主将仅仅是形式上的。哈耶克指出,实质上专制的政府可以在形式上是民主的,通过民主程序所授予的权力也可以是专制的。"防止权力成为专断的不是它的来源而是对它的限制。"[2]

哈耶克揭示了民主政治与全面的经济计划之间的矛盾:要保持民主原则就无法制订协调的全面计划;要制订协调的全面计划就不能保持民主原则,不能指望用民主程序来通过它。"如果民主制度决定要从事一项任务,而这又必须使用一种不能根据定则加以指导的权力时,这种权力就一定会变成专制。"[3]因此,如果要使全面的经济计划成为可能,独裁制度是必不可少的,因为独裁制度是强迫推行各种理想的最有效的工具。

哈耶克认为,只有在一个以私有财产的自由处理为基础的竞争制度中,民主政治才有可能。这是因为这种制度把需要政府进行有意识控制的领域,缩小到人们有可能通过自由讨论而取得一致意见的范围中。"如果这个制度变成由集体主义信条支配的话,民主主义必将不可避免地自行毁灭。"[4]

4. 集体主义与法治是不相容的

哈耶克认为,真正的法治必须包含两层意思:一是政府在一切行动中都受到事前规定并宣布的规章的约束,即政府的行动也像个人那样是受到限制的;二是法律本身必须是对任何人都不偏不倚的。

哈耶克进一步指出,必须把"法治"和"合法"这两个概念加以区别。因为法律可以授予政府或某个人以为所欲为的权力。这时政府的行为无疑是合法的,但这绝不是法治,他认为实际上有两种法律:"一种是法治的法律,即事前宣告的一般原则,'竞技规则'——它使个人能够预见政府的强制工具将如何使用,或预见他和他的国人在某一环境下将被允许做什么或不得不做什么;另一种法律实际上给予当局权力,使他能做他所认为合适的事。"[5]显然,后一种法律与专制、人治是不冲突的,它将使任何专制行为都成为合法的行为。

---

[1] 哈耶克.通向奴役的道路[M].商务印书馆,1962:69.
[2] 同[1]:71.
[3] 同上.
[4] 同[1]:69.
[5] 同[1]:81.

哈耶克承认法治将产生经济上的不平等，但强调这种不平等并不是政府用特定方法影响特定的人的结果。因此，他反对人们把私有财产的占有看作一种特权。他说："地产只能由贵族阶级的成员占有，这自然是一种特权。……如果把某些商品生产和出售的权利，由当局指定给某些人，这也是一种特权。但是，私有财产是任何人根据同样的法律都能够获得的，仅仅因为某些人在取得私有财产方面成功了，就把私有财产本身称作一种特权，那就使'特权'这个字失去它的意义了。"[1]

综合上述两层意思，哈耶克认为法治就是要限制立法的范围，把这个范围限于对所有人都适用的一般规定上（而不是针对某些具体人、具体事作出的明显使某些人有利而另一些人吃亏的规定），限于对政府行为所作的事先规定上。

哈耶克认为，只有在私有制和竞争制度下，法治才能实现。那么，为什么法治不可能出现在集体主义社会中呢？他认为，这是因为全面的计划必须对如何满足各个人的需求作出大量规定，"当政府要决定饲养多少头猪、行驶多少公共汽车、经营哪些煤矿或按什么价格出售鞋子时，这些决定不可能从正式的原则中推论出来，或者事先作出长期的规定"[2]。这就是说，为了制订全面计划并贯彻之，就必须给计划当局以摆脱以往规定，随机作出决策的权力，而这种决策又必须具有法律的效力。这样，就难以事先给政府行为划定范围，计划当局就可以不受以往宣布的规定的约束，像一个专制者那样按自己的偏好针对具体情况作出他所认为合适的行动来。

集体主义将破坏法治的第二个原因是计划当局将必须为不同的人规定不同的待遇，而不是单纯为他们提供相同的机会。计划当局在作出各种具体决定时，必须对各种人的各个集团的利害予以相互权衡，并决定哪些人或哪个集团的利益更重要，更需优先考虑；而这种决定将成为国家法律的一部分，成为强加于人民的一种新的等级差别。计划必然要涉及对于不同人们的具体需要予以有意识的差别对待，它须通过法律条例来规定各种人应当有什么和做什么，应当有怎样的境遇。这实际上是回到了人治的局面，以法律形式掩盖下的人治。

概括地说，集体主义的全面计划使政府无法按事前规定的法律行事，因为要它做的事太多、太具体，太需要因时因事因地因人而异；同时，全面计划也使法律、法令、政策规定等不可能对所有人保持不偏不倚，因为在竞争制度中由自发力量决定的各种人的不同境遇，现在都必须由计划来规定了，法

---

[1] 哈耶克.通向奴役的道路[M].商务印书馆，1962：79.
[2] 同[1]：73.

律将不再是普适的而是特适的了。于是，法治便不可能继续保持，专制和人治将应运而生。

5. 集体主义将破坏个人的选择自由

哈耶克首先指出自由主义者与社会主义者对自由的不同理解：前者所说的自由是指摆脱他人的专断，后者所说的自由则是指免除贫困。显然，第一种自由也就是个人进行选择的自由。

哈耶克认为，私有制是自由的最重要保障，这不仅适用于有产者，也适用于无产者，因为任何私人雇主都无法控制无产者个人的全部生活。在公有制条件下，国家控制全部生产资料，也就控制了个人的全部活动，因为国家所拥有的权力是任何私人雇主所不曾拥有过的。

哈耶克认为，集体主义制度中的经济计划意味着一切经济问题都将由社会(更确切地说是社会的代表者)而不是由个人来解决，意味着由社会的代表来决定各个人不同需要的相对重要性，并且经济计划几乎将涉及个人生活的所有方面，从个人的原始需要到各种人事关系，从工作的性质到空闲时间的利用。总之，一切个人活动都将由计划来安排，个人不再有选择的自由。

哈耶克提出，即使集体主义社会保留了个人在消费方面的选择自由，但由于计划当局控制了全部生产，可以像一个垄断者那样控制价格和产量，从而也就间接决定人们哪些需要可以满足、哪些不能满足，消费者的选择自由实际上还是丧失了。

哈耶克指出，由于个人大多数时间是工作时间，所以职业选择也许比消费选择更有助于个人幸福。在集体主义制度下，为了实现计划，计划当局就必须控制各行各业的人数，或控制报酬条件，或两者都控制。于是，个人的择业自由便丧失了。

哈耶克指出，由于计划不可能考虑到个人的好恶，剥夺了个人的选择自由，因此它就使个人变成实现"社会福利""社会公益"等抽象目标的工具。

哈耶克也承认，自由社会所保证的选择自由，并不是不需要任何代价的。选择通常是要付出代价的，有时甚至是高昂的代价。他指出，人们之所以要反对自由社会，不在于它所提供的选择自由，而在于选择时要付出代价这一点。人们希望计划经济能带来财富的大发展，从而免除选择时所不得不作出的牺牲。他断言这只是一种幻想，因为经济学家，即使是具有社会主义观点的人，也只能肯定，有计划的社会最多只能和市场经济保持相同的效率。因此，用计划来免除选择所需付出的代价只能是一种空想。

以上五点，分别介绍了哈耶克从经济、政治、社会诸方面对于集体主义的批判。哈耶克的这些观点，从反面对我们进行经济、政治体制改革和观念变革，是有某些启迪的。

第三节 熊彼特的经济思想

一、生平与论著

约瑟夫·阿洛伊斯·熊彼特（1883—1950）是当代著名的奥地利裔美国经济学家，他1883年生于奥匈帝国摩拉维亚省（今捷克境内）特利希镇一个织布厂主的家庭。1901—1906年，熊彼特进入维也纳大学法律系，并于1906年获法学博士学位。当时的法律系要求学生学习政治和经济，他是奥地利学派著名代表人物庞巴维克的学生，深受奥地利学派经济理论的影响。在大学期间，他又结识了德国社会民主党人希法亭和奥托·鲍威尔等人，并由此接触了马克思主义理论。奥地利学派和马克思的经济思想对他以后思想的发展都有深远影响。

约瑟夫·阿洛伊斯·熊彼特
（Joseph Alois Schumpeter）

1906年熊彼特来到了英国，受教于著名的经济学家马歇尔和艾奇沃思。1907—1908年，他在埃及开罗的国际混合法庭从事了短时期的法律工作。1909年他回到维也纳，由庞巴维克推荐，任奥地利布科文纳省捷尔诺维茨大学教授；1911年改任葛拉兹大学教授；1913—1914年，作为奥地利的交换学者去纽约哥伦比亚大学访问，并被授予博士学位。第一次世界大战前夕，他回到了维也纳。

第一次世界大战结束以后，奥地利成立了由社会民主党和基督教社会党组成的联合内阁。经当时政府的外交部部长鲍威尔的推荐，熊彼特以经济学家身份出任财政部部长。1920年，他由于反对与德国结盟和反对工业国有化政策而被迫去职。

1925年，熊彼特应德国政府教育部的邀请赴波恩大学任教。任教期间，他两次到哈佛大学讲学，1932年他移居美国任哈佛大学教授，直到1950年去世。

熊彼特一生著有15本书、200多篇文章。其主要经济理论著作有《理论经济学的本质与主要内容》（1908）、《经济发展理论》（1912年初版，1935年第4版）、《经济理论与方法史上的阶段》（1914年初版，1924年第2版）、《租税国家的危机》（1918）、《经济周期：资本主义过程之理论的、历史的和统计的分析》（1939）、《资本主义、社会主义和民主主义》（1942）。熊彼特去世以后，他所著的《从马克思到凯恩斯十大经济学家》和《经济分析史》，由他夫人、经济学家伊丽莎白·布迪·熊彼特整理后，分别于1952年和1954年出版。

除了著书立说之外，熊彼特还从事了大量的学术活动。1930年，他与世界上一些著名的经济学家共同倡导成立了计量经济学会，并于1937—1941

年担任这一学会的主席。1948—1949年，他成为首位被选为美国经济学会会长的非美国人。1949年西方经济学界筹设国际经济学会，曾一致推举他为第一届会长。

二、理论体系的方法论特征

熊彼特理论体系的方法论特征，可以简洁地概括为：以一般均衡为出发点，将经济体系内在因素的发展作为推动体系本身发展变化的动力源，以"创新"概念为中心，把历史的、统计的与理论的分析紧密结合。

熊彼特虽然直接师承奥地利学派的庞巴维克，但他最推崇的还是只见过一面的洛桑学派的创始人瓦尔拉斯，认为瓦尔拉斯的经济均衡体系把革命的创造性的优点和古典学派优点统一起来，这是唯一可与理论物理学成就媲美的一个经济学家的作品。同时他又谈道："……然而，当我着手研究瓦尔拉斯的概念以及瓦尔拉斯的分析技术时（我要强调指出，我作为一名经济学家，与其他任何影响相比，受惠最大的就是这个概念和这个技术），我发现这个概念以及分析技术不仅在性质上纯系静态性质，而且只适用于一定不变过程。……所谓静态理论，不外乎是阐明均衡的条件和均衡在受到任何微小的扰动之后能再生出来的道理，别无其他，……所谓一定不变过程，是指实际上不以它自己的起动力而变化的过程，毋宁说它是在与时间相伴随的循环流中再生产出实质收入的一定率的过程。纵使这个过程有变化，那也是在诸如自然灾害、战争等与过程本身无关的外在事物的现象的影响下发生变化的。……我痛感这种看法是错误的，深信在经济体系内部存在一种能源，正是这个东西本身使得将要达到的均衡遭到破坏。假如事情果真如此，那么在这种情况下，就必须有一种理论，一种能阐明并非由于经济以外的因素而使经济体系发生从一个均衡推向另一个均衡的变化的纯经济理论。我打算创立的就是这样的理论。"[1]

由以上引文可知，熊彼特虽然把一般均衡理论作为体系的起点，但他决心跨越静态的一般均衡理论，建立一套从经济体系内部因素来说明经济动态现象的理论，因为他深信经济体系内部必定存在一种由它自己打乱均衡的动力源。这是熊彼特理论体系方法论中的一个很重要的因素。

熊彼特重视"发展"和"内部因素"，这很可能与他在维也纳大学时曾接触过马克思主义有关。多年之后，他自己也谈道，关于应当从经济体系内部寻找促进经济体系发展动力源的起点，他和马克思是完全相同的。熊彼

---

[1] 引自熊彼特1937年为《经济发展的理论》日文版撰写的序言。转引自伊达邦春．瓦尔拉与熊彼特[J]．经济学译丛，1981(9)。

特的创新理论,便是他从经济体系内部寻找发展动力源的结果。他认为经济体系从一种均衡走向另一种均衡的发展,其根源就在于企业家的创新活动。他不仅用创新活动来说明经济的周期波动和发展,还用以论证资本主义的最终崩溃和社会主义的自动实现。

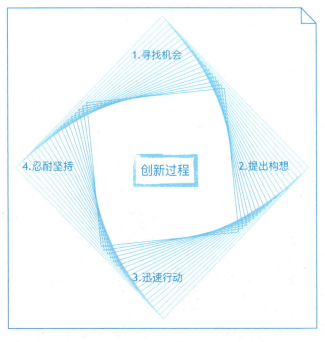

"创新",按照熊彼特的解释,并不是一个技术概念,不是单纯的技术上的新发明。它是一个经济概念,是指经济生活中出现的新事物,它包括下述五种情况:① 引进新产品或提供某种产品的新质量;② 采用新的生产方法;③ 开辟新的市场;④ 发掘原料或半成品的新供给来源;⑤ 建立新的企业组织形式,如建立垄断地位或打破垄断地位。概言之,就是指"企业家实行对生产要素的新的结合"[1]。"对从事活动方法方面的这种历史的和不可逆转的变化"[2]就是"创新"。为使创新能够实现,一是要靠银行信贷,二是要靠企业家。

按照熊彼特的解释,进行创新活动的企业家不等同于一般的经理,他们必须具有创新思想、冒险精神,有先见之明。按照他的看法,研究静态经济需要假设经济人作为经济主体,而研究动态经济则需要假设具有创新精神的企业家作为经济主体。把历史分析、统计分析和理论分析紧密结合是熊彼特方法论的又一特征。他的两大卷关于经济周期的巨幅著作的副标题,就是"资本主义过程之理论的、历史的和统计的分析"。

熊彼特的理论分析,大致包括两方面的含义。一是"指创造和使用概念与原理,并只用它们去理解事实的艺术"[3]。他指出"创新"概念并用以说明资本主义经济的动态现象,就是一个典型例证。二是强调采用数学方法。当他还只有23岁时就写文章呼吁在经济理论中使用数学方法,以后也一直提倡。1946年,他还与别人合写了《经济学者和统计学者需用的数学初步》一书,以便在经济学界推广使用数学。熊彼特对数学方法的推崇,与他对经

---

[1] 熊彼特.经济发展的理论[M].哈佛大学出版社,1934: 66.转引自胡代光、厉以宁.当代资产阶级经济学主要流派[M].商务印书馆,1982: 254.
[2] 熊彼特.经济变化分析[M].外国经济学说研究会.现代国外经济学论文选:第10辑.商务印书馆,1986: 26.
[3] 熊彼特.现代经济学家的思想态度和科学装备[J].现代外国哲学社会科学文摘,1984(1): 4.

济科学以及一般科学的看法是密切相连的。他认为经济科学中之所以存在大量的分歧意见,就是因为它的精密程度还不够,而数学化是提高精密程度的可靠途径。同时,他还认为,经济科学采用数学方法,有助于提高经济科学的成熟程度。在积极倡导运用数学方法的同时,他也清醒地认识到,数学方法"仅仅是一种极其重要的辅导手段"[1]。

在经济学中采用历史分析方法,是德国新旧历史学派的一贯主张。熊彼特对于新历史学派的代表人物施穆勒"所采用的方法的程序及其成果却给予了极高的评价"[2]。他明白,单纯运用理论分析,必然要排除掉许多对经济现象起着重要作用的社会、制度和文化方面的因素,这就不免使经济学在反映现实时受到损害。补救的方法就是引进历史学派所采用的历史分析方法,在分析经济现象时不忽略社会的、制度的和文化的因素的影响。

熊彼特还十分重视统计分析,这表现在他重视统计数学,注意用统计资料来印证或矫正理论分析的结果。

三、创新与经济周期

熊彼特的周期理论主要表述于他1939年出版的二卷本巨著《经济周期:资本主义过程之理论的、历史的和统计的分析》。他在该书序言中强调这本书有三个特点:第一,是从理论分析、历史过程和统计资料三个方面对资本主义的经济周期进行分析;第二,以创新活动为中心,对经济周期的起因和过程进行实证分析;第三,不给出任何有关对策的建议。除了这部巨著之外,他的周期理论在1935年发表的一篇论文"经济变化分析"中,也得到了简略叙述。

经济周期通常是指在资本主义制度条件下,一些经济数据随时间变化而发生波动变化。熊彼特定义说:"从统计上来说,'周期'这个术语含有两个意思:第一,历史时间上的(与理论时间相区别)经济数量价值的连续并不表现为单调的增或减,而是表现为这些价值本身或者其一阶或二阶导数重复出现(不规则);第二,在每一个这种时间系列中,这些波动都不是独立地发生的,而相互间总是表现出有着短暂的或较长的联系。"[3]这个定义强调了经济数据的波动性,以及各个"波"之间的联系性。

现实世界中,引起经济数据变化的因素众多,有的引起波动,有的单纯引起单调变化。熊彼特把引起经济数据变动的因素分为三类:外部因素、增

---

[1] 熊彼特.现代经济学家的思想态度和科学装备[J].现代外国哲学社会科学文摘,1984(1):4.
[2] 大野中男.熊彼特的经济学体系与方法[J].现代外国哲学社会科学文摘,1984(1).
[3] 熊彼特.经济变化分析[M].外国经济学说研究会.现代国外经济学文选:第十辑.商务印书馆,1986:24.

长因素和创新。其中,增长因素是指人口的增加这类变化,其特点是不会引起经济生活的波动。因此,熊彼特强调在分析周期问题时,应当把这类非周期的增长因素排除掉。

外部因素是指战争、革命、自然灾害、制度变化、经济政策变化、银行和货币管理、支付习惯,以及黄金生产变化等。熊彼特认为这些外部因素是导致经济波动的一个明显的重要根源。他强调指出,仅仅从外部因素去探索经济周期的原因远远不够,问题是"是否从根本上存在着任何产生于商业社会行为本身、并在制度的和自然的社会结构保持绝对不变的情况下也能观察得到的波动"[1]。他认为,即使把外部因素造成的波动排除掉了,资本主义经济仍将呈现出周期现象。之所以如此,是因为存在着创新活动。

熊彼特在应用"创新"概念来说明商业社会内生的周期现象时,提出了一个只包括上升期和下降期两阶段的单纯模型。他首先假定一个一般均衡的经济体系,在该体系中,每个家庭都处于长期均衡状态,即收支相抵,且支出的格局长期不变;每个企业也都处于长期均衡状态,即收入与成本正好相等,利润和利息皆为零,且不存在任何获取利润的机会;而整个经济不存在非自愿的闲置资源。在这样一种静态均衡状态中,企业家的创新活动会给他带来利润。一个企业家成功的创新活动所造成的盈利机会,会促使其他企业纷纷起来模仿,结果就形成了由创新所掀起的风暴,这个风暴扩大了对生产资料的需求,而由于在初始的均衡状态中,不存在非自愿闲置的资源,因此企业家只有支付更高的价格,才能获取生产资料,于是生产资料的价格便呈现涨势。为了进行支付,企业家便扩大了对银行信贷的需求,引起信贷的扩张。物价上涨和信贷扩张,便造成了经济的上升阶段。

但是,这种由创新所掀起的风暴无疑是对创始的均衡状态的一次大扰乱,因此,经济必然向着新的均衡发展,结果就导致了经济的下降阶段。熊彼特认为,下降阶段之所以出现,是因为创新掀起的风暴使企业家们为获得创新或模仿所需的生产资料而展开竞争,使生产资料的价格上升、成本提高;同时创新和模仿造成产品的产量大量增加,以致价格下降;与此相伴随,对银行信用的需求也开始紧缩。于是创新企业的利润趋向于零,守旧的企业则趋向消失。经济出现下降阶段,直至达到新的均衡状态。

熊彼特认为,创新活动之所以只能造成周期波动而不是经济的持续繁荣,是因为创新活动的特征之一是它的非连续性,即集中一个时期,时断时续出现。因此,一次创新造成的下降就不能被下一次创新造成的上升所抵

---

[1] 熊彼特.经济变化分析[M].外国经济学说研究会.现代国外经济学文选:第十辑.商务印书馆,1986:22.

消,于是经济生活就呈现出波动。

上述经济周期的单纯模式只包括上升和下降两个阶段。在这个单纯模式中,抽象掉了创新所诱发的各种从属现象。如创新者的投资活动所引起的各种连锁反应,以及随着繁荣的逐渐到来而造成的投机心理和投机活动。熊彼特认为这种种从属现象将大大加强周期的振幅,并把这种诱发出来的各种从属现象的总和称为"从属波"[1]。

为了把从属波引起的后果考虑到周期理论中,熊彼特建立了关于经济周期的四阶段模式,该模式把经济周期分为"繁荣""衰退""萧条"和"复苏"四个阶段。他认为,出于从属波的作用,即出于创新所引起的信贷扩张和对生产资料需求的扩张,促成了新工厂的建立、新设备的增多,也增加了社会对消费品的需求;整个社会出现大量投资机会,出现过度投资,出现大量的投机活动;因此创新活动所引起的上升将越过新均衡,以致形成虚胀或过度繁荣。

熊彼特认为,从属波造成的许多投资机会发生于与创新活动无关的部门,这时的信贷扩张也与创新无关,仅仅是为一般企业和投机活动提供资金。这意味着从属波看来声势颇大,但并无或很少有自身的推动力,它的动力源于创新活动。一旦创新活动促使高涨的推动力消逝,从属波便往往戛然而止。这就使经济的下降过程越过单纯因创新停止而造成的衰退阶段,进入萧条。在萧条阶段,不仅投机活动消失,许多正常的活动也受破坏。在萧条阶段,从属波的影响逐渐消失,于是便进入复苏阶段。复苏阶段将使经济由低于均衡的水平趋向均衡。如果要使经济由"复苏"走向"繁荣",那就需要有创新活动,以便使经济越出复苏阶段所达到或将要达到的均衡水平,趋向新的高涨。熊彼特强调指出,虽然复苏和繁荣两个阶段,经济都趋于上升,但造成上升的动力在两个阶段是不同的。正是这种不同使上升运动有可能构成两个性质不同的阶段。

以上便是熊彼特对资本主义经济周期的四阶段的解释。从中可以看出,主要是由于从属波的存在,才使周期由单纯的创新造成的两阶段变为四阶段。为了直观地把握两阶段模式与四阶段模式的区别,我们绘制了图9.2和图9.3,两图的横轴都表示时间,纵轴都表示总产量水平,具有正斜率的直线都代表均衡水平随时间推移的轨迹。图9.2中的波形线表示了两阶段周期,其特点是完全居于直线之上,表明繁荣是因创新活动使经济跃出原有的均衡,而衰退则意味着回到新的均衡位置。图9.3中的波动线表明了四阶段周期。其特点是繁荣和衰退两阶段位于直线之上,而萧条和复苏两阶段则

---

[1] 熊彼特.经济变化分析[M].外国经济学说研究会.现代国外经济学文选:第十辑.商务印书馆,1986:28.

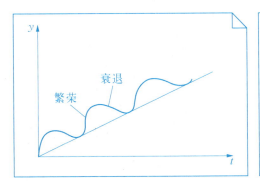

图9.2 两阶段周期

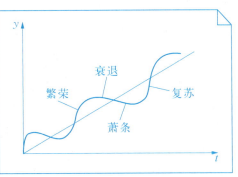

图9.3 四阶段周期

位于直线以下，表明从属波的作用使经济在下降阶段出现过度行为，以致越过新的均衡位置，从而需要一个复苏阶段来恢复均衡。

对于熊彼特的四阶段周期模式，西方经济学家斯托尔珀(Wolfgang Stolper)有一个相当精炼的评价："熊彼特相信每一个周期包括四个阶段。他把复苏阶段和衰退阶段看成是适应的过程，而繁荣阶段和萧条阶段则表现为离开均衡位置的一种运动。繁荣阶段和萧条阶段分别由创新和诸如投机、恐慌、经济政策不当之类的外生的、非实质的现象所引起。繁荣阶段和衰退阶段对于资本主义过程来说是本质的，而萧条阶段和复苏阶段则不是本质的。由于尖锐的社会和个人障碍发生于非本质阶段内，所以政策能够消除它们。"[1]

熊彼特指出，不同的创新活动，所需要的时间可能是不同的，对经济的影响范围和程度也不同。它们有的"带来较短的波动"，有的则"导致较长的潜在高涨"[2]。因此，如果认为只存在一种周期，并以为它会以非常显著的规则表现出来，那是不现实的。同时，创新的进行也不是连续平稳的，而是有时密集，有时稀疏，一次成功的创新活动会在一定时间里引起一个创新的"群集"，即引起一连串的创新活动，如汽车工业的出现。由于创新群集的大小不同，所引起的周期也有所不同。因此，资本主义经济所实际表现出来的周期运动，实在是若干个时间跨度各不相同的周期相互叠加的结果。于是，为了有效地说明现实的周期运动，熊彼特指出："把三个周期图式提出来作为一个很有用的解决问题的假设。"[3]这句话表明他并不肯定就只有三种周期，也没有排除存在其他周期的可能性。事实上，他也提到了其他周期。三个周期的图式，实际上只是他为了分析现实的周期现象间选择的一种理论

---

[1] 斯托尔珀.熊彼特[M].国际社会科学百科全书：第14卷.麦克米兰公司,1968：69.
[2] 熊彼特.经济变化分析[M].外国经济学说研究会.现代国外经济学论文选：第10辑.商务印书馆,1986：31.
[3] 同上.

假设,他认为这种假设有助于人们分析复杂的周期现象。作为一种假设,三周期图式比四阶段模式更接近现实。因为四阶段模式虽然刻画了每个现实周期所经历的路程,但并不能说明现实生活中各个周期何以在时间跨度、波动幅度等方面会有千差万别。而三种周期的模式则能够较好地回答这一问题,起码是朝着回答这一问题的方向迈出了有意义的一步。

第一种周期是长达50多年的经济长波。因为它是由俄国经济学家尼古拉·D.康德拉捷夫于1926年首先提出,故又被称为"康德拉捷夫周期"。熊彼特沿袭康德拉捷夫的观点,认为资本主义的第一个长波是1783—1842年,即第一次产业革命;第二个长波大约是1842年到1897年,即蒸汽机和钢铁时代,或者可称之为世界铁路化时代;第三个长波大约从1897年到20世纪50年代,被称作电气、化学和汽车的时代。

第二种周期是平均9—10年的中波。因为它是由法国经济学家克莱门·尤格拉于1860年首先提出,故又被叫作"尤格拉周期"。

第三种周期是平均40个月(3—4年)的短波。因为它是由美国经济学家约瑟夫·基钦于1932年首次提出,故又名为"基钦周期"。

除了上述三种周期之外,熊彼特还提到"其他形式的周期波"[1],如库兹涅茨周期、存货周期等。

熊彼特认为,一个康德拉捷夫周期大约包括6个尤格拉中周期和18个基钦短周期;一个中周期包含约3个短周期。长周期是对中周期起制约作用的因素,并影响着中周期发生的背景。中周期的繁荣和萧条的程度,受到长周期的特定阶段的影响。中周期与短周期之间也有类似的关系。上述三种周期并存且相互交织的情况,在他看来,正好证明了他的创新理论的正确性。三种周期中的任何一种都与一定的创新活动相联系。尤其是长周期,与重大创新群集有相当密切的关系。至于中周期,他根据另一位经济学家罗伯逊的研究成果,认为把它们与一些特殊工业和特殊创新相联系也是可能的[2]。只是对于短周期,虽然从理论上讲也是创新活动的结果,但要把某个特定的短周期与某项特定的创新活动联系起来,似乎是不太容易的。

在用创新活动说明资本主义经济周期的同时,熊彼特对于各种倾向于用货币因素、信贷的扩张收缩来说明周期的理论,表示了不同的意见。首先,他把银行和货币管理看作导致经济变化的外部因素,并认为单纯用外部

---

[1] 熊彼特.经济变化分析[M].外国经济学说研究会.现代国外经济学论文选:第10辑.商务印书馆,1986:34.

[2] 同[1]:33.

因素来解释周期是不够的。其次，他认为单纯用投资和信贷的变动来解释周期，将导致错误的政策主张。"如果我们停在对投资过程的分析，并假设投资本身有自己的机制之上，我们不仅不能抓住事情的本质，而且还会发现在做结论上难以避免作出如下极端的推理，即出于投资的增长和信贷扩张与繁荣阶段相联系，因此我们可以通过扩大信贷来造成繁荣。"[1]最后，他并不否认投资和信贷这些与货币密切相关的因素在周期中起着一定的作用，但倾向于把它们或他所谓的"从属波"联系在一起。他希望最终能够建立起一种以创新活动为中心，兼顾货币因素影响的说明资本主义周期的理论模式。他认为，周期理论的目标是"确定创新图式的有效性和说明创新是如何与货币的补充作用一起导致在资本主义社会经济生活内部产生一种特殊形式的波，而且这种波是与人类活动其他领域的类似现象并行发生的"[2]。

综上所述，熊彼特经济周期理论的最大特色是强调创新活动所起的作用。这样，经济周期就不像他以前以及他同时代的另外一些经济学家所认为的那样是资本主义罪恶的表现，或自发势力造成的不必要的痉挛，而是经济进步在资本主义条件下的必然表现形式。同时，值得指出的是他并没有否认其他所谓的外部因素，包括货币政策等人为因素对周期的影响作用（虽然他对创新活动的大肆渲染往往给人以这种印象）。实际上，他指出了造成资本主义经济周期振动的两个振源：内生振源——创新活动，外生振源——各种外部因素。其中一部分外部因素，主要是与信贷、投机等相联系的投资活动，以从属波的形式影响着经济周期。熊彼特用细腻的笔触刻画了一幅关于内生振源作用机制的工笔画，同时对外生振源的作用机制也留下了一幅粗略的画面和不少伏笔。他并没有对周期现象提出什么政策建议，但从他的分析中，我们可以推断出，他可能承认人为的政策干预会有助于缓解或消除来自外生源的影响，但除非禁止创新活动，来自内生源的振动将不能被任何人为政策加以消除。第二次世界大战以来的宏观经济政策熨平而非消除西方经济波动的史实，是否能成为上述推论的论证，是有待于进一步分析的。

四、创新与经济发展

熊彼特强调资本主义是一个发展的变化过程，他写道："资本主义，在本质上是经济变动的一种形式或方法，它不仅从来不是，而且也永远不可能是静止的。……开动资本主义发动机并使它继续动作的基本推动力，来自

---

[1] 熊彼特.经济变化分析[M].外国经济学说研究会.现代国外经济学论文选：第10辑.商务印书馆,1986: 33.
[2] 同[1]: 37.

新消费品、新的生产或运输方法、新市场、资本主义企业所创造的产业组织的新形式。"[1]这也就是创新活动。他反对把技术发明看作是独立于资本主义秩序以外的外生因素,而强调它是"资本主义过程的一种功能,而这种功能才是产生发明的精神习惯的原因"[2]。他强调创新活动所导致的"这种产业上的突变过程。……它不断地从内部使这个经济结构革命化,不断毁灭老的,又不断创造新的结构。这个创造性的毁灭过程,就是关于资本主义的本质性的事实"[3]。由此可知,他把资本主义的经济发展过程看作是一个创造性的毁灭过程,而过程的基本动源便是创新活动。甚至可以说,在他看来,"资本主义"这一概念的内涵就包括经济发展,研究经济发展就是研究资本主义。

为了充分论证创新活动在经济发展中的作用,熊彼特分析了创新活动发生的原因,以及创新活动促进经济发展的具体机制。为此,他首先假定在经济生活中存在一种所谓"循环流转"的"均衡"状态,其中不存在具有创新精神的企业家,从而也没有创新和发展,企业收支相抵,经理们只获得管理工资,没有利润也无利息,整个经济在同一产出水平上不断循环。显然在这样一种状态中,社会是无发展可言的。

为了说明发展,熊彼特在市场机制的纯粹理论中增加了有关企业家的创新活动的假设。在他看来,创新活动之所以发生,是因为富有创新精神的企业家看到,通过创新活动打破循环流转的均衡状态,能够给他带来额外的盈利机会。在强调利润动机的同时,他也并不忽略其他文化、心理上的因素对创新活动的刺激作用。他认为追求事业成功,争取出类拔萃的那种非物质的精神力量在推动企业家的创新活动中的作用是不可忽视的。他把这种精神称为企业家精神。

创新活动引起经济增长的具体机制,可以用熊彼特的"创造性的毁灭过程"这一概念来概述。带来额外利润的创新活动,将导致为分享这种利润而开始的"模仿",并进一步引起那些采用旧方式的企业为保卫自己的生存而进行的"适应"。这是一个激烈的竞争过程。这种因创新而引起的竞争,"所打击的不是现存企业的利润和产量,而是在打击这些企业基础,危及它们的生命。这种竞争和其他竞争在效率上的差别。犹如炮击和徒手进攻间的差别,因此,按其通常意义来考虑竞争能否更敏捷地发挥作用,就变得相对不重要了;长时期内扩大产量降低价格的强有力的杠杆,无论

---

[1] 熊彼特.资本主义、社会主义和民主主义[M].商务印书馆,1979:104.
[2] 同[1]:138.
[3] 同[1]:104.

如何总是用通常竞争以外的其他材料制成的"[1]。在这个竞争过程中,许多新资本投入了,同时那些"适应"能力太差的企业被淘汰了、毁灭了。创新所掀起的风暴,通过创新生产要素的新组合,推进了经济增长,同时也造成了对旧资本、守旧企业的毁坏。这就是创造性毁灭过程的含义。

熊彼特认为,经济的发展和经济的波动是密切相联系的,经济增长是通过经济周期来实现的,可以说周期性的波动正好体现了经济增长中那种创造性的毁灭过程。他提出,创新和创新成果的吸收,就组成了商业周期。创新和模仿造成了经济的繁荣,但由于创新活动的不连续性,繁荣终将结束。随之而来的衰退和萧条将造成那些适应性差的企业的毁灭(伴随着旧资本的破坏),这样,一个周期就构成一次创造性的毁灭过程。

熊彼特从资本主义是一个由创新活动引起的变化过程这一认识出发,对自由竞争状态和垄断状态作出了与前人迥然不同的评价。

熊彼特首先指出,完全竞争的假设是一个不现实的假设。他进一步指出,只有在生产方法既定、产品既定、产业结构既定,除了新增的人力、新增的储蓄联合起来以便设立现存类型的新企业而外什么也不发生变化的条件下,也就是在静态条件下,完全竞争作为一种最有效配置资源的机制,才有其理论上和实践上的合理性。资本主义在本质上是一个创造性的毁灭过程,在这种变化的过程中,完全竞争不利于刺激创新活动,因为任何由创新所引起的新事业立即被过多的企业所模仿,新行业立即被过多的企业所涌入,以致创新者得不到应有的利益,会挫伤创新的动力。同时,在完全竞争时,各企业的内部效益要小于垄断企业。另外,完全竞争的行业比垄断行业更易受到萧条的打击。因此,完全竞争状态并不是创造性毁灭过程所依存的理想环境。他承认,从某个时期看,完全竞争可能比其他市场组织更有效率,但从一个长时期看,它在效率上不如垄断,因为它不利于创新活动的开展。

熊彼特指出,以往的经济理论断言垄断不如竞争有效率,是以"既定的需求状态和成本状态在竞争情况下和在垄断状况下是一样的"这一不现实的假设为前提的,"可是现代大实业极为重要的一点是,由于它产出数量的巨大,它的需求状态和成本状态比完全竞争制度下同一产业部门的需求状态和成本状态远为有利,并且这是不可避免的"[2]。他指出,人们之所以对垄断如此深恶痛绝,是因为由历史所形成的一种习惯,"即他们实际上把自己不喜欢的商业上的任何东西都归于垄断这种恶势力"[3]。为了澄清概念,他

---

[1] 熊彼特.资本主义、社会主义和民主主义[M].商务印书馆,1979:107.
[2] 熊彼特.资本主义、社会主义和民主主义[M].商务印书馆,1987:3.
[3] 同[2]:125.

定义垄断者"只是面对着一定的需求者的独家卖主,而需求高低既绝对不受垄断者们自己行动的影响,也不受其他企业对垄断者们的行动的反行动的影响"[1]。而按此定义,纯粹的长期垄断的事例比完全竞争的事例还要少见,除非是受到政府保护。

熊彼特一方面否认个别企业可以不依靠政府而长期保持垄断地位以致影响社会的总产量,另一方面也承认个别企业会在短期内处于垄断地位。这种短期的垄断地位,在他看来不仅不是社会的祸害,相反,是创新活动和经济发展的必不可少的前提条件。他指出,统计资料表明,现代生产的发展、群众性消费的出现,是与人们通常所说的垄断即大规模生产和大企业的出现并行的,因此,断言垄断不利于生产发展和社会进步是没有根据的。他认为,各种垄断行为,诸如专利权、长期合同、限制产量、刚性价格等,在静态经济条件下,确实造成完全竞争时不会出现的对消费者利益的损害,但在创造性毁灭的过程中,它们都是经济进步的推进剂。这些行为,实际上都是针对不确定的未来而设立的一种保险机制,没有这种保险机制,创新活动是大受阻碍的。他特别分析了人们经常指责的刚性价格和技术垄断,指出,从创造性毁灭的过程看,刚性价格并不像人们通常想象的那么坏,因为:① 新产品的出现、质量的提高,是无法从衡量价格刚性的指标上反映出来的;② 刚性价格通常是短期的,因为旧产品终究要为新产品所代替;③ 刚性价格措施,是大企业为了避免季节性、不规则、周期性的价格波动给自己造成伤害而采用的保护性措施。人们之所以痛恨刚性价格是因为以为它在萧条时期加剧了萧条,但这种指责要以萧条时期需求的价格弹性大于1为前提,因为只有这一前提成立,萧条时的刚性价格才会压抑总产量,但这一前提是不存在的。存在的是相反的情况——需求的价格弹性小于1。因此,刚性价格可能比非刚性的价格更有益于扩张总产量,一概反对刚性价格是不行的。

至于技术垄断,熊彼特认为,人们对大企业的阻碍技术进步的指责忽略了一个事实,这就是大企业有能力,通常也极愿意建立研究机构,研究新技术、开发新产品。大企业暂时不用新技术的现象是存在的,但这是出于其他方面的合理考虑,主要是对成本,对保持旧有资产价值的考虑,而只要新技术导致的全部未来成本低于原有技术的相应成本的话,大企业是不会拒绝新技术的。另一方面的考虑是,如果某一方面的技术进步不是一次性的,在可以预见的未来是接连发生的,那么大企业就没有理由不顾原有资本的相继损失,在技术进步的每一个环节上都采用很快又变旧的新技术。大企业

---

[1] 熊彼特.资本主义、社会主义和民主主义[M].商务印书馆,1987:124.

的做法通常是暂时不采用尚在发展完善过程中的新技术,而是只用最后相对定型的新技术。所以,人们对大企业垄断专利、阻碍技术进步的指责也是站不住脚的。熊彼特还进一步指出,新产品的独家生产者是不能称作垄断者的,因为他面临着旧产品生产者的竞争,没有自己既定的需求表,需要创立自己的需求表。他们的垄断性质,是创新行为的成功所必不可少的,为创新者争取到了发展所需的时间和市场空间。这些人所获得的超额利润,实际上是资本主义颁给革新者的奖金。他进一步肯定说,如果没有各种垄断行为给大企业带来的垄断利润,创新行为将不会出现。大规模生产也无法形成。也就是说,垄断利润不是以往人们所说的那样一种剩余性质的报酬,而是一种刺激创新的功能性报酬。

熊彼特对垄断行为的肯定,并不是毫无区别的。实际上,他所赞成的主要是那些与大规模生产并行出现的垄断,对于缩小规模的垄断,如不完全竞争条件下的垄断现象,他是持否定态度的。他认为,不完全竞争只是一种短期现象,不是资本主义的本质的稳定现象,创造性的毁灭过程会通过创新活动来扫除这种现象。对于寡头,他却认为,虽然从短期来看,寡头的限产和维持刚性价格等做法是损害消费者利益的,但以创造性的毁灭过程为背景来看,却可以得出相反的结论。他以第一次世界大战之后美国汽车工业和人造丝工业中的寡头现象来证明这一点,指出这两个行业如果不是出现寡头而是存在完全竞争的话,就不会给消费者带来由于出现寡头而带来的那么多利益。

在熊彼特那里,垄断与创新的关系实际上是双重的。一方面创造性的毁灭过程将使任何厂商都无法保持垄断地位,除非借助政府帮助;相反,它使厂商之间的竞争突破传统教科书所说的价格竞争的范围,出现质量竞争和销售竞争,企业面临的是创新造成的更高层次的竞争,"也就是占有成本上或质量上的决定性有利地位的竞争"[1]。这些非价格竞争比价格竞争更有力地推动经济发展。也就是说,创造性毁灭过程在长期中是深化竞争、排除垄断。另一方面,短期的垄断地位、垄断行为虽然从短期来看是不利于生产发展,却是创新活动以及经济长期发展的必要条件,没有这种短期的垄断地位和垄断行为,创新活动是难以出现的。也就是说,创造性的毁灭过程是以创新者的短期垄断地位为基础的,而这个过程又使任何人无法使自己的垄断地位长期保持下去。

如果把熊彼特的经济发展理论与亚当·斯密的经济发展理论作一番比较,就更容易看出其特征。在斯密那里,生产性劳动人口和资本的增加,是

---

[1] 熊彼特.资本主义、社会主义和民主主义[M].商务印书馆,1979:106—107.

经济发展的基本要素,资源的有效配置,是经济发展的主要方式。因此,促进有效配置的自由竞争和反对垄断,是他所力主的经济政策。在熊彼特这里,单纯的人口和资本的增加,并不能打破循环流转的静滞状态,不造成发展。只有创新活动才是经济发展的基本要素,而资源的重新组合,则是经济发展的主要方式。因此,有助于创新活动的短期垄断,而不是自由竞争,才是能最有效促进经济发展的理想状态。可用表9.1来简示熊彼特与斯密的发展理论的区别。

熊彼特经济发展理论的主要特征

01 强调创新活动

02 强调经济发展与经济波动的密切关系

03 强调经济发展与垄断的密切关系

表9.1　熊彼特与亚当·斯密发展理论的区别

	发展的基本要素	发展的主要途径	发展所需要的经济环境
亚当·斯密	生产性劳动者、资本	资源的有效配置	自由竞争
熊彼特	创新	资源的重新组合	短期垄断

强调创新活动,强调经济发展与经济波动之间的密切关系,强调经济发展与垄断之间的密切关系,这三点可以说构成了熊彼特经济发展理论的主要特征。

五、资本主义崩溃论

在西方经济学家中,熊彼特也许是唯一的,虽然赞美资本主义,反对社会主义,但仍然以一种超出个人情感的语调,从经济、政治、文化心理诸方面来论证资本主义的必然崩溃,强调资本主义是由于它的成就而非失败而走向崩溃。

在熊彼特看来,资本主义的成功在于它导致了国民总产值在收入分配比例基本稳定前提下的长期增长,结果是极大地提高了群众的消费水平,"现代工人可以得到的某些东西,正是路易十四本人极喜欢得到而无法得到的东西"[1]。而造成这种成功的因素之一是资本主义在创造性毁灭过程中形成的大公司、大企业这种进行大规模生产的组织形式。资本主义的成功却导致了另外一种后果,就是"通过减少企业家和资本家职能的重要性,通过破坏保护阶层和保护制度,通过创造一种敌对的气氛,破坏了资产阶级地位的同一经济过程,也从内部瓦解了资本主义的原动力"[2]。

在导致资本主义崩溃的诸因素中,熊彼特认为首要的因素是企业家职能的丧失。企业家的职能就是创新。随着资本主义的成功,创新活动越来

---

[1] 熊彼特.资本主义、社会主义和民主主义[M].商务印书馆,1979:85—86.
[2] 同[1]:204.

越成为技术专家们的例行公事,而且所遭受的抵抗也越来越少。在这种环境中,企业家个人人格和意志力量越来越不重要。"经济进步日趋于非人身化和自动化,机关和委员会的工作日渐代替个人的活动。"[1]企业家的创新职能由于资本主义的成功而丧失了,而随着创新职能的丧失,资本主义企业家的社会地位和历史性的存在价值正如中世纪的领主最终在新战争方式中丧失其社会地位和存在价值一样,也会丧失掉,由有知识的专家队伍来代替。熊彼特总结说:"既然资本主义企业由于它自身的成就趋向于使进步自动化,我们可以由此作出结论:它趋向于使自己成为多余的东西——它会被自己的成就压得粉碎。完全官僚机关化了的巨型产业单位,不仅会赶走小型中型的厂家,'剥夺'它的所有权,而且最后也会撵走企业家。并剥夺整个资产阶级,这个阶级在过程中不仅会坐视它的收入的丧失,并且更重要的是会坐视它的职能的丧失。"[2]

> 企业家精神的真谛就是创新,创新是一种管理职能。
> ——约瑟夫·熊彼特

导致资本主义的崩溃的第二个原因是资产者的职能的消失。资产者的职能就是积累资产,熊彼特认为,这一职能出于两方面的原因而消失。一是资产者家庭的解体,当体现了资产者精神特征的成本收益分析进入家庭生活之后,资产阶级中的大多数人将发现生儿育女的成本太高了。于是家庭便出现了解体的征候,而家庭的解体又使资产者失去了积累资产的动力,出现各种反储蓄的行为。导致资产者职能消失的第二方面原因是资产者对其资产的物质形式的外在地主式的态度。熊彼特认为,大公司的经理对公司将采取雇佣态度,而大小股东们对公司财产的物质实体将采取外在地主式的态度,这意味着"所有权的保有者丧失了他在经济上、物质上、政治上为'他'的厂,和他对他的厂的控制权而战斗的意志,如果必要,为它战斗到死的意志"[3]。同时,大公司的发展消灭了一大批中小业主,结果无论在大公司以内还是以外,都将不剩下一个真心愿意为私有财产的物质实体而挺身奋斗的人。资产者丧失了积累的动力,丧失了对物质资产的责任感,从而也就丧失了自己的职能。熊彼特在这方面的看法,表明了他与西方制度主义经济学的思想联系。

导致资本主义崩溃的第三个因素,是资本主义保护阶层的毁灭。熊彼特认为,资产阶级实际上没有能力单凭自己的力量生存下去,它更习惯于营业活动,而不习惯于处理政治事务,更缺少封建贵族那种作为统治者的神秘魅力。因此,他与封建的上层阶级有着一种共生关系,依靠国王、贵族

---

[1] 熊彼特.资本主义、社会主义和民主主义[M].商务印书馆,1979:166.
[2] 同[1]:168.
[3] 同[1]:178.

为自己提供一个保护层。资本主义的发展却将破坏这个保护层。"在破坏前资本主义的社会制度时资本主义就这样不仅破坏了妨碍它前进的障碍也拆掉了阻止它崩溃的临时支架。这个以其残酷无情的必然性而予人以深刻印象的过程,不仅仅是一个消除制度上的枯枝败叶的过程,而且也是一个赶走和资本主义阶层共生的老伙伴们的过程,和他们共生在一起,原是资本主义图式的本质要素。"[1]熊彼特的这一看法与他身上自小养成的贵族气息是不无联系的。

熊彼特认为,除了上述导致资本主义崩溃的客观因素外,引起崩溃的主观因素是资本主义所成功导致的充满敌意的社会气氛。他认为,只有从长期观点出发,才能看到资本主义的成就;但从短期看,它尽是缺点,尽是对利润的追求和经济的无效率。他指出,资本主义无法使人们对它产生一种依恋感情,它使工人们大大提高的生活水平,被其当作是理所应当的,而它所造成的失业威胁却使工人随时怨恨资本主义。他进一步指出,单凭人民群众对资本主义的敌意,并不足以形成对资本主义的有效威胁。但资本主义却不可避免地会孕育出一个助长这种敌意甚至威胁资本主义生存的社会集团——知识分子。资本主义使高等教育普及化,结果使知识分子供大于求而造成失业,从而导致知识分子的不满。由于知识分子是政府公务人员的来源之一,因此知识分子的这种不满态度将不仅影响到立法,也将影响到行政措施。他指出,在前资本主义时期,统治阶级往往有可能控制知识分子,但在资本主义条件下,资产阶级却不愿意也没有能力控制知识分子,因为控制知识分子就意味着要限制个人自由,限制个人自由是与资本主义秩序、私人企业生存的基础不相容的。

熊彼特强调,上述因素的作用是逐步发生的,资本主义不会在一个短时期内崩溃,它的崩溃和社会主义的出现将是一个长期的渐进过程。对于这个过程来说,一个世纪也只能算是短时期。

熊彼特的崩溃论,如果从1942年发表算起,迄今才半个多世纪。这个时间对于考察资本主义的制度趋势来说,显然是太短了,因此,难以以如此短时期中的史实(不论是有利还是不有利于他的)来对他的崩溃论作出最终定论。然而,虽然与马克思的理论有着根本的区别,他的崩溃论却能使我们拓展思路,有助于我们根据今天的现实,对资本主义的制度趋势作出我们的判断。

六、关于社会主义的理论

熊彼特首先为他准备加以分析的社会主义作了如下定义:"社会主义社

---

[1] 熊彼特.资本主义、社会主义和民主主义[M].商务印书馆,1979:178.

会,我们用来专指这样一种制度模式,即对生产手段和生产本身的控制权是授予了一个中央当局的——或者我们也可以说,在这个社会中,经济事务原则上属于公众而不属于私人方面。"[1]他把这种社会主义称作中央集权的社会主义,以区别于基尔特社会主义、工团社会主义及其他类型的社会主义。为了避免误解,他对中央集权的含义作了一点补充说明,即在他的模式中,中央集权既没有排除行业或企业的经理们的某些行动自由(这是保证工作效率所必需的,其范围大小将由经验决定),也没有赋予中央计划部门以绝对的权力,它的计划要提交议会或国会审议,或要接受审计局一类的监察机关的监督、审查以决定取舍。

在上述定义中,熊彼特避免了自然资源、工厂和设备的国家所有权或财产权这类名词,但这并不意味着他回避了所有制问题,从他的全部论述来看,他所说的社会主义无疑具有我们所说的公有制的性质。他之所以回避这类名词,是因为在他看来,社会科学中的某些概念,具有太强的制度气息,不能随便把它们从一种制度移植到另一种制度中而不造成误解。所有权、财产权这类概念便是一例,它们仅仅是商业社会的名词,正如"骑士""采邑"是封建社会的名词一样。

熊彼特认为中央集权的社会主义能够很好地作出关于生产什么和怎么生产的决策。他认为,社会主义和以资本主义为典型的商业社会之间的最主要区别是生产和分配在后者是同一过程的两个方面,而在前者则是在逻辑上分离的过程,分配的原则将取决于人们的偏好。

熊彼特首先假定,在他的社会主义模式中,只有商品生产没有货币,但允许人们有消费选择自由。个人消费品分配按照平均分配原则,具体办法是发给每个成人一定数量的过期作废的"分配券",它代表对一定量消费品的要求权,而各种消费品都有一定的"价格",这些消费品的"价格"同数量乘积的总和等于所有"分配券"持有者对各种消费品要求权的总和。这些消费品的价格是按下述方法确定的,首先由"生产部"暂时规定,然后按"分配券"持有者对暂定价格的反应加以调整,以使现存消费品全部出清。

为了说明生产是怎样进行的,即按照什么方法才能在可用资源、技术可能性,以及其余各种环境条件所规定的范围内最大限度地满足消费者,熊彼特先假定全部生产资源都由中央局控制,且数量是固定不变的。这样,中央局的任务便只是按某些规则来进行生产资源的配置。他假定中央局将按照下述两项原则来决定生产要素的"价格":一是对品种相同质量相同的生产

---

[1] 熊彼特.资本主义、社会主义和民主主义[M].商务印书馆,1979:208.

要素规定单一价格,而不是实行差别价格;二是价格要能够使全部生产要素正好出清,既无剩余亦无短缺。中央局还将规定各产业部门经理获取任何数量的生产要素所必须遵守的三个条件:一是生产必须尽可能地经济;二是在获取生产要素时,他们必须按所获取的生产要素的价格和数量,将他们在让渡消费品时从消费者手中所获得的"货币"交给中央局;三是各部门都应该做到使价格等于边际成本。

于是,只要中央局根据既定个人收入分配方式下形成的消费者需求,确定各种消费品和生产要素的供求均衡价格,并为各产业部门的行为规定相应的规则,则"每一个产业经理的任务,就这样出色地被决定了。……我们的社会主义共同体的产业经理们,只要生产局公布了生产手段的'价格',消费者透露了他们的'需求',就会懂得生产什么,怎样生产,向中央局'购买'多大数量的各种生产要素"[1]。

熊彼特指出,以上涉及的只是不存在技术进步的静止状态下经济的运行机制。如果考虑到技术进步,则情况会有所变化。假定某一产业部门采用了新技术,能以低于现行标准的生产资料消耗量生产出同样数量的产品。于是,在产量和价格不变时,这个产业部门付给中央局的"货币"量会低于从消费者那里取得的"货币"量。其间的差额就是该行业的"利润"。"利润"的出现引起了资源重新配置的问题,但这个问题在前面讲过的模式中是不难解决的,即通过消费品或(和)生产要素的价格的调整,可以完成这一重新配置资源的任务。

技术进步所引起的问题不仅仅是一个资源的重新配置,还有创新者的动力问题和如何在技术进步中保存旧资本价值的问题。熊彼特认定社会主义社会中创新者的动力是不成问题的,同时政府也将像资本主义社会那样给创新以一定的时间和空间上的保护。他也认为,社会主义的经理们在决定是否采用某种新技术时,不会单纯从技术方面考虑问题,也会像他们的资本主义同行一样,会考虑到旧资本价值的保存,考虑新技术对资产现值的全部影响。

熊彼特除了考虑技术进步以外,还分析了社会主义在动态条件下的投资问题。他把问题分为两个方面,一是追加的生产要素如何生产出来,二是投资所需资金如何筹集。对于第一个问题,他认为,如果社会可用资源已全部用于供给一定消费水平时,追加的生产要素只能靠超时工作和限制消费(储蓄)来生产出来。这样,就要改变最初的两个假定,即不再实行平均分配和"分配券"过时作废的制度,以便用奖金来鼓励超时工作和储蓄行为。并

---

[1] 熊彼特.资本主义、社会主义和民主主义[M].商务印书馆,1979:220.

且，中央局将做到使追加生产要素所带来的"利润"能够与鼓励超时工作和储蓄所必需的奖金相等。

对于资金的筹集，熊彼特认为社会主义可以采用多种办法，如从现实的"利润"中提取积累，或采取类似信用创设的办法等。但更为自然的是由中央局或国会（议会）把投资中作为社会预算的一部分来加以决定。于是资本主义社会中由资本家阶级所承担的储蓄职能，在社会主义社会中将被国家的积累职能所代替。

以上是熊彼特的社会主义模式的基本蓝图，他认为，对于他所设想的这个模式中的个别部件加以更改也是可以设想的，如在他的模式中劳动者的择业自由是受到限制的，如果改变这一特点，使劳动者拥有择业自由，那么就需要在分配制度上进行相应的变更，就要通过对全部工作（而不单纯是超额工作）实行奖金才能实现劳动力的合理配置，才能使各种类型、各种等级的劳动力的"供给"在任何地方都能适合于消费者的需求结构和投资计划。这种奖金必须和每种工作的引人入胜和令人厌烦的性质明显联系起来，也和担任这种工作所必须学习的技术的熟练程度明显联系起来。这样，社会主义的报酬制度就和资本主义社会的工资等级制发生了联系，就意味着出现了一个"劳动力市场"。但是，这不会影响决定社会主义制度的根本，而只会表现得更加合理。

熊彼特相信，在他所设想的社会主义模式中，普通劳动者和管理人员的工作动力是不成问题的，借助于上述的奖金制度，以及非经济手段如给予威望或荣誉等，就能保证这些人的工作动力，而人的灵魂的根本改造是不需要的。

熊彼特还相信，工作纪律在社会主义社会中将比在资本主义社会中更好地为工人们所遵守。这不仅因为工人将由于他赞成社会主义而遵守生产秩序，并且也知道不遵守秩序对本人以及社会都将不利；还因为社会主义条件下从秩序混乱中得到好处的既得利益集团不再存在，从而不会有人鼓吹秩序混乱、破坏纪律了。

熊彼特还提到，在社会主义中将仍然保留地租这一范畴，以便使土地这种资源得到合理的使用，但地租这一范畴中任何资本主义性质的东西将都不再存在。

熊彼特还谈道，社会主义在农业中可以无限期地保留农场主制度，中央局所做的只是按一定的价格向农场主收购农产品及出售农用生产资料，以及制定区域（土地使用）规划。这样做，并不会改变社会主义的性质。

在介绍完他的社会主义模式之后，熊彼特谈到了社会主义经济与以资本主义为典型的商业经济之间的"同族相似性"。因为两者都具有像价格、成本、工资、利润这样一些范畴。但他强调说,这种"同族相似性"并不意味着社会主义从资本主义借用了什么东西,"而是资本主义向完全的、一般的、选择的逻辑借用了很多东西"[1]。即上述这些范畴并不是只能为资本主义所具有,而是任何合理地组织起来的经济,在面临稀缺问题从而需要作出合理选择时,都需要有的一些范畴。它们是从经济行为的一般逻辑中推演出来的,并不是由某种历史上特定的经济制度中推演出来的。

熊彼特认为,社会主义不仅在理论上、逻辑上是行得通的,而且在实践上也是可行的,这是因为在正常局势下,中央局会得到足够的情报,使它能一下子就十分准确地确定各重要生产部的正确产量,然后可以通过一些尝试作一些局部调整。并且,社会主义的经理们将比他们在资本主义中的同行更轻松,因为社会主义消除了竞争所造成的经济形势的不确定性,使社会主义的经理更可能按确定的情报作出决策。中央计划局在某个范围中会像一个情报交换所和决议协调机构那样工作,这将会大大减少企业经理们的工作量。概括地说,由于中央局所获情报充分,经理面临的不确定性大大减少,所以社会主义在实践上也是可行的。

可行未必可取,社会主义在理论上和实践中都可行,但未必可取。为了说明它是可取的,熊彼特将社会主义和资本主义做了比较。他反对在福利方面对两种社会进行比较,因为福利除了受到生产效率的影响外,还受分配因素、价值偏好因素的影响。他认为比较应当放在生产效率方面。如果两种制度在同一时点上具有相向的人口数量和质量、相同的年龄构成和偏好,那么,"在长时期中以每一个相同的时间单位生产出更多的消费者货物的那个体系被称作较有效率的体系"。

熊彼特认为,从客观可能性上讲,比较的结果将有利于社会主义,因为社会主义将消灭经济波动,而资本主义最好也只能是缓和波动;社会主义将大大减少失业,而资本主义则不然;社会主义迅速推广新技术、新工艺,而资本主义则需要较长的时间来完成推广过程;社会主义将合理地任用人才,做到人尽其才,而资本主义则不然;社会主义消除了经济中公私领域之间的差别,从而也就消除了出于这种差别所造成的社会摩擦,消除了人力、财力、物力的浪费;最后,由于社会主义实行大规模生产,将比完全竞争的资本主义更有效率。

综上所述,可以看出,熊彼特的社会主义是一种中央集权并依靠决定价

---

[1] 熊彼特.资本主义、社会主义和民主主义[M].商务印书馆,1979:227.

格、工资等参数而非直接命令(只有一个例外,即投资率由中央局或国会直接决定)而运行的社会主义。他认为这种社会主义将比那种主要依靠投票表决来作出生产计划的社会主义更能够在各种约束条件下实现消费者满足的最大化。这种模式与斯大林模式是不同的,虽然两者都是中央集权,但控制方式迥然不同。这种模式基本上可以说是兰格模式的深化,因为它涉及了兰格模式所未予充分讨论的技术进步和投资等问题。这个模式对于我们今天的改革是有启示的。但是,这个模式的基本问题是要求由中央局决定所有的参数,从今天的现实看,这是做不到的,因为中央局事实上得不到像熊彼特所假定的那么充分的情报。熊彼特对这个模式在实践中的可行性显然做了过于乐观的估计。

本章总结

1. 米塞斯、哈耶克同为20世纪新自由主义的重要代表人物。他们的主要学术贡献是在新形势下对经济自由主义进行了充分论证,对统制经济进行了系统深入的批判。这对20世纪后半期全球经济制度的演化产生了意义深远的影响。

2. 米塞斯、哈耶克在继承维克赛尔累积过程理论的基础上,从货币银行角度探讨了经济波动的起因和过程。米塞斯提出了主要从货币银行角度分析经济波动的信用周期理论。在此基础上,哈耶克针对20世纪30年代的大萧条,更进一步提出了中性货币理论和由于货币干扰消费品、资本品相对价格引起经济波动的理论——消费过度或资本不足周期论。

3. 针对20世纪70年代的滞胀,哈耶克提出了自由货币理论。他定义自由货币为私人发行而非由一国政府垄断发行的竞争性货币。自由货币理论要根本取消中央银行行动的权力,说明由政府垄断货币发行权的危害,说明对现行的货币制度进行根本性改革——货币的非国家化——的必要。

4. 熊彼特是当代著名的奥地利裔美国经济学家,其理论的方法论特征,就是以一般均衡为出发点,将经济体系内在因素的发展作为推动体系本身发展变化的动力源,以"创新"概念为中心,把历史的、统计的与理论的分析紧密结合。

5. 熊彼特的经济周期理论的最大特色是强调创新活动所起的作用。这样,经济周期就不像另外一些经济学家所认为的那样,是资本主义罪恶的表现,而是经济进步在资本主义条件下的必然表现形式。同时他也并没有否认其他所谓的外部因素,包括货币政策等人为因素对周期的影响作用。实际上他指出了造成资本主义经济周期振动的两个振源:内生振源——创新活动,外生振源——各种外部因素。

6. 熊彼特强调资本主义是一个发展的变化过程,开动资本主义发动机并使它继续运作的基本推动力,来自创新活动。他强调创新活动所导致的产业上的突变过程。它不断地从内部使这个经济结构革命化,不断毁灭老的,又不断创造新的结构。这个创造性的毁灭过程,就是关于资本主义的本质性的事实。他把资本主义的经济发展过程看作一个创造性的毁灭过程,而过程的基本动力源便是企业家的创新活动。

思 考 题

1. 米塞斯新自由主义的基本观点是什么?
2. 米塞斯对于计划经济的批评要点是什么?
3. 哈耶克新自由主义的基本观点是什么?
4. 哈耶克如何以他的中性货币理论解释20世纪30年代的大萧条?
5. 哈耶克为什么要主张自由货币?
6. 熊彼特理论体系的方法论特征是什么?
7. 论述熊彼特的经济周期理论。
8. 论述熊彼特的创新与发展理论。

Public Choice School

第十章 公共选择学派

由于20世纪70年代以来凯恩斯主义陷入了困境,西方经济学界出现了一股强大的新自由主义思潮,而公共选择学派便是这股思潮中别具一格的一派。其基本特征如下:把经济学的研究对象拓展到以往被经济学家视为外部因素而由政治学研究的传统领域;把人类的经济行为和政治行为作为统一的研究对象,从实证分析的角度出发,以经济人为基本假定和前提,运用微观经济学的成本-收益分析方法,分析政府这一生产公共产品的"机器"是如何组织和构成的,并分析其行为动机和行为方式等;分析国防、法律、税制以及社会福利等公共产品是怎样生产和分配的。具体地讲,公共选择学派的理论所涉及的主要问题有国家理论、投票规则、投票人行为、政党的政治学、官僚主义等。简言之,公共选择学派试图回答现代西方民主政体实际上是如何运行(不是应当如何运行),以及与个人选择(通过货币在商品劳务市场上进行)不同的公共选择(通过政治选票在政治市场上进行)实际上是怎样作出的,其后果又如何。

第一节 学派理论渊源与代表人物

公共选择学派的理论渊源可以上溯到19世纪末20世纪初的瑞典经济学家克努特·维克赛尔和埃里克·林达尔，以及20世纪初以马左拉·庞塔雷奥尼、萨克斯和德·维蒂·马尔科为代表的意大利财政学派。他们都试图用边际价值分析来说明公共行动结构的决定。但是，他们在这方面的论著在很长时间内没有引起人们的注意。当时在经济学中占统治地位的观点是把政府的行为视为一种"非生产"的活动，要求政府尽量减少经济干预，让十全十美的市场自发地去运行。

自从英国经济学家阿瑟·庇古建立了福利经济学、凯恩斯建立了宏观经济学之后，市场完美无缺的信念开始崩溃，在经济学界引起了一场揭露市场自发力量局限性的运动，强调自发的市场必然会导致外部非经济效果、收入分配的不均等和就业的不充分等问题。对此，人们要求政府干预经济，以弥补市场所造成的缺陷。这实际上蕴含了一个不真实的假定前提，即政府能够代表社会，并能够按照社会的利益去纠正市场所带来的过错，而同时政府纠正市场的活动措施又不会造成新的恶果。为了揭露这一假定前提的虚假性，就必须像在微观经济学中分析消费者行为和厂商行为那样实证地分析政府的行为，而这种努力的结果便导致了今天的公共选择学派。

詹姆斯·麦吉尔·布坎南
（James Mcgill Buchanan）

当代公共选择学派的主要代表人物是当代两位著名的美国经济学家<u>詹姆斯·麦吉尔·布坎南</u>和<u>戈登·塔洛克</u>。20世纪50年代末他们两人在美国弗吉尼亚大学任教时，就开始合作创建公共选择学派。

布坎南，1919年生于美国田纳西州，1940年毕业于田纳西东部大学，获理学学士学位，次年于田纳西大学获硕士学位，后来又进入芝加哥大学，受教于著名的自由主义经济学家F.H.奈特。1948年布坎南获博士学位，次年开始在田纳西大学任教。1955年作为学者赴意大利进修，由此受到意大利财政学派的影响，并对政治决策问题产生了兴趣。1956—1968年，他在弗吉尼亚大学任经济学教授，同时领导研究政治经济学和社会哲学的托马斯·杰斐逊中心。1968年他任加州大学洛杉矶分校教授。1969年布坎南与戈登·塔洛克在弗吉尼亚理工学院创建和领导了公共选择研究中心，并任该校教授。1982年他又随该研究中心迁到弗吉尼亚州的乔治·梅森大学，并任该校经济学教授。布坎南还在1963年担任美国南部经济学会主席，在1972年任美国经济学会副主席，在1982年任美国西部经济学会副主席。1977年布坎南获迈阿密大学法学经济学中心颁发的法学经济学奖，1986年

戈登·塔洛克
（Gordon Tullock）

布坎南获诺贝尔经济学奖。

瑞典皇家科学院对布坎南的评价为："布坎南的贡献在于他将人们从互相交换中获益的观念运用于政治决策领域。"皇家科学院认为，布坎南填补了传统经济学的一个空白，建立了独立的政治决策理论。布坎南通过对公共选择问题的近40年的研究，成为公共选择理论和非市场决策的经济研究奠基人。

布坎南的主要著作有《同意的计算——立宪民主的逻辑基础》（1962，与戈登·塔洛克合著）、《成本和选择》（1969）、《公共选择论：经济学的政治运用》（1972，与R.托里森合著）、《自由的限度：在无政府主义状态和极权主义国家之间》（1975）、《民主政治的赤字财政：凯恩斯爵士的政治遗产》（1977，与R.E.瓦格纳合著）、《政治活动的经济学》（1978）、《自由、市场与国家——1980年代的政治经济学》（1986）。

布坎南是公共选择学派的奠基人和最主要的代表，下面以他的观点为主来介绍公共选择学派。

公共选择学派把经济人的假设引进政府行为的分析中，揭示了官僚主义的根源。他们认为政府部门出现官僚主义行为方式的原因如下：首先在于官僚主义行为通常是给政府官员带来个人利益的最佳方式；其次是因为政府的组织结构特征使政府各部门的工作性质大多具有一定的垄断性。

公共选择学派认为，在其他条件不变时，官僚主义的解决办法必然使社会资源的使用效率低于市场的解决办法。之所以如此，他们认为有三个原因。一是政府部门的行为不可能以获利为目的，因而失去了追逐利润动机的政府官员不会把他们所提供的公共服务的成本努力压缩到最低限度，结果使得社会支付的服务费用超出了社会本应支付的限度。二是政府部门往往倾向于提供超额服务，超出公众所实际需要的程度来提供公共服务，导致公共服务的过剩生产，这是社会财富浪费的另一个重要根源，它使资源不能使用到更需要它的社会私营部门中去。而这种过剩生产公共服务的倾向，又是与政府官员追求个人威信、追求政绩的意愿相联系的。三是对政府官员行为的监督往往是无效的。政府官员和政府部门的工作确实也受到民选代表的监督和上一级行政首脑或行政部门的监督，但由于向这些监督者提供情况的恰恰是被监督者，因此除了重大的流弊之外，监督者完全可以被被监督者所操纵。并且，由于监督者往往不一定是被监督者所提供劳务的消费者，对于鉴别劳务的质量既缺乏经验，又缺乏热情。因此，政府所作出的决定往往拐弯抹角地有利于官僚主义而不利于公众。

公共选择学派对于官僚主义最后得出了两条重要结论。

（1）社会中官吏越多，"官僚敛取物"也就有可能增加得越多。因为官吏们有直接的理由和更便利的地位来进行比其他公民阶层更广泛、更有效的政治活动。结果政府的开支、政府的机构以及官吏的人数，就会由于官吏的增加而越有可能增加；政府越膨胀，这些就会膨胀得越快、越大。

（2）用政府干预来解决经济问题的这种设想，只有在其他一切手段都被证明无效之后，才是可以考虑的。只有当事实确实证明市场比官僚主义解决方法所付代价更大时，才可以不得已而为之，采用官僚主义的解决办法。

第二节 经济人假设与公共选择

公共选择理论的一个基本出发点就是把经济学中的经济人假设引进对人们政治行为的分析中。经济学中的经济人假设是指当一个人在经济活动中面临若干不同的选择机会时，总是倾向于选择能给自己带来更大经济利益的那种机会。公共选择学派认为，人们在需要作出经济决策和政治决策时的反应，在本质上是一致的，总是趋利避害、趋大利而避小利的[1]。人们在进行政治活动时，也是以个人的成本-收益计算为基础的，没有理由认为个别公民在选票箱跟前的行为与个别消费者在市场中的行为有本质区别。在其他条件相同时，他总是愿意投票赞成这样的政治家：该政治家的行为预计将给他带来更大的得益，而不愿投票赞成其行为有可能给他带来较小利益甚至损害的政治家。同时，人们也不会因为他占有一个总经理的位置或拥有一个部长头衔，人性就会发生变化。不管是在私营企业工作还是在政府机构服务，只要有可能便会选择能为自己带来更大满足（物质上的或纯粹心理上的，如权力、威望、职业成就等）的决策，即使该决策可能不太符合公众利益。

公共选择学派认为，政府行政部门与私人企业的区别不在于个人在其中的行为动机有所不同，而在于实现个人目标时所受到的制度束缚在行政部门中要比私人企业中松弛得多。在其他条件一定时，私人企业中的个人活动倒有可能符合公共利益；行政部门中，人们却最有可能恣意追求最大的个人利益，而不管它是否符合公共利益。

---

[1] 詹姆斯·M.布坎南，戈登·塔洛克.同意的计算[M].中国社会科学出版社，2000：11—16.

公共选择学派认为,因为政府是由人组成的,政府的行为规则是由人制定的,政府的行为也需要人去决策,而这些人都不可避免地带有经济人的特征。因此,没有理由把政府看作是超凡至圣的超级机器,没有理由认为政府总是集体利益的代表和反映。政府同样也会犯错误,也会不顾公共利益追求由政府成员所组成的集团的自身利益。因此,那种一旦发现市场有缺陷就认为任何政府干预都是合理的观点是片面的。应当把调查市场缺陷的方法同样应用于政府和公共经济的各个部门,只有当事实证明市场解决办法确实要付出比政府干预更高的代价时,才应考虑政府干预。

第三节 | 个体决策与政府强制性安排

詹姆斯·麦吉尔·布坎南和戈登·塔洛克在《同意的计算——立宪民主的逻辑基础》一书当中指出,在人权和产权得到初步界定之后,人类的决策和活动会有三种组织方式[1]:① 纯粹由个体(个人或单个组织)独自进行的决策和活动,或者说纯粹的个体安排;② 由于个体的决策和活动具有外部性,通过个体相互间的自愿契约来进行的决策和活动,或者说自愿的合作性安排;③ 由于个体的决策和活动具有外部性,通过政府来进行的决策和活动,或者说政府强制性安排。

在不存在任何外部性条件下,显然纯粹由个体(个人或单个组织)独自进行的决策和活动是最合适的。在存在外部性的条件下,用第一种方式或者其他非一致同意规则(包括少数个体决定、简单多数决定等)组织人类的决策和活动会对个体产生一定的收益和(或)成本,即其他个体(或非全体个体)的决策和活动对于某个个体造成的有益或者有害的影响。这种成本减去这种收益的净值可以称作是其他个体的决策和活动强加给某个个体的"外部成本"。为了消除这种外部成本,人们可以采取第二种或者第三种组织方式,然而这时会产生另一种他们所谓的"决策成本",即两个以上的个体为了达成协议所要支付的预期净成本和有组织的活动给某个个体所带来的净成本(在政府不按照全体一致同意规则做决策时会出现这种成本)。外部成本和决策成本之和叫作"相互依赖成本",于是理性的经济人将选择这

---

[1] 詹姆斯·M.布坎南,戈登·塔洛克.同意的计算[M].中国社会科学出版社,2000:44—65.

种相互依赖成本最小化的组织方式。

用 a, b, g 分别代表某个个体在纯粹的个体安排、自愿的合作性安排和政府强制性安排这三种方式下的相互依赖成本。于是，就可能出现以下六种排序。

1. $a \leqslant b < g$　　2. $a < g < b$　　3. $b < a < g$
4. $b < g < a$　　5. $g < a \leqslant b$　　6. $g < b < a$

在1,2两种排序的情况下，纯粹的个体安排是最合适的，即便 $a > 0$，即存在一定的外部成本，也还是以纯粹的个体安排为好，因为为了消除这一点外部成本而采取自愿的合作性安排和政府强制性安排，就要支付更高的成本。

在3,4两种排序的情况下，自愿的合作性安排是最合适的。值得注意的是在第4种排序的情况下，人们有可能选择政府强制性安排，而忽略更合适的自愿合作性安排。它告诉我们，不能一看到纯粹的个体安排会带来过高的负外部性就要求政府强制性安排。

只有在5,6两种排序的情况下，才需要政府强制性安排。

对于某一项具体的决策和活动，这三种安排的相互依赖成本的排序在很大程度上要取决于政府安排时所遵循的是不是全体一致同意规则，这个规则或者说接近于一致同意的规则能够大大降低乃至消除外部成本，但是会极大地提高决策成本，以至于提高 g，从而使5,6两种排序转变为其他排序。因此，哪些决策和活动适宜个体安排，哪些适宜合作性安排和政府强制性安排，或者说公共选择的范围划定，是要取决于公共选择时的决策规则的[1]。

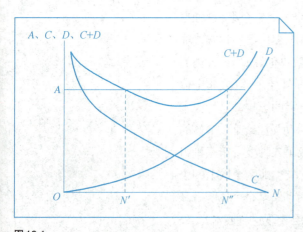

图10.1
人类决策和活动的安排方式

图10.1可以说明这一道理：其中的横轴代表一个群体中需要使某一集体选择得以作出的人数，纵轴代表外部成本、决策成本和这两者叠加而成的相互依赖成本，A 水平线代表纯粹的个体安排由于其负外部性给别人带来的外部成本，C 曲线代表非纯粹个体安排时的外部成本，D 曲线代表决策成本，$C+D$ 曲线代表相互依赖成本。由该图可知，如果集体选择得以作出的人数小于 N'、大于 N''，那么还不如采取纯粹的个体安排。因为这两种情况下 $a < g、b$。公共选择理论就是要研究3，4，5，6四种排序情况下人们的选择与决策行为。

---

[1] 詹姆斯·M.布坎南,戈登·塔洛克.同意的计算[M].中国社会科学出版社,2000:226.

第四节 | 外部性、公共物品与公共选择

公共选择理论分析纯粹的个体安排存在外部性时如何解决外部性所带来的问题。外部性对于一个群体中各个成员的性质和影响程度往往是不相同的，对一部分人具有负外部性的决策和活动可能对于另外一部分人具有正外部性[1]。这就造成了公共选择的复杂性。

首先是负外部性如何消除，是允许它在一定程度上存在（由于通过公共选择会带来过高的决策成本）还是通过公共选择来消除它或者起码是减少它。通过公共选择来解决负外部性问题又面临一种选择：是通过自愿合作性安排还是政府强制性安排。

其次是正外部性导致的公共物品供给不足问题：公共物品的选择机制，如何改进公共物品的生产过程，如何提高公共物品的生产效率。因此，要了解公共选择理论，就要首先了解什么是公共物品。

公共物品是指那种能够同时由许多人消费的服务和产品，其成本和效用通常不因消费者数量的变化而变化。它包括国防、治安、气象预报等服务性产品，还包括交通规则、卫生条例，以及其他各种法律法令等，通常被称作制度的"软产品"。公共物品最显著的特征便是其消费上的非排他性和非竞争性。非排他性是指公共物品一旦生产了出来，则不论某人是否为它的生产付出了费用，都无法排除他对该公共物品的消费，或者说要排除他对该公共物品的消费的代价是过于高昂的。非竞争性是指公共物品多一个人消费或少一个人消费都不会改变其生产成本。例如，路灯便是一例，不论某个路人是否为路灯的照明付费，他都能得到路灯的照明服务，同时有多少人得到照明服务不会改变其生产成本。

与公共物品相对应的是私人物品，它的消费具有明显的排他性和竞争性，如一个苹果被张三吃了就不能再给李四吃，多一个人或少一个人消费苹果将改变其生产成本。

介于公共物品和私人物品之间的是俱乐部物品，它可以同时被一定数量以内的人共同消费而不降低其效用，也不提高其生产成本，但超过一定的人数，它的消费便会产生排他性和竞争性。如面积固定的游泳池，超过一定的人数之后，为了保持其效用，就有必要排除其他人来享用。

公共物品的非排他性、非竞争性，使得它往往是私人所不愿意生产或提供的，而私人的这种决策和行为具有负外部性，所以公共物品供给不足问题

---

[1] 詹姆斯·M.布坎南，戈登·塔洛克.同意的计算[M].中国社会科学出版社，2000：96.

也可以归结为如何消除或减少负外部性的问题。

在不存在负外部性或者通过集体选择来消除负外部性的决策成本过高的条件下,决策和活动(包括私人物品的选择)通常是个人(个体)的私事。除此之外,决策和活动(包括公共物品的选择)必须由集体作出,或由某些(个)人代表集体作出。

公共选择理论比较了集体选择和市场选择,在市场中,个人(个体)可以选择交易对象,即对于某一个交易谈判对手来讲,个人(个体)还会有其他替代性选择;而在集体选择中,个人(个体)往往难以选择交易谈判对手,即不存在其他替代性选择。同时,在完全竞争的市场中,交易双方都没有讨价还价的余地,即讨价还价不会改进其中任何一位的福利,只会付出讨价还价的成本;而在集体选择中,虽然讨价还价会付出成本,但是往往会给其中起码一位带来进一步的利益。在双方都完全理性的假设下,具体选择中的讨价还价会达到其边际收益等于边际成本这一点。

公共选择理论把集体选择区分为两个层次:立宪层次和操作层次[1]。立宪层次要决定集体选择的规则,是全体一致同意还是非全体一致同意;操作层次要根据立宪层次决定的规则来决定对于具体活动的选择。

为了分析立宪层次的选择,布坎南和塔洛克作出了两项重要假设前提。一是个人(个体)面临未来的不确定性具有有限理性,即事前并不清楚地了解他所赞同的规则今后在操作层次的选择中将给他带来更多的收益还是更多的损害。这意味着他在既定的规则下在未来的操作层次的选择中所得到的收益和损害是不确定的;他在未来各项具体决策中所从属的群体是多数派还是少数派也是不确定的。二是每个人(个体)在确定规则时具有平等的权利,不存在具有特别有利地位的个人(个体)和社会集团(如特定的阶级、宗教团体、民族和种族)。他们认为[2],在上述两项假设前提下,立宪层次的选择应当也完全可能遵循一致同意的规则,因为共同选择的规则将给所有人带来利益,虽然在这些规则下的操作层次的决策可能给不同的人带来不同的损益。这意味着公共选择理论着重研究的是民主制度下的集体选择行为。

如果社会被分成一些范围固定不变的群体,他们相互之间的利益存在冲突,那么社会就可能被某个群体所控制,该群体就可能对其他群体实行专制统治,就不可能在立宪层次达成一致同意的规则[3]。

---

[1] 詹姆斯·M.布坎南,戈登·塔洛克.同意的计算[M].中国社会科学出版社,2000:129.
[2] 同[1]:272—289.
[3] 同[1]:277.

操作层次的集体选择是指各有关者依据某种协商规则，通过相互协商而确定集体行动方案的过程。在民主制度下，协商规则便是通常所说的投票规则。集体选择与个人选择是不同的两种选择机制：个人选择适用于私人物品，表现了个人在商品市场中用货币"选票"进行的购买；集体选择适用于公共物品，表现为公众在政治活动中用选票进行的表决。

民主制度下的公共选择可以有多种方式。

一种方式是一致同意。所谓一致同意规则，是指一种公共物品的生产方案，只有当所有当事人都同意，或至少没有任何一个当事人表示反对（可以弃权），才能得以批准进行。而只要有一个当事人表示反对，该方案就不能被通过。一致同意规则的优点之一是它不会导致对任何一个当事人的损害。在每个当事人都能正确地判定自己的利益的假定下，一致通过的方案必定是帕累托最优的。一致同意规则的另一优点是任何当事人不论其人数是多少，比重有多大，都不能把自己的意愿强加给别人，因为每个人都拥有否决权。一致同意规则的缺点之一是无法排除个别参与者利用其否决权进行敲诈活动，结果使得一致通过的方案虽然不会给任何当事人造成损害，却给进行敲诈者带来格外多的收益。一致同意规则的另一个缺点是决策成本太大，决策时间太长，为了选择一个所有当事人都满意（起码是不反对）的方案，往往需要所有当事人一而再、再而三地进行协商与讨价还价。

一致同意规则的决策成本，可以看作需要一致同意的人群的人数的增函数。显然，群体的人数越多，实行一致同意规则的决策成本往往就越高。这就提出了一个需要一致同意的群体的最优规模的问题，当群体规模扩大的边际决策成本等于其边际收益（即扩大引起的外部成本的边际减少）时，就达到了群体的最优规模。

民主制度下公共选择的第二种方式是多数同意或多数票制。多数票制是指一项公共物品的生产方案，必须由所有当事人中越过半数或超过半数之上的某一比例（如2/3等）的同意方可实施。这里所谓的同意是指赞成或不反对。

一致同意规则和多数同意规则所引起的决策成本的比较可以由图10.2[1]给出。

图10.2中V曲线表明，随着人数的增加，一致同意规则的决策成本不断上升。D曲线表明，在一个人数为N的群体当中，为使决策成立所需的赞同的人数增加，将引起决策成本不断上升。但是，为了使一个人数为N^*的群体一致同意所

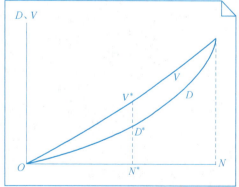

图10.2
一致同意规则和多数同意规则的决策成本比较

---

[1] 詹姆斯·M.布坎南，戈登·塔洛克.同意的计算[M].中国社会科学出版社，2000：116.

需的决策成本 V^* 将大于一个人数为 N 的群体当中 N^* 个人赞同所需的决策成本 D^*，其差额为 V^*-D^*。其前提是不同人数的群体当中，赞同某项决策和反对某项决策的人数具有相同的比例。

布坎南和塔洛克认为[1]，多数票制是指一个群体当中的多数人有权要求采取会给其他少数人造成外部成本的活动；同时它也意味着少数人没有防止被多数人强加外部成本的权力。

多数票制的特点之一是所通过的方案往往只能改善多数人的福利，可能会损害反对该方案的少数人的福利。因此，多数票制具有强制性，多数派成员会将自己的意愿强加给少数派成员，迫使他们接受对自己不利的方案。

这种不利的方案对于少数派成员来说，意味着外部成本。布坎南和塔洛克[2]把外部成本区分为配置性外部成本和再分配性外部成本。前者是指不利的方案导致对于资源配置的帕累托最优状态的偏离，后者是指即便没有偏离帕累托最优状态，但是收益的分配向着不利于少数派的方向变化。

布坎南和塔洛克运用图 10.3 区分了状态的帕累托最优和变化的帕累托最优[3]。图中横轴和纵轴分布表示 X 和 Y 两个人的效用，斜线 $Y_M X_M$ 表示资源、技术等因素既定时，在资源有效配置条件下，X 和 Y 之间效用的替代关系，线上的任何一点都表示一种帕累托最优配置状态，该线可以被称作两个人的效用可能性曲线。图中的 A 点表示初始状态，显然它是非帕累托最优状态，B、C 和 D 三点都是帕累托最优状态，G 点不是帕累托最优状态。从 A 点向 B、C 两点的运动，代表从非帕累托最优状态向帕累托最优状态的移动，资源配置状况有所改善，不仅如此，变化的过程也具有帕累托性质。从 A 点向 D 点的运动，虽然也是从非帕累托最优状态向帕累托最优状态的移动，资源配置状况有所改善，但是变化的过程不具有帕累托性质，因为 Y 的效用下降了。从 A 点向 G 点的运动，虽然没有实现帕累托最优状态，但是变化的过程具有帕累托性质，因为 X 和 Y 两人的效用都增加了。

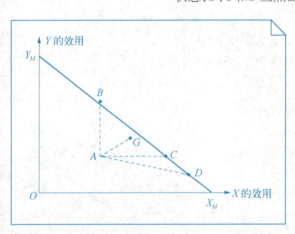

图 10.3
状态的帕累托最优和变化的帕累托最优

多数票制可能使少数派既承受配置性外部成本，又承受再分配性外部成本，起码要承受后者[4]。假定初始状态是 1 单位的收益在 3 个人之间平均分配，每

---

[1] 詹姆斯·M.布坎南，戈登·塔洛克.同意的计算[M].中国社会科学出版社，2000：284.
[2] 同[1]：218.
[3] 同[1]：188—191.
[4] 同[1]：188—207.

人1/3。现在有一个公共项目需要投入1单位的成本进行生产，于是需要向每个人征收1/3的税收；但是它只能给其中的2个人各带来1/2的收益，另一个人是零收益。如果实行多数票制，这个项目将会上马。比较初始状态与新状态，整个社会的总收益没有变化，始终是1个单位，表明配置效率没有下降，但是收益的分配发生了变化。这表明少数派没有承受配置性外部成本，只是承受了再分配性外部成本。进一步假设这个项目的成本不变，但是只能给2个人带来各5/12（小于1/2）的收益，另一个人是零收益。如果实行多数票制，这个项目同样会上马。比较初始状态与新状态，整个社会的总收益减少了，由1单位下降为5/6单位，表明配置效率下降了，同时收益的分配也发生了变化。这表明少数派既承受配置性外部成本，也承受了再分配性外部成本。

图10.4表明了上述道理。图中横轴代表三个人之一（少数派）的收益，纵轴代表另外两个人的加总的收益；45°斜线代表1单位总收益在少数派和多数派之间的分配，反映了一种此消彼长的关系，同时它也代表各种帕累托最优状态。线上的I点为初始的分配状态，A点和C点分别代表两种情况下的新的分配状态。

从初始状态出发，如果某种变化给各方带来的潜在收益是相等的，那么通过多数票制有可能达到帕累托最优状态；当然，也可能达到非帕累托最优状态。如果各方的潜在收益不相等，那么通过多数票制必定不可能达到帕累托最优状态。然而，如果存在选票交易的可能，那么即便各方的潜在收益不相等，通过多数票制有可能达到帕累托最优状态。

图10.5表明了上述道理。图中横轴代表三个人之一（少数派）的收益，纵轴代表另外两个人的加总的收益；45°斜线II代表1单位总收益在少数派和多数派之间的分配，反映了一种此消彼长的关系，线上的I^*点为初始的分配状态，A、B、C三个人各拥有相同的1/3单位收益。现在假设A、B、C各有一个成本为1/2单位，但是报酬率不同的项目，A的报酬率是200%，B是100%，C是50%，这表明各方潜在收益不相等。45°斜线AB代表各方潜在收益相等时少数派与多数派的收益分配。在多数票制下，虽然可以通过强制性的平均税收筹集1单位的资金，但是显然A不可能把它全部用于自己的项目，虽然这是资源最优配置的做法，会产生2单位的总收益。A只能与B或者C组成多数票

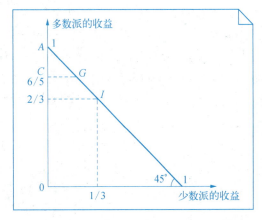

图10.4
收益的分配

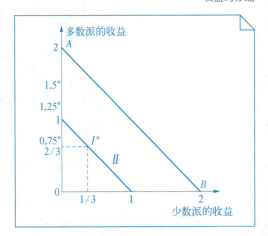

图10.5
多数票制与帕累托最优状态

联盟,均分1单位的初始总收益,结果只能产生1.5单位或者1.25单位的总收益。而如果B和C组成多数派,产生的总收益将更加少,为0.75单位。由此可见,各方潜在收益不相等时,多数票制无法实现资源的最优配置。在这种情况下,少数派C同时承受配置性外部成本和再分配性外部成本。

如果A能够与B或者C进行选票交易,比如A用大于或者等于0.5单位小于1单位的收益向B进行收买,或者用大于或者等于0.25单位小于1单位的收益向C进行收买,那么有可能把税收全部集中到A的手上,生产出2单位的收益,实现帕累托最优状态。但是少数派C仍然将承受再分配性的外部成本,面临从初始的1/3收益变为零收益或者最多1/4(0.25)收益的局面。

多数票制的第二个特点是它往往引起稀缺资源在公共物品上的过度投入,前提是一种公共物品的收益是部分人享有的而其成本是全体人承担的,或者其收益是全体人享有的而其成本是部分人承担的[1]。例如,在由A、B、C三个人或三个集团组成的集体中,要通过投票来决定一项总费用为100的公共工程是否进行,设费用由A、B、C三者均摊,即每位要纳税约33.3,而收益情况则是:A为35,B为35,C为0。整个集体的总收益为70,小于总的费用100。根据多数法则,该项目将因2/3多数票通过,其原因就在于A、B两个成员通过该项目所获得的收益35大于所受到的损失33.3。再比如由A、B、C三个人或三个集团组成的集体中,要通过投票来决定一项总费用为99的公共工程是否进行,设费用由C独自承担,而收益情况则是:A为30,B为30,C为30。整个集体的总收益为90,小于总的费用99。根据多数法则,该项目将因2/3多数票通过,其原因就在于A、B两个成员通过该项目所获得的收益30大于所受到的损失0。

如果存在选票交易的可能,那么过度投入的现象可能会有所缓解。例如,在第一种情况中,A和B每人的净收益只有1.7,于是C愿意通过等于或者大于1.7、小于33.3的出价收买A或者B,使该工程无法进行。在第二种情况中,A和B每人的净收益有30,C愿意通过等于或者大于30、小于69($GP=99-30$)的出价收买A或者B,使该工程无法进行。

多数票制的第三个特点是它无形中助长了当事人忽视投票权的行为。由于单个当事人的选择不像在一致同意规则下那样具有举足轻重的作用,所以当事人可能不愿意去进行选择或不愿意去进行认真的选择。单个人进行投票往往需要一定的成本(如花费的时间和精力),记为C,投票结果符合他的意愿会给他带来收益,记为Y,出现此种结果的概率为$P(0<P<1)$,于

---

[1] 詹姆斯·M.布坎南,戈登·塔洛克.同意的计算[M].中国社会科学出版社,2000:162—187.

是单个人进行投票的净收益 $R = P \cdot Y - C$。只有当 $R > 0$ 时，当事人才有投票的热情。在当事人人数众多时，P 往往趋近于零，故 R 也较小。较小、甚至是负数的 R，导致当事人对投票表决的冷漠态度。这种冷漠态度使得特殊利益集团往往会通过支付一定的小代价，收买那些原先不重视投票权的选民，使他们赞成对本集体有利的方案。因此，多数票制所通过的方案，有可能并不是真正有利于多数的方案，而是有利于特殊利益集团的方案，而该集团的人数可能低于全体当事人的半数。这就是说，多数票制有可能导致只反映少数人利益的方案被通过。

多数票制的第四个特点是有可能出现投票悖论。即在运用简单多数制进行集体选择时，可能出现下述现象：投票结果随投票次序的不同而变化，大多数甚至全部供选方案都有可能当选，或者说选择的结果不具有唯一性。例如三个人甲、乙、丙，面临三种方案 A, B, C。三个人的偏好有如下顺序。

甲：A 优于 B，B 优于 C

乙：B 优于 C，C 优于 A

丙：C 优于 A，A 优于 B

若从 A, B, C 三个方案中先任选两个，按简单多数进行选择，中选方案再与余下的第三方案进行比较，同样按简单多数进行选择，最后的中选方案将取决于首先比较的方案是哪两个。若先比较 A 和 B 方案，则最终的中选方案将是 C；若先比较 A 和 C，则最终的中选方案将是 B；若先比较 B 和 C，则最终的中选方案将是 A。这种现象就是投票悖论。

公共选择理论认为，出现投票悖论的原因在于当事人的偏好出现多峰现象。若每个当事人的偏好排列呈现单峰现象，则不会出现投票结论。这时，若当事人总人数为单数，则简单多数规则可以导致唯一的选择方案，且该方案正好与处于中间状态的选民的偏好相同。

所谓单峰状态，是指单个当事人的偏好排列像一座只有一个峰顶的高山，只能有最多一个上坡面和最多一个下坡面，而不能像群山那样上下起伏。如果同时有上坡又有下坡，也只能是先上坡后下坡，不能呈盆地状先下后上。图10.6 表明 A、B、C 三个当事人对 X, Y, Z 三种方案的单峰排行。在这种排行状态下，X, Y, Z 三种方案中无论首先挑出哪两个来进行比较选择，最终的中选方案一定是 Y 方案，最终的集体选择结果与处于中间状态的选民 C 的选择一致。

公共选择理论认为出现投票悖论的充分条件是有些当事人的偏好排序呈现非单峰状态。投票悖论出现的可能性与当事人的人数及可供选择的方案的个数成正比。

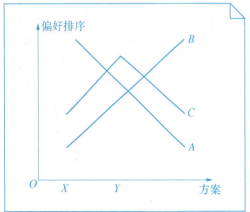

图10.6
单峰排行

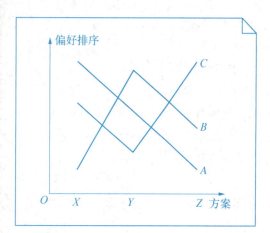

图 10.7
非单峰排行

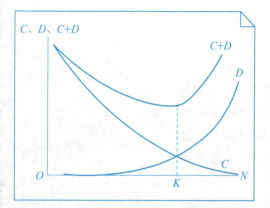

图 10.8
集体选择的决策成本

所谓多峰状态,是指单个当事人的偏好排序像群山一样起伏不断,或出现盆地状态。图 10.7 表明前述 A,B,C 三人对于 X,Y,Z 三种状态的排序。由图可知,C 的偏好排序不属于单峰状态,呈现盆地状,这就是 A,B,C 三个当事人的集体选择出现悖论的原因。

在对多数票制进行分析的过程中,公共选择理论还提出了最优多数的概念。多数票制往往使少数人受到伤害,这种伤害可称之为外部成本,它是一个方案获得批准所需要的最低多数的数值的递减函数,显然 2/3 多数规则比简单多数规则具有较少的外部成本,而一致通过规则则比 2/3 多数规则具有更少的外部成本。但另一方面,为使一个方案获得批准所需的最低多数的数值越大,通过一个方案所需要的协商谈判就越复杂,所需的时间便越长,这可以称作集体选择的决策成本。图 10.8 中的曲线 C 是外在成本函数,曲线 D 是决策成本,曲线 $C+D$ 为相互依赖成本函数,它是外部成本与决策成本之和。图中纵轴代表成本,横轴代表通过一个方案所需的最低人数,ON 为总人数。在图 10.8 中,相互依赖成本函数的最低点是 K 点,它也正好是 D 曲线与 C 曲线的交点。K 点所对应的人数便是最优多数,K/N 便是多数票制度下最佳的比例。它表明,若规定任何一个方案必须由 K/N 多数通过,则该比例将导致最低的相互依赖成本。

除了一致同意规则和多数票规则之外,民主制度下公共选择还有其他一些方式。加权投票规则,股份公司内部众股东的选择规则便是加权投票规则。否决投票规则,即在面临若干供选方案时,每个当事人都首先排除自己最不喜欢的方案,然后把凡是有人否决的方案都排除出可供选择的方案集合;若剩下的方案还有不止一个,就再次重复上述程序,直至只剩下唯一的方案时为止。还有其他一些方式这里不再一一介绍。

以上的分析主要考虑的是一次性选择,然而事实上公共选择是一个不断进行的"流"。布坎南和塔洛克对于这个公共选择"流"进行了分析[1]。他们指出,如果等强度偏好假设成立,即一个人对于不同的公共物品的偏好(或者是反感)是无差异的,那么在投票过程中将不会出现交易选票的行为。

---

[1] 詹姆斯·M.布坎南,戈登·塔洛克.同意的计算[M].中国社会科学出版社,2000:128—161.

如果进一步假设，对于一项公共物品的赞同者的赞同强度与其反对者的反对强度是相同的，那么简单多数规则就能够保证多数人的选择增加了社会福利。假定一个100人的群体，对于某项公共物品有51个人赞同（评价都等于10元），49个人反对（评价都等于-10元）。按照简单多数规则生产这个公共物品后，整个社会增加20元[20=10×（51-49）]。如果需要超过51的人数赞同才能生产，那么这个公共物品将不会被生产，社会将因此而损失20元。这个例子表明，在上述假设情况下，如果不实行简单多数规则，对于整个社会反而不利。

布坎南和塔洛克指出，如果放弃等强度偏好假设，即承认对于某一种公共物品，有的人具有强烈偏好而另一些人只具有轻微反感；同时对于另一种公共物品则正好情况相反，于是这两部分人就可能进行选票交易。选票交易包括种种形式，从简单的互投赞成票到公开的选票买卖[1]。

互投赞成票有两种情况。一种是发生在代议制议会当中或者是直接民主的小团体当中。另一种是隐含的互投赞成票，就是在面临一大堆复杂的政治选择时，政治家往往提出一个同时包含多项议题的议案，某个选民可能强烈赞同其中某一些议题，但是同时又轻微反感另一些议题，这时他可能会投票支持这个政治家。

互投赞成票好的结果是可能使一些实际上只有少数人真正赞同但偏好强烈的公共物品被生产出来。假定一个100人的群体，对于某项公共物品有30个人赞同（评价都等于20元），55个人反对（评价都等于-1元），15个人无所谓（评价为0元）。这时，只要通过选票交易，使15个无所谓的人表示赞同，再使6个原先反对的人改变态度，从而使赞同者变为51人，那么这个公共物品就将被生产出来。在这种情况下，整个社会的福利将得到改进，因为600元（600=20元×30人）大于55元（55=1元×55人）。

互投赞成票坏的结果是可能使一些从整个社会来看收益小于损害的公共物品被生产出来，例如它的收益高度集中在少数人身上而损害广泛分散在大部分人身上。假定一个100人的群体，对于某项公共物品有30个人赞同（评价都等于20元），70个人反对（评价都等于-10元）。这时只要赞同者群体通过选票交易转变反对者群体中21个人的态度，比如给这21个人每人11元的回扣，于是这个公共物品就会被生产出来。因为为了收买原来的21个反对者，赞同者群体共拿出231元，平均每人7.7元，小于赞同者对它的评价20元。从整个社会来看，这个公共物品带来的收益是600元（600=20元×30人），带来的损害是700元（700=10元×70人），

---

[1] 詹姆斯·M.布坎南，戈登·塔洛克.同意的计算[M].中国社会科学出版社，2000：228.

损害大于收益。

互投赞成票的另一个不良结果是,有可能使公共物品过度供给。假定一个100人的群体,其中10个人强烈需要某种公共物品A,其他人对A则轻微反对;另外10个人强烈需要某种公共物品B,其他人对B则轻微反对;第三组10个人强烈需要某种公共物品C,其他人对C则轻微反对;依此类推。如果不存在互投赞成票,那么A,B,C都不可能被生产;如果存在互投赞成票,那么A,B,C都可能被生产。

互投赞成票的另一个不良结果是,从公共选择的连续进行的角度来看,它可能会导致各种永久或准永久的联盟,这种联盟有可能持续地把外部成本强加给一个相对固定的少数派群体。

第五节 民主政府与赤字财政

公众选择学派认为,要研究政府的决策行为,就必须首先了解政府的行为动机,正像要研究消费者和企业在市场上的决策行为就首先要了解其动机一样。那么,政府行为的动机是什么呢?要回答这个问题,就必须考察政府性质。为此,他们提出了三种不同性质的政府模式。

第一种模式,政府是一个慈善的专制者。它的慈善意味着它完全以社会的利益为自己的行为目标,追求社会利益的最大化,它的专制意味着可以不受公民或其选举代表的牵制。这种模式事实上是当代西方那些主张政府干预的经济理论的暗含前提。但是,这种政府模式与现代西方政府的实际情况相差太远,不可能用来分析现代西方政府的经济行为。

第二种模式,政府是个拥有自己独立利益的"巨物"。巨物型政府追求的政策目标是自身利益的最大化,如最大的财政收入等。该模式承认政府官员们的经济人特征,政府的行为目标是政府官员们追求自身的满足最大化(如生活享受、权力、威望等)的逻辑结果。巨物型政府从自身的长期目标出发,不会对公众采取竭泽而渔的做法,即税收不一定很重,对经济的干预也不一定很粗暴,因为这些做法不利于长时期的财政收入最大化。

第三种模式就是西方民主型的政府模式。该模式假定全体公民以投票方式参与政府决策,政府的行为目标受到公民选票或民选代表的约束,而民选代表为了再次当选,其态度在很大程度上受到选民意愿的约束。因此,该模式强调公共选择对政府行为目标和行为方式的决定性影响。公共选择学派认为现代西方国家的政府实际上处于民主模式与巨物模式之间,但更接近于前者。

公共选择学派运用民主-巨物型模式分析政府行为的结果表明,现代西方的税制和政府开支结构大多是公共选择的结果。因此,对公共选择的具体机制——选举程序的研究,就成为公共选择理论的一个重要组成部分。

公共选择学派认为选举程序的作用就在于通过直接方式(公民投票)或者通过间接方式(经过民选代表)来表明公民全体对于公共服务的数量和质量需求,以及所愿意承受的负担(税收、税制)程度。他们认为现代西方通行的多数选举制并不一定能真正提高全社会的福利。

公共选择学派认为,任何一种政策都具有明显或含蓄的福利再分配功能,总是要把钱从一些人的口袋拿到另一些人的口袋,完全中性的政策是罕见的。通过多数选举制所选择的政策,不一定是使某些人增加的福利必定大于另一些人减少的福利的"好政策",它很可能是部分人的福利增加额小于其他人福利减少额的"坏政策"。之所以如此,是因为三个原因。

一是在政治活动中(和私人市场一样),信息不是免费获得的,而是需要花费一定的代价才能获得的,因此在政治活动中,大多数人往往不可能掌握足够多的信息来自主地作出理性选择,而是根据感情或受到的影响去投票,对于他所赞成或反对的政策究竟对他的福利有何影响并不清楚。这表明一人一票的投票制度并不一定比货币分配不平均的市场有更多的平等。

二是政府政策的受益面往往小于受损面(纳税面),且较少的受益者每人所增加的福利将大大超过较多的纳税者每人所受到的损害。在一种政策的受益面小于纳税面的情况下,尤其是两者相差悬殊时,较少的受益者将通过各种手段,施加各种压力,组织各种压力集团,促使政府选择这一政策;而人数较多的纳税者则因为该政策的放弃不会给自己增加多少利益而不去积极抵制,结果该项政策便成为公共选择的结果。例如,在由 A, B, C 三个人或三个集团组成的集体中,要通过投票来决定一项总费用为 100 的公共工程是否进行,设费用由 A, B, C 三者均摊,即每位要纳税约 33.3,而受益情况则是: A 为 35,B 为 35,C 为 0。整个集体的总收益为 70,小于总的费用 100。根据多数法则,该项目将因 2/3 多数票通过,其原因就在于 A, B 两个成员通过该项目所获得的收益 35 大于所受到的损失 33.3。

三是较多的人组织起来捍卫自身利益所需要的费用,远远高于较少的人进行组织所需的开支。因此,人数较少的受益者比人数较多的受损者更容易组织起来为自己的利益而进行政治活动。所以，在西方民主国家里，赞成增加政府开支的政治联盟历来都比企图制止增加开支的纳税人联盟多得多，也有效得多。政治生活在这里也像竞争市场那样，选择有效率的政治联盟，淘汰无效率的联盟。在这种情况下，那些在某项政策中没有收益只有损失的公民，并不会积极反对该项政策，而是积极鼓吹将为自己带来利益的其他政策。

公共选择学派认为，公共服务费用的分散性和其利益分配的集中性，是造成政府作用不断增长、财政开支不断膨胀的主要因素。政治家们清楚，通过提出新的支出计划而不是主张削减公共开支，能够获得更多的选票。因为一般选民纳税人通过缩减政府开支所得到的利益往往低于被缩减开支的受益人所感受到的损害，从而纳税人未必会投主张缩减开支的政治家的票，而因缩减开支而受害的那些人肯定不会投他的票。

公共选择学派还认为，当前困扰西方经济的政府财政赤字和通货膨胀是凯恩斯主义经济政策的必然结果。凯恩斯经济学的暗含前提是慈善专制模式的政府，因而政府干预可以视经济的繁荣或萧条而灵活变换。事实上，按凯恩斯的主张放弃平衡预算原则之后，西方的民主制度使凯恩斯的国家干预成为单向性的，即萧条时很容易增加政府开支，而繁荣过度时却很难紧缩政府开支。这就造成了日益增长的财政赤字和旷日持久的通货膨胀。

公共选择学派的结论为：当代西方经济社会所暴露出来的众多问题，与其说是反映了市场经济的破产，不如说是反映了政治结构的失败。因此，正确的对策是进行政治制度和法规的改革，其目标是遏制不断膨胀的政府势力。布坎南在《自由的限度》一书中表达了这样的意见：我们时代面临的不是经济方面的挑战，而是制度和政治方面的挑战，我们应该发明一种新的政治技术和新的表现民主的方式，它们将能控制官僚主义特权阶层的蔓延滋长。

本 章 总 结

1. 公共选择理论的一个基本出发点就是把经济学中的经济人假设引进对人们政治行为的分析中。公共选择学派认为，人们在进行政治活动时，也是以个人的成本-收益计算为基础的。在其他条件相同时，他总是愿意投票赞成这样的政治家：该政治家的行为预计将给他带来更大的得益，而不愿投票赞成其行为有可能给他带来较小利益甚至损害的政治家。同时，人们也不会因为他占有一个总经理的位置或拥有一个部长头衔，人性就会发生变化，不管是在私营企业工作还是在政府机构服务，只要有可能便会选择能为自己带来更大满足（物质上的或纯粹心理上的，如权力、威望、职业成就等）的决策，即使该决策可能不太符合公众利益。

2. 公共选择理论分析纯粹的个体安排存在外部性时如何解决外部性所带来的问题。外部性对于一个群体中各个成员的性质和影响程度往往是不相同的，对一部分人具有负外部性的决策和活动可能对于另外一部分人具有正外部性。这就造成了公共选择的复杂性。首先是负外部性如何消除，是允许它在一定程度上存在，还是通过公共选择来消除它或者起码是减少它；而通过公共选择来解决负外部性问题又面临一种选择：是通过自愿合作性安排还是政府强制性安排？其次是正外部性导致的公共物品供给不足问题：公共物品的选择机制，如何改进公共物品的生产过程，如何提高公共物品的生产效率？

3. 公共选择学派把经济人的假设引进政府行为的分析中，揭示了官僚主义的根源。他们认为政府部门出现官僚主义行为方式的原因，首先在于官僚主义行为通常是给政府官员带来个人利益的最佳方式，其次是因为政府的组织结构特征使政府各部门的工作性质大多具有一定的垄断性。

4. 公共选择学派认为，当前困扰西方经济的政府财政赤字和通货膨胀是凯恩斯主义经济政策的必然结果。按凯恩斯的主张放弃平衡预算原则之后，西方的民主制度使凯恩斯的国家干预成为单向性的，即萧条时很容易增加政府开支，而繁荣过度时却很难紧缩政府开支。这就造成了日益增长的财政赤字和旷日持久的通货膨胀。公共选择学派的结论：当代西方经济社会所暴露出来的众多问题，与其说是反映了市场经济的破产，不如说是反映了政治结构的彻底失败。因此，正确的对策是进行政治制度和法规的改革，其目标是遏制不断膨胀的政府势力。

思 考 题

1. 公共选择学派的基本理论假设是什么？
2. 论述公共物品与公共选择之间的关系。
3. 论述公共选择学派对于官僚主义的分析。
4. 论述公共选择学派对于通货膨胀的分析及对策。

第十一章 新制度经济学派

自20世纪六七十年代以来，以科斯为代表的新制度经济学派异军突起，成为新自由主义经济学中最富有吸引力且最有助于使传统的经济研究和政治研究发生革命性变化的理论。这一流派的主要代表人物科斯、诺斯、威廉姆森等相继获得诺贝尔经济学奖，使这一流派的影响日趋扩大。

目前存在两种不同的新制度学派。一是以加尔布雷斯、缪达尔、海尔布罗纳、塞缪尔斯等人为代表的新制度学派。这一学派继承了以凡勃伦和密切尔为代表的旧制度学派的传统，主要研究制度对社会经济生活的决定作用以及制度进化过程，同时也强调技术变化在制度进化过程中的作用。另一是以科斯等人为代表的新制度经济学派。这一学派不仅注重从现实世界存在的问题出发研究制度问题，而且侧重于从微观角度研究制度的起源、演化以及制度在经济生活中的作用。但与前一种新制度学派所不同的是，后者是运用新古典经济学的逻辑和方法进行制度分析，并把自身的理论视为对新古典经济学的发展。因而，这一学派的理论普遍地被主流学派所接受。后一种新制度学派也没有形成统一的、规范化的理论体系，其主要理论和方法出现在产权理论、交易成本理论、新经济史理论、代理理论、委托代理理论、新产业组织理论和法与经济学等理论名目之下。本章内容仅限以科斯为代表的、作为运用新古典微观经济理论研究制度问题的众多学派统称的新制度经济学派。本章重点介绍：产权理论，研究产权的功能、产权界定、所有权安排及其对资源配置和经济发展的影响等问题。交易成本理论，围绕交易成本节约这一中心，把交易作为分析的基本单位，研究企业性质、企业与市场的边界及相互关系等经济组织制度问题。委托代理理论，集中研究信息不对称条件下的契约问题，包括逆选择问题、道德风险问题和机制设计问题等。

第一节 │ 新制度经济学派的理论贡献

新古典经济理论研究人类的经济行为，是促进现代经济学产生和全面发展的一个重大贡献。新古典经济理论体系就是建立在关于经济人行为的两大基本假定基础上的。

第一个基本假定是经济人追求自身利益最大化。单个消费者在一定的预算约束下，选择所应消费的商品或服务的品种数量，使自己所得到的效用满足程度最大化；厂商在一定的成本和市场需求的约束下追求利润最大化。经济人追求利益最大化的自利行为所产生的社会收益（社会成本）与个人收益（个人成本）总能在市场机制的作用下保持一致。每一个经济人都具有完全的制度知识，他们完全了解在资源稀缺性和未来不确定性的约束下相互进行竞争的自利行为所必须遵守的规则，并严格地按照这些规则展开竞争。在竞争过程中，经济人总是保持着互惠性的合作关系，相互之间并不存在利益冲突。在这种情况下，具有协调人们相互之间利益冲突功能的制度安排是不重要的。

第二个基本假定是经济人行为的完全理性。新古典经济学假定经济人在决策或问题求解过程中，总是能够最充分地利用所得到的关于所处环境的信息，并具有足够的认知能力，从各种备选方案中选择最佳的方案，或者寻求"最满意"的问题解值。在这一完全理性假定下，经济人成了全知全能的人。由于人具有完善的理性，制度也就不重要了。

新古典经济学所研究的人，是一种脱离现实的理念中的人。新制度经济学家认为，新古典经济学的经济人范式是导致其对现实经济生活缺乏解释力的一个最重要的原因。他们主张经济学应该研究人在现实生活中的本来面目，也即现实中的人性。正如罗纳德·哈里·科斯所说的那样，"当代制度经

罗纳德·哈里·科斯
（Ronald H. Coase）

奥利弗·威廉姆森
（Oliver·Williamson）

济学应该从人的实际出发来研究人"[1]。所以，新制度经济学派的经济学家在制度分析中，都不同程度地吸收了一些比新古典经济学中经济人范式更符合人的本性的分析方法[2]。这一点在奥利弗·威廉姆森的著作中表现得最为充分，具体表现在对新古典经济学中的经济人自利行为假定所作的两方面的修正。

1. 经济人行为的有限理性（bounded rationality）假定

西蒙、阿罗等人对新古典经济学关于人的行为完全理性假定提出了尖锐的批评，认为"这个奥林匹亚山神般的理性模型从来未曾、也根本不可能用于实际——无论是否用最大型的计算机"。在现实生活中，从事经济活动的人所面临的往往是一个复杂而且充满不确定性的环境。尽管人总是有意识地想把事情做到最好，但是，由于人们从事决策或问题求解所需信息是一种稀缺性资源，且人的理解能力和计算能力也是有限的，所以，正如西蒙所说的那样，现实中的人仅仅是"有达到理性意识，但又是有限的"。新制度经济学把西蒙等人的有限理性学说引入关于人的行为的假定之中，所不同的是，西蒙等人在有限理性假定基础上否定了新古典经济学关于追求利益最大化假定，并提出人在有限理性的约束下仅仅追求行为结果的"次优"或"满意"，而新制度经济学则沿用新古典经济学的"最大化"假定。在有限理性假定下，制度分析不仅是必要的，而且是至关重要的。正因为理性的有限性，人们做到对未来的不确定性因素了如指掌是不可能的，甚至对这些不确定因素给定一个概率分布函数也是相当困难的。所以，在交易过程中，人们不可能在合约中对所有未来可能发生的事件给交易当事人所带来的收益或风险作出详细的规定，这样，交易当事人就必须承担未来不确定风险以及因不完全契约引起纠纷所可能带来的损失。在这一情形下，通过设立制度或进行制度创新来降低交易过程中的不确定风险，协调不完全契约引起的利益冲突是非常重要的。也正是理性的有限性，人们不可能判断一个人的自利行为是否是损人利己行为，并对此作出迅速反应，这样，凭借说谎、欺骗、毁约等不正当手段谋取私利的行为就可以得逞，所以，人们需要设立各种制度安排来规范人的行为，建立良好的秩序。新制度经济学正是以有限理性这一人的本性为前提，分析制度的功能、构成及其运行。

2. 机会主义行为倾向（opportunism）假定

"机会主义"这一概念是威廉姆森在借鉴奈特分析保险契约时所使用的道德风险（moral hazard）一词基础上形成的。威廉姆森认为，"人在追

---

[1] 科斯.企业、市场与法律[M].上海三联书店,1990：252.
[2] 在科斯等人的著作中，并没有明确地提出有限理性和机会主义行为倾向两个假设，但这些假定往往暗含在制度分析之中。

求自身利益时会采用非常微妙和隐蔽的手段,会耍弄狡黠的伎俩"[1],如说谎、欺骗、偷窃和毁约等。虽然这不意味着所有的人在所有的时间或场合都以机会主义方式行事,但总有那么一些人在某些时候或场合采用这种行为方式。所以,以欺哄手段追求自身利益的行为倾向是基本人性之一。当然,机会主义行为倾向假定是以有限理性假定为前提的。因为,如果人具有完全理性,能够洞察现在和未来,机会主义行为将无从得逞。正因为机会主义行为倾向是基本人性之一,这就需要设定各种制度安排约束人的行为,从而抑制人的机会主义行为倾向。因此,"实际的人是在现实制度所赋予的制约条件中活动的"[2]。要研究现实中的人的活动,就必须研究现实中的制度。新制度经济学的一个重要的研究风格,就是注重研究那些现实世界提出的问题,通过案例分析,阐述深奥而又精湛的新制度经济理论。

在某种意义上说,新古典经济学的危机首先是其行为假定的危机。新制度经济学之所以能够成为一种对现实经济问题具有较强解释力的理论,很大程度上在于它比新古典经济学采用了更逼近现实层次的行为假定,所以其理论能够更好地解释和描述人的本性和人的经济活动。新制度经济学对新古典经济学研究领域和应用领域的拓展,正是以对新古典经济学的行为假定的修正为基础的。

经济学所研究的人类经济活动,包括两个方面的内容。一是人类的生产活动。人类需要依靠各种资源生产出所需的物品或服务,用于满足自身多种多样的需要。但是,人类可用于生产的绝大多数资源都是稀缺的,这就要求他们把各种稀缺资源配置到最需要的用途或使用方向上去。这一过程反映了人类经济活动中人与自然发生关系的一面。经济学在这方面所需研究的是,如何通过对稀缺资源的最佳配置和合理使用,生产出更多财富的技术性问题。二是人类的交易活动,也即人与人发生关系的活动。任何一项生产活动的背后,都隐藏着更为复杂的人与人之间的关系。例如,资源配置过程正是通过一系列的资源所有者之间的产权重组和转让才得以实现;生产过程往往是建立在社会分工所形成的人与人之间的各种竞争或合作关系基础上;作为生产目的的消费,也是以人与人之间财富分配或再分配为前提的。在这一系列的交互影响活动中,人与人之间有可能发生互惠性合作关系,也有可能发生竞争乃至利益冲突。经济学在这一方面所要研究的是,如何通过设定一系列的制度安排或组织来协调人与人之

---

[1] 威廉姆森.交易费用经济学讲座[J].经济工作者学习资料,1987(50).
[2] 科斯.企业、市场与法律[M].上海三联书店,1990: 255.

间的合作或竞争关系的制度性问题。主流学派抛弃了古典政治经济学注重研究经济活动过程中人与人关系的传统,把反映人与人关系的制度视为既定的,集中研究人的生产活动,即人与自然的关系。所以,在主流经济学的教科书中,影响经济行为的制度被高度地简化,企业制度被简化为一种生产函数,各种生产要素所有者之间的契约关系被产量与资本、劳动和技术等变量之间的函数关系所掩盖;市场制度被简化为一种供求曲线,市场交易活动中的人与人之间的关系变成了需求、供给和价格之间的数学关系。新制度学派试图改变经济学的这一研究格局,他们把新古典经济学的基本方法运用于研究包括法律、企业组织、市场组织和社会文化等制度在内的"生产的制度结构",从而把新古典经济学的研究领域拓展到人与人之间的交易活动。

新制度经济学成功地将制度经济学和新古典经济学的理论方法有机地结合起来,与科斯教授创造并典范性地运用交易成本概念是分不开的。所谓交易成本,是人与人打交道的成本,它是相对于人与自然打交道的生产成本而言的。为了得到交易所提供的服务,人们必须投入各种稀缺的资源。例如,为了购买一套设备,寻找合适的卖主需要花费时间和精力;与卖主协商、讨价还价,签订有关契约也需要花费时间和精力;聘请某个专家检查这套设备是否符合契约上规定的规格、质量和功能等标准必须付出时间与货币;如果经使用证明这套设备不符合标准,通过法律途径寻求赔偿还需花费时间和货币。正如生产任何一种物品都需要一定的物耗一样,任何一项交易活动都需要消耗一定量的稀缺资源。交易成本构成了人的经济活动的主要部分,往往比生产活动的成本更为重要[1]。威廉姆森把交易成本比喻为物理学中的摩擦力,而阿罗认为"交易成本是经济制度的运行成本"。

在科斯之前,无论是制度经济学还是新古典经济学,都假定交易成本为零。这一假定暗含着交易是不稀缺的,而一种不稀缺的事物是无法纳入新古典经济学的分析之中的。交易成本概念的出现,使把交易(即人与人关系)和制度纳入新古典经济学的研究领域成为可能。所以,从零交易成本假定修正为正交易成本假定,不仅使经济学的研究更加逼近现实,更为重要的是使现代经济学的分析方法同样适用于研究制度问题,这就大大地拓展了新古典经济学的研究领域。

由于新制度经济学从人们行为假定和研究领域方面促成了新古典经济学

---

[1] 张五常教授估计交易成本占香港国民生产总值的80%。数据转引自盛洪.分工与交易[M].上海三联书店,1992:27.

的发展,使新古典经济学获得了对现实经济问题的新的解释力,这就大大拓展了新古典经济学的应用领域。自1930年代,特别是1960年代以来,新制度经济学家们把新古典经济学的逻辑和方法广泛地运用于研究各种制度问题,并相应地形成了各种流派。例如,科斯运用交易成本分析方法研究外部性问题,开创了现代产权经济学;威廉姆森运用交易成本分析方法研究垂直一体化问题,开创了交易费用经济学和新产业组织理论;道格拉斯·诺斯把产权和交易成本概念引入经济史研究,开创了新经济史学。新制度经济学的理论和方法在各个领域的应用已相当广泛,以至于"在当代西方经济学尤其是近30年的经济学文献里,出现频率最高、被引用次数最多的概念,大概莫过于交易费用了"[1]。不仅如此,新制度经济学的兴起还带来了制度主义的复兴。

道格拉斯·诺斯
(Douglass C. North)

第二节 产权学派的理论

新制度经济学是对运用新古典微观经济理论研究制度问题的众多学派的统称。鲁道夫·瑞切特(Rudolf Richter)等人把新制度经济学视为交易成本经济学、产权理论和代理理论的混合。哪怕只是对新制度经济学的各个流派作一简述,也不是本章的篇幅所能包容的。因此,本章对新制度经济学的内容简介,只限于现代产权理论、交易成本理论和代理理论。

产权学派于1960年代兴起于美国。1960年,科斯的一篇具有新制度经济学范式意义的经典论文——"社会成本问题"的发表,标志着现代产权学派的诞生。他主要研究产权制度安排对社会和人的经济活动的影响问题。现代产权理论不仅是新制度经济学的理论及方法论的基础,也是整个经济学的新自由主义运动的重要传播渠道[2]。这一学派的主要代表人物有科斯、阿尔钦、德姆塞茨和诺斯等。

一、产权的概念及其结构

"产权"是"财产权利"一词的缩写。西方产权经济学家所研究的"产权",并不是我们通常所讲的法律意义上的"所有权",即依法占有财产的权利,也不是指对财产进行占有、使用、处置和收益分配的权利。他们已赋予

---

[1] 张军.现代产权经济学导论[M].上海三联书店,1991:1.
[2] 亨利·勒帕日.美国新自由主义经济学[M].北京大学出版社,1985:2.

哈罗德·德姆塞茨
（Harold Demsetz）

"产权"全新的内涵，之所以仍沿用"产权"一词，是因为他们至今难以另造一个更为合适的名词来代替它。把西方产权理论研究的"产权"与传统意义上的"所有权"区分开来，是理解西方产权理论的一个重要的前提。

由于产权学派研究产权问题的出发点和着力点不同，他们对产权的内涵各取所需，无法形成统一的产权定义。例如，哈罗德·德姆塞茨把产权定义为"一个人或其他人受益或受损的权利"[1]，或者说是界定人们是否有权利用自己的财产获取收益或损害他人的权益，以及他们之间如何进行补偿的规则；阿尔钦则把产权定义为"一个社会所强制实施的选择一种经济品使用的权利"[2]，或者说是人们使用资源时所必须遵守的规则；还有一种观点认为，西方产权理论所研究的"产权"，是指"两种平等的所有权之间的权、责、利关系"，它是用来解决所有者的应得权益被内部化为其他交易当事人权益问题（也即外部性问题）的一种制度安排。尽管产权经济学家给出了不同的产权定义，但是，他们对产权的理解还是有一些共识。例如，产权经济学家都把产权视为人们对物的使用所引起的相互关系，也即一种人与人之间的基本关系，而不是人对物的关系；他们都强调产权是一组行为性权利，或者说是一个"权利束"；他们都把某一物品所附着的权利数量及其强度视为该物品经济价值大小的决定性因素等。

一个完整的产权包括使用权、收益权和转让权，其中每一种权利又可得到进一步的细分。例如，一个房屋所有者既可以把它用作居住房，也可以把它用作厂房，这样，房屋的使用权就分解为两种不同的权利。这些使用权既可以由房屋所有者本人行使，也可以全部转让（如出售）或部分转让（如出租）给别人。这样，转让权又分解成两种不同的权利。当使用权全部归所有者本人时，房屋产生的收益由他独享；而当使用权非永久性让渡时，收益则在所有者和使用权购买者之间分享。这里又体现了收益权的分解。产权学派并不把产权视为使用权、收益权和转让权的简单加总，而是深入分析产权可转让条件下产权的全部权利在空间和时间上的分布形态，以及产权内部各种权利之间的边界和相互制约的关系。

二、产权的起源及其功能

在前面，我们通过对产权概念和产权结构的分析，讨论了什么是产权这一问题。现在，我们从产权的起源及其在现实经济生活中的功能角度，分析

---

[1] 德姆塞茨.关于产权的理论[M].财产权利与制度变迁.上海三联书店,1991：97.

[2] 阿尔钦.产权：一个经典注释[M].R.科斯、A.阿尔钦、D.诺斯等.财产权利与制度变迁.上海三联书店,1991：166.

一下产权学派如何解释为什么要设置产权制度这一问题。限于篇幅,在此仅介绍德姆塞茨对这一问题的解释。

德姆塞茨通过对加拿大东部的印第安人在18世纪初建立土地私有制的案例分析,解释私有产权的形成。在皮革贸易之前,印第安人狩猎的主要目的是为了满足自身的需要。狩猎能自由地进行,每个人都缺乏对其他人的狩猎的控制,没有人对增加或维持动物存量感兴趣,从而出现过于密集的狩猎,导致动物资源稀缺程度的提高。但是,这并没有引发土地私有产权的产生。这是因为,对印第安人来说,在动物的价值很小的情况下,确立私有狩猎边界所获得的收益小于为此而付出的成本。随着皮革贸易的出现,一方面由于需求的剧增而使皮毛价值大大增加,另一方面狩猎活动的剧增又使这一动物变得日益稀缺。正是因为资源稀缺程度和相对价格的变化,使通过建立私有狩猎区来养殖并保护动物变得有利可图,或者说确立私有狩猎边界所获得的收益将大于为此所支付的成本,于是私有产权制度就在这一地区兴起。相反,北美西南部的印第安人则未能建立起相似的产权制度。这是因为,与前者相比,这一地区的动物的商业价值相对较低,而把它们的活动范围限定在某一狩猎区域内相对较为困难,这就意味着界定私有产权的收益相对较低,而成本则相对更高。在这个案例分析中,德姆塞茨从资源稀缺而发生相对价格变化,从而引起产权界定的收益和成本对比关系的变化角度,分析了私有产权兴起的原因[1]。

在一个资源不稀缺的世界,或者是鲁滨孙的世界里,产权是不起作用的。但是,人类社会所面临的是一个资源稀缺的世界,每个人的自利行为都要受到资源约束。如果不对人们获得资源的竞争条件和方式作出具体的规定,也即设定产权安排,就会发生争夺稀缺资源的利益冲突,以产权界定为前提的交易活动也就无法进行。因此,通过建立产权制度,能够让人们知道应该如何获得资源,以及在什么样的权利范围内可以选择资源和使用它们。所以,德姆塞茨认为,"产权是一种社会工具,其重要性就在于事实上它们帮助一个人形成他与其他人进行交易时的合理预期"[2]。也就是说,产权制度能够帮助人们了解他与其他人发生关系时,他可以做什么、不可以做什么,在交易过程中如何受益、如何受损以及他们相互之间如何进行补偿,从而对自己行为可能给自己带来的收益或损失形成一个合理的预期。因为,在产权规则能够得到有效实施的前提下,每个交易当事人都将得到他应得的权

---

[1] 德姆塞茨.关于产权的理论[M]//R.科斯,A.阿尔钦,D.诺斯等.财产权利与制度变迁.上海三联书店,1991: 101—104.
[2] 同[1]: 97—98.

益（也即内部化），同时也都将支付应由他承担的成本。所以，德姆塞茨认为，产权的一个主要功能就在于"引导人们实现将外部性较大地内在化的激励"[1]。一种有效的产权制度，能够抑制人们通过分配性努力实现利益最大化的行为倾向，激励人们通过生产性努力（是指一个人为了获得收入而进行创造新财富的活动；分配性努力是指一个人将别人已有的财富转变为自己的财富）来增加收益。产权学派认为，一个社会的经济绩效如何，最终取决于产权安排对个人行为所提供的激励功能。

三、产权安排与资源配置效率：科斯定理

与新古典经济学相比，新制度经济学侧重于研究制度问题，但这并不意味着新制度经济学不主张研究资源配置（也即人与自然的关系）问题。恰恰相反，新制度经济学也研究资源配置问题，只不过其研究的侧重点放在交易费用为正的前提下制度是怎样影响资源配置效率的。正如科斯所说的那样，"我的梦想就是建立一种能使我们对生产的制度结构的决定性因素进行分析的理论"。著名的"科斯定理"实质上就是从产权安排角度对资源配置进行制度分析。

科斯定理至今尚无规范的表述方式。一种较为通俗的表述是："在交易成本为零和对产权充分界定并加以实施的条件下，外部性因素不会引起资源的不当配置。因为在此场合，当事人——外部性因素的生产者和消费者——将受一种市场动力的驱使去就互惠互利的交易进行谈判，也就是说，使外部性因素内部化。该中性定理指出，拥有有关决定资源使用的产权的人，无论是外部性因素的生产者还是消费者，交易过程总是一样的。"[2] 较为简单的表述是引用科斯的一句话："如果定价制度的运行毫无成本，最终的结果（产值最大化）是不受法律状况影响的。"[3]

在"社会成本问题"一文中，科斯通过对"走失的牛损坏邻近土地的谷物增长"的案例分析，论述了他的观点。他设想了两种情况。第一种情况是养牛者没有权利让牛群损害谷物。在这种情况下，对养牛者来说，只要赔偿费不高于修建隔离牛群的篱笆所需的费用，就愿意支付赔偿费，否则他将选择修建篱笆。对农夫来说，只要从养牛者那里获得的赔偿费高于在不受损害条件下耕种土地的纯收益，他就同意放弃耕种土地。第二种情况是养牛者有权利让牛群损害谷物。在这种情况下，农夫为了避免谷物受损，就要为

---

[1] 德姆塞茨.关于产权的理论[M]//R.科斯，A.阿尔钦，D.诺斯等.财产权利与制度变迁.上海三联书店,1991：97—98.

[2] 皮尔斯.麦克米伦现代经济学词典[M].麦克米伦出版公司,1981：67.

[3] 科斯.企业、市场与法律[M].上海三联书店,1990：233.

养牛者支付赔偿费，所支付的赔偿费等于受损谷物的价值。如果两者之间交易是无成本的，无论养牛者是否有权让牛群损害谷物，两者之间的交易都能达到产值最大化的结果。

科斯定理所包含的一个基本内容是，在交易成本为零的状态下，不管产权是如何初始界定的，市场交易都将导致资源配置处于帕累托最佳状态。这与新古典经济学的完全竞争模式是完全合拍的。科斯真正所要研究的是交易成本为正的另一个世界。所以，科斯阐述了上述观点之后，又提出了被称为"科斯第二定理"的论点：一旦考虑到市场交易的成本，合法权利的初始界定以及经济组织形式的选择将会对资源配置效率产生影响。在科斯第二定理中，隐含了产权经济学的许多重要的思想。其中，最重要的有两个方面。

（1）在交易成本为正的前提下，资源配置的帕累托最佳状态是不可能实现的，交易成本是决定资源配置效率的一个重要变量。

（2）在交易成本为正的前提下，产权安排不仅影响产权转让和重组的市场交易，而且还将直接影响资源配置效率。

由于科斯本人并未对其有关思想加以系统的概括和进一步的解释，形成了对科斯定理的众多表述和理解，很少有其他定理像科斯定理那样引起人们的争议。以威廉姆森为代表的交易费用学派认为，只要产权界区清晰，从而交易界区明晰，交易成本为零，资源就可能得到有效的配置。以布坎南为代表的公共选择学派则认为，有了明晰的产权界区，还必须自愿交易，产权可以自由转让，才有可能实现资源有效配置。而以舒尔茨为代表的自由竞争学派进一步指出，垄断会造成资源配置效率的递减，引起市场障碍。在产权界定明确的条件下，还必须通过竞争，排斥垄断，才能实现资源的有效配置。

四、产权理论的前沿进展

20世纪80年代以来，新制度经济学中的产权理论由<u>奥利弗·哈特</u>（Oliver Hart）领衔开始走上了复兴之路。现代产权理论，又称不完全契约理论，它的理论核心是由哈特及其合作者在两篇论文（Grosman and Hart, 1986; Hart and Moore, 1990）中所开创的 GHM 模型。因此，数理化和模型化是以 GHM 模型为核心的新一代产权理论的重要特征之一，此后的20余年里，产权理论迅速在契约理论、企业理论和法经济学等多个领域掀起一阵飓风，形成了"不完全契约理论"这一新的学派[1]。

奥利弗·哈特
（Oliver Hart）

---

[1] 杨瑞荣，聂辉华.不完全契约理论：一个综述[J].经济研究，2006（2）；聂辉华，杨其静.产权理论遭遇的挑战及其演化[J].南开经济研究，2007（9）.

1. 基本模型

GHM模型是新一代产权理论的核心,其基本思想有:由于当事人的有限理性,以及预见、缔约和执行契约的三类交易费用,导致当事人只能缔结一个无法包括所有可能情况的不完全契约。如果当事人在签约后进行了人力资本或者物质资本的专用性投资,那么他将面临被对方"敲竹杠"(hold up)的风险,这会扭曲投资激励和降低总产出。在不完全契约中,专用性投资激励由事后谈判力(外部选择权)决定,而谈判力又取决于对物质资产的剩余控制权(residual control right)。这种权利天然地由资产的所有者拥有。因此,为了最大限度地减少被敲竹杠风险,应该将物资资产的所有权配置给对投资重要的一方。简单地说,GHM模型认为关键是通过产权的配置来激励当事人的事前专用性投资激励。

图11.1表明,在日期0,双方当事人签订某种产品的交易契约。由于双方无法预见自然状态,或者即便预见到也难以写入契约并且被第三方(如法庭)证实,因此初始契约是不完全的。在日期0和日期1之间,当事人中的一方或双方进行关系专用性投资,这种投资通常包括人力资本。在日期1,双方投资的成本和收益实现了,并且成为可证实的公开信息,因此双方当事人无成本地根据科斯定理对初始契约进行再谈判,即根据最大化总产出的原则来配置产权。以上就是GHM模型的基本内容。

图11.1 GHM模型

2. 理论应用

产权理论经典的GHM模型最初应用的领域是企业理论。GHM模型从产权和激励的角度重新审视了企业一体化的成本和收益,从而大大突破了传统企业理论的研究框架。除此之外,产权理论的思想还被应用于公司金融和公司治理、政府采购与公用事业民营化、社会契约与政治制度设计等领域。阿吉翁(Aghion)和博尔顿(Bolton)首次将产权理论的思想应用于金融契约理论。他们在一个不完全契约的框架下考虑了公司控制权在资本家(债权人)和企业管理者(债务人)之间的转移问题,基本结论是:如果一方的个人利益与总利益不是单调增长的,那么就应该将控制权转移给对方;如果双方的利益都不与总利益单调增长,那么相机控制(contingent control)

是最优的。与此同时,产权理论的实证检验研究也开始兴起,比如,贝克(Baker)和哈勃德(Hubbard)以美国卡车行业为例,考察了契约不完全时卡车所有权的配置问题。他们发现,司机是否拥有卡车,取决于驾驶激励和谈判成本的权衡取舍。驾驶路程越长,卡车载货量越是难以测度,或者越是对装备具有单方面的要求,则产权越是应该配置给司机而非运输公司。

第三节 | 交易成本理论

交易成本经济学起源于1930年代。从1970年代中叶以来,它成为现代经济学发展中最为活跃的一个学派之一。尤其是在年轻一代的经济学家中,从者甚众。许多早期的经济学家、组织学家和法学家的思想都对交易成本经济学的产生和发展作出了重要的贡献,如奈特的"道德风险"理论、康芒斯的制度理论、巴纳德的组织理论和卢埃的契约理论,但促成交易成本经济学产生的最为直接的理论渊源是科斯的经典论文——"企业的性质"(1937)。

一、交易成本概念的提出

在新古典经济学中,企业被简化为一个生产函数,企业的职能仅仅是根据这个生产函数把投入品转换成产品或服务。在新古典经济学的理论框架下,对企业为什么会存在、由什么来决定企业的结构和规模边界等问题,都无法作出解释。在"企业的性质"一文中,科斯通过引入交易成本概念,正式提出并分析了这两个被新古典经济学所忽视的命题。

科斯认为企业和市场是两种不同但又可以相互替代的交易制度。市场的交易是由价格机制来协调的,而企业的存在将许多原属于市场的交易"内化"了。在企业内部,行政命令取代了价格机制成为生产活动的协调机制。例如,在劳动力市场上,工人根据雇主所出工资的高低来决定到哪里受雇,他们的行为受市场劳动力价格的协调。一个劳动力一旦被企业所"内化",也就是说成为企业的雇员,他在企业中的行动就必须服从行政命令。企业为什么会产生和存在呢?科斯认为,这是因为企业通过"内化"市场交易可以节省交易成本。如果市场交易成本为零,雇主可以随时到劳动力市场"购买"所需劳力,而不必长期雇佣一个工人。事实上,雇主每天到市场上"购买"劳动力,必须支付很高的成本,如时间、讨价还价的费用,以及因雇不到合适工人而可能给生产活动带来的损失,等等。通过把这一市场交易过程内化到企业中,建立起长期稳定的雇佣关系,就可以节省交易成本。因此,在科斯看来,交易成本的节省是企业产生、存在以及替代市场机制的唯一动力。

如果企业"内化"市场交易就能带来交易成本的节省,那么,企业规模就会无限扩张,直至完全取代市场,使整个经济成为一个大企业。事实上,这是不可能的。这是因为,企业组织和协调生产活动也会产生管理费用。随着企业规模的扩张,这一费用也会越来越高。当企业规模扩张达到某一边际点,即企业再多"内化"一项市场交易所引起的管理成本等于别的企业组织这项交易的成本,也等于由市场组织这项交易的成本时,静态的均衡就实现了。这时,企业与市场之间的规模边界也就确定下来,全部交易在企业与市场之间以及各企业之间的分布处于成本最小的状态。由此可见,科斯把交易成本视为决定企业和市场边界的唯一变量。

科斯的"企业的性质"一文,事实上奠定了交易成本理论的基础。但是,这一学说的成熟的理论体系是在20世纪七八十年代形成的。威廉姆森的《市场与科层制》(1975)和《资本主义的经济制度》(1985)两本论著,是系统阐述交易成本理论的代表作。

二、交易成本学派的基本理论结构

交易成本理论是用制度比较分析方法研究经济组织制度的理论。它的基本思路是,围绕交易成本节约这一中心,把交易作为分析的基本单位,研究企业与市场的关系。

把交易作为经济学的基本分析单位,是早期制度经济学家康芒斯的贡献。他认为,交易不是简单的物品交换,而是人与人之间对物品的所有权的让渡和取得。他还把交易划分成三种基本类型,即买卖的交易、管理的交易和限额的交易。这三种交易事实上也可以分别称为市场交易、企业内部交易和政府交易。交易成本经济学师承了康芒斯的这一思想,也把交易视为经济活动中的最小单位,并从契约角度把作为基本分析单位的交易作了进一步的细化和一般化。威廉姆森认为,当一项物品或劳务越过技术上可分的结合部(interfere)而转移时,交易就发生了。企业之间、车间之间以及同一车间的操作工之间,都普遍存在交易关系。之所以要把交易作为基本分析单位,是因为它是经济活动中人与人之间关系的最为基本和一般的形式。因此,对协调经济活动中人与人之间的组织制度的研究,逻辑上必然要求把交易作为分析的基本单位。

交易被认为是通过各种各样的契约而进行的,这样,交易成本学派的学者把组织制度问题视为契约问题。他们还赋予参与交易的主体两大基本行为特征，即机会主义行为倾向和有限理性。为了区别于正统经济学中的"经济人"概念，威廉姆森把具有这两大行为特征的交易者称为"契约人"，还把契约人的两大基本行为特征假定作为组织制度分析的逻辑起点。在交易过程中，契约人在本性上具有采用损人利己的手段获取私利的机会主义行为倾向。在有限理性条件下，人们对这些行为可能发生的时间和方式作出正确的判断，并采取措施加以预防，需要支付高昂的交易成本。为了节省交易成本，就需要建立一些组织性框架——治理结构，来有效地防止机会主义行为。企业和市场是两种最为典型的规制结构，此外，还存在各种各样的中间性的规制结构，如三边治理结构和双边治理结构等。每一种规制结构都具有不同的激励功能和保障功能，它们分别适用于不同的交易。交易成本学派所要研究的一个重要内容，就是分析什么样的交易在哪种治理结构中完成所付出的交易成本是最小的。为了解决这一问题，首先需要描述交易的性质以便把交易区分为不同的类型。威廉姆森提出了三个分析交易性质的维度。一是资产专用性。它是指为了某一特定的交易而作出的持久投资一旦形成，就很难转移到其他用途上去。如果交易过早地终止，所投入的资产中包含了一部分"不可挽救的成本"，即沉没成本。所以，资产专用性越强，为预防机会主义行为所需付出的交易成本也有可能越高，交易双方越需建立一种持久的、稳定的契约关系。资产专用性可分为五类，即地理区位专用性、人力资本专用性、物理资产专用性、根据用户订单而形成的专用性和商誉专用性。二是不确定性。在交易过程中，交易双方都既要面临来自外部环境的不确定性，还要面临来自交易本身的不确定性。交易成本经济学特别强调交易过程中机会主义行为所带来的不确定性。这种行为的不确定性的大小与资产专用性强弱密切相关。资产专用性越强，不确定性也就越大，交易各方越需建立保障机制。三是交易频率。它在时间连续性上表现了交易状况。它对组织制度选择的影响主要体现在设立某种治理结构的费用能否得到补偿，频率越高，组织制度的费用也就越能得到补偿。

对交易性质进行描述和区分后，就可以进一步分析不同类型的交易与不同规制结构之间的匹配问题。对于不确定性，交易成本学派一般只是简单假定不确定性足够大，足以影响到交易各方的决策和应变问题。其重点分析的是资产专用性和交易频率与治理结构选择之间的关系问题。威廉姆森把交易与治理结构之间的匹配关系分成以下四种。

（1）不涉及专用性资产的交易，不管交易频率高低，与市场组织体制相匹配。由于资产专用性很弱，交易双方互不依赖，双方都不关心交易关系的持续性，因为各自部门可以随时找到交易伙伴。双方的关系依靠原先签订的契约作出详细的规定,一旦双方发生纠纷,随时诉诸法院进行裁决。

(2)涉及一定程度的专用性资产,但交易频率不高的交易,与三方治理结构(trilateral governance structure)相匹配。所谓三方治理结构是指由交易双方和受邀仲裁人共同组成的一种治理结构。由于交易涉及非通用性资产投资,所以,交易双方都关注交易关系的持续性和交易的和谐性,希望通过建立某种保障机制来降低交易过程中的不确定性风险。但是,由于交易频率较低,双方设立专门治理机构的费用难以得到补偿。在这种情形下,交易双方倾向于采取三边治理结构,即只有在发生契约冲突时,共同邀请第三方来进行仲裁,靠私下的协商解决争端。

(3)涉及专用性资产且交易频率较高的交易,与双方治理结构(bilateral governance structure)相匹配。双方治理结构是指由交易双方共同组成的对交易进行组织管理的治理结构。在这种治理结构下,交易双方保持各自的独立地位。他们主要通过相互持股、购买方在供应方作专用性资产投资等方式,增加双方的共同利益,均衡双方的交易风险,使双方的交易关系保持较高的稳定性和持续性。

(4)涉及高度专用性资产且交易频率很高的交易,与一体化治理结构相匹配。实际上,一体化治理结构就是内部行政管理结构,也就是企业体制。在这类交易过程中,由于资产专用性很强,交易一旦终止,寻求和建立新的交易关系的成本是很高的。又因为交易频率很高,交易双方所产生的契约关系发生摩擦的可能性很大,双方所承受的风险也就很大。在这一情形下,交易双方对关系稳定性的要求非常迫切,且设置专门机构来对交易进行组织和管理的费用容易得到补偿,通过一体化的方式使市场交易完全内部化就显得很合算。

以上所述仅是交易成本理论的基本分析思路。这一学派不仅为研究组织制度的功能及其选择提供了一种全新的理论和方法,而且还被成功地应用于许多研究领域,提出了一些有趣的新问题,解释了一些经济学、法学和组织学至今未能很好解释的现象。交易成本经济学的理论和方法的应用有相当成效的领域主要有纵向联合理论、生产组织理论、劳工组织理论、非营利性组织理论、技术转让理论、跨国公司理论、公司内部组织结构理论和公司融资理论等。

三、交易成本理论的后续发展

交易成本理论的发展在威廉姆森出版《资本主义经济制度》(1985)一书时达到顶峰,威廉姆森构建了一个较为完整的交易成本经济学的基本分析框架。此后,威廉姆森等经济学家继续围绕着该基本框架,分别从新组织经济学和契约科学两个视角对交易成本经济学进行了拓展[1]。

1. 新组织经济学

交易成本经济学的发展方向之一，是融合经济学、组织理论与法学等领域构建一门分析范围更广、解释能力更强的"新组织经济学"。在1975年出版的《市场与科层》一书中，威廉姆森已经意识到现实世界中不仅存在企业和市场两种组织形式，还存在着一些混合形式。1985年以后，威廉姆森进一步引入契约法、适应性和官僚主义成本等维度，并增加了对官僚组织的分析，从而进一步将资本主义经济中最主要的组织形式分为"市场-混合形式-科层-官僚组织"四种。这四种组织形式具有不同的特征，顺序不能串换，即所谓的"分立的结构选择分析法"。威廉姆森根据激励强度、协调性适应、行政控制、契约法、官僚主义成本以及契约的不完备程度六个特征对四种经济组织形式进行区分，比如市场组织拥有最高的激励强度（即高能激励）以及最为完备的契约法来协调交易活动。与此相反，官僚组织的激励强度和契约法的完备程度最弱，并且其官僚主义成本和契约的不完备程度也最高，同时却具有最强的协调性适应能力和行政控制能力。此外，混合形式和科层两种组织形式的特征则介于市场和官僚组织两者之间。威廉姆森认为，官僚组织应成为最后诉诸的治理结构。

由市场、企业的组织两分法，到加入混合形式和官僚组织所构成的组织四分法，威廉姆森将交易成本理论应用到更为宽广的组织理论的研究当中，并形成了"新组织经济学"，其基本逻辑是，以交易为基本分析单位，将每次交易视作一种契约。由于人的有限理性，人们在交易时不可能预见到未来的各种或然状况并以双方都没有争议且可被第三方证实的语言缔结契约，因此契约天然是不完全的。由于缔约各方都有机会主义倾向，都会采取各种策略行为来谋取自己的利益，因此缔约后双方不可避免地出现拒绝合作、失调、成本高昂的再谈判等危及缔约关系持续地、适应性地发展下去的情况。为了支持有价值的长期契约，就需要求诸一种治理结构在事后"注入秩序，转移冲突，实现双方共同利益"，使得不同性质的交易或契约对应于不同性质的治理结构。最优的治理结构是能够最大限度节约事前和事后交易费用的治理结构。

2. 契约科学

威廉姆森在2000年发表的一篇新制度经济学综述文章中，将社会分析分为"嵌入""制度环境""治理制度"和"资源配置和雇佣"四个层次。第一层次（嵌入）主要包括规范、习俗、习惯、传统和宗教等非正式的制度，因而

---

[1] 聂辉华.交易费用经济学的过去、现在和未来[J].管理世界，2004(12).

主要属于社会理论。第二层次（制度环境）主要包括宪政、法律和产权等正式制度，即博弈规则，属于产权经济学和实证政治理论的研究范畴。第三层次（治理制度）则包括市场、科层、混合形式等制度，属于交易成本经济学的研究领域。第二和第三层次可以合并为新制度经济学。第四层次（资源配置和雇佣）属于新古典经济学和代理理论，其特征是边际分析。根据这个划分框架，威廉姆森将经济学分为"选择科学"和"契约科学"两类，并将处于第二和第三层次的新制度经济学以及第四层次的代理理论统称为"契约科学"，而新古典经济学则属于"选择科学"。

通过对社会分析和经济学的层次分类，威廉姆森修补了交易成本经济学与新古典经济学的层次关系，并试图通过推动交易成本经济学、宪政经济学、产权经济学、新经济史学以及代理理论的融合，从而发展出一门完善、统一的"契约科学"。

以威廉姆森《资本主义经济制度》为代表的交易费用经济学通过用资产专用性、交易频率和不确定性三个维度刻画交易成本，并建立了一种对市场、混合形式、科层和官僚组织的"分立的结构选择分析法"，使交易费用经济学日渐成为一门可以检验的实证科学，极大地深化了我们对组织的理解。交易费用经济学发展到今天，已经被广泛地应用到经济学、金融学、管理学、法学、政治学和公共政策等各个领域。

第四节 | 委托代理理论

自20世纪八90年代以来，新制度经济学研究文献大量都集中到对信息不对称条件下的契约问题的研究上，"委托代理理论即所谓的契约理论迅速被现代制度经济学接纳"，成为新制度经济学的一个重要分支。

代理理论所研究的代理关系主要是指由一人或数人（委托人）与另一代表委托人进行工作的人（代理人）订立或明或暗的契约。这一契约授予代理人以某些决策权。代理成本是制定、管理和实施这类契约的全部费用。因此，代理成本包括了所有承接契约的费用。迈克尔·詹森和威廉·梅克林把代理成本划分为三部分：① 委托人的监视费；② 代理人的担保费；③ 剩余损失。监视费是委托人用于管理代理人行为的费用。担保费是代理人保证不采取损害委托人行为的费用，以及如果采取了那种活动，代理人将赔偿委托人的费用。因此，监视费、担保费是制定、管理和实施契约的实际费用。剩余

迈克尔·詹森
（Michael C. Jensen）

损失是委托人因代理人代他决策而产生的一种价值损失；因为这些决策原应由委托人自己作出，如果委托人像代理人那样有相同的信息和才能的话。由于只有在这种情况下，即所减少的不执行契约的损失大于所增加的执行契约的费用，把钱花在监督契约上才是有利可图的。所以，所谓剩余损失是在契约最优的前提下，因代理人与委托人之间存在激励不兼容而发生的价值损失。

詹森把代理理论分成两类，分别称之为"实证代理理论"（有人又称之为代理成本理论）和"委托人代理人理论"。前者注重运用非数学的和实证的方法研究委托代理关系，以及由此产生的代理成本对组织形式和契约安排选择的决定作用，考察资本密集度、资本专用性等订约环境因素和监督技术、守约技术对代理成本和契约选择的影响。后者注重运用数学的和非实证的方法来研究委托代理关系，并通过建立模型着重分析三个因素对契约所起的作用：一是契约各方所持的偏好结构；二是各方所面临的不确定性的具体性质；三是订约环境中的信息结构[1]。在本章，我们重点对信息不对称条件下的逆选择模型、道德风险模型以及机制设计问题作一简要的介绍。

一、信息不对称、逆选择与机制设计

在现实生活中，经济行为者不仅无法得到关于所处环境和各种经济变量的全部信息，而且彼此之间拥有的信息也是不相同的。某些信息往往由某个人独家拥有，这种信息被称为私人信息。在代理理论中，把信息在经济行为者之间的不均匀分布现象称为信息不对称或非对称信息（asymmetric information）。委托人代理人理论主要研究信息不对称情况下的"逆选择"（adverse selection）、"道德危机"（moral hazard）和机制设计问题。

逆选择是指在信息不对称情况下，参与交易的一方比对方更多地了解他自己的特性，或者拥有更多的关于可以影响交易的契约关系结果的某些有关"自然状况"（此指反映外生给定或选择的总体状况）的知识，这些私人信息（或知识）足以决定他所采取的行动是对自己有利的，但其他人却不能直接或间接地完全观察到。在这种情况下，他有可能隐藏自己的私人信息，甚至借此向他人提供不真实的信息以获取私利。最典型的例子是人寿保险。因为投保人比保险公司更了解自己的健康状况，对自己的寿命和投保的预期效用具有更强的预测能力，所以，保险公司接受某一项人寿保险业务所承担的风险，往往高于投保人购买保险服务所承担的风险。由于投保人具有信息优势，他们往往比保险公司更容易作出对自己最为有利的决策。类似的情形在商品市场、劳务市场、资本市场以及其他非市场领域也大量存在。

---

[1] Jensen. Organization Theory and Methodology[J]. Accounting Review, 1983, 58(2): 319-339.

逆选择问题的存在将会干扰市场的有效运行。最早对这一问题提供较为系统描述的是诺贝尔经济学奖获得者乔治·艾克洛夫(George Akerlof, 1970年)。他在"次货市场"一文中,考察了一个卖主人数少于买主人数的旧车市场。他假定汽车质量参数 q 在区间 $(0,1)$ 之间均匀分布,且只有卖主掌握有关每一辆旧车质量的信息,而买主只知道旧车质量参数在 $(0,1)$ 之间均匀分布,但不知道各辆旧车的质量。他还假定,卖主愿意出售旧车的价格 p 正好等于 q,而买主愿意购买旧车的价格为 $(3/2)q$。由于买主不了解旧车的质量,一个代表性买主愿意按平均质量的旧车支付价格,即买主对任何待售旧车所愿支付的价格为 $(1/2) \times (3/2)q=(3/4)q$。这一价格低于拥有质量参数大于 $(3/4)$ 的旧车卖主所愿意出售的价格,所以,愿意在市场中出售的旧车质量参数,事实上在 $(0, 3/4)$ 之间均匀分布。如果购买者确定质量参数 q 大于 $(3/4)$ 的最好的一批旧车不可能在市场上销售,他们愿意支付的价格就不是 $(3/4)q$,而是 $(1/2) \times (3/4)q=(3/8)q$。这样,又导致质量参数 $q > (3/8)$ 的旧车从市场中撤走。这一过程的不断继续,最终形成的唯一交换价格只能为零,也即没有任何交易发生,市场彻底崩溃。

艾克洛夫在"次货市场"一文中所描述的是一种极端的事例。在现实生活中,逆选择干扰市场有效运行的结果更多地表现为市场交易次数和交易量减少。我们用一个自行车失窃保险的例子来进一步解释逆选择问题是怎样导致市场处于效率较低的均衡状态的(H.范里安,中文版1992年版)。假设一家保险公司为两类社区提供自行车失窃保险服务,一类是自行车失窃概率很高的社区,另一类是自行车失窃概率很低的社区。如果保险公司决定根据平均失窃率提供保险,居住在安全社区的居民就不愿意购买保险,而愿意买保险的都是高失窃率社区的居民,这样,保险公司必将破产。保险公司为了保持盈亏平衡,一定会在对"最坏情况"进行预测的基础上确定保险费率。尽管这一保险费率水平不至于导致市场崩溃,但市场最终形成的保险人数和保险费总额都处于一个较低水平的均衡点上。

对如何解决逆选择问题的研究,已占去不完全信息市场研究文献的很大一部分,经济学家们提出的解决逆选择问题的途径是多方面的,最主要的有两种。

(1) 通过设计某种机制或契约,使拥有信息优势的一方愿意公开其私人信息,或者愿意提供真实的信息,也即所谓的"发送信号"。例如,在商品市场上,生产高质量产品的企业通过向买主提供质量保证书、维修卡等办法来显示自己产品质量的可靠性;在劳动市场上,求职者通过获得某种学历或文凭来显示或证明自己的工作能力和智商;在信贷市场上,贷款者利用担保品来显示自己的信誉等。

（2）如果价格由了解真相的经济行为者来制定，那么，用价格高低来显示某种商品或者服务的质量高低是一种发送信号的方式。这是因为，一般的消费者相信，一种商品的价格越高，买者得到高质量商品的概率也就越大；一种商品的价格越低，买者得到低质量商品的概率就越大。高质量商品的生产企业根据消费者的这一心理特征，通过制定高价政策来显示自己商品的高质量。另一种解决逆选择问题的重要途径是用计划来代替市场。例如，国家或某组织把健康保险作为一种社会福利提供给所有的人，以全额资助或部分补贴的方式，让所有的人都参加健康保险。在这种情况下，逆选择就被排除了。

二、信息不对称、道德风险与机制设计

与逆选择问题不同的是，道德危机并不是由签约前就给定的外生信息分布不对称所直接引起的，而是由于签约后交易一方的行为不被另一方准确地观察或臆测到，从而在最大限度地增进自身效用时作出不利于他人的行动。对这种行为进行有效的监督并实施惩罚的成本是很高的，无法将这些行为的外部性完全内部化。重要的原因在于存在不确定性和契约的不完全性。例如，当一个人对自己的自行车投保后，就会大大减弱提防自行车失窃的激励程度。在这种情况下，他可能会因嫌麻烦而不给自行车上锁，或者是把自行车停放在容易被盗的地方。自行车失窃的部分原因在于投保人的不负责任，但保险公司无法对投保人的这些不负责任的行为进行有效的监督，并设法让这些缺乏责任心的人承担全部或部分自行车失窃的损失。又比如，企业内部的经理和职工偷懒或不负责任；医生为了增加自己的收入而故意给病人多开药；律师故意拖延办案时间而获得更多的报酬；等等。这些现象都属于信息不对称情况下的道德危机问题。

大多数经济学家都把道德危机问题纳入委托人代理人理论框架中进行分析。在这些模型中，通常把占有信息优势的一方称为代理人，把不占有信息优势且其行动受代理人的私人信息约束的一方称为委托人。在道德危机模型中，假定代理人的行动本身是不可观察（unobservability）和不可证实的（unverifiability），但代理人的行动结果是可知的。比如，在上例中投保人是否妥善保管自己自行车的行动是不可观察和不可证实的，但投保人的自行车是否丢失这一行动结果是可知的。同时，还假定委托人存在一个目标值，他努力寻找能够反映代理人行动的信号，并以这些信号为依托，设计代理人的报酬结构，努力使代理人行动的结果值接近或等于委托人的目标值。在这里，我们介绍一个最简单的"双边关系的道德危机模型"。在模型中，我

们假定委托人是企业的所有者,他的目标是追求利润最大化;代理人是企业的经营者,他的目标是追求效用最大化。经营者只有两种可供选择的行动方案:一是通过作出与企业所有者目标一致的努力(用 x 表示)来增加自己的效用;二是通过作出与企业所有者目标不一致的努力(用 y 表示),来增加自己的效用。经营者的行动策略空间为

$$A=\{x,y\} \tag{11.1}$$

我们再假定委托人根据反映代理人的信号决定代理人的报酬或实施惩罚,而信号被发现或观察到的概率为 π_0,为分析方便起见,我们假定 π 为一常数,即 $\pi=\pi_0$。最后,假定委托人和代理人都是风险中性者。委托人和代理人的目标函数分别为

委托人:$B=\max[P(x)-\pi_0 W(x)]$ (11.2)

代理人:$U=\max\{U[\pi_0 W(x)]-D(x)\neq U[R(y)]-D(y)\}$ (11.3)

式中,$D(x)$ 表示代理人付出努力(即劳动本身)给他带来的效用损失;U 表示代理人在企业中从事与委托人目标不相一致的活动(包括闲暇)的货币及非货币收益[即 $R(y)$]所带来的效用满足程度;$D(y)$ 表示为获得 $R(y)$ 而付出努力(即劳动本身)所带来的效用损失。

委托人不仅要通过设计一套激励体系诱使代理人提高 x 而减少 y,而且要确保代理人在该企业工作所获得的效用满足至少等于他选择在另一单位工作而获得的效用满足,即

$$U[\pi_0 W(x)]-D(x)+U[R(y)]-D(y)\geq U^* \tag{11.4}$$

式中,U^* 表示代理人另谋他职带来的预期效用满足程度。这一条件被称为参与约束(participation constraint)。

对于委托人来说,他要确定一个代理人的新的报酬结构,这一报酬结构水平使代理人愿意付出的努力程度 x 能给委托人带来利润最大化,也即代理人的最后一单位时间的劳动为委托人带来的利润等于委托人支付给代理人最后一单位时间的报酬。要使代理人愿意把自己的努力程度 x 调整到 $x=x^*$,必须满足条件

$$U[\pi_0 W(x^*)]-D(x^*)\geq U[\pi_0 W(x)]-D(x) \tag{11.5}$$

这个约束条件被称为激励相容约束,它表示代理人选择其他努力程度所获得的效用一定小于或等于选择 x^* 所带来的效用。激励的机制设计的一个核心问题就是如何诱导代理人将努力程度调整到 x^* 以实现委托人的利润

最大化目标。具体的措施主要有以下三种。

（1）实行分成制，即允许代理人与委托人一起共同分享企业的利润，同时为委托人承担一部分风险。

（2）收取租金。委托人向代理人收取固定的租金，支付了固定租金后的剩余归代理人所有。

（3）设置某种激励制度安排，使经理人员的报酬水平与企业利润之间的相关性增强。例如，美国公司在经理人员的报酬项目中，允许公司经理人员在以后的一定时期（如5年或8年）内，以现在的价格购买本公司的股票。这种股票期权制度是美国公司对经理人员的一种重要的激励制度。

上述模型是一个最简单的委托人与代理人之间一对一关系的道德危机模型。目前，大量的道德危机模型已拓展到多个代理人和多个委托人的模型，并出现了同时考虑逆选择和道德危机的混合模型，限于篇幅，在此不作一一介绍。

第五节 | 对新制度经济学的简要点评

新制度经济学在标准的新古典经济学框架下研究制度的构成和功能、制度产生和演化、制度在经济生活中的作用及对经济绩效的影响等问题，在继承了新古典经济学传统的基础上，对新古典经济学进行了深入的批评和研究范围、范式和方法的拓展和创新，使传统的经济研究发生了革命性变化。新制度经济学是新自由主义经济学中最具活力和时代感的理论之一，其兴起引发了一场经济学革命。

新制度经济学在坚持正统的新古典理论硬核的同时，不断修正新古典理论的保护带，并将被新古典所忽略的交易成本、信息不对称和不完美、有限理性、不确定性、机会主义行为倾向、资产专用性和沉没成本等因素引入到经济学研究之中。特别是新制度经济学主张经济学应该研究现实中的人性，如经济人行为的有限理性和机会主义行为倾向，让经济学对经济现象特别是市场微观主体行为的分析更加接近现实世界，从而大大拓展了新古典经济学的研究视角。特别是重点定向研究"生产的制度结构"，从而把新古典经济学的研究领域拓展到人与人之间的交易活动，大大增强了经济学对现实问题的解释力。

随着新制度经济学的不断发展，超越新古典经济学的"制度有效论"和纯经济研究范式，不仅将研究领域拓展到产业组织、劳动经济学、经济史等新古典经济学所不重视的经济领域，甚至延伸到了经济学以外的政治学、法学和社会学等研究领域，大量研究现实生活中的法律、社会、文化和政治等非经济现象，大大拓展了经济学的研究领域。

当然，需要强调的是，由于制度现象本身的复杂性和关注领域的广泛性，新制度经济学还处在尚未完全成熟的发展阶段。新制度经济学内部的不同流派之间的差别较大，还没有形成统一的范式。交易成本等一些核心概念的内涵和外延都比较含糊，搜集和整理有关数据和寻找合适的代理变量很难，难以用现实世界中的实际数据进行统计分析。这导致运用新制度经济学理论和方法研究制度问题，很容易出现概念和方法论使用混乱和泛化的现象。

思 考 题

1. 新制度经济学是如何拓展新古典经济学的研究领域的？
2. 如何认识产权的功能及其对资源配置的影响？
3. 威廉姆森是如何论述交易特性与制度之间的匹配关系的？
4. 如何通过机制设计解决信息不对称条件下的逆选择问题和道德风险问题？

第十二章 新经济史学派

新经济史学亦称"计量经济史"或"经济计量史""数量史学"或"量化史学"以及"历史计量学",它有别于传统经济史学,其精髓就是用经济理论和计量方法来研究经济史[1]。这种新的研究方式不仅恢复了理论与历史结合的经济学传统,引入了"间接度量"与"反事实度量"方法,而且形成了包括政治、经济和社会因素在内的广泛的分析框架,构造了一个以制度、制度结构、制度变迁与创新为主轴的理论体系。新经济史学作为当代西方经济学的一个学派的产生,无疑是经济学界的大事,对经济学的发展具有深远的影响。本章拟就经济学研究中的历史方法、新经济史学的产生与发展、新经济史学方法论及理论体系等方面作些介绍,并在此基础上提出简要评价。

---

[1] 诺贝尔经济学奖得主福格尔定义了计量经济史研究方法的主要特点:"第一,对现象的计量;第二,对经济理论的依赖。计量经济史力图提供一种对历史和经济学都适用的更科学的方法,它提倡经济史研究必须着力于系统的量化以及(数学的)建模。这样就能够很好地解读历史,通过对经济理论、统计分析和经济计量技术的使用,历史可以被提炼,从而通过逻辑一致性和经验相关性的检验。"刘巍.经济运行史的解释与经济学理论的检验——1996年以来中国近代计量经济史研究述评[J].中国经济史研究,2003(1): 158.

第一节 经济学研究中的历史方法

经济学是实证科学,其实证方法主要包括两个方面:一方面是通过实证材料的归纳提出假说;另一方面是利用材料对经济学提出的假说进行验证。这种验证既包括证实也包括证伪。无论证实还是证伪,其目的都是为了支持或修正经济学的各个假设和命题,使经济理论不断完善和发展。这种方法的本质,简单地说就是用经验和事实说话。直接用经验和事实说话,正是经济史的根本特点和根本优势。

经济史有两种:一种是经济学的经济史,一种是历史学的经济史。就经济史学科的研究对象而言,经济史研究的是经济的历史或历史的经济部分。因此,人们常常把经济史称为"边缘学科"或"交叉学科",甚至称为"跨学科的学科"。从这个意义上说,作为经济学的经济史和作为历史学的经济史,两者是一样的;不论是经济学者还是历史学者,其所采用的方法并没有本质区别。但从经济史的不同层面来考察,两者又是有区别的;这种区别不仅表现在经济史研究有编年经济史、分析经济史和历史主义经济学三个层面,而且其研究方法也有所不同。从研究方法上划分,可以把经济史分成两类:传统经济史和新经济史。新经济史学是对传统经济史学的扬弃,或者说是在方法论上的一种创新。因此,首先简要地概述与新经济史学在方法论上相似的,又有别于传统经济史学的代表人物的研究成果,仍是有必要的。

一、罗斯托的经济成长阶段论

美国经济史学家华尔特·惠特曼·罗斯托(Walt Whitman Rostow)1916年出生在纽约市,1936年、1938年、1939年分获文学士、文学硕士和哲学博士学位;他先后任教于哥伦比亚大学、牛津大学、剑桥大学、麻省理工学院;在肯尼迪和约翰逊两届政府期间,他出任美国国家安全事务副特别助理、国务院顾问等职;之后在得克萨斯大学任经济学和历史学教授,于2003年去世。其代表著作有《19世纪的英国经济》(1948)、《经济成长的过程》(1952)、《英国经济的成长和波动,1790—1850年》(1953)、《经济成长的阶段》(1960)、《起飞到持续增长的经济学》(1963)、《对亚洲发展的设想》(1965)、《政治和成长阶段》(1971)、《这一切是怎样开始的:近代经济的起源》(1975)、《世界经济:历史与展望》(1978)。他研究经济史的视野非常宽,高屋建瓴,他从德国历史学派、美国制度学派、熊彼特"创新"理论和凯恩斯"有效需求"理论中汲取了有关的观点,形成了自己独特的理论——经济成长阶段论。

华尔特·惠特曼·罗斯托
(Walt Whitman Rostow)

经济成长阶段论在罗斯托的《经济成长的阶段》(修订版)[1]一书中得到了完善。他认为,人类社会从低级阶段到高级阶段过渡,是一种历史的必然性,经济发展是分阶段进行的。他把各个社会的经济发展,描绘成如下6个阶段。

第一阶段:传统社会。技术的长期停滞和缓慢变革是这一阶段的特征;它是以牛顿(1642—1727年,英国科学家,近代科学的奠基人)以前的科学和技术以及牛顿以前的对物质世界的态度为基础的。在传统社会里,并不存在现代科学技术,生产力很低,生活水平低下,以农业为主;家庭和氏族关系在社会组织中仍起着很大的作用。宿命论的社会价值体系支配着人们的行动。尽管中央集权政治以这种或那种形式存在,但政权的基本特征是地方性的,政权掌握在拥有土地的人手中。中国的数代王朝、中东文明、地中海文明以及中世纪欧洲都是"传统社会"。

第二阶段:为起飞创造前提阶段。它是从传统社会向起飞阶段发展的"过渡中的社会"。在西欧,它开始于17世纪末期和18世纪早期。这一阶段,要完成下列任务:运用近代科学知识,初步建立起经济中的基础结构;发展农业,提高劳动生产率;转变落后的社会、意识形态。

第三阶段:起飞阶段。这是"近代社会生活中的大分水岭"。在罗斯托所说的"起飞"阶段,实际上就是相当于机器大工业建立的初期(即18世纪末19世纪初欧美国家工业革命的开端)。这一阶段,主要有以下三个特征。

(1) 生产性投资率的提高,如投资率从占国民收入的5%增加到10%左右。

(2) 有一种或多种制造业部门以较高的速度增长,对整个国民经济起着关键性作用。

(3) 有一种政治、社会和制度结构存在或迅速出现,这种结构有利于经济的不断增长。

第四阶段:成熟阶段。它是指"起飞"完成之后,经过较长期(约60年)的持续增长而达到的一个阶段。在这一阶段,经济中已经普遍吸收了当时先进的技术成果,并有能力生产自己想要生产的产品。一般说来,现代化工业生产体系的建立,包括铁路、建筑、钢铁工业,以及大量使用钢铁的机械、采矿、化工、电力和造船工业等部门的发展,是一国经济成熟的标志。其特征有以下三种。

(1) 劳动力发生变化。

(2) 领导者的性质发生变化。

---

[1] 罗斯托.经济成长的阶段[M].剑桥大学出版社,1971.

（3）整个社会已逐渐对工业化的奇迹产生厌烦感,部分思想界人士对工业化的弊端展开批评。

第五阶段:高额群众消费阶段。它已进入一个高度发达的工业社会,技术上的成熟使社会的主要注意力从生产工业设备转移到生产耐用消费品,从供给转向需求,从生产转向消费。人们的消费水平不再局限在吃、穿、住方面,而是进入对耐用消费品和劳务的需求阶段。罗斯托把1913—1914年福特汽车工厂开始采用自动装配线的时间看作一个历史转折点,把它作为美国社会进入这一阶段的重要标志。

第六阶段:追求生活质量阶段。这是一个更高级的成长阶段,这时,人类社会不再以生产有形产品为主,转而以生产无形产品（即提供服务）为主,从而人类历史上将第一次不再以有形产品数量的多少来衡量社会成就,而是以"生活质量"的提高程度作为衡量社会成就的最新标志。西方国家从20世纪70年代开始陆续进入这一阶段。

罗斯托强调说,经济成长阶段论并没有为每一个社会都准备一套相同的演变模式,但确实提出了一套相似的选择,而如何选择则取决于各国在成长过程中的具体情况。应当指出,罗斯托对经济成长阶段的划分及其阐述的意义并不是等量齐观的。其核心内容是"起飞"理论。在他当时和此后的经济学家围绕着"起飞"理论展开了争论,并在这一基础上发展了罗斯托的"起飞"理论。

二、熊彼特的"创新"理论

奥地利裔美国经济学家和经济史学家约瑟夫·阿洛伊斯·熊彼特（Joseph Alois Schumpeter）1883年出生在奥匈帝国特利希镇,1906年获法学博士学位;先后在奥地利捷尔诺维茨大学、葛拉兹大学任教;第一次世界大战后一度以经济学家身份出任奥地利财政部长;后应德国教育部的邀请赴波恩大学任教;1932年他移居美国任哈佛大学教授,直至1950年去世。熊彼特一生撰写了15本著作和200多篇论文。就与"创新"理论有关的著作而言,主要有三本:《经济发展理论》(1912)、《经济周期:资本主义过程之理论的、历史的和统计的分析》(1939)、《资本主义、社会主义和民主主义》(1942)。在这三本著作中,熊彼特以"创新"理论为基础,提出了长波技术论。

1. 创新理论

所谓"创新",熊彼特认为,就是"建立一种新的生产函数"(即对生产要素的新的组合)。而作为资本主义"灵魂"的"企业家"的职能,就是实现"创新",引进"新组合"。因此,在熊彼特的经济理论体系中,"创新"是一个经济概念,它与技术上的发明不同。发明是指一种新产品、新技术、新经营方式的初次出现；而只有当发明应用于经济活动，并给经济带来影响与变革时，才成为"创新"。

"创新"概念的提出，为"创新"理论奠定了理论基础。"创新"理论的最大特点，就是强调生产技术的革新和生产方法的变革，并把它视为资本主义经济发展过程中的动力。"创新"理论是熊彼特经济周期理论的基础。熊彼特经济周期理论的要点可归纳为以下两点。

（1）关于经济周期的形成。在熊彼特看来，企业家之所以要创新，在一定程度上，是因为创新会给企业家带来利润。他认为，在创新的开端，显然是由少数企业家推动的，但一旦成功了，其他企业会纷纷仿效，形成创新浪潮。熊彼特认为，创新浪潮的出现，必然会造成对银行信用与对生产资料的扩大需求，于是经济繁荣，而当创新扩展到较多企业，盈利机会趋于消失之后，对银行信用与对生产资料的需求便减少，于是经济衰退。不仅如此，熊彼特还指出，在繁荣和衰退之间，还存在萧条、复苏两个阶段。这是因为，由经济繁荣走向经济衰退，不会直接导致新的均衡，它必然紧接着病态的失衡，即萧条，随后是对萧条的必要调整，即复苏。而要使复苏进入繁荣，则必须再次出现创新浪潮。

（2）关于"三种周期"论。这一学说仍然以"创新"理论为其理论核心。熊彼特在综合前人的论点的基础上，提出了在资本主义经济发展中，存在着三种主要经济周期：①"长周期"，或称"长波"，又称"康德拉季耶夫周期"。尼古拉·得米特里维奇·康德拉季耶夫（Nikolai D. Kondratieff）是俄国经济学家，他于20世纪20年代提出在资本主义经济中，存在着平均长约50年的长期波动的假说。②"中周期"，或称"中波"，又称"朱格拉周期"。克莱芒·朱格拉（Clèment Juglar）是法国经济学家，他于1860年首先提出在资本主义经济中，存在着平均9—10年的经济周期的思想。③"短周期"，或称"短波"，又称"基钦周期"。约瑟夫·基钦（Joseph Kitchin）是美国经济学家，他于1923年提出经济周期的时间仅40个月（将近3年半）的思想。熊彼特认为，上述三种周期是同时存在并且相互交织的。1个"长波"大约包括6个"中波"，而1个"中波"大约包括3个"短波"。

2. 长波理论

关于"长波"，熊彼特是这样解释的："长波"的根源在于影响深远并且实现时间较长的创新。在他看来，"长波"的变动，与各个周期的生产技术革新呈现着相当密切的关联。确切地说，以产业革命为代表的技术创新活动，同经济中的"长波"是一致的。他认为，每一个"长波"都包括一次产业革命及其消化吸收过程。因而，他把三个"长波"与主要技术发明和应用联系起来，并作为"长波"的标志。熊彼特指出，第一个"长波"的上升波以瓦特蒸汽机和冶炼技术的创新活动为基础,第二个"长波"的上升波以钢铁和铁路技术的创新活动为基础,第三个"长波"的上升波以电力、化学和汽车技术的创新活动为基础。至于每一个"长波"的下降波,他认为,这也是因创新活动达到一定程度后引起的。概言之,创新浪潮→利润边际扩大→经济繁荣;创新浪潮→利润边际收缩→经济萧条。

基于这一理论,熊彼特沿袭康德拉季耶夫的说法,把到他生活时代为止的资本主义经济发展过程分为三个"长波"。

第一个"长波":1780—1842年,波峰出现在1800年前后,是所谓"产业革命时期",也就是"第一次产业革命时期"。

第二个"长波":1842—1897年,是所谓"蒸汽机和钢铁工业时期"。值得注意的是,上一时期的主要创新活动基础——蒸汽机,在这一时期仍为主要的创新活动之一。

第三个"长波":从1987年开始,波峰在1911年前后,是所谓"电气、化学和汽车工业时期"[1]。

三、希克斯的经济史理论

英国经济学家约翰·理查德·希克斯(John R. Hicks)1904年出生在英格兰的瓦尔维克郡,1932年获博士学位;先后在伦敦经济学院、威特沃特斯兰德大学、剑桥大学、曼彻斯特大学、牛津大学任教;1972年获诺贝尔经济学奖;1989年去世。希克斯一生著述颇多,而与经济史理论有关的著作则主要集中于《经济史理论》(1969)一书中[2]。

希克斯的经济史理论是一种比较独特的理论,其实质是一种经济史观。也就是说,希克斯的经济史理论既是他对人类社会经济发展进程的基本看法,更是他研究经济理论的基本方法之一。经济学界普遍认为,希克斯的《经济史理论》并不是一般的经济史著作,至多是考察商品经济和市场发展的专题经济史。希克斯之所以在他的经济史中较多地考察市场类型及其运行条件和状况,是为了验证其关于有组织的市场在历史上的地位和状况的假说的。因此,希克斯在经济史理论上的贡献主要是在方法论的创新方面。

希克斯在其经济史理论研究中,采用经济学理论与历史相统一的方法。希克斯认为,理论与历史是可以统一的。他写道:"许多人说理论和历史是

---

[1] 熊彼特.经济变化分析[M]//外国经济学说研究会.现代国外经济学论文选:第十辑.商务印书馆,1986:21—37;熊彼特.资本主义、社会主义和民主主义[M].商务印书馆,1979:86—87.

[2] 在希克斯的《经济学展望》(1977)和《凯恩斯经济学的危机》(1974)中,也在有关方面涉及和补充了他对经济史理论的某些看法。

对立的,情况最好也不能兼而有之;一个历史学家的本行不是以理论术语来进行思考。或者顶多承认他可以利用某些不连贯的理论作为前提来解释某些特定的过程,仅此而已。我以为我是理解这种怀疑论的并对它表示某种程度的赞同。我对这种怀疑论的赞同超过了对汤因比或斯宾格勒的宏伟构想的赞同,汤因比和斯宾格勒创制的历史模式,就其艺术感染力而言,在其科学吸引力之上。我的'历史理论'肯定不会是他们那种意义的历史理论,而与马克思试图制定的理论更为相近。马克思从他的经济学中确曾得出某些总的概念,他把这种概念应用于历史,因此他在历史中发现的模式在历史以外得到了某种支持。这更是我要努力去做的那种事。"[1] 显然,希克斯也是从他的经济学理论研究中得出了某种对经济史的概念,然后又把这种概念应用于经济史的研究。这种方法既使其经济理论观点得到某种历史的验证,也使其在经济史研究中发现的经济演进的历史模式得到经济理论的某种支持。在这一过程中,他实现了自己的理论与历史的统一。希克斯把这种经济史观的方法论称为"经济史理论"。由此可见,希克斯所谓的"经济史理论",就是以当代西方经济学的基本概念、原则为指导并将其应用于经济史的研究的思想,或者说是对西方经济学的历史验证[2]。

模型分析方法是希克斯在经济史理论的研究中采用的第二种方法。在当代西方经济学研究中,模型分析方法是最常见的方法之一。但在历史研究领域,即便是在经济史研究领域中,模型分析方法也是不多见的。希克斯的经济学研究可分前期和后期在前期的研究中,他一般采用模型分析方法,而在他后期研究中则将模型分析方法运用于经济史研究,从而构造了一种"希克斯式"的经济史模型——以"经济人"为主体的商品经济发展的历史模型。在《经济史理论》一书中,除第一章(理论与历史)和第十章(结论)外,全部构成了他的宏伟经济史模型。第二章(习俗和指令)、第三章(市场的兴起)、第四章(城邦和殖民地)考察了市场的兴起和纯商业发展的理论,为其经济史模型勾勒了粗线条的轮廓。第五章(货币、法律和信用)、第六章(君主的财源)、第七章(农业的商业化)、第八章(劳动力市场)则进一步分析考察了市场和商业经济向各方面的渗透。这实际上是对模型各部分运转机制的考察。第九章(工业革命)和《经济学展望》第二篇(工业主义)中则考察了这个模型的现代构件、机制和运行[3]。通过运用模型分析方法,希克斯阐述了他的经济史理论的基本内容:市场的产生和专门化商业的兴起;

---

[1] 希克斯.经济史理论[M].商务印书馆,1987:5.
[2] 王志伟.诺贝尔经济学奖获得者希克斯经济思想研究[M].北京大学出版社,1996:356—357.
[3] 同[2]:364.

市场的进一步发展和专门化商业的扩张渗透；市场和专门化商业的第三阶段——工业革命以后的经济发展；工业革命以后经济发展与市场和专门化商业的深化，从而验证了希克斯前期经济学研究中的假说：没有组织的市场制度——其价格是由中间商人决定的，但这种制度不排除在特定的条件下有组织的市场出现。在特定的条件下，有组织的市场被看作合适的——在大部分历史时期中，曾是占统治地位的市场形式。

把历史分析方法与结构分析方法相结合，则是希克斯经济史理论研究的另外一种方法。如上所述，希克斯研究经济史的主要目的是为经济理论提供验证，因此，希克斯在采用历史分析方法研究历史演进时，首先考虑的是主题如何服从他的经济理论需要，与此关系不大的则被舍弃掉。希克斯在他的《经济史理论》一书中，为了验证他的假说，确定市场形式和类型的发展为其主题，并为此设计了沿专门化方向发展的商业进化这一主题赖以展开的主线索，集中叙述市场和商业经济的历史演进，而把其他因素搁置一边。他在书中最后提到了这个问题，"我在开始时说过我不会给经济史提出一种狭隘的阐释。但愿我已实现了那个诺言。我已设法以18世纪的大作家们用过的方法将经济史展示为被人们看得广阔得多的社会演进的一部分。我已设法指出将经济生活与我们通常视为经济生活以外的那些事情联系起来的各种线索。但是人们一旦意识到这些联系，他们就会明白，认识是不够的。有许多线从经济学贯穿到其他生活领域，贯串到政治学、宗教、科学以及工艺等方面，它们在那些领域发展起来而后再回到经济学方面来。我没有试图对这些线作深入的研究；但我也不想否认它们的存在"[1]。显然，希克斯的经济史是一种有别于一般经济史的关于商业进化的特殊经济史，达到了验证他本人的市场类型和劳动力结构学说的目的。至于结构分析方法，则是希克斯后期在经济学理论中经常使用的方法。在其《经济史理论》中，希克斯几乎到处注意运用了结构分析：市场结构和非市场结构、组织结构和管理结构、决策结构和执行结构、制度结构和法律结构、货币金融结构与资本技术结构等。结构分析使希克斯能够更好地把模型分析方法在不同层次上结合起来。不过结构分析在书中并未显示出明确的特征，它是同历史分析方法结合使用的[2]。

总之，希克斯的经济史理论是一种独特的经济史观，是对经济史和经济学研究方法的一种突破。应该说，希克斯在《经济史理论》中倡导和运用的经济史研究方法，在很多方面都与"新经济史学"不谋而合。

---

[1] 希克斯.经济史理论[M].商务印书馆,1987:151.
[2] 王志伟.诺贝尔经济学奖获得者希克斯经济思想研究[M].北京大学出版社,1996:366.

第二节 | 新经济史学的产生与发展

新经济史学产生于20世纪50年代末60年代初,到70年代获得了迅速发展,80年代后逐渐成为当代西方经济学的一个重要流派。其创始人和执牛耳者就是荣膺1993年度诺贝尔经济学奖的罗伯特·福格尔和道格拉斯·诺斯。他们的获奖是新经济史学成功最好的标志,也为新经济史学家赢得了声誉。

罗伯特·福格尔(Robert W. Fogel),美国经济史学家,1926年出生在美国纽约市,1948年、1960年、1963年分获文学学士、文科硕士和哲学博士学位。他先后在芝加哥大学、哈佛大学执教。从1981年起他一直担任芝加哥大学人口经济学中心主任,于2013年去世。其学术著作有:《美国太平洋铁路:早熟企业的实例》(1960)、《铁路与美国的经济增长》(1970)、《美国经济史的重新解释》(1971)、《艰难岁月:美国黑奴经济学》(1974)、《"科学"史学与传统史学》(1974)和《通向过去之路》(1983)等。他对新经济史学的贡献主要是方法论方面。福格尔除了用质疑方式解释经济史外,他还应用经济模型和统计方法更正并补充了历史档案中的数据。他重新建立了把近十代人联系在一起的数据库,以分析经济和文化因素对下列变量,如储蓄率、妇女参加工作率、出生率和死亡率、经济和社会的流动性,以及移民率的相互影响。他提出了"经济发展的热动力学与生理学"。

罗伯特·福格尔
(Robert W. Fogel)

道格拉斯·诺斯(Douglass C.North),美国经济史学家,1920年出生在美国马萨诸塞州的坎布里奇,1942年和1952年先后获加利福尼亚大学伯克利分校文学学士和哲学博士学位。从1950年开始,他在华盛顿大学教经济学,1983年离开,加入了华盛顿大学圣路易斯分校。他还曾担任经济史学界权威刊物《经济史杂志》的副主编;西方经济协会会长等公职,于2015年去世。其学术著作有:《1790—1860年美国的经济增长》(1961)、《美国昔日的增长与福利:新经济史》(1966)、《1607—1860年的制度变迁与美国经济增长》(1971)、《西方世界的兴起》(1973)、《经济史中的结构与变迁》(1981)和《制度、制度变迁与经济绩效》(1990)等。他对新经济史学的贡献主要是理论方面。诺斯发展了1790—1860年美国经济增长模型;把新古典理论应用于研究美国经济史问题;提出制度变化的一般模型,并将它运用于西方世界的经济史研究。

正如西方经济史学中的"历史学派"(Historical School)产生于德国,"年鉴学派"(Annales School)产生于法国一样,"新经济史学派"(New Economic History School)是与美国紧密相连的。20世纪50年代及60年代初，西方世界经济特别是美国经济处于战后繁荣时期。于是，经济增长这一最古老的经济学议题又成了经济学家讨论的"热点"和研究的"焦点"。当时，西方经济学各个流派十分活跃，经济增长的模型相继出现。西蒙·史密斯·库兹涅茨（Simon Smith Kuznets）的综合经济增长理论、罗斯托的经济成长阶段论及熊彼特的创新经济增长理论日趋流行。计量经济学作为一门应用经济学，到那时也被广泛运用与推广。

新经济史学就是在这样的大气候下逐渐形成的。20世纪50年代末60年代初，美国一批年轻的经济史学者，以新古典经济学为主要理论依据，博采库兹涅茨、罗斯托、熊彼特乃至新制度学派的学说与方法，把计量经济学以及计算机技术应用到经济史研究中，创立并逐步完善了一门与传统经济史学在方法论上完全不同的新经济史学。很显然，新经济史学就是一门与当代西方经济理论相结合，以数量研究为特征的经济史学。正因为如此，新经济史学又被称为"历史计量学"或"计量经济史学"。新经济史学以1958年康拉德（Alfred H. Conrad）和迈耶（John R. Meyer）的《南北战争前南部奴隶制经济学》的发表为标志。1960年12月，在美国普度大学举行了关于经济史学研究中计量分析方法的研讨会，此后连续8年，每年都在普度大学举行一次学术年会，当时称为"普度大学经济史学术会议"或"经济史学年会"。会议一次比一次兴旺。到1969年，年会移到威斯康星大学举行。从1979年起，年会不固定地在各地大学召开。至于新经济史学的发展历程，大致可以分为以下三个阶段。

（1）从20世纪60年代初到70年代初，一般认为是新经济史学的黄金时代。在这第一个阶段，新经济史学家的研究重点集中在美国历史上的经济增长及其作用方面，得出了一些与传统经济史学迥然不同的结论。由此也引起传统经济史学家的质疑和争议。其中争论较大的是奴隶制问题和铁路问题。奴隶制度是一种腐朽的制度，它必将走向崩溃，这在美国经济史学界似乎已有定论。然而，以福格尔为代表的一批青年经济史学者用计量经济学的方法重新对这个问题进行研究。他们得出结论，认为奴隶制度从经济角度来说，仍是一种有效益的制度；如果没有南北战争，奴隶制度不会自动走向崩溃。福格尔等人的这些观点，遭到了传统经济史学家的批评与指责。另一个在美国经济史学界似有定论的观点是，铁路在美国19世纪经济发展中起过非常重要的作用。福格尔对这个传统观点提出了挑战。通过悉心论证，他认为修筑铁路的经济作用显然被传统经济史学家夸大了，铁路并非是唯一的可选方案。环绕诸如上述有争议的问题，美国经济史学界展开了对劳动力、经济周期与危机、国民收入的增长以及制度问题的争论。不少西方经济学家认为，在上述这些领域内，新经济史学家的研究几乎都超过了通常的传统论述。

（2）从20世纪70年代初到80年代初，是新经济史学发展的第二个阶段。1971年，福格尔等新经济史学家编辑出版了《美国经济史的重新解释》一书。这本著作汇集了新经济史学家关于美国经济史研究的几十篇论文。这是新经济史学发展到一个新阶段的标志。在这10年间，新经济史学家的研究重点从传统领域（奴隶制、铁路、经济增长等）转移到制度变迁、人口史、金融史等问题上来，出版了《人口再分配及经济变迁》《英国人口史》《1900—1929年美国银行体系的管理与改革》《南北战争后货币与资本市场》《西方世界的兴起》《经济史中的结构与变迁》等著作，应当说也取得了很大成就。

（3）20世纪80年代中期以来，新经济史学的发展进入第三个阶段。在这一阶段，新经济史学走出美国，遍及世界。其标志是，1985年在美国西北大学举行了第一次新经济史学世界大会。其研究重点也从经济史领域转移到诸如人口老龄化、妇女的劳动力参与率、外来移民、宏观经济政策等现实问题上来。此外，制度与技术变迁之间的相互作用也已成为新经济史学研究的重点。究其缘由，主要有两方面：一是许多新经济史学家充分认识到，虽然前20年的研究题材带有根本性并且富有吸引力，但对历史定论反复考察会使经济史研究与现实经济问题脱钩，故而这种研究状况必须加以改变；二是经济分析工具有所改观，即由于有了功能更为强大的计算机和更为高级的应用软件，限制新经济史学家研究的技术因素得到明显放松，又由于经济理论所导致约束的放松，尤其是范式的转变，限制新经济史学家研究范围的因素得到一定放松。总的说来，这一阶段的新经济史学尽管没有第一阶段那样激动人心，也没有第二阶段那样富有成果，但其影响在扩大，地位在上升。

要指出的是，20世纪90年代以来，随着新制度经济学理论和博弈理论的兴旺，理论与历史相结合的研究方法得到了进一步发展，形成了新制度经济史学和比较历史制度分析这两种方法。可以说，这是新经济史学的新发展。

新制度经济史学主要受三种新制度经济学理论观念的影响：一是国家制定与实施的制度（如产权、法规与条例）通过影响交易成本来决定经济绩效；二是制度变迁会影响人口增长与市场化等方面，即有效的制度变迁决定经济绩效；三是由于公共选择的政治过程与利益集团经常使得低效率的制度存在。许多学者针对这些主题对经济史中的制度进行了研究，取得了丰富的成果。这些学者的研究工作无论是对经济史理论，还是对经济史本身的研究都起到了极大的推动作用。因此，新制度经济史学对经济史中制度研究的贡献是不容置疑的。但也许是受新制度经济学的影响，也许是缺乏进一步的理论框架与分析工具,新制度经济史学主要是关注于与国家有关的制度及其绩效的含义,所以还不能解释经济史中的许多问题及其现象。例如:是什么制度使得和平是可以自我实施的?国家的制度基础是什么?制度如何影响交易扩展的时间、地点与范围?为什么不同的社会会走上不同的制度轨迹?对此,埃佛纳·格雷夫(Avner Greif)指出要真正理解以上这些问题,就需要重新理解制度这个概念,并拓展经济史的研究方法[1]。

比较历史制度分析正是为了解释上述问题而采取的一种分析方法。所谓"比较历史制度分析",就是着重于经济史中制度的基本问题,研究制度的起源、性质与内涵的特定的逻辑框架和经验方法。从方法论角度看,比较历史制度分析方法最引人注目的贡献在于结合微观理论把博弈理论引入经济史和制度分析的研究,并运用模型来分析经济史的基本问题,即经济史中制度的起源、本质及含义(即制度的历史演进)的作用。同时,这种方法是在综合理论的演绎逻辑与历史的归纳逻辑进行制度的经验分析基础上,来解释历史、制度、组织、国家与经济增长和制度路径之间的关系[2]。

目前,新经济史学已成为西方经济史学的绝对主流(经济史学界权威刊物《经济史杂志》所发表的论文大多出自新经济史学者之手),并已成为当代西方经济学的一个重要流派(效仿者和追随者甚多);有鉴于此,经济史学科的重要性日益凸显出来,许多从事经济研究的学者言必称"制度结构""制度安排""制度变迁",纷纷学习与研究经济史,这是新经济史学家们深深引以为豪的。

第三节 | 新经济史学的研究方法

新经济史学与传统经济史学相比,主要"新"在方法论上:新的经济史观;新的研究方法。

新经济史学家的经济史观,即思考经济问题的思维方法,有别于马克思的经济史观。马克思认为,各国经济发展的主要原动力就是生产力的发展。社会上的生产力逐渐提高后,原有的生产关系便不能适应,常常会束缚

---

[1] 钱滔.比较历史制度分析:一个文献综述[D].浙江大学,2005.
[2] 同上.

生产力,使之无法充分发挥,最后就会从内部产生一种力量,打破原有的生产关系,形成一种新的生产关系,来适应已经提高的生产力。而生产关系又进一步影响到上层建筑。简而言之,生产力决定生产关系,生产关系反作用于生产力。在马克思看来,生产力是"因",其他上层建筑是"果"。新经济史学家则认为,生产力是"果",而不是"因",即经济增长都是某些因素所造成的后果,而这些因素才是真正的"因"。也就是说,新经济史学家的经济史观正好把马克思的经济史观颠倒过来,认为马克思所谓的上层建筑才是"因",生产力的发展是这种因素变化的"果"。

显然,新经济史学家的经济史观,是一个分析经济史的框架。陈振汉指出,诺斯的《西方世界的兴起》和《经济史中的结构与变迁》两本书本身都不是历史,而是研究历史的方法,是史学理论。"它们的特点是把传统经济史家根据经济学理论而建立的经济内外部因素的界限拆除,把有些如同所有权、国家组织和意识形态等过去属于法学、政治学或文化社会学领域的问题,一律纳入经济史学的范围,用经济学理论,即便不是新古典派理论,也是根据理性选择、交易成本等基本经济原则推导而得的经济学理论,而不是法学或政治学理论来作解释,所以这两本书只能说是经济学家而不是历史学家的经济史理论。诺斯1981年的书甚至可以说是一套新经济史观,一套用现代经济学理论来解释历史的历史理论。"[1]

新经济史学家的经济史观其实并非真正是崭新的。马克斯·韦伯(Max Weber)对宗教伦理与资本主义精神的论述,熊彼特对创新与经济波动的阐述,都有一个共同的特点:生产力是果,不是因,受到其他因素的制约。但由于种种原因,韦伯、熊彼特等人的理论并没有得到足够的重视。新经济史学家的经济史观却在很大程度上影响着经济学家(这在一定程度上与新制度经济学派的崛起有关),以致经济学家在构建经济模型时,有意识地、或多或少地考虑制度这一重要变量。

再来考察新经济史学的研究方法。任何学科的研究方法由其研究对象所决定。就经济史学的研究方法而言,大致有以下六种。

(1)描述法。这种研究方法是按历史顺序依次阐明历史过程的全部,它有助于理顺复杂的历史事实,有助于解决历史上"发生了什么"以及"怎样发生的"这些问题,但无助于解释"为什么发生"这个问题。

(2)分析法。这种研究方法是在已知历史事实的基础上,找出历史事件发生的原因。如果有现存的理论可以解释历史,就会以某种理论来解释;若现存理论不可能解释,可以提出新的理论假说来解释。分析法主要有两种:

---

[1] 陈振汉.社会经济史学论文集[M].经济科学出版社,1999:685.

因素分析和因果分析。

（3）比较法。这种研究方法是通过对诸多实例的比较，找出共同的特征与不同之处，有助于发现问题、分析问题。比较法主要有：纵向比较与横向比较、宏观经济与微观经济比较、多元结构分析比较、文化-历史分析比较。

（4）跨学科分析法。这种研究方法是不仅对经济方面进行研究，而且对社会、政治等方面也进行考察。

（5）分期法。这种研究方法是先把连续的社会经济划分为互不相同的阶段，然后对各个阶段加以分析。它有助于从宏观的角度了解事物的总体性及与各个阶段的联系，有助于了解社会经济的变化及其趋势。

（6）计量分析法。这种研究方法是运用数学和统计工具分析问题，旨在更为有效地利用有限的资料。其"前提假设——逻辑推理——实证检验"研究范式，具有很强的归纳特征，使以逻辑演绎为基本特征的经济学研究方法与以归纳描述为基本特征的历史学研究方法获得了某种程度上的综合。

如上所述，由于研究方法上的差异，可以把经济史学分成两类：传统经济史学和新经济史学。传统经济史学采用历史分析方法，很少使用经济理论和计量方法对历史进行解释；传统经济史学家大都是先收集大量史料，在此基础上凭着鉴别力与直觉得出一个见解，从不使用"假设"[1]。这种研究方法既强调史料考证与罗列，同时也重视理论，但其理论只是历史学理论以及历史学的工具和术语，而几乎不采用经济学理论及其他学科理论；注意定量分析，但限于对资料进行简单分类与归纳，或把可比的数字拿来直接比较和分析，而并不进行历史计量分析。经济史就像历史学的其他分支学科（如政治史、法律史和技术史等）一样，它们彼此之间的区别只不过是研究领域不同而已，而没有表现出研究方法上的差异。新经济史学的精髓就是用经济理论和计量方法来研究经济史，其主要特征是运用产权理论、交易成本理论和凯恩斯主义的宏观经济理论与方法重新考察经济史。新经济史学家认为，经济史研究不只是搜集、考订、分析史料和叙述史实，更重要的是能解释

---

[1] 传统经济史学的研究方法固然是一种必须掌握的基本方法。但不容否认的是，其研究方法也有先天不足。吴承明对此总结为以下5个方面：① 史学是叙述式的，缺乏分析；又常是事件和史例的罗列，或用单线因果关系将它们联系起来，而缺乏整体性、结构性的研究；② 强调历史事件、人物和国家的特殊性和个性，而不去研究一般模式和存在于过去的普遍规律；③ 在考察史料时采用归纳法和实证论，这种经验主义的方法不能在逻辑上肯定认识的真实性；在解释史料和做判断时，由于缺乏公理原则和强调个性，就主要凭史学家的主观推理和直觉；④ 或是根据伦理、道德取向来评议是非、臧否人物，或是认为一切都是受时间、地点和历史环境决定，无绝对的善恶；⑤ 脱离自然科学和社会科学来研究历史，认为历史学的唯一目的是真实地再现和理解过去。吴承明.论历史主义[J].中国经济史研究，1993（2）：3—4.

史实,说明其中彼此间的相互关系。为此,新经济史学家在经济史研究中创造性地引入了经济理论和计量方法。

一、经济理论与经济史的结合

在经济史的研究中,一切经济学理论都应视为方法论。因为"任何伟大的经济学说,在历史长河中,都会变成经济分析的一种方法"[1]。经济分析史表明,经济学本来具有理论与历史结合的传统,这一传统在威廉·配第(William Petty)、亚当·斯密(Adam Smith)和马克思的著作中,都得到很好的体现。然而,这一传统到大卫·李嘉图(David Ricardo)就中断了。李嘉图的方法是一种"非历史"的"强制"抽象法。正是这种"李嘉图恶习"[2],导致绝大多数经济学家摒弃历史归纳法而采纳抽象演绎法;另外,由于受德国历史学派的影响,经济史也脱离了经济学的分析传统。这就使经济学和经济史成为两个互不相干的学科。其结果是,经济学"有骨无肉,枯燥乏味";经济史"有肉无骨,苍白无力"。

新经济史学家恢复了理论与历史结合的经济学传统,将经济学注入历史,从历史中提炼理论,理论与历史被熔于一炉。值得强调的是,这种研究方法既能丰富经济学,又能改造经济史,而且往往能得出具有较强说服力的、与传统观点迥异的新结论。无疑,这是一场革命。诺斯对产业革命与经济增长关系的精辟阐述就是其中一例。

传统观点认为,产业革命推动了经济发展,进而加快了西方现代化的进程。诺斯则认为产业革命不是经济增长的原因,它不过是经济增长的一种表征形式,经济增长的关键在于制度因素。诺斯所讲的制度因素,包括高效率的经济组织、民主自由和私有制社会内私人身家财产的安全保障。其中,产权制度最为突出。何以如此?诺斯认为,经济增长早在产业革命前一个世纪的荷兰就出现了,但产业革命始发于英国。而英国之所以率先进行产业革命,是因为英国18世纪以前一系列制度变迁为产业革命铺平了道路,如果没有诸如股份制、公司制、专利法、奖励制、汇票制、保险制等新制度的安排和建立,产业革命就不可能从英国开始。诺斯的论点是:有效率的经济组织和制度是经济增长的关键,一种提供适当个人刺激的有效制度是促使经济增长的决定性因素。诺斯进而论证道:经济增长成功的国家,都是经济组织日益效率化的结果;而那些经济停滞的国家,则是经济组织日益效率低下的结果。不言而喻,"制度"才是国家兴衰的始作俑者。

---

[1] 吴承明.市场·近代化·经济史论[M].云南大学出版社,1996:102.
[2] 熊彼特.经济分析史:第二卷[M].商务印书馆,1992:147.

显然，诺斯的分析是建立在新古典增长模型之上的。根据新古典增长模型，经济增长取决于资本存量，资本存量是实物资本、人力资本、自然资源和知识的函数，制度并不存在。诺斯认为，决定资本存量的因素固然对经济增长有促进作用，但如果没有高效率的经济组织等制度因素，增长就不会出现。诺斯认为，"制度是一系列被制定出来的规则、守法程序和行为的道德伦理规范，它旨在约束追求主体福利或效用最大化利益的个人行为"[1]。而制度变迁则构成经济增长的源泉。可见，诺斯的增长模型是在新古典增长模型的基础上，探讨了信息费用、不确定性与交易成本等制度因素，并且把制度因素看作经济增长的内生变量。诺斯的这种分析对经济增长的长期变动提供了合理的解释。

从上述例子中可以推断，一方面，诺斯是在对产业革命和经济增长历史的研究中，发现了制度因素的重要作用，并把它作为一个重要变量引入经济分析中，这样就修正并扩充了新古典增长模型；另一方面，又用已修正并扩充的经济理论来重新解释历史，成功地把经济学和经济史的研究融合为一体。

二、计量方法与经济史的结合

前面已提及，传统经济史学家几乎不使用计量方法，这同传统经济史学家大多是历史学家故缺乏数学修养有关，况且他们所采用的历史归纳法本身并不需要高深的数学知识。此乃"德国历史学派恶习"[2]。如果说"李嘉图恶习"使经济学陷入从逻辑到逻辑之循环论证的话，那么，"德国历史学派恶习"使经济史学家的叙述浮泛，缺乏精确性。新经济史学家显然不满足这种研究方法，他们将新古典经济学原理和统计推断原理结合在一起，把经济学家惯用的计量方法引入经济史研究，从而把计量方法与经济史结合在一起。

这种把计量方法与经济史结合在一起研究的典型范例是：先选用一个正规模型（大多是新古典学派模型），然后汇集模型所需的材料（资料连续性需10年以上），最后把模型与资料合在一起得出一个结论。然而，历史数据往往残缺不全，或是有数据但质量很低。鉴于此，新经济史学家使用了统计和数学工具。其中，回归分析（计量经济学的主要方法论）是常用的分析工具。一般地，新经济史学家使用的是假说演绎分析方法。即在上述研究范例的最后一步，采用以下诸办法之一。

---

[1] 诺斯.经济史中的结构与变迁[M].上海三联书店,1994：225—226.
[2] 暂且借鉴和仿效熊彼特"李嘉图恶习"的提法.

（1）在多种不同的假说下作出对各种问题假说的答复。
（2）对特定问题估定一些参数。
（3）用事实来决定可供选择的方案。

福格尔对铁路与美国经济增长关系的独特论证就是其中一例。

传统观点认为，铁路在19世纪美国的经济发展中起到了巨大的作用。有三个理由。

（1）铁路降低了运费，这使开发大面积农田变得切实可行。
（2）修筑铁路引起对制成品的巨大需求。
（3）铁路的飞速发展导致一些重要革新的出现和传播。

事实果真如此吗？福格尔在《铁路与美国的经济增长》中提出这样的反事实性问题：如果铁路从来就不存在，美国的经济增长率会是多少？进而提出一种反事实假设：如果当时美国不是修筑铁路而是修筑运河，那么会出现什么情况呢？他的结论是：修筑运河，能将流经区域土地的农业化比例从原来的76%上升到93%；修筑铁路引起的工业需求，在1840—1860年期间，它从未超过美国铸铁生产的5%；因而不能武断技术创新和扩散是由铁路的修筑引起的。福格尔指出，在其他条件不变的情况下，即使没有铁路，1890年的美国国民生产总值也不会比这一年的实际产值低3%以上。换言之，铁路对美国经济增长的贡献不超过3%，因而并非像传统观点所说的那样重要。这一令人耳目一新的结论应归功于他使用了"间接度量"与"反事实度量"方法。

众所周知，在经济史研究中，现成的统计数据往往无法进行比较，把不能直接相比的数据通过换算，使之成为可比的数据，就称"间接度量"。福格尔在分析中，首先创立了"社会储蓄"的概念，并把铁路运输所形成的经济效益以"社会储蓄"的概念来表述。通过这种"间接度量"方法，便克服了研究中缺少可比资料的困难。然后，他提出了"反事实度量"方法。"反事实度量"方法是根据推理的需要，不以历史事实为依据，提出一种反事实的假定，并以此作为出发点来估算经济生活曾经有可能发生的种种变化。这里所谓的不根据事实，包括这样两个方面的内容。

（1）某一事件或事物在历史上确实存在过，但可以假定它不曾存在，然后根据这种假定来估算经济生活中可能由此引起的后果。
（2）某一事件或事物在历史上不曾存在，但可以假定它存在过，然后根据这种假定来估算经济生活中可能由此引起的后果。

福格尔根据美国19世纪90年代的运输方式，建立了两个经济计量模型：其一是铁路存在情况下的运输成本（事实度量）；其二是假定铁路不存在情况下而修筑运河的运输成本（反事实度量）。根据度量结果，福格尔发

> 社会储蓄：指国民生产总值的实际水平与铁路不存在情况下使用最有效的运输方式（如航运）而可能达到国民生产总值水平之间的差额。

现修筑铁路的经济作用显然被传统经济史学家夸大了,如果当时修筑运河(只要把美国的水路运输网稍加扩大),几乎同样能起到铁路的作用(这至多会使美国的经济增长推迟两年,这实在是微不足道的)。福格尔由此得出结论:铁路并非唯一可选方案。

福格尔除了用质疑方式解释经济史外,他还使用经济模型和统计方法更正并补充了历史档案中的数据,重点放在分析当前和过去的数据之间的相关性上;他重新构造了把近10代人联系在一起的数据库,以分析经济和文化因素对下列变量,如生育率和死亡率、女性参与率、移民率和人口流动率以及储蓄率的相互影响,从而使经济史研究建立在数据基础上。由此可见,新经济史学研究方法上强调计量方法与经济史结合确实是经济史研究中的一次革命。

第四节 新经济史学的制度变迁理论

诺斯是新经济史学家中的"理论家"。瑞典皇家科学院的授奖词称赞他是"新思想的启迪者和提出者","向经济学家指明怎样才能更有效地解决原有问题"。其主要贡献被认为是,形成了包括政治、经济和社会因素在内的广泛分析框架,构造了一个以制度、制度结构、制度变迁与创新为主轴的新经济史学理论体系。在福格尔看来,诺斯最主要的贡献在于:① 提出制度是现代经济增长的必要条件;② 提出制度形成的交易成本对制度安排有重要影响;③ 明确区分组织和制度;④ 提出偶然性在制度变迁中可以发挥决定性的作用[1]。另外,诺斯对理性假定的修正也大大扩展了经济学家经常使用的假设前提[2]。

诺斯的制度变迁理论始见于1968年发表的《1600—1850年海洋运输生产率变化的原因》;1971年出版的与戴维斯(Lance E. Davis)合著的《1607—1860年的制度变迁与美国经济增长》,构建了一个比较完整的制度变迁理论框架;1973年出版的与托马斯(Robert Paul Thomas)合著的《西方

---

[1] 福格尔在经济史研究中尽管不像诺斯那样把制度分析始终贯穿于其研究过程,但他也重视制度因素在经济发展中的作用。他认为,从历史来看,某些体制比另一些体制更能促进经济增长。从政府角度来看,关键在于怎样建立起那种体制、那种市场形式、那种法律制度,以最有效地促进资本形成,促进高储蓄,促进技术革新,鼓励最有才华的人精神饱满地工作。福格尔访谈录[N].经济学消息报,1994-08-04:4.

[2] 德勒巴克等.新制度经济学前沿:第二辑[M].经济科学出版社,2003:译者序言.

世界的兴起》，提出了较为成熟的制度变迁理论体系；1981年出版的《经济史中的结构与变迁》，标志着诺斯制度变迁理论的形成。而诺斯的《制度、制度变迁和经济绩效》(1990)、《交易费用、制度和经济绩效》(1992)两本著作，则完善了制度变迁理论，最终形成了一个包括产权理论、国家理论、意识形态理论在内的制度变迁理论框架。

值得强调的是，诺斯的制度变迁理论框架是以经济史的经验性材料为基础构筑而成的，这是新经济史学家的比较优势所在。诺斯在研究历史上的经济增长时，发现制度因素极其重要，然而在新古典增长模型中，制度是已知的、既定的，或被视为外生变量。他论证道："创新、规模经济、教育、资本积累等因素不是增长的原因，它们本身是增长。……除非现存的经济组织有效率，增长就决不会出现。"[1]他进而指出："我研究的重点放在制度理论上，这一理论的基石是：① 描述一个体制中激励个人和集团的产权理论；② 界定实施产权的国家理论；③ 影响人们对客观存在变化的不同反应的意识形态理论，这种理论解释为何人们对现实有不同的理解。"[2]这就是以新制度经济学理论为核心，建立在对新古典假定修正基础上的，以经济史的经验性材料为论据的制度变迁理论。

诺斯认为，"制度提供了人类相互影响的框架，它们建立了构成一个社会，或更确切地说一种经济秩序的合作与竞争关系"[3]。"变迁"是指"制度创立、变更及随着时间变化而被打破的方式"[4]。诺斯为了说明制度变迁对经济增长的作用，他将制度区分为制度环境与制度安排。前者指"一系列用来建立生产、交换与分配基础的基本的政治、社会和法律基础规则"；后者指"支配经济单位之间可能合作与竞争的方式的一种安排"[5]。据诺斯分析，有许多外在性变化促成了利润的形成。由于一些因素（外部性、规模经济、风险和交易成本等）的作用，使这些潜在的外部利润无法在现有的制度安排结构内实现，从而导致了一种新的制度安排的形成，并出现了制度的变迁。正是制度变迁构成了一种经济长期增长的源泉。诺斯还指出，理解制度框架的三块基石是产权理论、国家理论和意识形态理论。其逻辑关联是：经济增长有赖于明确界定产权，但在技术和现有组织制约下，产权的界定、裁决和行使代价极为高昂，于是国家作为一种低成本地提供产权保护与强制力的制度安排应运而生，借以维护经济增长，而成功的意识形态则能更好地、更

---

[1] 诺斯,托马斯.西方世界的兴起[M].剑桥大学出版社,1973：2.
[2] 诺斯.经济史中的结构与变迁[M].上海三联书店,1994：7.
[3] 同[2]：225.
[4] 同上.
[5] R.科斯,A.阿尔钦,D.诺斯等.财产权利与制度变迁[M].上海三联书店,1994：270—271.

有效地克服"搭便车"问题,推动经济增长。

一、产权理论

诺斯认为,有效率的经济组织是经济增长的关键,而有效率的经济组织的产生需要在制度上作出安排和确定产权,以便对人的经济活动造成一种激励。根据诺斯理论,建立有效产权的目的是使创新的私人收益率和社会收益率相等。如果不相等(一般如此),则意味着某个"第三者"不经他人的同意可以不支付任何代价免费获得某些利益或好处,即人们所说的"搭便车"行为。更为严重的是,如果私人成本超过私人收益,那么,个人通常不愿意从事这项活动,虽然对社会来说这项活动可能有利。这种"搭便车"行为是导致产权效率低下的根本原因。为此,诺斯认为,必须确定某种有效率的产权模式,使得私人收益率和社会收益率接近相等。就产权模式而言,最有效的产权是具有排他性和竞争性的产权。而排他性和竞争性的最好形式就是私有产权。诺斯关于私有产权效率的结论,是从经济史中提炼出来的。他通过对公元900—1700年间西方经济史的考察,提出历史上的经济增长之所以没有在整个西方世界同时出现,而首先在尼德兰和英格兰地区出现,是因为这两个地区进行了产权制度方面的变革,从制度上激励和保护了经济领域内的创新活动,于是,这两个国家首先在西方世界兴起。诺斯总结道:"有效率的经济组织是经济增长的关键;一种有效率的经济组织在西欧的发展,是西方世界兴起的原因所在。"[1]

诺斯在后期的论著中愈来愈重视产权制度的作用。理论上,他主张的并不一定是私有产权,而是主张排他性产权。诺斯指出:"把成功的西方市场经济的正式的政治和经济规则转移到第三世界和东欧经济不是优良经济业绩的一个充分条件。私有化不是解决不良经济业绩的万应灵丹。"[2]然而,公有产权难以建立明确的排他性;只有私有产权才能建立明确的排他性,于是才归结到私有产权是最好的产权结构这一结论。所以,在诺斯看来,只要能明确界定和保护产权,均是一种有效的产权制度,因为能有效地对产权进行明确界定和保护,就可以减少未来的不确定因素,减少产生机会主义行为的可能性,为创新活动提供激励和保护,促进经济增长。

二、国家理论

诺斯指出:"若要了解一个社会产权结构的变革,需先弄清国家的功

---

[1] 诺斯,托马斯.西方世界的兴起[M].剑桥大学出版社,1973:1.
[2] 王宏昌.诺贝尔经济学奖获得者演讲集[M].中国社会科学出版社,1997:276.

能。"[1] 诺斯在分析国家的功能时,将其当作一种政治组织来看待。他把国家定义为:"国家可视为在暴力方面具有比较优势的组织,在扩大地理范围时,国家的界限要受其对选民征税权力的限制。"诺斯认为,国家并不是"中立"的。国家是界定和实施产权的单位,国家确定产权结构,构成经济组织的契约关系形式也主要是由国家来决定的,所以国家最终要对造成经济增长、衰退或停滞的产权结构的效率负责。他认为国家有以下三个基本特征。

(1) 国家为获取收入,以一种服务(提供安全保护和公正环境)作交换来收取公民为购买这种安全和公正所支付的税金。

(2) 国家试图像一个带有歧视性的垄断者那样活动,为使收入最大化而为各个集团设定不同的产权。

(3) 国家受制于其选民的机会成本,面临其他国家或潜在统治者的竞争。

诺斯还认为,"国家提供的基本服务是博弈的基本规则。无论是无文字记载的习俗(在封建庄园中),还是用文字写成的宪法演变,都有两个目的:一是,界定形成产权结构的竞争与合作的基本规则(即在要素和产品市场上界定所有权结构),这能使统治者的租金最大化。二是,在第一个目的的框架中降低交易费用以使社会产出最大,从而使国家税收增加"[2]。这两个目的是相悖的,第一个目的是企图确立一套基本规则,以保证统治者自己的收入最大化;第二个目的是包含一套能使社会产出最大化而完全有效率的产权制度的设立。正是这两者的冲突所产生的对抗行为,引起了国家的兴衰,因此,"国家的存在是经济增长的关键,然而国家又是人为经济衰退的根源"[3]。真可谓:没有国家办不成事,有了国家又有很多麻烦。换言之,没有国家权力及其代理人的介入,财产权利就无法得到有效的界定、保护和实施;而国家权力介入产权安排和产权交易,又会造成所有权的残缺,导致无效的产权安排。

诺斯还综合了国家理论中的契约论和掠夺论两派的观点,提出了国家"暴力潜能"分配论。他认为,如果暴力潜能在公民之间进行平等分配,那么就会产生契约性的国家;如果不是平等分配,就会出现掠夺性的国家。诺斯强调,国家在制度变迁中扮演着举足轻重的角色,尽管国家作为政治组织在促进制度变迁方面能发挥多大作用,要受许多内部因素和外部因素的制约,但从历史上看,好的政治组织往往能促使制度变迁走向好的轨道,从而引起经济增长。反之则反是。

---

[1] 诺斯,安德森,希尔.美国昔日的增长与福利:新经济史[M].普林斯豪图书公司,1966:16.
[2] 诺斯.经济史中的结构与变迁[M].上海三联书店,1994:24.
[3] 同[2]:20.

三、意识形态理论

诺斯的产权理论和国家理论都建立在人是理性的这一假定基础上。所以,在一般情形下,他认为人都有一种获得某种好处而不付费的行为倾向,即"搭便车"的动机。若社会成员都成为或都等待成为"搭便车者",那么,这个社会就失去了经济增长的动力和创新活力的激励。因此,对制度变迁的研究必须借助意识形态理论。诺斯提出:"社会强有力的道德和伦理法则是使经济体制可行的社会稳定的要素。更一般地说,如果没有一种明确的意识形态或知识社会学理论,那么,我们在说明无论是资源的现代配置还是历史变迁的能力上就存在着无数的困境。"[1]"我特别强调搭便车问题,因为这个问题在解释历史上政治、经济组织的结构和变迁时发挥着关键的作用。"[2]

诺斯认为,意识形态是一种行为方式;是个人与其环境达成协议的一种节约费用的工具;具有确认现行制度结构符合义理或凝聚某个团体的功能;起着协调人们的经验的作用。同时,它又不可避免地与人们的公平道德和伦理评价等交织在一起。这意味着有一种关于可能的非此即彼的选择观念,即在相互对立的理性和意识形态中进行选择。当人们的经验与其思路不相符时,他们就会试图改变意识形态。由此看出,意识形态对人们的影响是强有力的。大凡成功的意识形态必须是灵活的,能有效地克服"搭便车"问题。诺斯认为意识形态是寻求社会稳定的灵丹妙药。

这就是诺斯制度变迁理论的分析框架。通过这一分析框架,诺斯解释了一个长期令人们困惑的问题,那就是:同样是从不发达状态向发达状态过渡,为什么有的国家很快走上了经济增长的道路,而有的国家却长期陷于落后的深渊不能自拔呢?同样的制度变革,为什么有的国家能促进经济的发展而有的国家却导致了动乱和衰退?诺斯认为,制度变迁过程存在着报酬递增和自我强化的机制。这种机制使制度变迁一旦走上了某一条路径,它的既定方向会在以后的发展中得到自我强化。"历史表明,人们过去作出的选择决定了其现在可能的选择"[3]。沿着既定的路径,经济和政治制度的变迁可能进入良性循环迅速优化;也可能顺着原来的错误路径往下滑,甚至被"锁定"在某种效率的状态下而导致停滞。诺斯的这种"路径依赖"和"锁定"的分析,为重新解释经济史提供了一条崭新的思路。至此,诺斯包括产权理论、国家理论、意识形态理论在内的更为完整的制度变迁理论形成了。

---

[1] 诺斯.经济史中的结构与变迁[M].上海三联书店,1994:51.
[2] 同[1]:52.
[3] 同[1]:中译本序言.

第五节 新经济史学的理论评价

一种经济学说之所以能演进为一支经济学流派,不外乎这种学说的倡导者和追随者或是创立了一种新的分析方法,或是提出了一种新的行之有效的理论,或是开辟了一个新的研究领域。新经济史学派的崛起也不例外。新经济史学家对经济学所作的贡献三者皆有之,其中又以其方法论上的创新最为突出。

从方法论看,经济学是实证科学,经济史作为经济学的实证工具,具有四个方面的优势:第一,经济史所提供的经验和事实是大量的;第二,经济史所提供的经验和事实比经济学者所感知的现实世界要可靠得多;第三,经济学者可以利用经济史提供的经验世界,对经济学的假设和命题进行"试错"式研究;第四,经济史世界最适于经济学"溯因法"研究[1]。

遗憾的是,经济学者大多染上"李嘉图恶习",养成一种几乎是不可更改的演绎推理的偏好,不愿从经济史的材料中归纳提出假设,不愿接受经济史的经验验证;而一味依赖于自身逻辑的严密性,甚至为了求得逻辑上的完美无瑕,视而不见与假设相悖的经济历史事实。要知道,一种经济理论的正确与否,取决于假设是否正确。如果假设背离经济历史事实,其结论无疑也是站不住脚的。因此,一个理论模型从选题和最初设想以致最后完成的整个塑造过程都必须以经济史实为依据。也就是说,无论假设的提出还是验证,都必须依托经济历史事实。唯有如此,才能避免陷入形而上学的误区。

诚然,也有一些经济学家重视研究经济史的。熊彼特曾说过,"'科学的'经济学家和其他一切对经济课题进行思考、谈论与著述的人们的区别,在于掌握了技巧或技术,而这些技术可分为三类:历史、统计和'理论'。三者合起来构成我们所谓的'经济分析'"。而"经济史乃是最重要的。我愿立即指出,如果我重新开始研究经济学,而在这三门学科中只许任选一种,那么我就选择经济史"[2]。像熊彼特等,既是经济学家,又是经济史学家,新经济史学家通常也被视为经济学家,如诺斯等。事实上,作为实证科学的经济学,离不开经济史。如前所述,新经济史学家对制度史的考察,丰富了经济增长理论,而其成果反过来推动了制度经济学特别是产权理论的发展[3]。熊彼特还曾说

---

[1] 高德步.经济史与经济学[J].经济学家,1998(5):76.
[2] 熊彼特.经济分析史:第一卷[M].商务印书馆,1991:28—29.
[3] 新经济史学与新制度经济学的关系可概括为:一方面,新经济史学家们对历史数据的"复原"为制度经济学家研究制度变迁与经济发展的关系提供了可靠的数据;另一方面,一些新经济史学家实际上是运用了包括制度分析在内的一些现代经济学方法来分析历史的。卢现祥.西方新制度经济学[M].中国发展出版社,1996:229.

过,"如果一个人不掌握历史事实,不具备适当的历史感或所谓历史经验,他就不可能指望理解任何时代(包括当前)的经济现象"。"我个人认为历史的研究在经济分析史方面不仅是最好的,也是唯一的方法"[1]。

的确,新经济史学方法论上的创新打破了以往沉闷的经济史研究,给人以耳目一新的感觉。这种方法论拓展了经济史的研究领域,克服了传统经济史学的观念先行、思维定式去理解历史现象的弊端,在一定程度上起到了对理论的启发、引导、左右和检验评价的作用。当然,由于方法论的不同,新经济史学家在相同的研究课题上得出了一些与传统经济史学家不尽相同甚至截然相反的结论。姑且不谈这些结论是否正确,但其研究方法、研究角度无疑给人们以重要启示。人们普遍认为,新经济史学家的贡献不在于研究了什么和得出了什么样的结论,而在于把现代经济学工具应用到历史问题上。

也许正是由于新经济史学方法论上注重计量这一点,也引出一些缺憾。

(1) 新经济史学家使用的计量模型一般适用于研究生产力,而不适用于研究生产关系及其上层建筑。传统经济史学家对新经济史学家的批评和质疑也主要在此。针对福格尔否认美国奴隶制度经济上无效率的观点,传统经济史学家反驳道:经济效率是可以计量的,但自由平等是无法也不能计量的。这种反驳意见似有道理。

(2) "反事实度量"方法的应用有一定的限制条件,不能随意滥用。其限制条件有:① 必须在社会条件不变的情形下才能应用,不能用此方法估算由于社会政治条件变化而可能造成的经济后果;② 此方法在经济领域主要适用于物质生产领域。否则,所得出的结论除了哗众取宠外,毫无意义。有人曾这样说道,历史不会重复,在根本就不曾存在的假定上做文章,得到的不可能是"真历史",而是"伪历史""虚构史",由于反事实假定性陈述不可能被事实检验,因此这种研究应该被排除在科学的范围之外。

(3) 经济上的量,都是以一定的质为前提的。经济史上常见的由量变到质变及突变过程,很难加以计量分析,而只能用定性分析得出。还有,由于新经济史学一般以函数关系代替事物间的辩证关系,故不能说明对立统一的发展过程。

一言以蔽之,新经济史学所研究的范围仍是有限制的。这是新经济史学方法论上最大的缺憾。至于经济史是否适宜建立模型,目前尚有争议。不过,新经济史学方法论上注重计量分析这一点,即便是传统经济史学家也是赞同的。因为定性分析不免有夸大、不足、以偏概全等毛病,用计量分析方法加以检验,可给予肯定、修正或否定。这在历史统计相对贫乏的情况下

---

[1] 熊彼特.经济分析史:第一卷[M].商务印书馆,1991:28—29.

尤其如此，正如福格尔和恩格尔曼指出的，"如果资料十分完备，简单的统计方法就够用了。资料越是贫乏，就越需要使用高深的统计方法。但无论如何，可以利用的资料的确总是低于标准统计方法需要的最低限度。在这种情况下，如果要获得成就，关键就在于研究者要能够设计出在利用资料方面特别有效的方法，也就是说，尤其要发现一种靠有限的资料来解决问题的方法"[1]。计量方法对于经济史的作用，一是确定哪些东西可以计量，二是运用理论解决数据不足，三是把原始数据重新组成符合严格定义的经济概念结构，四是间接度量时的数字换算。因此可以这样说，经济史研究中凡能计量的都应尽可能地计量，其计量模式应是回归模型，而不是三段论的逻辑模式。不过，经济史不是简单的数学问题，计量分析必须与定性分析相结合。总之，把数学方法应用于经济史研究是值得肯定的，问题是用什么样的数学方法和怎样用数学方法。

把经济理论引入经济史研究，是新经济史学方法论的另一大特色。许多经济史学家认为，当代西方经济学理论中的"经济人"假设、一般均衡理论、经济增长理论、经济成长阶段论、投入产出分析理论以及某些概念范畴等，都有助于经济史的深入研究。一般地，只要选用的经济理论的假设条件被满足，且假设条件与历史资料相符，那么，经济理论在经济史中的运用就是科学的和有效的。新经济史学家把经济理论与经济史结合起来，用理论来描述和解释的研究方法，无疑应值得肯定。当然，理论是在不断发展的，这就要求经济史学家不断汲取当代西方经济学不同学派理论上及方法上的最新成果，以此来开展经济史研究。顺便说开去，经济史研究还应当从其他学科借用方法，并采纳这些学科新近取得的成就。斯波义信（Yoshinobu Shiba）引用弗里德曼（Milton Friedman）的话总结说：经济史研究所涉及的社会科学学科，至少包括经济学、政治学、社会学、社会心理学、人口学、社会地理学、经济地理学等。这些学科的研究方法与模式，都可以参考借用。

至于新经济史学理论体系——诺斯的制度变迁理论，则可认定是对经济学发展的一大贡献。其重要意义在于它给了人们一个可供多维观察的镜头，使人们从新古典经济学的"静态"世界中走了出来，为发展中国家的经济转型提供了一个颇具阐释能力的分析框架。不可否认，诺斯的理论存在缺陷。他对交易费用并未给予量化处理，因而对制度运作效率的比较略嫌分量不够；对于制度变迁的动力机制，也几乎很少涉及。另外，诺斯的经济史观与马克思的经济史观是大相径庭的，其许多结论也与马克思主义相左。其实，诺斯并没有对马克思经济学抱有意识形态的偏见，他将马克思的经济

---

[1] 赵凌云.探求经济理论与经济史的结合[J].东南学术，2001(1)：44.

史观之因果关系彻底颠倒过来,并由此引起了相异的结论,倒是新经济史学家未曾所料,不是他们原来设定的批判目标。

新经济史学自20世纪50年代末60年代初在美国诞生以来,逐步从北美走向世界。在我国,新经济史学尚在襁褓中,目前所见的数学方法在经济史研究中的应用大都限于回归分析,并限于线性回归。诚然,也能看到应用当代西方经济理论研究经济史的论著,但似乎尚有生吞活剥之嫌,因而还称不上严格意义上讲的新经济史学。这是令人遗憾的。可以肯定的是:依据经济学理论,博采不同学派的学说与方法,运用数理工具及计算机技术以研究经济史,乃是未来经济史研究的大趋势。

本 章 总 结

1. 新经济史学产生于20世纪50年代末60年代初,到70年代获得了迅速发展,80年代后逐渐成为当代西方经济学的一支重要流派。其代表人物就是荣膺1993年度诺贝尔经济学奖的罗伯特·福格尔和道格拉斯·诺斯。

2. 新经济史学的精髓就是用经济理论和计量方法来研究经济史。这种新的研究范式不仅恢复了理论与历史结合的经济学传统,引入了"间接度量"与"反事实度量"方法,而且形成了包括政治、经济和社会因素在内的广泛的分析框架,构造了一个以制度、制度结构、制度变迁与创新为主轴的理论体系。新经济史的兴起是经济史研究中的一次革命。

3. 新经济史学制度变迁理论体系包含产权理论、国家理论和意识形态理论。其逻辑关联是:经济增长有赖于明确界定产权,但在技术和现有组织制约下,产权的界定、裁决和行使代价极为高昂,于是国家作为一种低成本地提供产权保护与强制力的制度安排应运而生,借以维护经济增长,而成功的意识形态则能更好地、更有效地克服"搭便车"问题,推动经济增长。

思 考 题

1. 新经济史学产生和发展的理论学术背景是什么?
2. 新经济史学与传统经济史学相比"新"在哪里?
3. 新经济史学制度变迁理论体系包含哪几方面理论?
4. 如何评价新经济史学派的"反事实度量"方法?
5. 经济学者为什么要学习和研究经济史?

第十三章 法律经济学派

"法律经济学"(Economics of Law),亦称"法和经济学"(Law and Economics)或"法律的经济分析"(Economic Analysis of Law),是20世纪50年代才发展起来的一门经济学与法学交叉的新兴学科,也是"二战"后当代西方经济学中的一个重要的学术流派。著名的法律经济学家理查德·A.波斯纳教授曾在1980年代后期对法律经济学运动作出过分析和评价,但当时的分析主要是针对有关对于法律经济学运动的不同意见展开的[1]。事实上,在法律经济学运动的发展过程中,确实也一直存在着许多不同的意见和观点分歧,而本章的内容重点则是主要介绍法律经济学运动中的主流学派——芝加哥学派的主要观点,并在此基础上对法律经济学可能的发展趋势作出初步的描述与评价。

第一节 法律经济学的产生与发展

在古典政治经济学的发展过程中,由于经济研究仍大量涉及社会制度

---

[1] 理查德·A.波斯纳.法和经济学的运动[J].美国经济评论,1987,77(5):1—13.

问题，因此对于法律问题的研究并未中断过。从早期的古典经济学家亚当·斯密到李嘉图，从德国历史学派的罗雪尔到美国制度学派的康芒斯，毫无例外地都在经济研究中涉及社会法律制度问题。此后，随着20世纪20年代新古典经济学主导地位的确立，社会制度问题被视为资源配置问题的既定前提搁置在一边，作为社会制度的重要组成部分的法律制度问题，在经济学研究中逐渐被冷落。可是，由于在19世纪下半叶大量垄断组织的产生和1930年代经济大萧条的出现，导致了相关国家反垄断法律的陆续颁布和政府在公共事业领域的干预及管制的扩张，因此，与反垄断法律和公共事业管制有关的法律方面的经济研究仍然在进行[1]。

1950年代后期至1960年代，是法律经济学的初创时期。艾伦·迪雷克特教授在1958年创办了《法和经济学杂志》(Journal of Law and Economics，亦译《法律经济学杂志》)，罗纳德·科斯教授于1961年发表了《社会成本问题》一文，标志着法律经济学的问世[2]。由于上述人和事都发生在美国芝加哥大学法学院，所以，可以认为，芝加哥大学是法律经济学运动的直接源头。

在整个初创时期，法律经济学还不是一门相对独立的学科，法律经济学运动融合在整个新自由主义经济学运动和"经济学帝国主义"扩张运动中。从经济理论演进的角度看，新自由主义经济学的发展在当时呈现出一种"一体两翼"的发展格局。所谓"一体"是指以科斯为代表的产权经济学理论及以交易费用理论为基础的新制度主义经济学；所谓"两翼"是指以詹姆斯·布坎南为代表的公共选择理论和加里·贝克尔为代表的非市场行为经济学研究。后两者并不直接涉及法律经济学的研究。

罗纳德·科斯教授是法律经济学初创时期最重要的代表人物，也是法律经济学的学科创始人，其经典之作《社会成本问题》是法律经济学学科创立的里程碑。科斯在这篇文章中，通过对外部性问题独辟蹊径的分析，得出结论：当交易费用为零时，不同的产权界定将不会影响资源配置的结果；反之，当交易费用不为零时，不同的产权界定会导致不同的资源配置结果。这就是著名的"科斯定理"[3]。

"科斯定理"告诉人们，私人之间的交易在谈判、签约、监督执行过程中会产生相关费用，即交易费用，同一交易过程在不同的法律制度框架中进行

---

[1] 事实上根据科斯的说法，即使在20世纪20—30年代，也有经济学家在研究与当今法律经济学所研究的主题相近的内容。例如科斯在伦敦经济学院的导师帕莱特(A. Plant)就发表过专利与版权方面的论文(罗纳德·科斯.经济学与经济学家论文集[M].芝加哥大学出版社,1994)。

[2] 易宪容.科斯评传[M].山西经济出版社,1998.

[3] 罗纳德·哈里·科斯.企业、市场与法律[M].上海三联书店,1990.亦可参阅本书第十一章"新制度经济学派"中的有关内容。

时，所涉及的交易费用是不同的，过高的交易费用将对私人交易形成障碍，从而影响资源配置的效率。有效的法律制度安排能够节省私人交易的费用，减少私人谈判达成协议的障碍，有利于资源配置结果的改善。因此，"科斯定理"通过引入"交易费用"这一核心概念，将法律制度安排与资源配置结果两者有机地结合在一起，为运用经济学的理论与方法研究法律问题奠定了基础。

此外，在法律经济学的初创时期，还有两位非常重要的代表人物，一位是阿曼·A.阿尔钦，另一位是圭多·卡拉布雷西。阿尔钦在1961年发表了"关于产权经济学"一文，运用效用理论和最大化方法研究了产权制度问题；卡拉布雷西则在同一年发表了"关于风险分配和侵权法的思考"一文，从经济学的视角比较系统地研究了侵权的法律问题[1]。这两篇论文的研究内容涉及了普通法的两个非常重要的领域——财产法和侵权法，标志着经济学的分析进入了传统上属于法学的普通法研究的具体领域。

阿曼·A.阿尔钦
（Armen Albert Alchian）

法律经济学在1970—1980年代经历了一个蓬勃发展的时期。在这个时期中涌现出许多优秀的代表人物与研究成果：理查德·A.波斯纳与《法律的经济分析》(1973)、沃纳·Z.赫希与《法和经济学》(1979)、A.米契尔·波林斯基与《法和经济学导论》(1983)、罗伯特·考特和托马斯·尤伦与《法和经济学》(1998)。同一时期，有关法律经济学的研究机构和学术刊物也纷纷问世：美国爱默里大学的"法和经济学研究中心"和《法律经济学杂志》、迈阿密大学的"法和经济学研究中心"和《法与政治经济学杂志》、华盛顿大学的《法和经济学研究杂志》以及在纽约出版的《法和经济学国际评论》；在英国也成立了"工业法研究会"等机构，仅牛津大学就出版了《工业法杂志》和《法学、经济学与组织研究杂志》。此外，一些著名的大学，如哈佛大学、芝加哥大学、斯坦福大学、加州大学伯克利分校、牛津大学、约克大学、多伦多大学等，纷纷在法学院、经济学院(系)开设法律经济学课程。一些著名大学的老牌法学杂志，如《哈佛法学评论》《耶鲁法学评论》《哥伦比亚法学评论》《多伦多大学法律杂志》等，也纷纷开始重视法律经济学的研究，刊登有关法律经济学的研究成果。这一时期，法律经济学由于自身的不断成长，已经开始逐渐从新制度经济学中独立出来，成为一门具有比较完善的理论体系的相对独立的新兴学科[2]。

圭多·卡拉布雷西
（Guido Calabresi）

---

[1] 理查德·A.波斯纳.法律的经济分析[M].中国大百科全书出版社,1997:中文译者前言.
[2] 正是从这个意义上来讲，本文没有把新制度主义经济学的一些主要代表人物(例如德姆塞茨等人)列入法律经济学的学者行列，尽管他们在20世纪60—70年代在产权经济学研究领域作出了巨大的贡献。

在法律经济学的蓬勃发展时期,芝加哥大学法学院的理查德·A.波斯纳教授是最为杰出的一位代表人物,他的著作《法律的经济分析》是一部类似于法律经济学"百科全书"的经典作品,这部著作在1973年出版,标志着法律经济学完整的理论体系的初步建立。同一时期,随着法律经济学理论研究的不断扩展和深入,法律经济学对立法和司法实践的影响也在不断扩大。例如,美国总统里根在1981年任命了波斯纳、博克和温特3位在法律经济学方面颇有造诣的法学家为美国联邦上诉法院法官;同年,还通过并颁布了1291号总统令,要求所有新制定的政府规章都要符合成本收益分析的标准[1]。

理查德·A.波斯纳
(Richard Allen Posner)

第二节 学科性质、研究范围与研究方法

从学科研究的性质来看,法律经济学已明确将自己定位为一门"用经济学阐述法律问题"的学科。用波斯纳的话来说,法律经济学是"将经济学的理论和经验主义方法全面运用于法律制度分析"的学科[2]。具体地说,法律经济学采用经济学的理论与分析方法,研究特定社会的法律制度、法律关系以及不同法律规则的效率;其研究的主要目的仅在于"使法律制度原则更清楚地显现出来,而不是改变法律制度"[3]。根据尼古拉斯·麦考罗和斯蒂文·G.曼德姆的定义,"法和经济学是一门运用经济理论(主要是微观经济学及其福利经济学的基本概念)来分析法律的形成、法律的框架和法律的运作以及法律与法律制度所产生的经济影响的学科"[4]。

从法律经济学的研究范围来看,法律经济学对法律制度问题的研究基本上覆盖了整个法律领域,包括:民事、刑事和行政程序;惩罚理论及其实践;立法和管制的理论及其实践;法律的实施和司法管理实践;以及宪法、海事法、法理学等各个方面。但是,法律经济学的研究重点是"普通法的中

---

[1] 参见理查德·A.波斯纳.法律的经济分析[M].中国大百科全书出版社,1997:中文译者前言;此外,有关内容亦可参阅罗伯特·考特、托马斯·尤伦.法和经济学[M].上海三联书店,1991:前言.
[2] 理查德·A.波斯纳.法律的经济分析[M].中国大百科全书出版社,1997:第二版序言.
[3] 同[2]:25.
[4] N.麦考罗,S.G.曼德姆.经济学和法律:从波斯纳到后现代主义[M].普林斯顿大学出版社,1997:3.

心内容——财产、合同和侵权"[1]。按照波斯纳的说法,经济学家以前对法律的研究基本局限在反托拉斯法和政府对经济实行公开管制的领域,而法律经济学的研究重点则转向了"并不公开管制的法律领域"[2]。从法律经济学的研究方法来看,法律经济学是以"个人理性"及相应的方法论的个人主义作为其研究方法基础,以经济学的"效率"作为核心衡量标准,以"成本收益"及最大化方法作为基本分析工具,来进行法律问题研究的。沃纳·Z.赫希曾指出:"尽管并非所有的研究者对法和经济学的研究视角和方法都持有一致的看法,但是,绝大多数的人都认为,新古典主义经济学的分析方法——包括经济理论与计量分析工具——构成了法律和法律制度经济分析的基本特征。"[3]这一点,甚至连法律经济学中的非主流学派的学者也看得十分清楚,罗宾·保罗·麦乐怡就一针见血地说,"法律的经济分析通过对法律规则(doctrine)进行成本和收益分析及经济效率分析,使我们可以就法律实施的结果得出结论,并对特定的法律安排的社会价值作出评价"[4]。

与传统的法学研究相比较,法律经济学的研究主要具有如下特征[5]。

一、方法论个人主义

法律经济学是以方法论个人主义的假定作为其研究基础的。方法论个人主义的核心思想是:社会理论的研究必须建立在对个人意向和行为研究的基础之上,分析研究对象的基本单元是有理性的个人,并由此假定集体行为是其中个人选择的结果。

因此,从法理学的角度来看,法律经济学实质上是研究理性选择行为模式的方法论个人主义法学,或者说,是一种以人的理性全面发展为前提的法学思潮。

由于方法论个人主义同样也是古典经济学研究方法的重要基础,并且在"边际革命"兴起后的新古典主义经济学的发展过程中得到广泛的运用,因此,法律经济学在以方法论个人主义假定作为其研究基础时,同时也就不可避免地借用了与这一方法论相一致的经济学的基本概念和分析方法,如"效用""效率""机会成本"等概念,以及"成本收益分析""均衡分析""边际分析"等分析方法。罗伯特·考特和托马斯·尤伦在阐述运用微观经济

---

[1] 罗伯特·考特、托马斯·尤伦.法和经济学[M].上海三联出版社,1991:前言.
[2] 理查德·A.波斯纳.法律的经济分析[M].中国大百科全书出版社,1997:第二版序言.
[3] 沃纳·Z.赫希.法和经济学[M].学术出版社,1999:1.
[4] 罗宾·保罗·麦乐怡.法与经济学[M].浙江人民出版社,1999:2.
[5] 关于这一部分内容可参阅波斯纳《法律的经济分析》一书中《中文版译者序言》的第四、第五部分。

理论的工具来研究法律问题的理由时指出:"法律所创造的规则对不同种类的行为产生隐含的费用,因而这些规则的后果可当作对这些隐含费用的反应加以分析",据此,"我们认为诸如最大化、均衡和效率之类的经济概念是解释社会,尤其是解释理性的人们对法律规则的反应行为的基本范畴"[1]。

二、激励分析

激励分析是现代经济学理论研究经济主体行为的一种重要分析方法,尤其适用于研究分析经济主体的预期行为。在波斯纳看来,传统的英美法学研究主要是考察已经发生的事件及案例,是一种"事后研究"(ex-post approach),而法律经济学主要从事的是一种"事前研究"(ex-ante approach),因此,它必须注重分析随法律制度及相关因素变化所产生的预期行为刺激。"对法律经济学家而言,过去只是一种'沉没了的'成本,他们将法律看成一种影响未来行为的激励系统"[2]。例如,法律经济学在讨论由于合同条文的不明确所产生的合同履行过程中偶发性风险(损失)分摊问题时,之所以要确立一种规则:把损失分配给能以最低成本承担这种损失风险的一方,其目的就是要通过警告未来的签约双方,法院将利用这个规则来分配不履行合同的损失,从而利用这一法院确立的规则来促使未来的签约双方设计出对损失风险作出明确分配的合同,促进经济活动效率的改善[3]。

三、规范研究与实证研究

规范研究与实证研究分别是经济理论中规范经济学和实证经济学的最基本的分析方法。规范经济学研究的主要问题是"应该是什么",实证经济学研究的主要问题是"是什么"。在法律经济学的规范研究中,其最大的特点就是确立和突出法律的经济分析中的"效率"标准,即研究在一定社会制度中法律的制定和实施的"效率"问题。在一些法律经济学家看来,传统法学研究所强调和重视的是"公平"和"正义",而这一类概念本身的含义往往是模糊不清的;同时,在非常多的情形下,经济学的分析都可以得出与法律分析相同的结论,所以可以用"经济效率"去取代"正义"之类的传统法律概念,甚至可以将法律转为经济学。

从具体的效率标准来看,法律经济学在规范研究中所运用的经济效率标准,主要的并不是"帕累托最优",而是"卡尔多-希克斯补偿原则"意

---

[1] 罗伯特·考特,托马斯·尤伦.法和经济学[M].上海三联书店,1991:13.
[2] 理查德·A.波斯纳.法律的经济分析[M].中国大百科全书出版社,1997:15.
[3] 有关合同履行过程中损失风险分摊的例子及详细分析,可以参阅罗伯特·考特、托马斯·尤伦.法和经济学[M].上海三联书店,1991:2—4.

上的效率标准。按照这一效率标准,在社会的资源配置过程中,如果那些从资源重新配置过程中获得利益的人,只要其所增加的利益足以补偿(并不要求实际补偿)在同一资源重新配置过程中受到损失的人的利益,那么,这种资源配置就是有效率的。法律经济学的规范研究所确立的这种经济效率标准,可以认为是支撑法律经济学理论大厦最重要的"顶梁柱",也是法律经济学展开实证分析必不可少的前提。

在法律经济学的研究中,实证研究最适合用来分析法律的效果问题,或者说,实证经济学的分析方法最适合于研究法律的"效果评估"问题,包括对法律的效能做定性的研究和定量的分析。法律经济学运用实证研究来分析预测各种可供选择的法律制度安排的效果,目的是更好地说明,法律的实际效果与人们对该项法律预期的效果是否一致,或是在多大程度上是一致的。实证研究在法律经济学中的运用,不仅促进了法律经济学研究的"模型化"和研究的"精确化",而且使得法律效果这个在法学中处于十分重要地位的法律分析问题研究取得了极大的进展。

第三节 财产、合同和侵权行为的经济理论

如前所述,法律经济学的一个非常重要的特征就是将经济学的理论与方法运用于分析普通法,包括财产法、合同法和侵权行为法。因此,本节的主要内容将着重介绍法律经济学有关财产、合同和侵权行为的经济理论。

一、财产的经济理论

从法律的观点来看,财产是"一组权力",这些权力描述了一个人对其所有的资源可以做些什么,不可以做些什么,包括对资源的占有、使用、改变、馈赠、转让和阻止他人的侵犯等。或者说,"财产的法律概念就是一组所有者自由行使并且其行使不受他人干涉的关于资源的权力"[1]。

法律经济学有关财产的经济理论,主要集中在关于财产法的四个基本问题上。

(1) 私人可以拥有什么财产?
(2) 所有权是怎样建立起来的?

---

[1] 罗伯特·考特,托马斯·尤伦.法和经济学[M].上海三联书店,1991:125.

(3) 所有者如何合法地处置其财产?

(4) 如何保护产权? 如何赔偿对产权的侵犯?

法律经济学是依据微观经济学有关私人产品和公共产品的区别来分析和回答"私人可以拥有什么财产"这一问题的。由于私人产品具有个人排他使用的特点,或者说,在消费上具有竞争性,因此,对具有私人产品特性的资源建立和履行所有权(私人财产权)的成本比较低,而通过建立所有权所带来的利用资源的效率将会提高。例如,土地(无论是耕地或者牧场)的使用是具有对抗性的,如果不建立土地的私人财产权,则将会出现"公地的悲剧",损害土地资源配置的效率,而土地的私人所有权的确立,将对土地所有者产生一种有效利用土地资源的激励,从而有利于改善土地资源配置的效率。

对于"所有权是怎样建立起来的"这一问题,法律经济学是根据自愿交换的谈判理论和博弈论的研究方法来进行分析的。经济学的谈判理论表明,自愿交换的利益基础在于,交换的参与双方都有可能通过交换来增加各自的利益,或者说,交换将带来一种"合作剩余"。所有权的建立可以被看作是一种通过谈判来建立起一组有关资源配置及资源配置结果分配的"社会契约"的过程,只要有关建立所有权的谈判成本及所有权的建立和运作成本小于所有权的建立所带来的资源配置改善的收益,并且这种收益能够合理地分配于有关谈判各方,所有权的建立就自然而然地作为谈判的结果出现。法律经济学在研究所有权建立问题时,提出了两个非常重要的财产法原则:第一个原则被称为"规范的霍布斯定理",即"建立法律以使私人协议失败造成的损害达到最小"[1];第二个原则被命题为"规范的科斯定理",即"建立法律以消除私人协议的障碍"[2]。这两个财产法原则从不同的角度说明了建立所有权的目的是有助于私人的谈判从而促进资源配置的改善。

对于"所有者如何合法地处置其财产"和"如何保护产权及赔偿对产权的侵犯"这两个问题,法律经济学主要是根据经济学的外部性概念来加以分析。首先,所有者在利用其财产时,不能因为其利用财产的行为而导致强加给别人一种非自愿成本的结果,或者说,损害了别人的利益。如果说出现了这种损害,也就是侵犯了他人的财产。其次,当产权受到侵犯时,法律对侵权行为的制裁必须视对产权的侵犯的不同性质而采取不同的措施。具体地说,当对产权的侵犯是一种"私害"(指对极少数人的损害)时,应该选择禁令这种衡平赔偿;当对产权的侵犯是一种"公害"(指会对许多人造成

> 衡平赔偿:因天灾、战争、疫疠或其他显失公平情形下之补偿。

---

[1] 罗伯特·考特,托马斯·尤伦.法和经济学[M].上海三联书店,1991:136.
[2] 同[2]:138.

损害)时,则应该选择损失赔偿(或货币赔偿)这种法律赔偿[1]。法律经济学有关"私害"适用于衡平赔偿和"公害"适用于法律赔偿的研究结论,也是以"科斯定理"作为其分析基础的,其核心思想是产权的保护也必须考虑交易费用,法律的实施必须以改善资源配置效率为目标。

二、合同的经济理论

法律经济学中有关合同的经济理论在利用经济学的理论及研究方法考察了法学经典的合同理论(交易的合同理论)的基础上,试图回答以下三个问题。

(1) 合同法的目的是什么?
(2) 应该履行什么样的合同?
(3) 如何对合同执行过程中的违约给予补救?

根据法律经济学的分析,可以依据交易所需要的时间,将社会经济活动中的交易区分为瞬时交易和缓期交易。缓期交易是一种承诺交易,从承诺的作出到承诺的实现之间存在一段完成交易所需要的时间,因此,承诺交易一定涉及未来,承诺意味着约束交易参与人的未来的行动。因为承诺交易涉及未来,所以会出现不确定性及风险问题,也会更容易出现信息的不对称问题。合同是完成承诺交易的一个重要手段,所以合同的订立必须考虑到承诺交易中的两个重要的问题——分配由不确定性所造成的风险损失和促进信息交流的顺畅,从而有助于交易双方顺利达成交换目的。相应地,合同法的目的就是"通过强制履行承诺帮助人们实现他们的私人目标"[2],而有关合同的经济理论的研究重点则是如何通过人们所达成的自愿协议来促进人们对私人目标的追求。

既然合同法的目的是通过强制人们履行承诺来帮助人们实现他们的私人目标,那么,什么样的合同(承诺)应该是按其条款严格履行的呢?法律并不是不加区别地强制人们履行合同,而是强制人们履行有效率的合同。从帕累托效率的角度看,如果一份合同经过修改有可能在双方不受损的条件下至少使一方受益,那么原来的合同就是无效率的;反之,如果不可能出现上述合同修改的结果,那么该份合同就是有效率的。从另一个角度来看,有效率的合同也就是一份完备的合同,合同的经济理论把"完备的合同定义为假如可强制履行,那就能理想地适应实现立约人和受约人目标的一种

---

[1] 有关"私害"和"公害"与"衡平赔偿"和"法律赔偿"的分析,可进一步参见罗伯特·考特、托马斯·尤伦《法和经济学》(上海三联书店1991年中译本)一书中第四章《关于财产的经济理论》的有关内容。
[2] 罗伯特·考特,托马斯·尤伦.法和经济学[M].上海三联书店,1991: 314.

承诺"[1]。合同的经济理论的研究表明,一份完备合同的订立需要满足两个基本的条件:一是合同的订立者必须具备个人的理性,二是签订合同的环境必须是一个类似完全竞争的环境。

有关完备合同的经济理论为法律经济学研究由于个人理性和市场环境的缺陷所造成的合同纠纷的法律问题提供了一种新的理论基础。例如,当在合同的执行过程中出现违约时,原告会对被告(违约方)提出起诉,被告则可能会提出辩解。被告的辩解可以分成两类:一是"立约抗辩",即被告声称在合同订立时就存在不正常的因素,使得合同不完备,妨碍了合同的合法性;二是"履约抗辩",即被告声称在准备执行合同的过程中出现了意外的情况,导致他无法履行合同。被告抗辩的目的自然是要求法院免除其合同义务。在这种情况下,法院根据效率的原则,将依据合同是否完备的有关标准,来判定违约方所提出的抗辩理由是否能够成立,并以此来作出是否应该免除违约方合同义务的判决。如果合同是完备的,法院可能会判决违约方赔偿违约受害者所承受的实际损害,即违约补救的"法律救济"(亦称"法律补救");法院也可能会判决违约方履行合同义务,即违约补救的"特定履行"(亦称"衡平补救")。

三、侵权行为的经济理论

根据传统的法学理论,侵权是一种给他人造成损害的失职行为,构成侵权行为的要素主要有以下三种。

(1)被告对原告没有履行法定的责任,被告的行为有"过失"。

(2)原告受到了伤害,且这种伤害是可估量的伤害。

(3)被告的"过失"是原告遭受伤害的近因或直接原因。

法律经济学的侵权行为的经济理论,在传统的法学侵权理论的基础上,进一步表明,侵权是一种给他人造成损害的失职行为,且对这一种行为的后果,受害人无法通过求助事先的合同来解决赔偿问题。根据经济效率标准和交易费用理论,侵权行为的发生往往是"始料不及"的,因此,就侵权的伤害及赔偿在事先进行谈判并缔结合同是不可能的,或者说,谈判的成本将是非常昂贵的。以交通事故这一类侵权行为为例,就不可能通过行人和司机事先谈判订立合同来解决侵权行为的责任及赔偿问题。

侵权行为发生后,首先要解决的是侵权的责任问题。侵权的责任问题大致可以分为两类,一是严格责任原则,二是疏忽原则。严格责任原则是指只要发生侵权行为,施害人无论如何都必须对受害人所遭受的伤害完全负

---

[1] 罗伯特·考特,托马斯·尤伦.法和经济学[M].上海三联书店,1991:317.

责；疏忽原则是指施害人在侵权行为中的责任与一定的法定标准有关，施害人的行为在参照法定标准时，施害人可能负完全责任，也可能只负部分责任，也可能不负任何责任。侵权行为的经济分析表明，之所以在发生侵权的场合不能一律运用严格责任原则，原因在于这样做的社会成本将大于社会收益，从而使得许多有益的社会活动（包括生产活动）成为不可能，结果是降低了社会的总体福利。

当疏忽原则是不可缺少时，与此相关的法定标准或法定预防标准的确定就成了一个关键的问题。法学界和经济学界已广为接受的有关侵权行为法的规范性效率目标是卡拉布雷西提出来的，即侵权责任原则的构成应该能使预防费用、事故费用（损失）和行政费用降到最低限度。据此，法定预防标准的确立原则是：法定预防标准应确定在使社会成本最小化的标准上。设 W 为单位预防成本，X 为预防标准或程度量，则 WX 为预防成本，且是 X 的增函数；同时设 $\rho(X)$ 是侵权行为发生的概率，A 是侵权所造成的潜在受害人的损失费用，则 $\rho(X)A$ 为可能发生的侵权行为的损害费用，且是 X 的减函数；据此，可以得到侵权行为的社会成本（SC）公式

$$SC = WX + \rho(X)A \tag{13.1}$$

最佳的法定预防标准确定必须使得社会成本最小化，即

$$SC' = W + \rho'(X)A$$

或者

$$W = -\rho'(X)A \tag{13.2}$$

上述方程表明，当侵权行为预防的边际成本（W）等于预防的边际收益 $[\rho'(X)A$，可理解为预防所避免的边际损害费用$]$ 时，所确定的法定预防标准的社会成本达到最小化。利用上述方程即可解出最佳的法定预防标准（或法定预防程度量）X^*。

当侵权的责任明确后，下一个问题就是侵权的赔偿问题。法律经济学的侵权行为的经济理论在"享德法则"的基础上，运用经济学的理论与分析方法讨论了侵权的赔偿问题[1]。侵权行为的经济理论认为，无论是补偿性损害赔偿金的确定，还是惩罚性损害赔偿金的确定，都必须考虑到一个重要的效率原则，即通过损害赔偿把侵权行为所造成的外部损害内部化，以促使人

---

[1] 关于"享德法则"的内容可参见托马斯·考特、罗伯特·尤伦《法和经济学》一书中第八、第九章中的有关论述。

们注意遵守法定预防标准，或通过增加故意侵权行为的预期成本来减少各类侵权行为的发生。

第四节 法律经济学的研究进展

进入1990年代以后，法律经济学的研究似乎进入了一个比较平和的发展时期，没有出现新一代的"领军人物"，也没有出现具有明显"突破性"的新论著，研究领域中具有权威性的文献基本上仍是1970—1980年代出版，并在1990年代经过完善、补充、修订的新版著作。在一些重要的学术期刊上，发表的许多论文所做的工作大多是对已有论题的深入挖掘。例如，在2000年春季号的《法律经济学杂志》上，用极大的篇幅刊登了科斯、弗利兰德、卡莱因等人的一组文章（共5篇），反思12年前由阿尔钦等人提出的有关费希尔兄弟车辆制造公司与通用汽车公司在1926年的兼并故事，以及相关的资产专用性、长期合同与"套牢"（hold-up）的关系问题。但是，进一步的观察仍然可以发现，1990年代以来，法律经济学的研究还是呈现出一些值得注意的变化，这些变化可能预示着法律经济学运动在新世纪中的发展趋势。

一、法律经济学研究领域与学科性质的定位

1990年代以来，法律经济学的研究领域显示出进一步扩大的趋势，"经济哲学"的色彩有所突出，一些学者试图将经济学、法学、哲学三者结合起来研究，使法律经济学的研究领域扩展到更具根本意义的法律制度框架方面，从而推进了法律经济学研究中的"经济法理学"（Economic Jurisprudence）运动[1]。从目前的文献来看，在法律经济学研究领域扩展的过程中，存在着两种不同的学术倾向。

（1）对法律经济学研究的全过程进行比较系统的反思和综合性的研究。麦克罗和曼德姆在《经济学与法律：从波斯纳到后现代主义》一书中明确指出，法和经济学的研究并非是一个一致性的运动，而是不同学术传统并存的

---

[1] 有关学者曾在20世纪90年代后期就指出了法律经济学研究中的这种趋势，但是，由于当时无法对趋势作进一步观察，未能作出更多的描述（参见理查德·A.波斯纳.法律的经济分析[M].中国大百科全书出版社，1997.）。

研究过程,其中有些研究具有互补性,有些研究则是竞争性的,或者说,是具有冲突对立性质的。因此,很有必要对法和经济学运动中发展起来的主要学术流派,包括芝加哥法和经济学学派、公共选择学派、制度主义与新制度主义的法和经济学学派、现代共和主义和批判法学研究等学派,进行比较与综合研究,从而能够判断究竟哪一些学派的思想能够真正成为当代法理学的重要组成部分[1]。

(2) 对法律经济学的研究领域进行变革与突破,重新反思法律经济学的学科性质定位问题。麦乐怡在《法与经济学》一书中明确指出,"法与经济学"与"法律的经济分析"是既有联系,又有相当程度不同的学科,两者应该加以区分。"法律的经济分析"只是在新古典主义的经济模式中研究既定社会制度中的法律问题,而"法与经济学"的研究应注重经济哲学、政治哲学与法律哲学的相互关系,分析和评估可供选择的多种社会模式,研究和探索选择各种不同社会模式的法律制度与经济关系的后果。由此可见,麦乐怡的观点实际上对由新古典主义支配的"法律的经济分析"在法律经济学研究领域中所占据的统治地位提出了挑战,试图突破法律经济学研究中"法律的经济分析"这种狭窄的研究框架,将更多具有意识形态内容的研究纳入法律经济学的研究领域,发展出一种"新的思考法学和经济学的方法"[2]。按照这一观点,在"经济法理学"的研究中,不仅要涉及保守主义法学、批判主义法学、自由主义法学、古典自由主义法学、自由意志者法学,还应该包括新马克思主义及"左派共产主义"关于法与经济学的理论。

二、法律经济学研究方法的改进

1990年代以来,在法律经济学的研究方法方面所发生的变化,同样地也存在两种不同的学术倾向。

(1) 在以"法律的经济分析"为代表的法律经济学运动的主流中,新古典主义经济学的研究方法仍是其基本的研究方法。但是,文献观察表明,新古典主义经济学的"形式化"或"模型化"的研究方法,尽管在法律经济学的教科书中仍占据十分重要的地位,可是在实际运用中却存在着两大问题:一是"形式化"或"模型化"的深入进展比较缓慢;二是许多法律

---

[1] N.麦卡罗,S.曼德姆.经济学与法律:以波斯纳到后现代主义[M].普林斯顿大学出版社,1997.
[2] 关于法律经济学运动中的上述不同观点的争论,并不是20世纪90年代才开始的,而是伴随着法律经济学运动发展的全过程,只不过随着法律经济学运动的扩展和研究的深入,争论更趋凸显而已。有关内容可参阅罗宾·保罗·麦乐怡.法与经济学[M].浙江人民出版社,1999.

经济学的研究仍然是以描述和分析案例的研究方法为主。对于研究方法中存在的问题,即使在主流学派中也并无一致的意见。一些学者担心"形式化"会增加法律经济学研究的"门槛",不利于法律经济学运动的进一步扩张。同时,另一些学者则十分重视和强调法律经济学研究的"形式化"问题,他们认为,如同物理学(牛顿力学)扩散到经济学一样,经济学之所以能扩散到包括法学在内的其他社会科学领域,所凭借的就是其研究方法的"技术优势"。考特和尤伦十分明确地指出:"过去的40年表明,经济知识的发展主要靠的是统计分析,而不是精心描述的案例研究,靠的是微积分的运用,而不是解释概念。"[1]文献表明,博弈论在经济研究领域的广泛运用,已经对法律经济学的研究产生了明显的影响,推动了研究的"形式化"进程。但是,法律经济学研究的"形式化"仍有很长的路要走,至今仍未取得重大的进展。

(2)在法律经济学运动的非主流学派中,对应于重新反思法律经济学的研究领域和学科性质定位的观点,一些学者提出了以比较分析为主的研究方法。按照这一观点,法律经济学应该通过围绕各种"公平"社会模式的政治和经济谱系来对比和分析不同的社会制度中的法律安排。麦乐怡曾明确指出:"作为一种比较意义上的研究,法与经济学提供了一种将法律制度视为特定的政治理念的反映的研究机会,各种各样的意识形态价值观可以不加修饰地置于现行法律制度中加以比较。"[2]同时,麦乐怡也特别强调,"在法与经济学的比较研究中,经济哲学应是人们批判性分析法律、政治、社会的重心,分析应集中在特定政治环境中法与经济的关系,……这种研究方法注重评估法律制度是如何与经济哲学有内在联系的"[3]。强调比较分析研究方法的学者,并不完全否定新古典主义经济学理论与分析方法在法律经济学研究中的运用,但是,他们强调在法律经济学的研究中,应该"用有限度的经济方法分析法律",使法律经济学的研究"更见哲理和人性"[4]。

综上所述,从1990年代以来,法律经济学运动越来越明显地呈现出两种不同的学术倾向。

第一,主流学派的"法律的经济分析"。这一发展趋势主要受制于新古典主义经济学的研究方法在法律经济学研究中的进一步扩展和加深运用,取决于"形式化""模型化"在研究具体法律经济学问题中所发挥的作用,这可能是一个十分艰难曲折的进程。

---

[1] 罗伯特·考特,托罗斯·尤伦.法和经济学[M].上海三联书店,1991:11.
[2] 罗宾·保罗·麦乐怡.法与经济学[M].浙江人民出版社,1999:3.
[3] 同[2]:6.
[4] 同[2]:3.

第二，非主流学派的"法律的经济哲学分析"。这一发展趋势主要受制于其研究方法和分析结论在多大程度上能显示出超过"法律的经济分析"；并且，由于这一发展趋势并不完全排斥新古典主义经济学的方法，它还面临着如何在研究领域的范围和研究方法方面与"法律的经济分析"相互协调的问题，以避免理论研究和应用研究的"两张皮"，削弱了理论的解释能力。从目前的研究状况来看，法律经济学运动未来的发展在很大程度上仍取决于主流学派的发展进程。

本 章 总 结

1. 法律经济学是20世纪60年代在美国产生的一门法学与经济学交叉的新兴学科，法律经济学派的主要代表人物是美国芝加哥大学的科斯教授和波斯纳法官。

2. 法律经济学主要运用经济学的理论与分析方法来研究法律制度和法律问题，重点是研究法律的运作以及法律制度所产生的各种影响。

3. 法律经济学的研究范围基本上覆盖了整个法律领域，但是，法律经济学研究的核心内容是普通法的中心内容——财产法、合同法和侵权法。

思 考 题

1. 什么是法律经济学？
2. 什么是法律经济学的研究方法特征？
3. 什么是法律经济学中财产法分析的基本问题？
4. 什么是法律经济学中的合同的经济理论？
5. 什么是法律经济学中的侵权经济理论？
6. 有关法律经济学的研究领域和学科性质定位方面存在哪些不同的理论观点？

第十四章 新经济地理学派

20世纪90年代以来,当代西方经济学界的新进展是,继新产业组织理论、新贸易理论、新增长理论之后,新经济地理学作为经济学领域报酬递增理论革命的第四次研究高潮得以迅速发展。以美国经济学家保罗·克鲁格曼(Paul Krugman)、日本经济学家藤田昌久(Masahisa Fujita)和英国经济学家安东尼·维纳布尔斯(Anthony J. Venables)为主要代表的新经济地理学派将报酬递增与垄断竞争引入新古典一般均衡模型,引起了当代西方经济学界的广泛关注,成为当今最具影响力的经济学流派之一。本章拟就新经济地理学派的理论渊源、研究方法及理论体系等方面进行介绍,并在此基础上作出简要评价。

第一节 理论渊源与代表人物

一、理论渊源

新经济地理学的理论渊源最早可追溯到19世纪古典经济学家关于农

业区位选择的研究。冯·屠能（Von Thünen）于1826年出版《孤立国同农业和国民经济的关系》（简称《孤立国》），该书探讨了一个由城市及其周边农业区组成的孤立国中农业生产的区位选择问题。冯·屠能提出由于农地的地租与该地离城市的距离之间是负相关的，距离城市较近的土地其地租较贵，需种植运输成本较高或单位产值较大的农作物；距离城市较远的土地其地租较低廉，可种植运输成本较低或单位产值较小的农作物。阿尔弗雷德·韦伯（A. Weber）于1909年出版的《工业区位论》，从生产成本和运输成本最小化的角度来研究单个工业企业的最优生产区位选择问题。克里斯塔勒（W. Christaller）于1933年出版的《德国南部的中心地区》一书，则认为城市之所以形成以中心地（centerplaces）为核心的层级结构是因为这样可以使城市容纳更多的经济活动。奥古斯特·勒施（August Losch）于1940年出版了《区位经济学》一书，论证了由六边形市场区域构成的中心地是最有效的模式。从19世纪20年代到20世纪40年代关于农业、工业区位选择以及中心地模型都没有从市场均衡的角度出发来研究经济活动的地理布局问题，相反更多的是从区位规划的视角来研究该问题。这在随后一段时间发生了重要转折。

20世纪50—60年代，经济地理学家开始对经济活动在地理上的大规模集聚（诸如美国东北部的产业带）现象产生了浓厚的研究兴趣，提出了一些后来为新经济地理学派所继承和发展的经济思想。这一时期的杰出代表有哈瑞斯（C. Haris）和普拉德（A. Pred）。哈瑞斯（1954）[1]提出，如果其他条件相同，企业倾向于选择具有市场接入优势的区位。这种市场接入程度可以用"市场潜力"来衡量，某地的市场潜力可通过计算该地周边区域的购买力与其距离相除的商的加总值获得。哈瑞斯认为企业倾向于选择具有市场接入优势的地区，这些企业的进入又会提高该区域的市场接入优势，从而形成一种累积效应。普拉德于1966年出版的《美国城市产业增长的空间动态：1800—1914》则从区域动态增长机制——乘数模型出发，阐释了与哈瑞斯相似的经济思想。假设基期某地区由于出口获得一笔100万元的收入，下一期这笔收入的50%用于购买本地商品，其余50%则用于购买外地商品；那么这一期该地可以获得出口行为带来的间接收入增加50万元，而这50万元中又将有25万元用于购买本地商品而成为该地再下一期的收入……最终，该地从此次出口获得的收入增长总额为100万元/（1−0.5）=200万元。基于此，普拉德认为存在一个累积的区域增长机制，即企业定位于大市场区域可以从生产那些本来为外地企业生产的产品而获利，从而扩大出口的乘数作

---

[1] 哈瑞斯.市场作为美国产业区域化的因素[J].美国地理学家协会年刊,1954,64：315—348.

用使本地对潜在进入企业更具吸引力。哈瑞斯和普拉德都认为大市场可以吸引企业进入,这进一步扩大了该地区的市场规模从而吸引更多企业进入,形成一种累积循环作用。这种累积循环作用后来被新经济地理学家所继承和发展,带来了一个新兴经济学流派——新经济地理学派的诞生。

二、代表人物

新经济地理学派的主要代表人物为美国经济学家<u>保罗·克鲁格曼</u>、日本经济学家<u>藤田昌久</u>和英国经济学家<u>安东尼·维纳布尔斯</u>。

保罗·克鲁格曼
(Paul R. Krugman)

美国经济学家克鲁格曼,1953年出生于一个美国中产阶级的家庭。他在纽约的郊区长大,从约翰·F.肯尼迪高中毕业后,他来到了著名的麻省理工学院,学习经济学。大学时代的克鲁格曼似乎更偏好历史,经济学的专业课修得不多,倒是天天去上历史课。大学二年级的时候,著名经济学家诺德豪斯在偶然看到克鲁格曼的一篇关于汽油的价格和消费的文章后,为他对经济问题的深刻理解所打动,立即邀请他做自己的助手。大学毕业后,在诺德豪斯的推荐下,克鲁格曼进入研究生院攻读博士学位。1977年,克鲁格曼在麻省理工学院取得经济学博士学位后,到耶鲁大学任讲师。1980年,克鲁格曼转到麻省理工学院任副教授,于1984年晋升为教授,随后在斯坦福大学(1994年7月—1996年7月)、麻省理工学院(1996年8月—2000年6月)和普林斯顿大学(2000年7月至今)任教。1991年,克鲁格曼成为麻省理工学院经济系获得克拉克青年经济学奖章的第五人。1991年和1995年,麻省理工学院出版社连续出版了克鲁格曼的新著《地理和贸易》《发展、地理和经济理论》,这是克鲁格曼在美国和比利时几所大学所作的系列讲座的内容整理。1999年,麻省理工学院出版社又出版了藤田昌久、克鲁格曼和维纳布尔斯合作完成的新经济地理学里程碑式的巨著——《空间经济:城市、区域和国际贸易》。该书总结了过去十年来关于新经济地理及其与国际贸易的关系的最新成果,不仅将经济活动的空间定位与克鲁格曼早期的"新贸易理论"联系起来,而且也建立了严谨而精致的新经济地理学理论框架——FKV体系。进入21世纪以来,克鲁格曼等人的努力使新经济地理学成为经济学的一个重要研究领域和流派。

藤田昌久
(Masahisa Fujita)

除克鲁格曼外,新经济地理学派还有两位主要代表人物:日本经济学家藤田昌久和英国经济学家维纳布尔斯。藤田昌久,1966年毕业于日本京都大学工学部土木工程专业,1972年在美国宾夕法尼亚大学获区域科学博士学位;1973年任日本京都大学运输工程系讲师,1976年任教于美国宾夕法尼亚大学区域科学系,1981年任该校区域科学系副教授,1986年晋升为教授,1994年转任宾夕法尼亚大学经济系教授。1995年,藤田昌久在日本京都大学经济研究中心任教授；2003—2007年，他兼任日本贸易振兴机构（JETRO）亚洲经济研究所所长；2007年，藤田昌久任甲南大学教授至今。其主要代表作有《城市经济理论》(1989)、《空间经济：城市、区域和国际贸易》(与克鲁格曼、维纳布尔斯合作,1999年)、《集聚经济：城市、产业区位与区域增长》(与蒂斯合作,2002年)等。英国经济学家维纳布尔斯，现为英国牛津大学国际经济学教授，主要代表作有《空间经济：城市、区域和国际贸易》(与克鲁格曼、藤田昌久合作,1999年)、《世界经济中的跨国公司》(与纳瓦瑞蒂合作,2006年)等。

安东尼·维纳布尔斯
(Anthony J. Venables)

第二节 新经济地理学派的研究方法

长期以来，"地理空间"一直也没有被成功地纳入经济学主流。新经济地理学则巧妙地运用一些建模技巧，将地理空间引入一般均衡分析，建立垄断竞争一般均衡模型来研究资源在空间的配置和经济活动的空间布局问题。新经济地理学的基本目标是用市场机制来刻画集聚产生的原因及其实现过程。为什么要强调市场机制而不是诸如纯粹外部经济（如溢出效应等）呢？可以用一个有趣的故事来充分说明这一点。当一位经济学家向一群物理学家解释自己的工作时，在场的一位物理学家挖苦地说："那么，您想告诉我们的是企业因为集聚经济而集聚在一起啰！"[1]因此，新经济地理学建之于市场机制之上来阐释集聚发生机制是揭示其发生的"底线"，而纯粹外部经济只会强化这一结论并使新经济地理学的理论体系免受"企业因为集聚经济而集聚在一起"的质疑。

在新经济地理学的里程碑式的巨著《空间经济：城市、区域和国际贸易》一书导论中，藤田、克鲁格曼和维纳布尔斯提出了新经济地理学的四个基本工具："迪克西特-斯蒂格利茨(Dixit-Stiglitz)、冰山(Iceberg)、演化(Evolution)和计算机(Computer)。"[2]

"迪克西特-斯蒂格利茨"是指1977年迪克西特和斯蒂格利茨发表在《美国经济评论》上的一篇论文中所构建的基于企业层面规模报酬递增的垄

---

[1] 克鲁格曼.自组织经济[M].布莱克威尔出版社,1996:23.
[2] 关于"迪克西特-斯蒂格利茨、冰山、演化和计算机"作为新经济地理学基本工具和模型建构技巧的详细论述见克鲁格曼.空间：最后的前沿[J].经济文献杂志,1998,12(2):164—165.

断竞争一般均衡分析框架。在该论文中，迪克西特和斯蒂格利茨刻画了规模经济与多样化偏好之间的权衡关系。由于企业层面的生产活动具有规模报酬递增，所以市场结构不再是完全竞争，从而很难建立起一般均衡模型。但是，迪克西特和斯蒂格利茨在论文中通过引入张伯伦式垄断竞争巧妙地处理了这一难题。这种张伯伦式垄断竞争的特点是：企业因生产的规模经济具有垄断力量，可以根据产品的需求价格弹性制定垄断价格；但市场又具有自由进入的特点，这使得垄断竞争企业的利润为零，故张伯伦式垄断竞争具有"垄断"和"竞争"的两重特征。这就是说，每个企业在自己生产的产品上具有垄断力量；但其他企业可以生产该产品的不完全替代品，从而新企业的自由进入使任何在位企业的垄断利润为零。值得着重指出的是，解释企业的空间集聚活动需要企业层面的生产活动具有规模报酬递增，因为在一个企业生产规模报酬不变的世界里，运输成本的存在将使企业在空间上分散；"迪克西特-斯蒂格利茨"是有效处理规模报酬递增的一般均衡框架，可以为新经济地理学探讨企业空间集聚活动创造条件。

"冰山"是指一种特殊的运输成本形式，它是由萨缪尔森（Paul Samuelson）于1952年在一篇探讨运输成本的传统贸易理论论文中正式提出的[1]。"冰山"型运输成本是指产地运出的货物在运输途中要损耗一定比例才能运达销地，从而为了使货物在产地和销地的价值相等，产地价格（或者说"离岸价"）要低于销地价格（或者说"到岸价"），其上浮的比例由运输途中货物损耗的比例决定。引入"冰山"型运输成本的目的主要有两个：其一，为了避免引入运输产业，否则模型建立者需要刻画一个使用某些生产要素来提供运输服务的产业，而这样做只会使原本复杂的模型变得更加不可处理；其二，采用"冰山"型运输成本使商品的产地价格与销地价格之间具有比例关系，从而运输成本的引入仍将使垄断竞争企业在产地和销地面临相同的需求价格弹性，使产地和销地的消费者需求变得易于处理。

"演化"是指经济体系如何在几种可能的均衡状态中选择其一的过程。由于新经济地理学模型引入了规模报酬递增，从而使经济体系存在着多重均衡。如何决定哪个均衡会实现呢？新经济地理学派认为历史和预期将决定均衡的实现，历史是指经济体系的初始状态，而预期则指人们对未来均衡状态实现的自我预期。当经济体系的内部差异很小时，人们对外来均衡状

---

[1] 藤田、克鲁格曼和维纳布尔斯在《空间经济》（1999）一书第59页的关于"冰山"型运输成本的尾注中提到这样一个例子。冯·屠能（Von Thünen）在《孤立国》（1826）中认为当马车将粮食由一地运往另一地的过程中，只有部分粮食才能最终被运达，其中有一些粮食已经在运输途中被马作为食物消费了。据此他们认为冯·屠能（1826）最早提出"冰山"型运输成本的思想，而萨缪尔森（1952）则将"冰山"型运输成本正式引入贸易模型。

态的自我预期将决定哪个均衡会实现；当经济体系的内部差异足够大时，经济体系的历史或者说初始状态将决定哪个均衡会出现。"计算机"是指经济学家借助计算机模拟来探讨复杂的新经济地理学模型蕴涵的多重均衡之可能性的过程。由于新经济地理学模型比较复杂，一般不存在解析解，这使得传统的笔和纸的分析推导难以满足需要，从而必须借助数字模拟来获得关于经济模型均衡状态的信息及验证经济学家的直观猜测。因此，"计算机"，或者确切地说是"数值模拟"，是经济学家在处理复杂的新经济地理学模型时必须依赖的工具。

第三节 新经济地理学的基本模型和经济理论

一、"中心-外围"模型及其经济思想

"中心-外围"模型阐释了在企业层面的规模报酬递增条件下，运输成本变动导致企业在地理上形成集聚或分散状态的作用机制。这个模型讲述的是这样一个故事：在一个由两个地区组成的国家中，每个地区的居民都由就业于工业的工人和就业于农业的农民组成，两地居民具有相同的偏好。工业生产和农业生产都使用单一的生产要素——劳动，工业生产具有规模报酬递增的生产技术，工业品在两地间运输需要支付"冰山"型运输成本；而农业生产使用的则是规模报酬不变的生产技术，农产品在两地间运输不需要支付成本。工业生产的生产要素（工人）可以在地区间自由流动，但农业生产的生产要素（农民）被固定在土地上而无法自由流动。经济体系的初始状态被假定为两地间生产结构完全相同，即两地工人和农民的数量完全相同；目的是考察随着运输成本的变化，经济体系会收敛于集聚状态还是维持初始的分散状态。新经济地理学理论告诉我们：当运输成本处于很高水平时，经济体系仍将维持分散均衡状态。当运输成本处于中间水平时，集聚均衡和分散均衡都是稳定均衡，至于哪个均衡会出现由历史和预期来决定。具体地说，一旦运输成本处于中间水平时，若某种偶然的外部冲击使两地工人分布偏离对称状态较小时，人们关于未来均衡的自我预期可以决定哪个均衡会出现。也就是说，如果所有工人都预期未来将保持分散均衡，那么经济体系将维持分散均衡状态；如果所有工人都预期未来的工业生产都集聚于某地，那么经济体系将收敛于该集聚均衡。若某种偶然的外部冲击使两地工人分布偏离对称状态较大时，这种因偶然事件带来的

初始工人分布的较大偏离使经济体系最终实现所有工人都集聚在偶然事件带来工人分布较多的地区。当运输成本处于很低水平时，经济体系将收敛于集聚均衡状态；但因存在二重集聚均衡，至于最终工业集聚于哪地仍由历史与预期决定。

在新经济地理学模型中之所以会出现所有企业都集聚在某地的稳定均衡，其基本原理为：在一个存在运输成本的世界里，如果工业生产具有规模报酬递增的生产技术且工人可以在地区间自由流动；那么，为了降低运输成本企业将定位于需求较大的地区并向需求较小的地区输送其生产的工业品，从而解释了为什么企业有向某地集聚的趋势。但是，运输成本的存在不仅促进企业集聚，也可能推动企业分散，其作用具有二重性。这是因为，被固定在土地上的农民不能自由流动，只能在其居住地购买工业品，而外地生产的工业品的销售价格要比其在产地高，这将吸引企业到该地生产。粗略地说，在一个存在运输成本的世界里，接近大市场(较多的工人和一定数量的农民对该产品的需求)可以降低其总运输成本，但由于大市场往往是因企业较多而形成的，企业定位于此必然面临更加激烈的竞争；位于小市场(较少的工人和一定数量的农民对该产品的需求)虽然需要支付更多的总运输成本，但其面临的本地企业的竞争较弱，而外地企业向该地销售产品必须支付的运输成本进一步为其生存提供了保护，在运输成本足够高使得两地贸易无法发生的极端情况下，企业占据较小的市场也完全有生存的可能。这又解释了为什么会存在稳定的分散均衡。有人也许会认为，运输成本对集聚与分散均衡的作用似乎与企业层面的规模报酬递增无关，一个完全竞争的世界里似乎也会存在该种关系。其实不然。原因在于，如果工业生产是规模报酬不变的，企业必然是完全竞争的，那么运输成本的存在必然导致企业在两地设厂，且两地的生产规模与需求大小一致，从而企业实际承担的运输成本为零。一旦工业生产是规模报酬递增的[1]，企业的生产行为具有不可分性(indivisibilities)，如果企业要在两地设厂必须支付两个固定成本，这种行为在企业生产的固定成本很大而运输成本不大时是不值得的[2]。另一个与规模报酬递增有关的是垄断问题。这是因为，规模报酬递增往往与专利制度相结合，从而只有拥有专利的企业可以生产该产品，其他企业不能生

---

[1] 规模报酬递增是指所有投入要素成倍增加将带来产出超过成倍增加，从而使企业的平均成本下降。因此，新经济地理学文献中往往引入固定成本来简洁刻画规模报酬递增的生产技术。

[2] 事实上，在新经济地理学的经典模型中，企业多地选址行为是被假定为不可能的或根本不考虑的，否则会进一步复杂化运输成本与固定成本的权衡关系，使模型变得更加复杂而偏离所要探讨的主题。

产该产品，一旦该企业被假定为不能在另一地设厂，那么另一地就不存在生产该产品的企业，消费者只能购买由该企业输送过去的产品。

为了更深刻地理解新经济地理学模型的基本经济思想，我们可以从整体上来把握决定企业地理集聚或分散的作用机制。首先，由于偶然事件使得A地的工人数量多于B地，这既使A地的需求规模大于B地，也使A地生产的工业品种类较B地多，从而吸引B地的工人流向A地。其具体作用机制为：A地较多的工人产生了对工业品的较大需求，吸引B地企业迁到A地以接近大市场来减少运输成本；A地较多的企业则提供了较多的工业品种类，B地工人流向A地可以获得更多的产地消费品，降低其生活费用的支出，从而吸引更多B地工人流向A地为A地工业提供工业劳动力。前一种效应被称为后向关联(backward linkages)，是指由于下游企业或市场需求增大给上游企业带来的利益；后一种效应被称为前向关联(forward linkages)，是指由于上游企业或要素供给增大给下游企业带来的利益。因此，偶然事件导致A地工人数量多于B地的初始工人分布在后向关联和前向关联的累积循环作用下使得工人最终都集聚在A地。当然，这种前向和后向关联是推动企业地理集聚的集聚力量，而固定在土地上不能流动的农民则是阻碍企业地理集聚的分散力量。因此，企业是地理集聚抑或分散取决于集聚力量和分散力量的相对关系。从模型设定的角度来看，集聚力量和分散力量由如下因素决定。

其一，偏好——消费者对工业品和农产品的偏好程度。第一个反映消费者对工业品偏好程度的指标是工业品支出占消费总支出的份额。消费者的工业品支出份额越大，工人越有动力流向大市场区域以降低生活费用，集聚力量也就越大；反之则反是。第二个反映消费者对工业品偏好程度的指标是不同种类的工业品之间相互替代的能力，或者说产品差异化程度。不同种类工业品之间相互替代的能力越弱，亦即产品差异化程度越高，消费者位于大市场区域可以获得本地提供工业品种类较多带来的当地消费者物价指数较低的利益越大，集聚力量越大；反之则反是。反映消费者对农产品偏好的指标为农产品支出占消费总支出的份额。农产品支出份额越大，农民的收入越高，而农民是分散分布的，从而分散力量越大；反之则反是。

其二，技术——规模经济强度。工业生产的技术特征是规模报酬递增，或者说规模经济，企业生产的固定成本越高，也就是说，规模经济强度越大，从更加一般的意义来说，企业越不可能通过两地设厂来节省运输成本；同时，固定成本越高，要求企业的均衡产量越大，从而使社会提供的工业品种类减少，而消费者对每种工业品的均衡消费量增大，因此工人定位于大市场区域带来运输成本的节省越大,集聚力量也就越大;反之则反是。

其三,运输成本。在企业层面的规模经济条件下,运输成本对集聚力量和分散力量的作用具有二重性。当运输成本很高时,运输成本对分散力量的促进强于集聚力量;当运输成本居中时,运输成本对分散力量与集聚力量的作用势均力敌;当运输成本很低时,运输成本对集聚力量的促进强于分散力量。

"中心-外围"模型从基本的经济假设出发,阐释了规模报酬递增条件下,运输成本变动使工业向一地集聚形成中心区域,另一地则成为只有农业的外围区域的条件和作用机制,用市场机制刻画了集聚力量和分散力量的消长关系,很好地回应了"企业因为集聚经济而集聚在一起"的质疑。

二、国际经济模型及其经济思想

新经济地理学的国际贸易模型是建立在新贸易理论基础上的,新贸易理论与传统贸易理论的最大不同在于引入了规模报酬递增和不完全竞争,而这两者正是新经济地理学的基本假设前提。新经济地理学的国际贸易模型与区域模型最大的差别在于工人的流动性上,在国际贸易模型中,工人在国与国之间不流动;而在区域模型中,工人在地区间是可以自由流动的。工人在国际不能自由流动使得通过这一行动扩大一国的市场需求和工业规模的后向关联和前向关联不能出现在新经济地理学的国际贸易模型中,但类似的机制仍可在国际贸易模型中起作用。

其一,工人虽不能在国与国之间流动,但可以在一国内部工业部门的不同行业间自由流动或转换工作,比如从服装行业转向汽车行业等,从而通过工人在工业部门的不同行业间流动来扩大某一行业的劳动力供给以及工资率提高进而导致需求增加,使前向关联效应及后向关联效应得以实现。

其二,在国际贸易模型中,农民固定在土地上的假设往往被放松,即农民可以流向本国的工业部门以获得更高的工资率,从而农业劳动力向工业劳动力的转移既增加了工业劳动力供给,也增加了一国的工资总额和需求规模,使前向关联效应和后向关联效应得以实现。

其三,在国际贸易模型中,工业部门中的不同行业都有中间投入的需求,而这些中间投入往往被假设为本行业的所有差异化产品以及一定数量的工人。由于每种工业品都是通过投入本行业的所有差异化产品以及工业劳动力生产出来的,这一方面形成了每个行业内部的上下游关系,从而取代区域模型中工业劳动力——工业部门——消费者之间的上下游关系;另一方面,作为中间投入的工业劳动力需要消费工业部门各行业的产品,也就是说,工人作为投入要素既有行业内部的上下游联系,又有行业之间的上下游联系；因此，通过中间投入需求使得工人在不同行业之间的流动不仅能发挥前向关联效应和后向关联效应，且这两种效应在行业内部的关联作用强于行业之间的作用。

在20世纪60—70年代，多数经济学家认为全球化加剧了南方国家与北方国家之间的收入差距；但在80年代以后，全球化相对减慢了北方国家的发展而有利于南方国家发展从而缩小南北差距的观点越来越在经济学家中形成共识。克鲁格曼和维纳布尔斯(1995)[1]建立了一个两国-两产业模型来说明南方国家与北方国家之间收入先扩大后缩小的发展趋势。该模型设定存在南北两个国家，每个国家初始都有报酬不变的农业部门和报酬递增的工业部门，农产品在两国间贸易无成本，而工业品在两国间贸易需要支付"冰山"型贸易成本。在一国内部农民可以流向工业部门以寻求更高的工资率，但国与国之间不存在人口流动。一个值得特别注意的假设是，工业部门的每个企业既生产满足消费者需要的最终产品，也生产用于制造最终产品的中间产品，最终产品的生产需要使用工业劳动力和所有种类的中间产品。这个特别的假设带来了后向关联和前向关联效应：一个工业发达的国家形成了对中间产品的巨大需求，从而吸引中间产品生产企业在此设厂——后向关联；一个中间产品生产发达的国家可以形成对最终产品的巨大需求，从而吸引最终产品生产企业在此设厂——前向关联。

因此，当两国间贸易成本非常高时，两个对称的南北国家之间不会发生国际贸易，两个国家都处于自给自足状态；当两国间贸易成本降低时，两国会发生工业品贸易，但此时没有任何力量使得两国形成差异。随着两国间贸易成本降低到某一临界值时，若偶然事件使得北方国家的初始工业规模超过南方国家，那么这种工业规模的差异在后向关联和前向关联的作用下，使得北方国家工业企业的发展受到高利润的驱动，使其向工人提供更高的工资率以吸引北方国家的农民转变为工人。若这种工业规模扩张的动力不是非常强，那么北方国家仍存在农业和工业两个部门，但其农业部门规模小于南方国家而工业部门规模大于南方国家，北方国家的实际工资率也高于南方国家；若这种工业规模扩张的动力足够强，那么北方国家的农民将全部转变为工人，使得北方国家不存在农业部门，只有工业部门，而南方国家仍维持农业和工业两部门结构，南北国家之间的实际工资率差距进一步扩大。当两国间贸易成本很低时，南方国家的低工资率使其工业具有较大的比较优势，可以弱化其远离北方消费中心和产业中心的劣势，使其工业企业可以提供较高的

---

[1] 克鲁格曼，维纳布尔斯.全球化与国家之间的不平等[J].经济学季刊,1995,110(4):857—880.

工资率以吸引南方国家的农民转变为工人，从而带来南方国家工业规模的扩展，南北国家之间的实际收入差距呈现出缩小趋势。这就解释了为什么经济学家观察到南北国家之间的收入差距呈现出先扩大后缩小的发展趋势。

20世纪欧洲经济一体化进程加快，但是欧洲内部不同国家之间的专业化程度仍低于美国内部不同州之间的专业化程度。如钢铁行业1990年在美国的东北部、中西部、南部和西部四大区域的就业份额分别为13.4%、51.8%、24.5%和10.4%；而1989年在欧洲的法国、德国、意大利、英国四大国的就业份额分别为18.9%、20.2%、18.7%和15.8%。汽车行业1990年在美国的东北部、中西部、南部和西部四大区域的就业份额分别为7.9%、65.6%、23.4%和7.0%；而1989年在欧洲的法国、德国、意大利、英国四大国的就业份额分别为25.3%、34.7%、9.5%和13.0%。纺织行业1990年在美国的东北部、中西部、南部和西部四大区域的就业份额分别为14.2%、3.2%、79.6%和3.9%；而1989年在欧洲的法国、德国、意大利、英国四大国的就业份额分别为15.8%、13.2%、17.4%和18.6%[1]。为解释美国内部与欧洲内部之间专业化水平的差异，克鲁格曼和维纳布尔斯(1995)建立了一个具有产业间关联与产业内关联差异的国际经济模型。假设经济系统由两个国家(或地区)组成，没有农业部门但存在两个规模报酬递增的工业行业，工人可以在一国内部的不同工业行业之间流动，工业品在两国间贸易需要支付"冰山"型贸易成本。工业部门的每个企业既生产满足消费者需要的最终产品，也生产用于制造最终产品的中间产品，最终产品生产需要使用工业劳动力和所有种类的中间产品，从而形成了后向关联和前向关联效应。为了分析国家之间专业化水平的差异，模型假设企业生产最终产品时需要消耗本行业中间产品的价值要超过其他行业中间产品的价值，从而使行业内部的前向关联和后向关联强于行业之间的前向关联和后向关联。正是这种行业内与行业间关联效应的差异使得国家间的专业化成为可能。具体来说，当国际贸易成本很高时，两个行业在两国呈对称分布是稳定均衡，两国不会形成专业化；当国际贸易成本下降到一定水平时，两个行业在两国呈对称分布和两国分别集中于生产某一行业的专业化均衡都是稳定的。若两国的初始就业偏离对称均衡很小，则将收敛于两个行业在两国对称分布的稳定均衡；若两国的初始就业偏离对称均衡很大，则将收敛于两国分别集中于生产某一行业的专业化均衡。当国际贸易成本很低时，只有两国分别集中于生产某一行业的专业化均衡是稳定的。也就是说，国际贸易成本的降低使得两国专业化由不可能变为可能进而成为必然。从这种意义上说，美国与欧盟之间的专业化水平差异

---

[1] 克鲁格曼,维纳布尔斯.一体化、专业化与调整[J].欧洲经济评论,1995,40(3—5): 960.

可能与欧盟内部国与国之间贸易成本较高或者说一体化程度不高有关,这暗示着语言、习惯等方面的差异可能是阻碍欧盟内部不同国家之间专业化分工的重要因素。

三、动态模型及其经济思想

上述"中心-外围"模型和国际经济模型都是静态模型,动态模型与静态模型最大的不同之处在于有无资本积累。为此,动态模型在静态模型的两生产部门(农业部门和制造业部门)的基础上引入研发部门,即资本生产部门。当资本由研发部门生产出来后会被投入制造业部门使用,每一单位的资本代表一种专利,每一种专利可以被用来生产一种工业品。随着研发部门生产的专利数越来越多,工业部门生产的产品种类数也不断增加,工业品种类数增加带来消费的多样化效应使得消费者福利水平不断提高。在新经济地理学派看来,研发活动(知识创新)往往具有"溢出"效应,体现出"站在巨人肩膀上"的特征;同时,随着空间距离增加,这种"溢出"出现衰减。具体而言,每个工业品种类代表一种"专利"或"知识",研发部门可以完全"获悉"本地工业品的"专利"或"知识",但只能部分"获悉"外地工业品的"专利"或"知识"。换言之,外地"专利"或"知识"对本地研发活动的溢出需要"打折",而本地"专利"或"知识"对本地研发活动的"溢出"不需要"打折"。研发活动"站在巨人肩膀上"的特征使得工业品种类数越多,研发成本越低,新产品创新速度就越快。在工业企业数给定的情况下,"溢出随距离衰减"的特征使得工业企业的空间分布会影响经济系统的研发效率。如果工业企业完全集聚在某一地区,对经济系统而言可以获得最高的研发效率,带来产品种类数的最快增长,使消费者价格指数以最快的速度下降,福利水平以最快的速度上升。但是,工业企业完全集聚在某一地区,使得外围地区的消费者价格指数高于中心地区的消费者价格指数,这将导致中心地区与外围地区消费者福利的差距最大。简言之,工业企业空间集聚可以获得最高的动态效率,但福利水平的空间不平等程度也最高;工业企业空间完全分散(即对称分布),由于"溢出随距离衰减"使得"动态效率"最低,但人均福利水平在空间上完全平等。因此,新经济地理学的动态模型将面临"动态效率"与"空间平等"之间的权衡。

藤田和蒂斯考察了由初始状态完全相同的两地区构成的动态经济系统[1]。假设存在农业、工业和研发三个部门和熟练与非熟练两种劳动力。农

---

[1] 藤田,蒂斯.地理集聚是否促进经济增长? 谁受益,谁受损? [J].日本经济评论,2003,52(2):121—145.

业和工业部门使用非熟练劳动力，研发部门则使用熟练劳动力。两地区拥有相同数量的非熟练劳动力，他们在地区间不流动；熟练劳动力可以在地区间流动，但需要支付一定的流动成本。农业部门使用非熟练劳动力在规模报酬不变的技术下生产农产品，农产品可以在地区间自由贸易。工业部门使用规模报酬递增的生产技术，每个工业企业需要一单位专利作为固定投入，每生产一单位工业品需要使用一单位非熟练劳动力。工业品在地区间贸易需要支付"冰山型"运输成本。研发部门使用熟练劳动力生产专利，专利生产存在技术溢出。具体而言，每个熟练劳动力都拥有知识资本，但本地知识资本对研发企业的溢出效应强于外地知识资本对其的溢出效应，从而熟练劳动力的空间分布会影响两地研发企业的生产效率，即某一熟练劳动力熟练越多，则该地研发企业的生产效率越高。该系统处于稳态时只有两种情形：① 集聚均衡，所有工业企业和研发企业都集中在某一地区（中心），另一地区（外围）只有非熟练劳动力和农业；② 对称均衡，两个地区都拥有相同数量的工业企业和研发企业。他们通过分析均衡的稳定性后发现，对称均衡是不稳定的，只有集聚均衡是稳定的。值得一提的是，从绝对福利水平来看，如果集聚促进增长的效应足够强，无论是中心地区的熟练劳动力和非熟练劳动力，还是外围地区的非熟练劳动力，都能从集聚均衡中获得比分散均衡更高的福利水平。也就是说，此时经济活动空间集聚促进经济增长将是一个帕累托改进。但从相对福利水平来看，中心地区熟练劳动力的福利水平最高，外围地区非熟练劳动力的福利水平低于中心地区非熟练劳动力的福利水平，两地非熟练劳动力的相对福利水平将长期保持某一不变的比例。简言之，穷者在动态过程中不断改善，但永远赶不上富者。总之，新经济地理学派认为，经济活动空间集聚促进经济增长将面临"动态效率"与"空间平等"之间的两难冲突。从某种意义上说，上述两难冲突为政府公共政策介入提供了理论依据。遗憾的是，新经济地理学派在这一方向上的后继研究并没有取得实质性的理论突破。

第四节　新经济地理学派的理论贡献、不足与发展趋势

以克鲁格曼、藤田昌久和维纳布尔斯为主要代表的新经济地理学派在20世纪90年代初步形成，其理论学说的发展应该说方兴未艾。从主流经济学

视角来看,新经济地理学派的主要贡献在于建立了一个具有规模报酬递增的垄断竞争一般均衡分析框架,并运用该框架对区域、城市及国际贸易问题进行了新的理论研究。也就是说,新经济地理学派的重要性在于其建立了一个简洁易处理的一般均衡分析框架,使人们得以探讨存在企业层面规模报酬递增的经济活动地理布局问题[1]。毋庸置疑,新经济地理学派的理论学说也存在不足和有待完善的地方。《牛津经济地理学手册》曾这样评价:"我们想特别指出的是,像旧的贸易理论一样,新经济地理学一定程度上深受一种诱惑之害,即集中关注最容易建模的东西,而不是在实践中可能是最有用的东西。很早以前,马歇尔(Marshall, 1890)就提出了产业本地化的三个主要因素,用现在的术语来讲就是前向和后向联系、对专门技能的大量需求以及技术溢出;新经济地理学实际上只考虑了这些因素中的一个,而且是实践中相对不重要、但更容易规范化的那个。当然,双区位或一维模型无法正确处理一个广阔三维世界的地理。"新经济地理学派的主要不足表现为以下三点。

其一,新经济地理学派为了将规模报酬递增引入一般均衡模型,必须采用一种非常特殊的"垄断竞争"形式。这种垄断竞争要求每个企业能够根据市场需求弹性进行垄断定价,同时每个企业的定价行为是相互独立的,不存在互动影响。也就是说,每个企业都将其他所有企业的定价行为视为给定,自己的定价行为对任何企业不产生影响,即市场作为整体对每个企业的行为产生影响,但企业作为个体不对市场产生任何影响。进一步地,新经济地理学派假设每个垄断竞争的企业都面临着自由进入的威胁,从而所有企业都处于零利润状态。这样出于模型分析便利考虑的既有完全垄断特征,又有完全竞争特征的"垄断竞争"形式在理论的严密性上是不足的。

其二,新经济地理学派的区域经济模型外生设定每个企业都只能选择一个厂址,这不仅与现实不符,而且其理论依据也不充分。从理论上来说,具有规模报酬递增的企业其选择一个或多个厂址是面临着支付固定成本与节省运输成本之间的权衡,这也是跨国公司面临的基本权衡。出于分析简便的考虑,新经济地理学派在探讨产业集聚问题的区域经济模型中不考虑企业存在多个厂址的可能性,这不能不说是其理论分析的重要缺陷。

其三,新经济地理学派的动态模型很好地阐释了经济活动空间集聚促进经济增长将面临"动态效率"与"空间平等"之间的两难冲突,但在规范意义上破解该难题仍有待新的突破。

---

[1] 事实上,藤田昌久、克鲁格曼和维纳布尔斯建立的基于位似偏好的垄断竞争一般均衡模型,简称为FKV;奥托维安那、田渊和蒂斯建立的基于拟线性偏好的垄断竞争一般均衡模型,简称为OTT;两者都是基于规模报酬递增的垄断竞争一般均衡分析框架,且得出的基本结论完全一致,故不再重复介绍。

当前，新经济地理学派的发展呈现出"大模型"（Big Model）和"大数据"（Big Data）的两大趋势。

（1）"大模型"。新经济地理学的经典模型为简明扼要传达理论背后的经济学原理，采取高度抽象化、理想化的前提假设，舍弃了许多难以在模型中处理的现实因素。而其发展趋势之一，就是采用大模型使理论模型紧密结合实际数据，尽可能模拟真实场景，模型设定不再抽象化、理想化，而是转向具体化、现实化。这具体表现在以下四个方面：其一，把两地区拓展至多地区甚至连续空间，以及把单部门拓展至多部门；其二，引入足够多的异质性，既包括地区间、部门间的异质性，又包括微观主体在生产技术、区位偏好、技能水平等方面的差别化；其三，从产品市场和要素市场中寻找更为丰富的空间联系和与之相关的空间摩擦，不仅考察产品贸易及其对应的运输成本，而且考察人口跨地区流动的迁移成本及城市内的通勤成本，以及资本等要素跨地区配置过程中产生的流动性障碍等；其四，针对模型的某些变量，引入服从特定概率分布的随机项，打破变量间的确定性关系，以便考察现实中的不可观测因素。然而，正如雷丁与罗西-汉斯伯格（2017）[1]指出，与现实数据更好匹配并非对现实的全盘描述，量化空间建模要注重真实性（Realism）与可处理性（Tractability）的权衡取舍。

（2）"大数据"。新经济地理学诞生并流行于计算机发展尚不成熟的20世纪90年代。由于很难得到解析解，凭借有限的计算能力进行数值模拟已是当时较为先进的技术手段。进入21世纪以来，国家、区域、城市各个层面的数据可得性大为改善，与企业、家庭有关的微观数据相较以往也更容易获得。同时，计算机的数据处理能力也极大增强，从而可以充分挖掘数据背后的价值，进行更加精确严谨的参数估计并进行反事实模拟，极大提升新经济地理学模型对现实的解释能力与预测能力。因此，当前新经济地理学的"大模型"与"大数据"的两大发展趋势，既得益于成熟的新经济地理学基本理论的支撑，也受益于近年来计算机数据处理能力与计量经济学数据分析技术的迅猛发展。

本 章 总 结

1. 新经济地理学的理论渊源最早可追溯到19世纪古典经济学家关于农业区位选择的研究。冯·屠能于1826年提出由于农地的地租与该地离城市的距离之间是负相关的，距离城市较近的土

---

[1] 雷丁，罗西-汉斯伯格.量化空间经济学[J].经济学年度评论，2017(9): 21—58.

地其地租较贵，需种植运输成本较高或单位产值较大的农作物；距离城市较远的土地其地租较低廉，可种植运输成本较低或单位产值较小的农作物。

2. 新经济地理学的国际贸易模型是建立在新贸易理论基础之上的，将地理空间引入一般均衡分析，建立了垄断竞争一般均衡模型来研究资源在空间的配置和经济活动的空间布局问题。

3. 在新经济地理学模型中之所以会出现所有企业都集聚在某地的稳定均衡，其基本原理为：在一个存在运输成本的世界里，如果工业生产具有规模报酬递增的生产技术且工人可以在地区间自由流动，那么为了降低运输成本，企业将定位于需求较大的地区并向需求较小的地区输送其生产的工业品，从而解释了为什么企业有向某地集聚的趋势。

4. 新经济地理学派的主要不足为：其一，新经济地理学派为了将规模报酬递增引入一般均衡模型，采用了一种非常特殊的"垄断竞争"形式；其二，新经济地理学派的区域经济模型外生设定每个企业都只能选择一个厂址，这不仅与现实不符，其理论依据也不充分。

思 考 题

1. 请简述新经济地理学的理论渊源。
2. 请简述"中心-外围"模型及其经济思想。
3. 请简述新经济地理学的国际经济模型及其经济思想。
4. 简述新经济地理学派的理论贡献、不足及其发展趋势。

Behavioral Economics and Experimental Economics School

第十五章
行为经济学与实验经济学派

从新古典革命以来,经济学理论以理性经济人为假设前提,构建起宏伟的理论大厦。然而,来自市场和实验室的数据逐步揭示出人类的决策行为与理性经济人假设存在较大的偏离。从20世纪50年代开始,以丹尼尔·卡尼曼(Daniel Kahneman)为代表的心理学家将心理学的前沿研究成果引入到经济学研究中,特别侧重研究人在不确定情形下进行判断和决策的过程,修正了传统经济学的基本假设,增加了对经济现象的解释能力,奠定了行为经济学的基础。同时,弗农·洛马克斯·史密斯(Vernon Lomax Smith)等经济学家则系统性地将实验方法应用于经济行为的研究,开创了实验经济学研究的崭新途径。行为经济学与实验经济学这两个相对独立发展、又密切联系的理论分支从20世纪70年代起逐步融合——行为经济学以实验为主要研究方法,实验经济学的研究主题则一直围绕着解释、预测和控制经济行为[1]。2001

---

[1] 行为经济学与实验经济学的关联性和差异性存在诸多争议。例如,Loewenstein(1999)等认为行为经济学在方法上是兼收并蓄的;它们的定义不仅来源于其使用的研究方法,而且来自心理学观点在经济学的应用;而实验经济学的定义侧重于强调将实验作为一种主要的研究工作。与行为经济学在方法上的多样化相比较,实验经济学在方法上的一致性更为明显。然而实际上,实验经济学的主题并非局限于实验方法与技术,其研究主题一直是以"行为"为主。更多人的看法是,行为经济学与实验经济学的分歧正在日益消失,因为实验经济学家和行为经济学家在研究主题上具有共同的兴趣。

年时值诺贝尔奖颁发百年之际，诺贝尔基金会以"行为与实验经济学"作为主题举办了经济学奖项的"诺贝尔奖百年论坛"。卡尼曼、史密斯于2002年被授予诺贝尔经济学奖。这都标志着行为与实验经济学已成为现代经济学中最活跃、最热门的经济理论学派之一。

行为经济学与实验经济学将个体的决策行为特征引入传统的经济学模型，增加了经济学模型的解释能力，并在市场机制设计、劳动经济学、金融资产定价、公共政策制定等领域得到了广泛的应用。该学派在近年来得到蓬勃发展，主要代表人物包括卡尼曼、阿莫斯·特沃斯基（Tversky）、史密斯、莱茵哈德·泽尔腾（Selten）、查尔斯·普洛特（Plott）、埃尔文·罗斯、罗伯特·希勒（Shiller）、理查德·塞勒（Thaler）等[1]，他们为行为经济学与实验经济学的兴起与发展打下了坚实的基础。卡尼曼和特沃斯基两位教授获得的都是心理学博士学位，他们最大的贡献是将心理学实验方法引入不确定条件下的决策行为研究，提出了"前景理论"，对传统的风险决策理论进行修正。史密斯在1962年发表的文章"竞争性市场行为的实验研究"被称为实验经济学发展的里程碑。史密斯的最大贡献是在实验经济分析尤其是选择性市场机制研究中引入了实验，并系统性讨论了如何在经济学研究中进行实验，开创了实验经济学的新领域。泽尔腾是德国乃至欧洲实验经济学研究的奠基人，他的主要研究领域为博弈论及其应用、实验经济学等。1994年，泽尔腾因在"非合作博弈理论中开创性的均衡分析"方面的杰出贡献而荣获诺贝尔经济学奖。普洛特教授来自加州理工大学，他的主要贡献有三个方面：对实验经济学方法的发展，经济学和政治科学理论的实验研究，运用和发展实验方法对政策案例进行讨论。罗斯教授1974年获得斯坦福大学经济学博士学位，他的主要研究领域包括实验经济学方法论、博弈论等。罗斯因为在机制设计理论及其实验研究方面的突出贡献在2012年获得了诺贝尔经济学奖。耶鲁大学的希勒教授的主要贡献在于将行为经济学的思想引入金融资产定价领域，他的著作《非理性繁荣》系统性解释了美国2000年金融市场价格泡沫的膨胀及破灭，引发广泛关注。希勒于2013年获得诺贝尔经济学奖。芝加哥大学的塞勒教授获得了2017年的诺贝尔经济学奖，他的主要贡献在于探索了有限理性、社会偏好、心理账户等个体决策偏差，他展示了这些偏差如何系统地影响个人决策以及市场。塞勒还将对个体行为特征的分析引入政府公共政策制定过程，提出了"助推"的理念，在学术界和业界都产生了广泛的影响。

莱茵哈德·泽尔腾
（Reinhard Selten）

埃尔文·罗斯
（Alvin E. Roth）

罗伯特·希勒
（Robert J. Shiller）

---

[1] 史密斯领导的亚利桑那大学的"经济研究实验室"、普罗特领导的加州理工学院的"实验经济学与政策科学实验室"以及德国波恩大学泽尔腾主持的"实验经济学实验室"一起成为20世纪世界实验经济学研究的三大基地。这些研究基地为实验经济学的发展起到了积极的作用。

第一节 | 理论渊源与研究方法

一、理论渊源

行为经济学是经济学和心理学的结合,它通过将心理学有关个体决策研究的理论和方法引入经济学,增加了经济学对现实生活中各种经济现象的解释能力。它的主要思想是为理性的经济分析提供一块被忽视已久的心理学基石,拓宽经济学理论的视野,并使经济理论对实际现象的预期更为准确、使制定的政策更为合理[1]。

经济学是对人类经济行为的研究,在经济学发展的初期并没有抛弃对人类心理的分析,我们至今还可以从古典经济学中找到行为经济学的思想。例如,斯密(Adam Smith)在《道德情操论》中讨论了个体行为的心理学原则,其中的一些思想已经发展成当前的行为经济学理论。斯密曾写道:"当我们从好的环境变化到坏的环境时比我们从坏的环境变到好的环境感受得更深。"这就是行为经济学研究的一个重要主题——损失厌恶。在20世纪早期,像费雪(Fisher)和帕累托(Pareto)之类的经济学家依然坚持对人类在经济选择中的感受和思想进行充分的推测,但是到了20世纪的中期,在经济学研究中对心理问题的讨论已经大范围地消失了。完全理性成为主流经济学的基本假设前提。20世纪下半叶,心理学和经济学领域都出现了对完全理性假设的批评意见。在经济学领域,卡托纳(Katona)、莱宾斯坦(Leibenstein)、西托夫斯基(Scitovsky)和西蒙(Simon)都提出了理性的有限性。这些观点引起了一些关注,但是没有改变经济学的基础方向。

行为经济学的兴起来源于经济学家对一些"悖论"的观察。这些悖论主要借助心理学实验而发现,在主流经济学的框架下难以得到解释,从而形成对主流经济学的挑战。其中一个挑战是针对微观经济学的基本理论——期望效用理论。1953年,阿莱(Alais)通过实验对期望效用理论进行了检验,他发现实验结果违背了期望效用理论关于偏好的独立性、传递性等公理化假设,因此被称为"阿莱悖论"。阿莱的实验引起了研究者的重视,埃斯伯格(Elsberg)等经济学家进一步延续了阿莱的研究方法,发现了一系列与期望效用理论相违背的现象。此外,在金融市场中,研究者们发现了大量与标准金融理论不相一致的市场异象,如资产价格长期的泡沫现象、非理性投资者的过度反应、日历效应、规模效应等。

---

[1] 薛求知.行为经济学:理论与应用[M].复旦大学出版社,2003.

当经济学家开始接受这些悖论是不能忽视之时，心理学的发现进一步表明了一些新理论的研究方向。在1960年前后，认知心理学开始占据主导地位，他们提出大脑是一个信息处理机制，而不是行为主义所认为的大脑是一个刺激反应机器。对信息处理问题的重视引发了对一些以前忽视的问题的关注，如记忆、解决问题和决策。这些新的主题和新古典经济学概念里的效用最大化有着明显的相关性。心理学家如卡尼曼和特沃斯基开始应用经济学模型作为标尺，与他们的心理学模型进行对照。这一时期最有影响力的研究都来自卡尼曼和特沃斯基。他们提出的前景理论成为不确定条件下决策行为研究的基础性理论。

丹尼尔·卡尼曼
(Daniel Kahneman)

早期的研究为行为经济学的研究提供了一种思路。凯莫勒（Camerer）把这种思路归纳为四个步骤：第一，定义一个经济学家应用的普遍存在的一般假设或者模型，例如贝叶斯规则、期望效用和折现效用；第二，定义一个悖论，也就是说，演示一个对假设或者模型明显违背的状态，然后极其小心地排除一些现有的解释（比如被试者的迷惑或者交易成本等）；第三，运用这个悖论作为一种发现替代性理论的激励，使已经存在的模型更为一般化；第四，从第三步的行为假设出发，构建一个经济学模型，得出新的含义，并且检验这个模型[1]。

随着其渗透力的不断加强，行为经济学的发展不仅仅局限于对传统假设的挑战，而且还运用传统经济学的分析工具，将修正后的假设融入经济模型中，使行为经济学从假设逐渐发展到提出变量、模型的阶段。如莱布森（Laibson）将一些心理学变量（如心理激励参数）加入宏观经济问题的讨论中；费尔（Ernst Fehr）在分析劳动力市场经济学问题的时候，将人们不再是完全自利的假设融入经济模型中，构建了公平模型。对行为经济学的研究逐步倾向于行为学与传统经济学在建模、应用等领域的合作，沿用传统经济学的分析工具，努力增强经济学对现实经济活动的解释力和预测力。目前，行为经济学理论和思想应用于经济学研究的多个领域，形成了行为金融学、行为劳动经济学、行为法律经济学等学科分支。

阿莫斯·特沃斯基
(Amos Tversky)

从上述发展历程可以看出，行为经济学是通过对西方主流经济学（特别是新古典经济学）的反思和批判兴起的，它试图在心理学关于个体行为的研究基础上，讨论经济活动当事人的各种心理活动特征对其选择或者决策模式的影响；不同的心理活动影响到相应的决策模式，从而表现出相应的行为特征，这些行为特征又通过决策后果反映到具体的经济变量当中。但是，大部分经济学家也认为行为经济学并不是对以效用最大化为基础的新古典方

---

[1] 凯莫勒.行为经济学新进展[M].人民大学出版社，2010.

法的完全否定。新古典方法非常有用，因为它为经济学家提供了一个理论框架，这个理论框架可以用于分析几乎所有形式的经济（甚至非经济）行为。行为经济学理论是通过更为现实的心理学方法修正了标准理论中的一个或者两个假设。通常情况下，这种修正不是本质的，因为放松这些假设没有影响经济学的中心方法。

二、研究方法

行为经济学研究的主要方法之一是实验。与行为经济学理论同时萌芽、发展的是有关在经济学中如何系统性应用实验技术的方法和理论。在科学发展的历史上，实验成为人类认识世界、解释世界的重要工具，它是科学理论的源泉之一，也是检验科学真理的标准。与物理、化学等自然科学相比，经济学变成一门实验性的科学经历了更为漫长的时间。作为一门独立的科学，长期以来经济学被认为是不可实验的。然而，20世纪40年代末期到50年代初期，一些经济学家对在经济学中应用实验方法产生了兴趣。20世纪40年代，张伯伦（Chamberlin）开始在哈佛大学的课堂上进行关于市场机制的经济实验。50年代，西格尔（Siegel）等心理学家开始探究物质激励对人的行为的影响。1962年，史密斯发表了第一篇关于双向拍卖市场的实验经济学论文。通过半个多世纪的探索，以史密斯为代表的经济学家开创了实验经济学的新领域，将实验方法系统地引入经济学研究。

弗农·洛马克斯·史密斯
（Vernon Lomax Smith）

史密斯指出，实验经济学是在有显性或者隐含规则的背景下应用实验方法来研究人类相互作用的决策行为[1]。显性规则可以定义为在有特定支付矩阵的 $n(n>1)$ 个人博弈的扩展形式中，被实验者控制的行动次序和信息事件。隐含规则是一种被人们视为其文化和生物演化遗产的一部分而带入实验室的规范、传统和习惯，这些一般是不能被实验者所控制的。通常我们能够把实验结果看成是在经济环境的驱动下以及制度提供的语言、规则支配下，个人选择行为的结果。通过实验研究，我们可以将实验结果与理论结果进行比较，对理论结果进行检验和修正并发现新的理论。因此，实验经济学的作用可以具体体现在三个方面：第一，当存在多种理论时，通过实验比较和评估各种相互竞争的理论；第二，当仅存在一种理论时，检验该理论的效力；第三，当不存在任何理论时，发现某些实际规律。

在任何科学研究中实验方法的主要优势是可重复性与可控制性。在经济学研究中应用实验方法同样具备这两大优势。可重复性是指任何其他的

---

[1] Vernon L. Smith. Economics in the Laboratory[J]. Journal of Economic Perspectives, 1994（8）: 113-131.

研究者都能够重复这个实验,然后能独立地对结果进行检验。从某种程度上来说,缺乏可重复性是任何需要观察而没有实验的科学的严重问题。传统经济学主要采用自然数据来检验理论。然而自然数据往往是在特殊的、不可重复的时间和空间背景下取得的,一些不可观测的因素一直处于变化之中。费用低廉、独立性强的实验研究方法能够允许重复性,从而能加强数据的精确性,并且激发研究者更仔细地收集数据,因为任何其他研究者都可以对他的数据进行检验。例如,史密斯等(1988)在资本市场实验研究中首次发现了资产泡沫现象,到目前为止已经有大量的文献对这一实验进行了重复[1]。可控制性是指能够控制实验室的条件,通过观察行为来检验理论或者政策。自然市场在很大程度上是缺乏可控制性的。尤其是在一些研究中因为不可能找到与理论假设相符合的经济环境,所以无法收集到相关的数据。缺乏控制的自然市场数据甚至不足以解释最基础的新古典价格理论。例如,一个简单的命题——市场会产生有效的、竞争性的价格和产量。检验这个命题需要价格、数量和市场效率的数据,并且假定有特定的需求和供给曲线。然而,通过自然数据不可能直接观察到供给和需求。研究者有时会用成本数据来估计供给,但是大部分市场的复杂性使参数的测量往往建立在更为方便和简单的基础上。例如,假定模型是线性的或者假定产品是完全同质的,这都是与市场相违背的。需求比供给更加难以观察,因为没有类似的参数可以代替消费者的成本数据。利用实验方法,张伯伦早在1948年就在实验室环境中精确估计了供给曲线、需求曲线及其决定的市场出清价格[2]。由于具备可重复性和可控制性这两大优势,实验方法被系统性引入经济学研究,并日益获得了更广泛的认可。

在这里我们需要区分在经济学研究中应用的两类实验方法。一类是上述讨论的由史密斯这样的经济学家创建的"经济学实验方法",史密斯用理论证明了为什么、如何以及在什么条件下实验室实验可以被用于研究经济学家所关心的现象。经济学实验方法关注特定背景、制度对决策行为的影响,强调必须引入凸显性报酬,即被试在实验中的行为要受到显著的货币激励。另一类方法来自以卡尼曼为代表的心理学家,他们将"心理学实验方法"应用于经济学问题研究。这一方法更注重人们决策的心理机制。心理学实验方法认为被试努力表现好的行为动机有很多,研究者无须为激励而激励。这两类方法的侧重点各有不同,彼此之间尚存在较大的争论。

---

[1] Vernon L. Smith, G. L. Suchanek & A. W. Wiliams. Bubles, Crashes and Endogenous Expectations in Experimental Spot Asset Markets[J]. Econometrica: Journal of the Econometric Society, 1989: 1119-1151.

[2] E. H. Chamberlin. An Experimental Imperfect Market[J]. The Journal of Political Economy, 1948: 95-108.

从起源上看,行为经济学是经济学和心理学相结合的产物,在实验方法之外,心理学的其他基本研究方法也被行为经济学所借用,包括观察法、模型法、测量方法、统计方法等。此外,还有新出现的计算机技术、认知神经心理学的研究方法、间接测量记忆的研究方法等。例如,卡尼曼提出的日重现法(Day Reconstruction Method,DRM),就是根据一定问题的框架,引导被测试者回忆、再现一天中有关快乐与幸福的状态,并对这种状态进行评估的测评方法。DRM法已经成为行为经济学的分支——幸福经济学的重要方法之一。

行为经济学的一个重要分支——行为金融学,由于融合了心理学和金融学的研究特点,所以在发展过程中不仅采用了来自心理学的实验、观察等方法,还更多地采用了来自金融学的理论建模、计量经济学等方法。行为金融包含两个主题:投资者的非理性决策和市场套利的有限性。投资者的非理性决策研究主要借鉴了心理学的方法,而市场套利的非有效性研究主要借助金融学、计量经济学工具,从对现实金融市场的观察中,实证检验市场套利存在的局限性。

随着科学技术的不断发展和学科的融合,神经科学方法也在近年来被引入行为经济学的研究之中。神经经济学是一门新兴的交叉学科,它试图通过融合经济学、神经科学、心理学、认知科学、认知神经科学、统计学、行为金融学和决策学的理论和方法,构建人类一般的行为模式,借此解释和预测人们的决策行为。在行为经济学领域引入神经科学的方法,显然是要进一步揭开人类决策行为的根本奥秘,即研究大脑产生某类经济行为的内在机制,揭示从外界刺激或内省到行为之间的黑箱。目前,经济学家们已经将神经经济学方法运用到风险选择行为、跨期选择行为、劳动经济学等领域中,得出了一系列重要的结论。

第二节 | 个体选择行为与行为博弈研究

行为经济学与实验经济学起源于对主流经济学个体完全理性假设的挑战,因此微观个体的决策行为是该学派研究的核心主题,并主要集中于不确定条件下的个体选择行为和博弈行为研究两个领域。

一、个体选择行为

个体选择实验是对个人行为在简单环境下的研究,这些实验通常是为了检验不确定条件下选择的基础理论而设计的。这类基础理论被称为"期望效应理论",是由冯·诺伊曼、摩根斯坦(von Neumann, Morgenstern, 1947)、萨维齐(Savage, 1954)创立的。个人选择实验中,通常涉及不确定的期望或者是彩票(lottery)问题。在早期研究所采用的极其简单的决策环境下,人的行为似乎符合期望效用理论。然而,即使是在决策环境中引进少量的复杂因素,实际行为与期望效用理论的预测之间就立即明显地出现了种种背离。实验结论使期望效用理论面临严峻的挑战,其中比较著名的三类实验包括阿莱设计的有关"阿莱悖论"的实验、利希特斯顿和斯洛维齐(Lichtenstein, Slovic, 1971)发展的有关"偏好逆转"的实验以及卡尼曼和特沃斯基(1979)有关"前景理论"的实验。

1. 阿莱悖论(Allais Paradox)

最早对期望效用理论提出质疑的实验来自阿莱(1953),他的实验结果引发了无数相关的研究。在阿莱的实验中,实验被试者被要求对两组彩票进行选择。

第一组:

$A1$　100%的概率赢得1美元

$A2$　10%的概率赢得5美元,89%的概率赢得1美元,1%的概率什么也得不到

第二组:

$A3$　11%的概率赢得1美元,89%的概率什么也得不到

$A4$　10%的概率赢得5美元,90%的概率什么也得不到

我们通常用≥(>)表示一种弱(或者强)偏好关系。根据期望效用理论,这两组彩票$A1$、$A2$与$A3$、$A4$的偏好关系应该是完全一致的,即如果$A1>A2$,那么可以得出$A3>A4$;如果$A1<A2$,那么$A3<A4$。但是实验数据显示,在第一组彩票中人们更多地会选择$A1$,而在第二组彩票中更多地选择$A4$。斯洛维齐和特沃斯基(1974)重复了阿莱的实验,也得出了相似的结果。这些实验结果违背了期望效用理论关于偏好的独立性、传递性等公理化假设,因此被称为"阿莱悖论"。阿莱悖论实质上是人们对相同结果的不一致偏好,也被称为"同结果效应"(common-consequence effect)。与同结果效应类似的实验是"同比率效应"(common-ratio effect),即如果对一组彩票中收益概率进行相同比率的变换,也会产生不一致的选择,该效应最早的研究来自卡尼曼和特沃斯基(1979)。

2. 偏好逆转(Preference Reversal)

偏好逆转是指个体偏好在选择与定价上不一致的现象。经典的偏好逆转实验是由利希特斯顿和斯洛维齐(1971)设计的。在他们的实验中,被试

者被要求回答两个问题。问题一是在两种彩票之间进行选择，第一种彩票称为"$-bet"（金钱赌局），有较小概率获得较大的收益，另一种彩票称为"P-bet"（机会赌局），有较大的概率获得较小的收益，两种彩票具有相同的均值或者期望值，但是$-bet的方差较大。问题二是如果被试者必须购买这两种彩票，他们愿意分别为两种彩票支付多少钱。实验结果显示，在问题一中，被试者的偏好显示出P>$，但是问题二中，被试者愿意为$-bet支付更多的现金。这种选择不一致的逆转的现象被利希特斯顿和斯洛维齐(1971)、格勒斯和普洛特(Grether, Plott, 1979)的重复实验所进一步证实。尤其是格勒斯和普洛特发现如果在实验中引入真实的货币激励，偏好逆转的发生频率将会显著增加。

偏好逆转现象几乎违背了期望效用理论关于偏好的所有公理（特沃斯基，塞勒，1990）。格勒斯和普洛特(1979)甚至悲观地指出，偏好逆转现象让人们觉得，哪怕最简单的人类选择行为都不存在任何最优化法则。

3. 前景理论实验（Prospect Theory）

卡尼曼和特沃斯基(1979)在一系列实验结果的基础上提出了"前景理论"。前景理论认为人们在面临"收益"（gain）时是风险厌恶的，而在面临"损失"（loss）时是风险偏好的。这个理论推翻了期望效用理论关于偏好一致性的公理。卡尼曼和特沃斯基(1979)提供的一个简单的实验是要求被试者在下面两组彩票间进行选择。

第一组：

A1　100%能赢得1 000元

A2　50%的可能赢得2 000元，50%的可能什么都得不到

第二组：

A3　100%要损失1 000元

A4　50%的可能要损失2 000元，50%的可能什么都不损失

理查德·塞勒
（Richard H. Thaler）

实验显示，在第一组彩票中，大部分人选择A1，显示出风险厌恶，但是在第二组彩票中，大部分人选择A4，显示出风险偏好。这种风险偏好的不一致性导致价值曲线在正象限和负象限有不同的形状，如图15.1所示。在实验结果之上，卡尼曼和特沃斯基构建了前景理论的决策模型。该理论模型采用了与期望效用理论类似的函数形式，对人们在收益和亏损两种不同条件下的估值进行了区分，为解释不确定条件下的决策行为提供了新的思路。

个体选择实验的大量结论证明人类在决策过程中存在认知偏差。在许多基本面的假定方面，人们的行

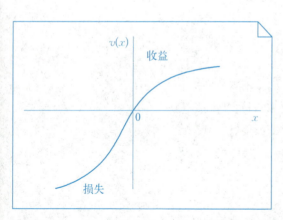

图15.1
前景理论的价值曲线

为与标准的决策模型是不一致的。这些基本面可以分为三个方面：风险态度、非贝叶斯预期的形成、决策对问题构想和表达方式的敏感性。研究者们将这些研究结论广泛应用于金融市场的研究，从而兴起了行为经济学的一个崭新分支——行为金融学。行为金融学理论认为在面对金融市场的决策问题时，投资者难以进行完全理性的决策，个体选择实验发现的框架效应、处置效应、过度自信等心理偏差被广泛用于解释金融市场的价格异象。

二、行为博弈

行为博弈研究是由心理学家、博弈理论专家和经济学家在1950—1960年期间发展起来的。他们最初的兴趣都来源于著名的"囚徒两难"行为。这个博弈行为提出了一个非常明显的问题：如果每个囚徒都选择不坦白将是他们最优的选择，但是由于每个人为了防止别人选择坦白，都不得不自己也选择坦白。社会学家和心理学家开始都不愿意承认人类会选择这样一种没有希望的结果，他们进行了大量的囚徒博弈的实验。

另一类广受关注的博弈论实验来自谢林（Scheling, 1957）的工作。他为两个被试者准备了100元，请每个被试者写一个要求得到的数字。如果两人总和小于100元，按个人要求给报酬。如果两人要求之和大于100元，则双方什么也得不到。这个实验后来被改编成最后通牒博弈实验（Ultimatum Game），成为检验讨价还价理论的最重要的实验。最后通牒博弈实验的大致过程是这样的：两个被试者（出价者和回应者）就10美元进行议价，出价者提出向对方分配 x 美元，如果回应者同意，则获得 x，而出价者得到 $10-x$，如果回应者拒绝则大家均一无所获。根据标准博弈论的分析，对于理性的被试者，只要出价者分配给对方任何大于0的金额，对方都会接受，比如说，出价者只分配给对方0.25美元而自己保留9.75美元，对方也会接受，因为他知道自己如果拒绝就什么也得不到。很明显，从普通人的观点来看，这样的博弈结果是极不公平的。日常生活中有很多这样的例子，人们耗费大量的成本只是为了求得公平、公正。那么，在实验中回应者是否会因为不公平的分配拒绝对方的提议而放弃即将到手的收益呢？在许多国家进行的无数次实验表明，出价者的平均出价大致是4或5美元，而且相差不会很多。50%的回应者都拒绝了2美元以下的出价，回应者认为过分低于一半的出价太不公平，因此以拒绝的方式惩罚对方的过分行为，结果双方的支付都为零。

实验经济学家们选取不同性别、职业、种族的被试者，进行了大量的最后通牒博弈实验。这些实验使经济学家意识到情感或社会的因素使经济主体不再是传统经济学意义上最大化经济利益的理性人,在某些情况下,他们宁愿牺牲自己的经济利益以达到其他方面的满意(如被尊重、被公平的对待、获得好名声等)。

博弈论实验的另一个分支进入了公共产品理论领域。在典型的公共产品实验中,由几个被试者组成一组,组中有一个公共池(public pool)。每个人收到一笔收益 y,他可以选择从 0 到 y 的一个数值 g 贡献到公共池。博弈到最后,这个公共池会对组中每个成员产出报酬 m,其中 m 是边际回报率,$0<m<1$。最后每个人的收益由手中剩余的 y 和公共品的回报 m 共同决定。如果是有限次博弈,按博弈理论预测,结果仍然应该是没有人捐赠。实验结果表明,在大部分的单轮博弈中,约有75%的人对公共池毫无贡献,其他人也仅贡献一点。如果将公共品博弈的实验设计成多期(如10期)的,这样可以观察被试者的学习过程。实验中,一些学者(如费尔和西蒙)观察到多数人最初都选择将一半左右的收入捐献入公共池,以后各期随着他的实际收益而改变策略。费尔和西蒙还研究了具有惩罚条件的公共品博弈(惩罚本身的成本函数是非线性递增的)。他发现,一旦引入惩罚条件,对公共池的捐献水平将大大提高。因为参与者偏离平均水平越远,他就越有可能遭受惩罚。这对"非公平厌恶"(unfair aversion)模型的研究具有重要的实证意义。

囚徒困境、最后通牒、公共产品是实验方法在博弈论领域运用得最多的三个方向。随着博弈理论在经济学研究中的地位日益显著,实验方法的运用也日益受到重视,这是因为实验方法能够用于检验博弈对局人的真实行为,对博弈理论的预测能力和适用范围进行评价和界定。

第三节 市场实验

市场实验思潮以张伯伦为代表。他关心的是产业组织问题,因此他的实验以模拟真实市场交易为目标。张伯伦首次提出,实验经济学的目标就是严格剔除无关干扰变量,观察实验被试者在特定环境下的真实经济行为。

张伯伦的垄断竞争理论发表于1933年,大萧条时期明显的市场失灵现象激发了他的这一研究。张伯伦相信他的理论预测能够通过一个简单的市场环境的检验,这个市场环境是以学生充当交易者来模拟的。1948年张伯伦报告了他的第一个实验结果。在实验中,张伯伦把一些标记了成本和价值的卡片分发给学生,使之成为市场的需求和供给结构。通过交易,卖方可以获得其商议的成交价格和成本之间的差价,同样,买方能够获得价值和商议的成交价格之间的差价。在实验中,收益都是假定的,但是在一定范围内他的学生能够受到假定收益的激励。在这个实验中,学生们被允许以分散的方式在教室内自由走动、互相之间自由议价。尽管有这样的"竞争"结构,张伯伦得出的结论是实验结果系统性地偏离了竞争市场理论的预测。

在张伯伦实验的基础之上,史密斯设计了一种以"双向拍卖"为制度环境的实验,在这里所有的买方报价、卖方报价和交易价格都是公开的信息。史密斯的实验结果显示这样的市场能够导致有效的竞争市场结果。

西格和佛瑞克(Siegel, Fouraker, 1960)把张伯伦的实验改进为被试者可以选择交易的数量。更为重要的是,他们第一次引入真实货币激励,使被试者的行为与最后收益挂钩,还比较了不同收益激励下被试者行为的变化。真实货币激励在现在已经成为实验经济学的标准条件。

虽然早期张伯伦和史密斯对市场价格理论的实验研究在经济学家中没有激起太大的兴趣,但是史密斯开始研究交易制度变化对市场价格的影响。沿着这一方向进行的研究集中于探讨在制度和结构发生变化下竞争价格理论的有效性,例如,比较不同拍卖制度下的价格行为。

在市场实验这个领域,另一个方向是继续沿着张伯伦的道路,关注于用实验方法检验产业组织理论。此外,市场实验方法还拓展到资本市场、国际贸易市场的研究中。特别是史密斯等(1988)在实验室里模拟了资本市场的交易过程,在控制市场信息结构的情形下,观察了价格泡沫从产生到破裂的整个过程。史密斯的研究引发了很多关注和后续研究,学者们在类似的实验室环境下考察了不同的交易制度是否能有效抑制市场泡沫,提出了构建有效资本市场的新思路。

第四节 宏观领域研究

行为经济学与实验经济学在微观行为研究上取得了突破性的进展。应用微观实验中发展起来的办法,研究者们开始尝试构建复杂的宏观经济实验体系,验证宏观经济学的理论,并用行为经济学理论解释宏观经济现象。

一、消费和储蓄

行为经济学家通过研究人们的消费、储蓄心理,为政府在如何制定刺激消费、鼓励储蓄的政策方面提供启示。一个政府如果想要通过减少税收的方式刺激消费,按照理性的角度,无论是降低税收水平还是退税(即过一段时间后返还纳税人一部分税金)都是无差别的,但两者在刺激消费上的实际作用却存在差异。人们会认为减少的那部分税收本来就是自己该得的,因此增加消费的动力不大,而返还的税金犹如一笔意外之财,人们更有可能增加更多的消费。

关于储蓄,行为经济学家用"双曲线型贴现模型"来阐述如何鼓励居民储蓄。双曲线贴现的特点是短期贴现率比长期更高。塞勒等(2004)[1]为了研究拖延行为与储蓄之间的关系,曾在一个中等规模的制造企业做过这样一个实验:雇员们被邀请参加一个储蓄计划,他们可以优先选择从工资增量中提取多少比例用作储蓄。与双曲线型贴现模型的推论一致,雇员们虽然只愿意从现有工资中提取较少比例用作储蓄,但愿意从未来工资的增量中提取较大比例用作储蓄。在这一储蓄计划下,该公司雇员的储蓄率提高了约一倍。

二、劳动力市场

新古典经济学家认为非自愿失业是不可能存在的,而行为经济学家并不否认非自愿失业的存在,并用效率工资模型进行了解释:假定由于道德、水平、公平、内部力量或非对称信息的存在,雇主有强烈的动机向劳动者支付高于最低水平的工资,所以导致了"效率工资"高于"市场出清"工资,使得工作机会受到了限制,一些劳动者找不到工作,即是"非自愿失业者"。除了效率工资问题之外,劳动经济学中的实验研究常关注的主题有两个方面:一是劳动力市场搜寻与匹配,检验的是个体在跨期的单边工作搜寻中的行为;二是有关劳动与闲暇的选择,特别是工资变化对劳动力供给的影响。

三、货币政策的有效性

新古典经济学家认为,只要被完全预期到,货币政策对产出和就业就没有作用,对货币供应量变化的完全预期使得理性的工资和价格确定者以适当的比例调整名义工资,从而使得产出和就业不发生变化,这与人们对中央银行对经济作用的普遍信念是相矛盾的。行为经济学家运用近似理性的拇

---

[1] Richard H. Thaler, Shlomo Benartzi. Save More Tomorrow: Using Behavioral Economics to Increase Employee Saving[J]. Journal of Political Economy, 2004(112):164-187.

指法则模型,解决了在理性预期条件下货币政策的有效性问题,确定了货币供应量变化同产出之间紧密的联系。

四、货币幻觉

所谓"货币幻觉"是指人们在经济决策中往往忽略通货膨胀因素,把名义价值当作实际价值的状况,由于不能正确认知货币经济运行的特征而出现了种种歪曲。新古典宏观经济学对货币幻觉有较多的研究,如费雪、哈伯勒、帕廷金、凯恩斯、熊彼特等,却都不能够对货币幻觉作出有说服力的解释,费雪等人强调货币幻觉的存在,是常常用来说明货币的短期非中性。事实上,新古典宏观经济学强调的理性经济人追求利益最大化假设,与之相抵触的货币幻觉现象就不能很好地纳入经济学的标准均衡模式中。行为经济学家对基于行为金融学的货币幻觉进行了分析,认为货币幻觉是经济主体在认知和决策过程中存在的依赖名义值而忽略实际值的一种倾向,是一种非理性的行为,具有内在的心理机制。货币幻觉的存在,是由于人们在决策过程中,依靠直觉判断和所谓的"经验法则",忽略那些对利润或效用影响很小的因素。

第五节 理论评价与发展趋势

行为经济学与实验经济学的出现和发展为经济学理论的演进提供了新的视角和工具。行为经济学理论并非对主流经济学的全盘否定。事实上,行为经济学接受了新古典经济学的理论基础和方法论基础,但否定了新古典经济学的个人行为假定,对主流经济学的进一步完善和发展起到了推动性的作用。然而,由于放松了标准经济学关于理性经济人的假设,行为经济学在增加参数、构建理论模型上依然存在一定障碍。此外,行为经济学起源于对各类市场异象和悖论的观察和研究,其理论体系一直比较松散。

从实验经济学方法来看,随着实验技术的不断发展和完善,已经形成了规范的原则、程序和步骤,其研究的科学性得到了广泛的认可。实验方法的规范化发展成为经济学理论前进的动力。由于现实经济系统的复杂性,实验方法依然存在局限性,实验结论的外部有效性、实验方法在宏观问题研究上的有限性都一直存在较大的争议。

从当前的发展趋势来看,行为经济学与实验经济学呈现以下两个特征。

第一，发展田野实验，提高实验结论的外部有效性。实验经济学起源于实验室实验，由于实验室与现实世界相对疏离，实验结果在外部有效性方面一直受到质疑。近年来兴起的田野实验，兼具了实证性和现实性，成为实验室实验的有效补充，同时也成为实验经济学发展的一个重要趋势。田野实验关注行为人的决策与其所嵌入的社会情境的相关性以及被试性质对实验结果的影响。与实验室实验选取学生被试和采用无背景的实验环境设置相比，田野实验通过选择学生以外的被试、构建有社会情境的实验环境等方式，来贴近真实世界。哈瑞森和李斯特（Harrison, List, 2004）根据实验中的六个情境因素将田野实验划分为不同的类型[1]。按照他们的标准，与现实最贴近的一类实验被称为自然的田野实验（Natural Field Experiment），在这类实验中被试所承担的实验任务是在一个自然发生的环境中展开，并且被试并不知道自己是实验的一部分。2019年的诺贝尔经济学奖颁发给三位美国经济学家——巴纳吉（Abhijit Banerjee）、迪弗洛（Esther Duflo）和克雷默（Michael Kremer），表彰他们将田野实验方法应用于减轻全球贫困方面的开创性贡献。田野实验的不断发展已经表明好的田野实验既能实现实验室实验的控制性，又能从现实世界中收集丰富的数据，对相关理论以及制度安排进行检验，成为连接实验室与现实世界的桥梁。需要注意的是，针对一些重要的问题进行田野实验需要投入较大的成本。

第二，提高行为经济学理论的一般性和可处理性。斯蒂格勒（Stigler, 1965）认为经济学理论应该用三个标准来判断，即与现实相一致、一般性以及可处理性。行为经济学放松了对个体的理性假设，构建了与现实更一致的行为假设。然而，在突破传统经济学假设的同时，行为经济学模型在如何提高一般性和可处理性上面临着更大的挑战。行为经济学家认为对一个理论的最终检验是看它预测的精确性，同时也相信，如果其他条件不变，更好的预测来源于更接近现实的假设。从发展的方向来看，行为经济学理论应具有一般性，如在标准的模型中加入仅仅一个或者两个参数。特定的参数值经常将行为经济模型缩减为标准模型，对参数的估计能使行为模型与标准模型抗衡。而且，一旦参数值被固定了，行为模型的应用也与标准模型一样具有应用的广泛性。如何在增加行为假设的同时，不降低模型的可处理性？如何在存在动态和战略性的互动的前提下，使行为模型比理性的传统模型获得更高的准确性？这些都成为行为经济学不断发展所面临的挑战。

---

[1] 这六个要素是：被试集合的性质；被试带入实验任务的信息的性质；实验中交易物品的性质；实验任务或交易规则的性质；激励报酬的性质；实验环境的性质。

本 章 总 结

1. 行为经济学与实验经济学是两个相对独立发展又逐步实现融合的经济学流派,行为经济学以实验为主要研究方法,实验经济学的研究主题则一直围绕着解释、预测和控制经济行为。行为经济学与实验经济学突破了主流经济学关于理性人的假设,通过将心理学引入经济学,以及探索经济学实验的基本原则和方法,增加了经济学对现实生活中各种经济现象的解释能力,广泛应用于微观和宏观经济学的各个领域。行为经济学与实验经济学的先驱性代表人物包括卡尼曼、特沃斯基、史密斯、泽尔腾、普罗特、罗斯等,他们为行为经济学与实验经济学的兴起打下了坚实的基础。

2. 行为经济学和实验经济学并非对主流经济学的全盘否定,而是为解释经济现象提供新的视角和工具。通过田野实验提高实验结论的外部有效性,以及加强理论建模提高行为经济学理论的一般性和可处理性是未来研究的主要趋势。

思 考 题

1. 行为经济学与传统经济学的差异主要在哪些方面?
2. 实验经济学方法的优势有哪些?
3. 前景理论的主要结论是什么?
4. 行为博弈领域有哪些主要的实验?
5. 行为与实验经济学有哪些局限性?

Neo-Institutional school

第十六章 新制度学派

新制度学派在当代西方经济学诸流派中是独树一帜的，它既反对凯恩斯主义各派，又反对货币主义和其他自由主义学派，并以现代资本主义"批判者"的面目出现。尽管它被正统经济学者看作离经叛道的"异端"，但在20世纪50—60年代，新制度学派在西方经济学中的地位和影响曾经一度不断地提高和扩大。

第一节 新制度学派的由来与形成

被视作当代西方经济学"异端"的新制度学派，是历史上被作为"异端"的早期制度学派在"二战"后新的历史条件下的继续和发展，而早期制度学派又是从历史学派的一些观点演变而成的。

经济学说史上的"异端"是与"正统"经济学相悖而行的学说。在19世纪的60—70年代，以约翰·斯图亚特·穆勒为代表的正统经济学，受到了被作为经济学"异端"的新历史学派和边际效用学派的挑战。至19世纪90年代，马歇尔在新的历史条件下，将约翰·斯图亚特·穆勒的经济学说和新历史学派、边际效用学派综合起来，创立了西方经济学说史上的第二个折衷主义的经济理论体系[1]。一些西方经济学者把马歇尔所创立的这个新的经济学体系，看作是古典经济学的"复兴"，因此把它称作"新古典经济学"。从那时起，以马歇尔为代表的新古典经济学，就取代了穆勒的经济学说，成为新的正统经济学。19世纪末20世纪初马歇尔的新古典经济学作为正统经济学流行的时期，正是垄断资本主义即帝国主义确立的时期。这个时期，是资本主义世界发生巨大变化的时期，这在美国的表现尤为突出。众所周知，美国原是一个后进国家，但到19世纪90年代，它的工业产量已跃居世界第一位。随着资本主义的迅速发展，美国社会的各种矛盾也空前激化起来，而当时正在流传的新古典经济学已不能完全适应这种正在变化的情况。于是注重制度分析和强调"制度因素"对经济发展的作用，并以批判资本主义制度和正统经济学的早期制度学派便应运而生。

早期制度学派产生于19世纪末20世纪初的美国。早期制度学派的创始人和主要代表是美国经济学家<u>托斯丹·邦德·凡勃伦</u>（1857—1929）。他在《有闲阶级论》(1899)、《企业论》(1904)、《论现代文明中科学的地位》(1919)、《工程师和价格制度》(1921)、《不在所有权》(1923)等著作中创立了一套制度经济理论体系，为制度经济学的发展奠定了基础，形成以后制度经济学家皆遵循的"凡勃伦传统"。所谓"凡勃伦传统"，主要有以下两点。

托斯丹·邦德·凡勃伦
(Thorstein B. Veblen)

（1）批判正统的新古典经济学，建立以研究制度演进过程为基本内容的经济理论。凡勃伦既反对像边际效用学派那样把个人从特定社会生产关系中抽象出来，分析个人的欲望及其满足的途径；也反对像马歇尔那样用均衡的原则来解释社会经济现象，认为各种矛盾着的力量最终将趋向调和。在凡勃伦看来，历史是进化的、演进的，不是静止的；社会的发展就是制度的发展，经济制度只是它所存在的文化体系的一部分，它的变化受许多非经济文化因素的制约，不是独立发展的。他认为经济学应是一门进化的科学，应以研究制度的演变为目标。

（2）批判资本主义社会的弊病，主张从制度或结构上来改革资本主义社会。凡勃伦运用制度分析的方法来寻找资本主义社会弊病的根源。他认为，在人类经济生活中有两种制度，即满足人的物质生活的生产技术制度和私有财产制度。在资本主义社会，这两种制度表现为"现代工业体系"和"企业经营"。资本主义社会的弊病正在于这两种制度之间的矛盾，解决的办法则是建立由工程师、科学家和技术人员组成的"技术人员委员会"来代

---

[1] 马歇尔所创立的这个经济理论体系，主要体现在他于1890年出版的《经济学原理》一书中。

替企业经营的统治。

以上两点,为以后的制度经济学家所继承,他们都反对当时处于正统地位的资产阶级经济学并在一定程度上揭露了资本主义社会的弊病,主张进行"制度"改革。这就使制度经济学从凡勃伦开始一直都处于"异端"的地位。

早期制度学派的代表人物,除了凡勃伦外,主要还有<u>约翰·罗杰斯·康芒斯</u>、<u>韦斯利·克莱尔·米切尔</u>等人。他们也都着重从社会制度发展的角度论述制度与经济发展的关系,并强调制度因素对经济生活的重要作用。但他们之间的观点却不尽相同。凡勃伦强调用心理分析来解释制度的形式,用进化论来解释制度的发展与演变。而康芒斯却特别重视国家和法律制度的作用,认为法律制度是决定社会经济发展的主要力量。米切尔则认为,分析制度因素的作用要以经验统计资料为基础,应该先对事实进行经验统计的分析,然后再得出理论,他研究的重点是统计资料的整理与分析。

约翰·罗杰斯·康芒斯
(John Rogers Common)

韦斯利·克莱尔·米切尔
(Wesley Clair Mitchell)

1929—1933年爆发了有史以来最严重的一次世界经济危机,这就使马歇尔自由竞争市场自动均衡的正统经济学陷入无法自圆其说的理论危机状态,使经济学界的整个气氛变得有利于早期制度学派。因此,早期制度学派于1920年代末和1930年代初曾在美国相当盛行。当时美国有一批自称"青年一代"的西方经济学家,追随凡勃伦的传统,大肆鼓吹"制度趋势"的研究,其中某些人参加了制定"罗斯福新政"时期的经济政策,成为罗斯福顾问团的重要成员。但是,不久适应垄断资本主义需要的凯恩斯经济学,就取代了以马歇尔为代表的新古典经济学,成为新的正统经济学,而早期制度学派却依然故我,仍处于"异端"的地位。

在凯恩斯的《通论》出版后,凯恩斯经济学在西方盛极一时,然而,早期制度学派并未就此销声匿迹。在1930年代至1950年代,仍有不少"凡勃伦传统"的继承者。例如,贝利和米恩斯在1932年出版的《现代公司和私有财产》一书,从社会和企业结构的角度来分析资本主义社会的经济问题,着重分析了所有权和管理权的分离及其对资本主义权力结构的影响。又如,白恩汉在1941年出版的《经理革命》一书中指出,经理革命是一种由于权力转移而发生的社会变革,通过这场变革,社会的统治阶级已由过去的资本家变成了现代的企业管理者。再如,艾尔斯在1944年出版的《经济进步理论》一书,在肯定制度经济学分析公司和社会结构的变化的同时,论述了技术进步问题。他认为,制度经济学所强调的技术进步,其本质不在于个人技艺的提高或个人精神的某种表现,而在于工具的变革以及由此所引起的制度变化,在这种制度变化中,技术起着决定性的作用。他还主张把平等与收入分配作为经济研究的重要课题。这些制度经济研究者,进一步发展了凡勃伦的制度经济理论,他们被认为是从以凡勃伦为代表的早期制度学派到以约翰·加尔布雷斯为代表的新制度学派过渡的桥梁。

在第二次世界大战后,经过凯恩斯的追随者们补充和发展起来的凯恩斯主义,特别是以萨缪尔森为代表的一些美国经济学家,将以马歇尔的微观经济学与凯恩斯的宏观经济学综合起来,创立了一个"新古典综合"的经济理论体系,即"后凯恩斯主流经济学"。以"后凯恩斯主流经济学"为主要代表的凯恩斯主义,对"二战"后主要资本主义国家曾产生过很大的影响,一些资产阶级经济学者把"二战"后凯恩斯主义全盛时期的20年(从1940年代后期至1960年代中期),称作"凯恩斯时代"。尽管凯恩斯主义在这个时期的西方世界居于"正统派"的地位,但由于科学技术的日新月异,经济发展比较迅速,同时,生产过剩的经济危机也更加频繁,各种社会问题愈来愈尖锐,改革制度的呼声此起彼伏。"后凯恩斯主流经济学"却无视经济、社会、政治、文化等制度问题,不考虑技术进步对制度演化的作用,不能对西方世界所存在的种种严重社会问题,作出令人信服的解释和提出有效的解决办法;特别是对1960年代中期以后出现的"停滞膨胀"问题一筹莫展,这就标志着"后凯恩斯主流经济学"的失灵。在这种情况下,形成了当代各个"反主流派"或"异端"经济学的流行,诸如以弗里德曼为主要代表的货币学派和以加尔布雷斯为主要代表的新制度学派等。英国著名经济学家琼·罗宾逊用"经济理论的第二次危机"[1]来表述这种情况。新制度学派就是在"二战"后资本主义社会多种"病症"并发,而作为正统经济学的凯恩斯主义又无法解释和解决这些"病症"的条件下,作为一种"奇谈怪论"但又受到人们某种"偏爱"的经济学"异端"而出现的。

新制度学派的主要代表人物,除了美国经济学家加尔布雷斯以外,还有肯尼思·艾瓦特·包尔丁、阿兰·格鲁奇、G. 科姆、D. 贝尔、罗伯特·海尔布罗纳、B. 沃德,以及瑞典经济学家缪达尔、英国经济学家安德鲁·甘布尔、法国经济学家弗朗索瓦·佩鲁等人。他们继承了凡勃伦的传统,都注重从制度或结构方面来分析资本主义社会的变化及其存在的问题。他们几乎一致的看法是,资本主义弊病在于制度结构的不协调。他们还着重从结构变化方面推测资本主义发展的趋势,提出挽救资本主义的政策建议。最有代表性的著作是加尔布雷斯的《丰裕社会》(1958)、《新工业国》(1967)、《经济学和公共目标》(1973),以及包尔丁的《组织革命》(1953)、《经济政策原理》(1958)、海尔布罗纳的《在资本主义和社会主义之间》(1970)、沃德的

约翰·加尔布雷斯
(Galbraith, John Kenneth)

肯尼思·艾瓦特·包尔丁
(Kenneth Ewart Boulding)

---

[1] 琼·罗宾逊认为,她一生经历了两次经济理论危机。第一次是指1930年代马歇尔的新古典经济学的危机,第二次是指20世纪60年代末和70年代"后凯恩斯主流经济学"的危机。

罗伯特·海尔布罗纳
（Robert L. Heilbroner）

《经济学错在哪里？》(1972)，还有缪达尔的《美国的两难处境：黑人问题和现代民主》(1944)、《亚洲的戏剧：对一些国家贫困的研究》(1968)、《反潮流：经济学评论集》(1973)等。新制度学派的经济学家于1958年成立了自己的学术团体"演进经济学协会"，并创办了理论刊物《经济问题杂志》。近年来，这一个流派的影响又有所发展，连萨缪尔森也把它称为"对主流经济学的第三种挑战"。

新制度学派和早期制度学派并无根本性区别，它与凡勃伦的传统确是一脉相承的。但是，由于新制度学派是在"二战"后凯恩斯主义失灵的情况下，发展早期制度学派的基本观点，来同"正统派"以及其他流派相抗衡，这就必然使制度经济理论具有某些新的特点。所处的时代不同，所要解决的问题也就会不同。新制度学派比早期制度学派更加注重对资本主义现实问题的研究，对资本主义社会"病症"的"诊断"和揭露，以及价值判断的范围与"处方"等，也就更加具体和广泛，对其政策的批评也就更直截了当，而不再仅仅停留在理论的探讨。关于这种差别的性质，格鲁奇曾指出："凡勃伦的旧制度学派和加尔布雷斯、艾尔斯、科姆以及别鲁的新制度学派之间的区别，大部分是20年代和60年代之间的区别。"[1] 又说：新制度学派"主要是根源于凡勃伦的著作和其他按凡勃伦的传统进行研究的美国知识界的产物。把制度一词运用于这种经济学是因为它把经济制度作为人类文化的一个部分来进行考察，而人类文化是许多制度的混合。只能在这样一种意义上极不确切地使用制度学派这个概念：这个学派的成员有共同的哲学信仰，同样用广泛的文化的方法来研究经济，并且用同样的方法评论美国的经济制度"[2]。这就是说，新制度学派和早期制度学派相比，其特点就在于在新的历史条件下，继承和发展了凡勃伦的传统，用制度结构分析的方法，来揭露当今资本主义社会的"病症"和批判"正统派"的经济理论与政策主张。

第二节 新制度学派经济理论的基本特征

新制度学派与早期制度学派一样，并不是一个严格的、具有统一理论观

---

[1] A. G. Grucy. Contemporary Economic Thought: the Contribution of Neo-Institutional Economics. London: Macmillan. 1973: 18.

[2] 格鲁奇.制度学派[M]//国际社会科学百科全书：第4卷.麦克米兰出版公司,1968: 463.

点和政策主张的当代西方经济学流派。新制度学派的一些重要经济学家都是自成体系的，在许多问题上都存在着不同程度的分歧。但是，他们在经济学的研究对象、研究方法和价值判断标准方面，还是有一些基本的共同特征的。

一、新制度学派经济理论的研究对象

新制度学派和早期制度学派都把经济学的研究对象确定为制度。制度学派经济理论就是研究制度的产生、发展及其作用，即从制度方面来分析资本主义社会的变化及其存在的问题，这是新制度学派和早期制度学派最重要的共同点。

早期制度学派和奠基人凡勃伦认为，经济学研究的对象应该是人类经济生活借以实现的各种制度，而制度是由思想和习惯形成的，思想和习惯又是从人类本能产生的。他说："制度实质上就是个人或社会对有关的某些关系或某些作用的一般思想习惯；而生活方式所构成的是，在某一时期或社会发展的某一阶段通行的制度的综合。因此从心理学方面来说，可以概括地把它说成是一种流行的精神态度或一种流行的生活理论。"[1]在凡勃伦看来，本能树立了人类行为的最终目的，个人和社会的行为都是受本能支配和指导的，这些行为逐渐形成思想和习惯，进而形成制度。制度产生之后，就对人类的活动发生约束力，本能所产生的目的就在已经形成的制度中得到实现。

新制度学派经济学家承袭了凡勃伦的基本观点，强调制度与结构因素在社会经济演进过程中的重要作用，更多地从制度和结构方面来分析资本主义社会。他们所说的制度既包括各类有形的机构或组织，如国家、公司、工会、家庭等，也包括无形的制度，如所有权、集团行为、社会习俗、生活方式、社会意识等。新制度学派认为，经济学家在研究上述问题时，不能只考虑它们与经济生活有关的方面，而应把它们看作社会文化关系的组成部分来考察。所以，经济学的研究对象不只局限于经济问题，还应该研究正在变化着的经济制度以及与经济有关的其他一切事物（如政治、社会和心理方面的各种问题）。新制度学派经济学家指责传统经济学的研究范围过于狭窄，使得经济学成了关于稀缺资源如何配置的"抉择科学"并且将经济因素和非经济因素截然分开，从而成为一种"封闭式"的经济学。他们把自己的经济理论称为"开放式"的经济学。在这种经济理论中，"所有'非经济'因素——政治的、社会的以及经济的结构、制度和态度，确实地，即所有人与

---

[1] 凡勃伦.有闲阶级论[M].商务印书馆,1981：139.

人的关系——必须包括在分析中"[1]。加尔布雷斯公然宣称他的研究重点是"结构改革",而不是"量的增减"。他认为凯恩斯主义把经济学的重心放在量的分析上,是不妥当的,经济学被划分为宏观经济学和微观经济学两个部分,更是一种不幸。他主张把经济学的研究重心转到"质"的方面来,进行制度和结构的分析。

由此可见,新制度学派经济理论的研究对象,实际是扩大了经济学的研究范围[2],囊括了政治学、社会学和心理学等学科的内容,从而使新制度学派经济理论失去了明确的研究对象,客观上妨碍了新制度经济学形成一个统一的、系统的经济理论。

二、新制度学派经济理论的研究方法

虽然制度学派没有一个明确、系统和统一的理论体系,可是,"把制度主义结合起来的,并不是他们各自为同一理论作出了贡献,而是因为他们有一个共同的说明方法"[3]。制度学派经济理论的共同的研究方法就是演进的、整体的方法。

新制度经济学家认为,传统经济学所使用的是静止的和机械的均衡分析方法,这种分析方法实质上把经济现实看作静止的和凝固不变的,它只是研究资本主义社会关系的表面现象,放弃了揭示资本主义社会中各个经济利益集团之间的矛盾和冲突,从而歪曲地反映了资本主义社会的现实,因此,新制度学派主张从根本上改变现代经济学理论的方法论。根据他们的观点,资本主义经济制度和社会结构并非静止不变的,而总是处在由于技术的不断变革所引起的持续的演变过程中,资本主义制度是一种"因果动态过程"。所以,经济学要研究变化、研究过程,而不是研究静止的横断面。这就是经济研究中的演进的方法。这一方法的运用,就可以研究制度的演变以及制度演变过程中各种因素的摩擦和冲突。所以,新制度学派经济学者将他们自己的学术团体命名为"演进经济学协会"。

新制度学派也反对奥地利学派的那种把个人从社会和历史中抽象出来,以孤立的个人的经济行为来说明社会经济现象的抽象演绎法,而强调与演进方法相联系的整体的方法。他们认为,在经济学的研究中,应该把注意

---

[1] 缪达尔.经济学发展中的危机和循环[M]//外国经济学说研究会.现代国外经济学论文选:第一辑.商务印书馆,1979:486.
[2] 缪达尔曾明确谈到这一点,他说"在这个意义上,经济学方向改变为制度方向,这显然包含着跨学科的研究",参见外国经济学说研究会.现代国外经济学论文:第一辑.商务印书馆,1979:491.
[3] 查尔斯·威尔伯.制度经济学的方法论基础[J].经济问题杂志,1978:72.

力的焦点从传统经济学作为选择者的个人（家庭）和企业，转移到作为演进过程的整个社会总体。加尔布雷斯指出："把现代经济生活当作一个整体加以观察时，才能更加清楚地了解它。"[1]在新制度经济学家看来，经济学所讲的整体，要大于经济的各个组成部分的总和，研究必须首先把握住整体。从整体到作为各个组成部分的个体，而不能遵循相反的研究程序。但是，新制度学派所说的整体方法不同于凯恩斯主义的总量分析方法。整体不是一个类似于总量的经济概念，往往不能用数量来加以表达。如"大公司的权力"就是一个整体概念，它既包括政治权力也包括经济权力，又不能用数字计量。因此，新制度学派不仅反对微观经济学的个量分析方法，也反对宏观经济学的总量分析方法。他们认为前者只注意成本和价格的形成，后者只注意总需求的调节，所关心的都只是经济中数量的变动，而忽视了社会的制度和结构的问题。所以，人们也将新制度学派强调制度因素的分析方法，叫做制度结构分析方法。这种分析方法包括权力分析、利益集团分析、规范分析，以及社会政治和经济制度分析。

新制度学派对西方传统经济学研究方法的批评，是有一定积极意义的，但他们自己的研究方法也不是科学的。新制度学派虽然重视质的分析，却忽视，甚至否定量的分析，同样把经济过程质的方面与量的方面割裂开来；他们虽然反对"个人主义研究方法"，却立足于唯心主义；虽然描述了现实过程，却只承认天性、习惯、风俗的演进，以及由此引起的"制度"的演进，否认历史发展过程中的革命飞跃。

三、新制度学派经济理论的价值判断标准

关于经济学是否应探讨经济行为的道德规范，历来是有争议的。在近代西方经济学中，最早明确提出经济学应是伦理学的是代表小资产阶级社会利益的经济学家西斯蒙第。历史学派在分析经济关系时，也曾强调过精神和道德的作用。在当代西方经济学的诸流派中，只有新制度学派特别注重研究与判断经济活动利弊得失有关的价值标准。包尔丁在《经济政策原理》中就说过，"如果一个社会用它的活动产生着一些与它的制度不相适应的理念和价值体系，那么它是不能生存下去的"[2]。也就是说，在包尔丁看来，不探讨价值准则，便不能使经济学成为有益于社会的科学，而资本主义社会也就会陷入危机和困境。包尔丁的这种观点代表了所有新制度经济学家的看法。他们认为，经济学如果缺乏价值的伦理标准，便无从判别现实资

---

[1] 加尔布雷斯.新工业国[M].波士顿，1971：6.
[2] 包尔丁.经济政策原理[M].普兰蒂斯-霍尔出版社，1968：424.

本主义社会的利弊得失。

新制度经济学家由于把经济制度、经济行为看作整个社会文化系统的一个局部，采用整体性的分析方法，因而对正统经济学的价值标准深表怀疑。他们认为，从亚当·斯密到凯恩斯都只注意经济价值而相对忽略经济以外的其他价值。以经济增长为例，传统经济学无不以"产品越多越好"作为信条，以国民生产总值作为进步与落后、发达与不发达的标志。对此，新制度经济学家提出了这样的疑问：经济增长究竟是增进了人们的幸福呢，还是增进了人们的痛苦和烦恼？在新制度经济学家看来，经济增长不仅不与生活质量的提高成比例，不仅不是解救资本主义的灵丹妙药，而且还给后工业化社会造成一系列社会经济问题。例如，环境污染严重、生态失衡、国内资源浪费、城市管理腐败、收入分配不均加剧、个人"独立性"丧失、社会危机严重，等等。因此，新制度学派要求重定经济政策目标，即不再把国民生产总值和产品的增加作为判断社会进步与否、发达与否、人们幸福与否的标准，不再以经济增长本身作为经济政策的目标。新制度学派的这种观点被称为"增长价值怀疑论"，它是当代西方的一种社会思潮或经济思潮，其含义和范围要比新制度学派经济理论学说本身广泛得多。这是当代西方世界意识形态领域深刻危机的一种表现。

第三节 加尔布雷斯的制度经济理论和政策主张

加尔布雷斯是美国著名的经济学家，他1908年出生于加拿大的一个农场主家庭，早年在加拿大就学，1931年毕业于加拿大安大略农学院，获学士学位。大学毕业后，他到美国伯克利加利福尼亚大学伯克利分校继续研究农业经济，1933年获硕士学位，次年又获博士学位。在伯克利，加尔布雷斯研读了马歇尔的《经济学原理》，学习了凡勃伦的著作。凯恩斯的思想曾对青年加尔布雷斯有一定的影响。1934年，加尔布雷斯到哈佛大学任讲师，讲授农业经济学，同时还担任住宿生的学监。在那里，他结识了约瑟夫·肯尼迪及其弟弟约翰·肯尼迪（1961年当选为美国总统），同肯尼迪兄弟交往，对加尔布雷斯1960年代的政治活动有一定的促进作用。他历任美国物价管理局副局长、《幸福》杂志编辑、美国战略轰炸调查团团长、美国国务院经济安全政策室主任、美国驻印度大使。1972年，他被选为美国经济学协会会长。从1949年起，他一直任哈佛大学教授，后于2006年去世。

加尔布雷斯是当代最著名的制度经济学家。他之所以著名,主要是由于他在《丰裕社会》《新工业国》《经济学和公共目标》等著作中,从理论上探讨了前人未曾注意到或很少涉及的"工业化以后社会"的问题,创立了他的新制度经济学理论,并提出了改革建议。

一、对企业权力结构的分析

加尔布雷斯认为,现代资本主义已不同于100年前乃至50年前的资本主义,它已发生了巨大的变化。这种变化,正是传统经济学所忽视的。

加尔布雷斯认为随着社会的进步、技术的发展,新的大公司(成熟的公司)不断出现,但在大公司存在的同时,还存在着大量的、分散的中小企业(原有的企业)。因此,美国的企业结构是"成熟的企业"和"原有的企业"并存。

在加尔布雷斯看来,中小企业的存在有其必然性。

(1)有些工作在地区上是分散的,组织方式无法运用,由此决定了这些经济单位规模小,资金少,技术力量薄弱,如农业、零售业。

(2)存在着对个人的直接服务的需求,如律师。

(3)有些工作涉及艺术,而艺术家需要借助于组织之处却很少,它适合于个人经营。

(4)商号有时会受到法律、同行间的风气或工会歧视技术或组织这方面的约束而不得不以小规模经营为限,如建筑业。

虽然中小企业为数众多,但它们是分散的,听从于市场的供求,无法操纵价格和支配消费者。对经济起决定作用的是那些规模庞大、技术复杂、投资巨大的大公司。而大公司实力雄厚又来源于公司权力的转移和公司新目标的形成。

加尔布雷斯指出:"各个公司规模的大小不同,其规模越大,个人在其中所起的作用就越小,组织的权威就越大。就那些成立已久的极其巨大的公司来说——我把它们称作成熟的公司——组织的权力是绝对的。"[1]以往,在那些规模较小的公司里,权力是掌握在股东手中的,而现在权力则从股东手中转移到了新的"技术结构阶层"即"专家组合"手中,因为权力属于最重要的生产要素占有者。随着经济的发展、技术的进步,专门知识已成为最重要的生产要素,所以,权力也就转移到了掌握专门知识的人手中。在当今资本主义社会里,经理、科学家、工程师、会计师、律师等是掌握专门知识的,故权力也就转移到了"专家组合"手中。对于重要的行动来说,作出决

---

[1] 加尔布雷斯.经济学和公共目标[M].商务印书馆,1980:84.

定时需要若干人或许多人的知识、经验。"一般情况是,随着公司规模的扩大,需要作出的决定,为数既越来越多,性质也越来越复杂。结果是,专家组合对作出决定时所需要的知识越来越富于垄断性,其权力也越来越大。"[1]将权力给予专家组合还有一个因素是随着公司的发展和存在期间的悠久而自然形成的。随着时间的推移,由于继承关系、遗产税、慈善行为等的发生,会使股份的持有者越来越分散,导致股权越来越小。公司的权力转移到"专家组合"手中,"专家组合"的目标就成了公司的目标。这个目标有保护性目标和积极性目标,前者是指排除外来对"专家组合"作出决定的干扰,并不为追求最大利润而去冒风险,只求得到适当的利润。这是因为从追求最大利润中能得到最大好处的是股东,并不是专家组合。追求适当的利润,既用不着去承担风险,又不致使股东们卖掉股票。积极性目标是指大公司的发展与稳定,从而保持公司较高的增长率,扩大公司规模,增加技术结构阶层的收入。

正由于以上的原因才加强了大公司的力量,取得了中小企业所望尘莫及的权力。

二、二元体系理论

加尔布雷斯在分析了企业权力结构的变化以后,进一步分析整个社会的经济结构。他指出,就整个资本主义社会经济来看,它存在着二元体系即计划体系和市场体系。二元体系理论是加尔布雷斯对当代资本主义进行分析的主要理论。他认为二元体系的存在,是现代资本主义的"丰裕社会"仍然存在贫穷、罪恶等各种矛盾和冲突的根源。

所谓计划体系,就是指有组织的、由若干家大公司组成的经济体系,这些大公司所实行的是计划经济。大公司有权控制价格,支配消费者,从而生产者主权代替了消费者主权,并且和政府密切相关。但是,资本主义经济并不是单一的模式,在大公司存在的同时,还存在着大量的、分散的小企业和个体生产者,即受市场力量支配的市场体系,他们无法操纵价格和支配消费者。

计划体系力量强大,而市场体系力量弱小。因此,在整个社会经济中,前者处于有利地位,后者处于不利的地位。现代资本主义经济正是由计划体系和市场体系构成的。两者相互配合,产生了在经济发展上一种非常偏颇的形态。一方面,市场体系所使用的动力、燃料、机器等是计划体系供给的。计划体系是市场体系产品的重要买主,所以两者是相互依赖的。另一

---

[1] 加尔布雷斯.经济学和公共目标[M].商务印书馆,1980:85.

方面,这两个体系存在着冲突和矛盾,它们的权力是不平等的。

(1) 这两个体系之间的交换是不平等的。"市场系统出售其产品和劳务时,其中的一个很大部分,其价格不是由它自己控制的,实际上不得不屈服于计划系统的市场力量之下。在权力的这样分配下,显而易见的是,在一切方面,计划系统会比市场系统进行得更加顺利。"[1] 也就是说,当计划系统各市场系统购买产品和劳务时,可以以压低的价格向其购买;相反,当计划系统出售自己的产品时,便以抬高的价格出售。"在多数情况下,计划系统向市场系统卖出时的价格和它向后者买进时的价格,它都有控制权,因此双方交易时的条件总是倾向于对它有利的一面。"[2] 大企业对小企业的通过不等价交换进行的剥削正如发达国家对第三世界发展中国家的剥削,甚至是一种更为厉害的剥削。

(2) 这两个系统的得利是不均等的,大公司富裕,小公司贫困。资本主义政府只关心大公司的利益,采取的一系列政策都有利于计划系统,这就给市场系统及资本主义经济带来了严重危害。

众所周知,市场系统是受市场力量的支配,完全按供求状况变化,具有自我限制、自我纠正的能力。因为市场系统规模小,收入小,数额分布广泛,这种收入具有强烈的消费倾向,即使用于储蓄,也是为了出借,故不会发生有效需求不足的现象,所以它不会造成经济衰退。同样,对于通货膨胀它也容易消除,前面也提到过它受市场力量的支配,不能控制价格,同时政府又有货币政策和财政政策,故它不可能哄抬价格。如果通货膨胀是由于工会的力量迫使生产者增加工资而引起的,那么,市场系统的许多场合是不存在工会的,即使存在工会,生产者也不能控制价格。所以,市场大体上是稳定的。计划系统则不然,它没有上述能力。计划系统的储蓄由少数大公司决定,数额庞大,储蓄意向往往超过投资意向,这样就会产生需求不足,导致经济衰退。再者计划系统价格由商号控制,不会下降,工资由工会主持,不会削减。有时为了实现稳定与增长,往往同意增加工人工资,以避免工人罢工,然后把工资的增加转嫁给市场系统与消费者,而那些稳定市场系统的方法在计划系统中起不了作用。所以计划系统生来不稳定,并且有累积性。如果它受到通货膨胀的影响,不仅不会自我纠正,还会具有持久性。"计划系统中衰退和通货膨胀的后果,会带着破坏性作用,流向市场系统"[3]。虽然不稳定因素来源于前者,后者受到的损害却大于前者。

---

[1] 加尔布雷斯.经济学和公共目标[M].商务印书馆,1980:56.
[2] 同[1]:248.
[3] 同[1]:177.

因为两个系统是有联系的,计划系统是市场系统的重要买主,所以"当计划系统中的需求下降,对市场系统的产品和劳务的需求也会减退。由于在那里不存在保护性控制,价格、企业主收入和某些部分的工资将下降。小工商业者或农场主的困难是严重的。市场系统对于从它自身产生的需求动向还能控制,却极容易受到发源于计划系统的风暴的打击"[1]。市场系统在受到计划系统打击的同时,还受到政府的危害。国家始终偏袒大企业,纵容或默许大企业把损失转嫁给小企业和小生产者。政府采取的一系列政策考虑到的都是大公司的利益,反映的是计划系统的需要。政府支出被长期定在高水平上,很大程度上集中于军事或工艺制品或工业发展,为计划系统提供了直接的支援,促进了它的产品行销。政府为了防止通货膨胀实行紧缩的财政政策,减少的支出主要是福利事业、住房建筑、城市服务、教育等方面的经费,"结果,当预算要加以节制时,首当其冲的不是计划系统,而是公有部门的民用事业,或者是属于市场系统的那类业务"[2]。政府限制投资支出运用的是提高利率和出借资金的办法,计划系统为了保持自己的权力,尽量减少对借入资金的依靠,如果它要借入,也能受到优待。市场系统却大量依靠借入资金,又没有大公司那样的信誉,得不到什么优惠。所以,"反复地使用货币政策,就等于是一再限制与计划系统相对的市场的发展……这种政策使发展陷于不正常状态,只是有利于计划系统"[3]。由于计划系统有权控制价格,它就可以把政府增加赋税转嫁到商品和劳务或公众身上去,市场系统则办不到。

总之,加尔布雷斯认为,当今资本主义社会经济畸形发展及比例失调都是由于经济中两大系统的权力不平衡所造成的,权力的不平衡导致了大企业对小企业的剥削。

此外,加尔布雷斯还谈到了计划系统的发展及计划系统和市场系统不均等发展给整个资本主义社会环境及家庭所带来的严重影响。他指出:"计划系统的积极性目标是发展,从而这也就成为经济体系和社会的目标。很明显,发展的范围越大,对环境的影响就越大,投入空气或河流中的废气、废物的量也越大,就有越来越多的农村被纳入工业发展范围,由此而来的消费对社会的影响也就越大。"[4]另外,为了扩大产量,就要扩建公路,埋设管道,开辟露天矿,都市化等,而对此造成的环境影响和人民生活的不适却没有相应的措施。加尔布雷斯能比较客观地承认并揭露这些问题,无疑比那些一

---

[1] 加尔布雷斯.经济学和公共目标[M].商务印书馆,1980:181.
[2] 同[1]:190.
[3] 同[1]:191.
[4] 同[1]:205.

味颂扬资本主义的经济学家来得坦率。

政府对发展经济所重视的,仅仅是计划系统的产品,而对于民用事业则采取歧视的态度。"结果扩大了许多类型的带有外在不经济因素的私人消费——汽车使用的增加,使得被抛弃的车架遗骸或从车身上散落的碎件到处散布;经过包装的消费品使用的增加造成的现象是,一些瓶、罐、塑料袋、纸板箱被四下乱丢;由于私人财富增加,使盗窃之风更盛,生活越来越不安全,邻居关系也越来越不愉快。"[1]由于计划系统的高度技术性,往往还会产生更为严重的污染,如原子能电站的核辐射所造成的污染,这对居民的危害就更严重了。

以上阐述的是"工业化以后"给社会所带来的问题,不仅如此,加尔布雷斯还谈了"工业化以后"其他资产阶级经济学家所未曾注意或很少涉及的妇女问题、家庭劳务问题等。他指出:"在工业发达以前的社会,妇女的美德在于——她们的生殖功能除外——在农业劳动或村舍构造上的效率,或者是,就上层社会说,在于智力、装饰或其他娱乐方面的价值。工业化以后……形成了关于家务管理的一种新的社会美德……"[2]所以,家务管理(物品的采购、处理、使用及维修、住房和其他所有物的保养和维持)的好坏成了评判一个妇女是否贤淑的标准。"把妇女转变成一个隐蔽的仆役阶级,是具有头等重要意义的经济上的成就。"[3]正因为妇女承担了家庭管理,"消费就可以大体上无止境地增加"[4]。实际上,妇女的任务就是为计划系统的消费扩张目的作工具。她们一旦觉察到这一点(实际上她们已渐渐感觉到了这一点)就会要求独立。如果妇女要独立,就必须有她自己的收入,也就是说,她要去获得工作。政府也应对此作出改革,如建立照顾儿童的中心站,给妇女规定孕假,提高妇女在专家组合中的地位,为妇女提供必要的教育等。

在谈到劳务时,加尔布雷斯指出:"当机器迅速地代替个人劳务以及仆役所从事的个人劳务时,劳务事业却在离奇地、迅速地蔓延开来。"[5]随着妇女参加家庭管理,原来由家庭来完成的许多劳务,转移到了小型商号和独立的经营者领域。

三、"信念的解放"

既然"经济增长"给社会和家庭带来了这些不利的影响,那么,"经济增

---

[1] 加尔布雷斯.经济学和公共目标[M].商务印书馆,1980:205—206.
[2] 同[1]:37.
[3] 同[1]:38—39.
[4] 同[1]:43.
[5] 同[1]:59.

长"是否一定像正统经济学家所认为的那样是一个不可动摇的信念呢？传统的资产阶级经济学家总是信奉"经济增长"就是"善"、妨碍"经济增长"就是"恶"这一信条，结果在这种判断标准下，人们往往只注重经济量的增长，把"经济增长"看成是"公共目标"，而忽视了对人们生活的关心。加尔布雷斯认为，以"经济增长"作为目标，必然导致为生产而生产，而不问产品的实际效用如何。于是，他提出了"要最大限度地满足公众需要，考虑公众的利益"这样一个"公共目标"，要实现这个目标就应把注意力集中到"质的分析"上去，把人们从正统经济学所造成的"错误"信念中解放出来。加尔布雷斯对凯恩斯主义者所认为的商品生产得越多，就越能给人们带来幸福的经济增长论不以为然。在他看来，商品生产并非越多越好，香烟生产得越多，得癌症的人也越多；酒类生产得越多，动脉硬化的人也越多；汽车生产得越多，则交通事故越多，空气和环境污染也越厉害。"许多种商品生产的增长并不易于同社会的目标一致。"[1]加尔布雷斯认为，当前资本主义社会所存在的这种问题和严重危机都是由于长期推行凯恩斯主义的结果。在加尔布雷斯看来，新古典经济学和凯恩斯主义等传统经济学都已失灵了。他指出："新古典经济理论和经济政策，或者新凯恩斯主义经济理论和经济政策，虽然为改善开辟了无限的可能性，但存在着根本的缺陷，它们都不能为解决当前困扰现代社会的经济问题提供有益的指导。"[2]

加尔布雷斯所谓的"信念的解放"，就是指摆脱当前西方经济学教科书上对政策目标的解释，以及公司高级经理们和政府官员们对"经济增长"的宣传影响，使人们从一切错误的信念下"解放"出来，重新树立对"人生"的看法，选择"生活的道路"，确定应当值得争取的"目标"。加尔布雷斯把"信念的解放"看作他整个社会改革计划的最重要的起点。他说："进行改革时首先要争取的是，从已有的信念中解放出来。不做到这一点，就不能动员公众，为了他们自己的目标而反对专家组合和计划系统的目标。"[3]整个改革工作的"一切其他方面都取决于这一点"[4]。

四、改革二元体系的主张

加尔布雷斯认为，大公司的发展虽然带来了生产的增长和商品供给的丰裕，但是，由此引起二元体系的存在以及它所产生一系列的政治、经济和社会问题，这就有必要对现代资本主义社会的这种二元体系结构进行改革。

---

[1] 加尔布雷斯.新工业国[M].牛津-IBH出版社,1971：164.
[2] 加尔布雷斯.权力与实用经济学家[J].美国经济评论,1973：2.
[3] 加尔布雷斯.经济学和公共目标[M].商务印书馆,1980：217.
[4] 同[1]：219.

改革资本主义社会的二元体系主要有两个方面的内容。第一，加强市场体系的权力。其基本途径是运用政府的立法和经济措施，提高市场体系中企业的组织化程度，改善其保护能力。例如，应当使市场体系中的小企业主一般地不受反托拉斯法的限制，使他们联系起来，加强同计划体系的议价能力，稳定自己产品的价格。第二，减少计划体系的权力。如通过政府立法和经济措施，限制计划体系中的大公司的过度发展，管制计划体系的价格，不使计划体系的目标侵犯公共目标，防止它们损害市场体系中小企业和消费者的利益。在加尔布雷斯看来，在资本主义范围内，通过提高市场系统的地位和增加它的权力，抑制计划体系的权力和消除它对市场系统的剥削，可以使两个系统的权力和收入均等化。

加尔布雷斯认为，改革有两个关键问题。

（1）就是上面所提到的"信念的解放"。

（2）就是谁来承担改革的重任。加尔布雷斯认为，实行改革的责任落在科学教育界肩上。

因为今天的科学教育界向企业界提供技术人员和科学研究成果，又在政策和立法等方面发挥着极其重要的作用。这样，科学教育界就成为一支"保持独立精神的"政治力量和社会革新力量。

从这些改革主张看来，加尔布雷斯只是一个"改良者"而不是"革命者"。

第四节 | 缪达尔的循环积累因果联系理论

一、缪达尔的生平及其思想发展概述

缪达尔是新制度学派的另一位重要代表人物，1898年生于瑞典南部的古斯塔夫。于1923年在斯德哥尔摩大学毕业后从事律师业务，同时继续研究读书，于1927年获经济学博士学位，并任该大学政治经济学讲师。1933年他作为古斯塔夫·卡塞尔的继承人，任斯德哥尔摩大学政治经济学和财政学的讲座教授。在1920—1930年代，缪达尔主要从事纯粹经济理论研究，属于新古典主义的传统。当时他作为瑞典学派的重要成员之一，继承了维克塞尔的传统，在发展一般动态均衡理论方面作出了重要贡献，这主要体现在他于1931年出版的《货币均衡论》这部名著中。

从1930年代后期开始，缪达尔转向制度经济学的研究，其主要原因是由于他看到了当时社会的严重不平等状况。1929—1933年的世界经济危机也

严重影响了瑞典的经济,生产下降,物价下跌,失业增加,人民生活贫困。他们的居住条件很差,教育、卫生状况很糟。可是,社会上另一部分人的收入和财富却在不断增加。缪达尔看到了这种不平等的状况,促使他开始研究社会平等问题。1934年缪达尔与其妻子合作,出版了《人口问题的危机》一书,提出了实行均衡化社会改革的一些主张。1938年缪达尔接受纽约卡耐基公司的委托,指导一项关于美国黑人问题的研究。1944年缪达尔出版了《美国的困境:黑人问题和现代民主》一书,这本书是从生活条件最差的角度着手,研究美国社会的平等问题。第二次世界大战以后,缪达尔开始研究世界范围内的平等问题,特别注重研究不发达国家的绝大多数陷于贫困的大众,并进而研究发达国家和不发达国家之间的平等问题。由于他着重研究社会平等问题,也就逐渐远离了传统经济学,并对它进行了批判。缪达尔说:"由于我们研究了这类问题,我就成了一个制度经济学家。"[1]

研究社会平等问题涉及各种社会关系,包括经济的、政治的、社会的以及心理的问题等,涉及社会制度和社会结构,涉及对人的态度。就是说,要进行"超越学科的研究",使经济学的研究方向改变为对制度的研究。缪达尔在制度经济学方面的主要著作,除了上述《美国的困境:黑人问题和现代民主》外,还有《国际经济学》(1956)、《富裕国家和贫困国家》(1957)、《超越福利国家》(1960)、《亚洲的戏剧:一些国家贫穷的研究》(1968)、《世界贫穷的挑战》(1970)、《反潮流:经济学评论集》(1973)等。

缪达尔在潜心从事教学和学术研究的同时,也积极参加政治活动。1934年他作为瑞典社会民主党的成员当选为参议员;于1942年又再度当选为参议员,并任瑞典银行董事会董事及战时计划委员会主席;1945—1947年任瑞典商业部长;1948年任联合国欧洲经济委员会执行秘书长。缪达尔曾获得了30多个荣誉称号和多项奖励。1974年他和哈耶克一起获得诺贝尔经济学奖。瑞典皇家科学院授予他们两人诺贝尔经济学奖的理由是:"他们在货币和经济波动理论上的开创性研究,同时他们对经济的、社会的和制度现象的内在依赖性的精辟分析。"[2]就缪达尔而言,说他在货币和经济波动理论方面的贡献,就是指他在1920—1930年代从事纯粹经济理论研究的结果,说他对经济的、社会的和制度现象的内在依赖性的精辟分析,就是指他在1930年代后期以来,从事制度经济学研究的成果。

---

[1] 缪达尔.反潮流:经济学评论集[M].麦克米伦出版公司,1974:11.
[2] 瑞典皇家科学院.1974年诺贝尔经济学奖文告[J].斯堪的纳维亚经济学杂志,1975(1).

二、"循环积累因果联系"理论

缪达尔"对经济的、社会的和制度现象的内在依赖性精辟分析",即所谓"循环积累因果联系"理论。这个理论是缪达尔运用"整体性"方法,对经济、社会和制度现象进行综合分析及批判传统经济学的均衡论与和谐论时提出来的。缪达尔认为,传统经济学家因袭了约翰·穆勒以来的观点,把生产领域与分配领域截然分开,因此他们往往忽视社会平等问题,更不关心不发达国家的贫困问题,他们避开了价值判断问题,只重视静态均衡分析。缪达尔认为,经济学应该是规范的,而不是实证的,价值判断的标准应该是社会的平等和经济的进步。在一个动态的社会过程中,社会各种因素之间存在着因果关系,某一社会经济因素的变化,会引起另一种社会因素的变化,后者反过来又加强了第一个因素的变化,导致社会经济过程沿着最初的那个变化的方向发展。所以,社会经济诸因素之间的关系不是守恒或趋于均衡,而是以循环的方式运动,但也不是简单的循环流转,而是具有积累效果的运动,是"循环积累因果联系"。缪达尔认为,这是一条具有普遍意义的原理。

缪达尔的"循环积累因果联系"理论,最初是在《美国的困境:黑人问题和现代民主》一书中提出的。他指出,白人对黑人的歧视和黑人的物质文化水平低下,就是两个互为因果的因素,白人的偏见和歧视,使黑人的物质文化水平低下;而黑人的贫困和缺乏教育,又反过来增加了白人对他的歧视。在1950年代以后的著作中,缪达尔对这个理论,在具体应用过程中又作了进一步的发挥。他指出,事物之间的"循环积累因果联系",不仅存在着上升的循环积累运动,也存在着下降的循环积累运动。前者指"扩展效果",即某一地区兴办了若干工业以后,逐渐形成了一个经济中心,它的发展促进了周围地区的发展,使它附近地区的消费品生产不断发展。后者指"回荡效果",即某一地区的发展,由于种种原因会引起别的地区衰落。例如,低收入阶层的劳动者的健康状况恶化,会降低劳动生产率,减少工资收入,降低其生产水平,这种状况反过来又进一步使他们的健康状况恶化。正由于存在着"扩展效果"和"回荡效果",国际贸易会加剧发达国家和不发达国家发展的不平衡,而并不像传统经济学家所认为的那样,随着国际贸易的扩大,必然对贸易国双方带来和谐的利益。因为发达国家采用新技术,产品成本低,比较廉价,所以在自由贸易的情况下,廉价的外来商品充斥了发展中国家的市场,从而导致了该国的经济遭受严重的打击,使社会衰落。很明显,国际贸易对发展中国家产生的是"回荡效果",所以国际贸易并不总是对贸易国双方都有利。在他看来,只有在贸易国双方工业化水平差不多的情况下,国际贸易才是互利的。

缪达尔的这个"循环积累因果联系"理论,是对制度经济学所作出的一项重大贡献。美国经济学家威廉·卡普指出:正由于缪达尔的这个理论,"我们终于到达了制度经济学的核心","它是社会经济分析方法的新的规范"[1]。

缪达尔这个理论对制度经济学发展的意义,主要有以下三个方面。

(1) 这个理论强调了对社会经济关系的研究,在于考察社会经济演进过程中诸因素之间的相互依赖关系,从而有力地说明了为什么经济学的研究不能局限于纯粹的经济因素,而是要对同经济因素有关的其他因素尤其是制度因素同时进行研究。

(2) 这个理论对制度学派的"整体性"方法论,是一个很好的运用和发挥。它强调要对社会经济过程的各种因素进行综合分析,探求其因果联系,因此在经济学的研究中,他反对把社会现象区分为"经济的"和"非经济的",而只能区分为同经济因素"有关的"和"无关的"[2]。

(3) 缪达尔这个理论对于制度经济学的价值判断标准,作了进一步的论证。它强调了社会的平等、大众消费的增加、健康的增进、文化的提高等因素对于社会经济发展的意义。

三、对发展中国家的社会改革主张

根据"循环积累因果联系"理论,缪达尔认为影响发展中国家发展的因素是多方面的,它主要有产量和收入、生产条件、生活水平、对待工作和生活态度、制度、政策等方面。因此,为了求得一国的发展,就必须顾及影响发展的各种因素,而不能仅仅考虑经济因素。缪达尔关于发展中国家社会改革的基本主张是实现"社会平等",为了实行这一平等主义的改革,他提出了以下四个方面的改革主张。

(1) 权力关系的改革。缪达尔认为,在许多发展中的国家,权力掌握在由地主、实业家、银行家、大商人和高级官员组成的特权集团手中,这些人大多只顾自己发财致富,不关心国家的发展。因此,为了使国家得以顺利发展,首先要改革这种权力关系,将权力从特权集团手中转移到下层大众手里。

(2) 土地改革。缪达尔认为,许多发展中国家的现有土地所有制关系,严重地妨碍了耕种者的积极性和生产效率,因此必须进行土地所有制关系的改革,如把土地平等地分配给耕种者,组织合作农场等。

---

[1] 威廉·卡普.制度经济学的性质与意义[J].凯克洛斯,1976:217、231.
[2] 缪达尔.富裕国家和贫穷国家[M].哈珀兄弟出版社,1957:10.

（3）教育的改革。在缪达尔看来，许多发展中国家的教育制度不仅不能促进发展，相反却是阻碍发展。他提出要在发展中国家广泛开展成人教育，优先发展初等教育、技术教育和职业教育，采取措施鼓励高等学府的毕业生到贫困落后的地区去等。

（4）制订国民经济计划。缪达尔认为，国家应该用计划来干预市场经济活动，用计划来促进社会过程的上升运动，但是，关于发展中国家应如何用计划来指导经济发展的问题，缪达尔反对传统经济学家把为发达国家制订的模型照搬到发展中国家来；也反对在不平等的条件下，在国际贸易中实行自由贸易。他主张发展中国家的对外贸易要置于国家计划的管制下，实行贸易保护政策。

第五节 | 新制度学派的理论评价

1. 新制度学派经济理论在本质上是非科学的

新制度学派的理论否认经济基础和上层建筑的辩证关系，站在唯心主义立场上，用风俗习惯、心理因素来解释社会经济制度的形成和发展，这就不能科学地说明资本主义社会的发展规律。新制度学派的社会改革主张，根本不触及资本主义的私有制，这就无法改变资本主义的现实，其改革方案不过是一种不切实际的空想。

2. 新制度学派的理论暴露了垄断资本主义的某些内情

尽管新制度学派的理论没有触及资本主义的本质，没有揭示资本主义的基本矛盾和主要阶级对抗关系。但是，我们应看到新制度学派与其他一味颂扬资本主义制度的资产阶级经济学流派不同，它比较能正视现实，对"工业化以后社会"能作出比较符合实际的分析，暴露了垄断资本主义的某些内情。

（1）新制度学派暴露了垄断组织（"计划系统"）与资产阶级国家机构相勾结的一些内幕，分析了这种勾结对社会经济发展的不利影响。加尔布雷斯指出，计划系统（大公司）与政府存在着极其密切的协作关系，即政府为计划系统的产品要提供大量支出，而且主要是用来偿付大公司（特别是与军事有关的企业）的产品。这实际上暴露出，在现代资本主义条件下，国家是从属于垄断组织的，是垄断资产阶级的执行委员会。

（2）加尔布雷斯等人虽然没有揭示现代资本主义社会的基本矛盾，但从他们对一些具体问题的论述,已觉察到少数垄断者与绝大多数居民的矛盾,他们指出,大公司不仅通过采用先进的科学技术,且通过规定垄断价格,获取高额利润,而那些中小企业却蒙受损失。大公司不只剥削本国的中小企业和其他社会阶层,还通过资本输出和商品输出,从外国攫取高额利润,由此,跨国公司也得到了广泛的发展。

(3)新制度学派是科学技术的拥护者,他们在维护资本主义制度时,从各方面论证了科学技术的重要性,提出了发展科学技术的具体建议,主张加强对人的投资,强调必须大力发展科学研究和教育事业,因为新技术的发明和采用,需要有创造和驾驭它的专门人才。他们还指出,技术革命正在大大地改变现代工业经济的结构和运行,等等。如果我们剔除上述论断中为资本主义辩护的方面,就可以看出现代大生产发展的某些一般趋势和要求。

(4)加尔布雷斯等新制度学派的经济学家,对中小企业在现代资本主义社会中的地位和作用,也作出了比较合乎实际的有价值的分析。加尔布雷斯指出,在现代资本主义社会里,尽管垄断化过程造成了许多中小企业的破产,但没有使它们消失,中小企业表现出了新的生命力。许多发达国家的经验证明,中小企业在科技进步方面的效益是很高的,这类企业已被确认为采取技术革新措施的重要中心。因为相对于大型企业来说,中小企业有三个优点。

第一,发展新产品快。在技术革命时代要想使资金少、技术力量薄弱的小企业能够较快地发展起来,就必须考虑应用新技术,开发新产品。大型企业在进行技术革新,从试制新产品到投产,不仅需要大量资金,而且要花费很长的时间。中小企业由于企业自身直接承担着全部财务责任,能对勤奋的职工进行奖励;企业主可以随时走进车间,直接询问职工的情况和征求意见,减少层次。因此,中小企业具有充分的灵活性来适应市场需要。

第二,中小企业往往能找到租金低廉的工作场所,因此,费用很低,万一失败,遭受的损失也不大。

第三,中小企业还可直接通过广大用户来测试新产品,不断进行改进。

3. 新制度学派在当代西方经济学诸流派中是独树一帜的

新制度学派既反对凯恩斯主义各派,也反对货币主义和其他新自由主义各派。这集中表现在由加尔布雷斯等人所提出的价值判断问题上。加尔布雷斯认为,当前的资本主义社会虽然是一个经济高度发达的社会,却是一个病态的社会。例如,通货膨胀、失业、能源缺乏、环境破坏、城市人口拥挤、道德败坏、区域发展不平衡、经济结构畸形化、收入分配不均等,就是当前资本主义社会病症的表现。与100年前甚至与50年前相比,虽然富裕多了,物质生活条件大大改进了,但不平等仍然存在,少数民族生活、贫民区等各种重大问题不可能简单地通过"经济增长"而被消灭。经济增长后，人们精神上受压抑的态度不仅没有消除，甚至还加剧了。为什么普遍富裕中仍有贫困呢？为什么会发生上述这些病态呢？加尔布雷斯认为，这一方面是由于资本主义社会的现存制度本身有不完善之处，如权力分配不均，收入分配不合理等；另一方面则是由于长期以来宣扬各种传统经济理论的价值判断标准所形成的"产品越多越好"的信念。这种错误的价值判断和信念，使人们不去认真思考造成当前社会病态的真正原因所在。在新制度学派的经济学家看来，当前无论主张市场调节的新古典主义，还是凯恩斯主义都已失灵了，他们认为只有新制度经济学才能解决当前资本主义社会所存在的问题。

4. 新制度学派经济理论的前途

在新制度学派的经济学家看来，要解决当前资本主义社会所存在的种种问题，就必须从制度和结构的角度进行分析，考察权力和收入的均等问题。因此，他们认为经济学的未来是属于新制度经济学家的。缪达尔指出："我相信在今后十年或十五年将看到我们的研究朝着制度经济学而努力的激烈转变。一个根本原因是，如整个世界一样，在美国均等问题的政治重要性在增加。这个问题不能在狭义'经济'名词上来处理。"[1]他认为，未来的制度经济学有两个特点：第一，"新的方法将是制度的，它的中心仍是均等问题"[2]；第二，"经济学方向改变为制度的方向，这显然包含着跨学科的研究"[3]。这里，缪达尔不仅预示了新制度学派经济理论发展的前途，而且指出了它的内容与方法。

本 章 总 结

1. 新制度学派在当代西方经济学诸流派中是独树一帜的。它既反对凯恩斯主义各派，也反对货币主义和其他新自由主义各派。

2. 新制度学派暴露了垄断组织与国家机构相勾结的一些内幕，分析了这种勾结对社会经济发展的不利影响，觉察到少数垄断者与绝大多数居民的矛盾。

3. 新制度学派是科学技术的拥护者，他们从各方面论证了科学技术的重要性，提出了发展科学技术的具体建议，主张加强对人的投资，强调必须大力发展科学研究和教育事业，因为新技术的发

---

[1] 缪达尔.经济学发展中的危机和循环[M]//外国经济学说研究会.现代国外经济学论文选：第一辑.商务印书馆，1979：487.
[2] 同[1]：488.
[3] 同[1]：491.

明和采用,需要有创造和驾驭它的专门人才。

4.新制度学派的经济学家,对中小企业在现代资本主义社会中的地位和作用,也作出了比较合乎实际的、有价值的分析。

思 考 题

1. 新制度学派与西方主流经济学有哪些主要区别?
2. 论述加尔布雷斯的二元体系理论。
3. 论述缪达尔的"循环积累因果联系"理论。

Radical Economic School

第十七章

激进经济学派

激进经济学派是在20世纪60年代后期形成的一个新的经济学流派。激进经济学派主要分布在美国和一些欧洲国家，他们试图用马克思主义经济学的基本观点和方法来分析、研究当代经济问题，同西方经济学的正统学派分庭抗礼，特别是对当代资本主义、发展中国家的贫困根源、不发达国家和发达国家之间的经济关系等重大问题作了有意义的探索。但是，激进经济学派至今还没有形成一个统一的思想体系，并且在某些方面，同马克思主义的立场、观点是有差异的，作出了一些不符合客观实际的结论。在这一章中，我们将介绍激进经济学派形成的历史背景和他们在有关当代资本主义经济、帝国主义、发达与不发达等重大问题上的理论观点，并作出简要评价。

第一节 激进经济学派的形成和代表人物

作为西方经济学正统学派竞争对手的激进经济学派，是在20世纪60年代后期最后形成的，它是资本主义经济和政治危机在理论和思想意识上

保罗·巴兰
(Paul Alexander Baran)

保罗·斯威齐
(Paul Marlor Sweezy)

的产物。早在20世纪60年代以前，在西方和一些发展中国家，有一些学者对正统西方经济学就持批判态度，他们从马克思主义经典作家的经济学说中获得武器，使用不同于西方经济学传统的方法和分析工具，对资本主义经济及其发展作了大量的研究。在这些学者中影响较大的有保罗·巴兰（Paul Alexander Baran）、保罗·斯威齐（Paul Marlor Sweezy）、哈里·马格多夫（Harry Magdoff）和莫里斯·多布（Maurice Herbert Dobb）等人。西方学术界称这些激进经济学家为"老左派"。20世纪50年代末至60年代，美国走完了战后繁荣的黄金年代，国内经济、政治、社会危机不断爆发，尤其是受到国内黑人运动与越南战争的影响。从20世纪60年代初开始，美国各州的黑人群体为争取人权、选举权，以及反歧视而举行的抗议运动此起彼伏。种族问题成为20世纪60年代美国国内面临的最重要的问题，黑人抗议者与警察时常爆发激烈冲突，影响社会稳定。1965年美国出兵越南，此后被拖入了漫长的战争泥潭。随之兴起的美国大学生反战运动成为一股重要的政治势力，反战情绪迅速向公众传播开来。受战争影响，20世纪60年代美国国内通货膨胀率持续上升，高额的军费开支与财政赤字也使得约翰逊总统的"伟大社会"改革计划最终宣告流产。

在这一社会经济背景下，西方世界许多高校的青年学生与学者产生了激进思潮，形成"新左派"群体。广义的"新左派"思潮涉及政治、经济、社会、法律和道德伦理等多个领域。其中，批判正统经济学理论，试图用马克思主义来分析批判当代资本主义的政治与经济，揭露当代资本主义的矛盾和弊端，并向往社会主义的青年学者组成了激进经济学派。20世纪60年代到70年代初期，这个学派的成员不断增加，昔日的一些青年学生和研究生，此时已经在大学里取得了副教授和教授的席位。因此，激进经济学的著作和教科书也陆续问世。1969年，激进经济学派在密歇根大学设立了"激进政治经济学学会"。1973年这个学会成员约有150人；到1975年已发展到将近2 200人[1]；出版了《激进政治经济学评论》刊物，并在美国的一些大学中正式开设了激进政治经济学课程。在美国还设立了"新左派"书店和出版《新左派》《阶级斗争》等杂志。而在欧洲地区，英国是激进经济学派的中心，这与英国经济长期停滞，无法摆脱"英国病"的困扰有关。其中，英国社会主义经济学家联合会是英国最大的激进派机构。面对激进经济学流派形成发展的这股强劲之势，萨缪尔森（Paul A. Samuelson）也承认"在今天的美国大学里，激进的经济学家乃是一个重要的流派"[2]。

---

[1] 该数据参见《经济学批判》第2期，1977年4月号。
[2] 阿瑟·林德贝克. 新左派政治经济学——一个局外人的看法[M]. 商务印书馆，1980：12.

虽然激进经济学至今还没有形成一个完整统一的思想体系，但是他们在经济理论和现实的政治经济问题上基本持有共同的态度和立场。除了前面已提到的一些"老左派"经济学家以外，这一学派的主要代表人物还有霍华德·谢尔曼（Howard J. Sherman）、迈克尔·赫德森（Michael Hudson）、哈里·布雷弗曼（Harry Braverman）、赫伯特·金蒂斯（Herbert Gintis）、托马斯·韦斯科普夫（Thomas Weisskopf）、约翰·格利（Thomas Weisskopf）、伊曼纽尔·沃勒斯坦（Immanuel Maurice Wallerstein）、皮埃·雅莱（Pierre Jalee）、弗兰克（Andre Gunder Frank）和萨米尔·阿明（Samir Amin）等人。激进经济学派的主要代表著作有巴兰（Paul Alexander Baran）和斯威齐（Paul Marlor Sweezy）的《垄断资本》(1966)、谢尔曼的《停滞膨胀》(1976)、迈克尔·赫德森的《超帝国主义》(1972)、皮埃·雅莱的《七十年代的帝国主义》(1969)、韦斯科普夫等人合著《资本主义制度：激进派对美国社会的分析》(1972)、布雷弗曼的《劳动与垄断资本》(1974)等。1970年代中期越战结束后，反战情绪基本平息，美国社会经济问题也有所缓解，此时激进经济学派进入了冷静思考期，激进政治经济学学会人数从巅峰时期的2 000多人下降到了1 000人左右，学会影响力有所下降。20世纪80年代以后，激进经济学进入稳定发展期，表现在研究方法上更具有包容性，也更加关注现实的紧迫问题，尤其是经济全球化问题。2008年的全球经济危机，令古典经济学理论和新自由主义经济政策的有效性遭受质疑，激进经济学家认为这场危机发生的直接原因在于金融监管不力和金融工具的泛滥。目前，激进经济学家们也更多地关注当今资本主义金融化和社会不平等问题。

在政治立场和社会哲学观方面，激进经济学家一般都认为，他们与西方主流经济学家的根本不同在于，他们的历史使命不是通过探讨经济理论来稳定资本主义制度，而是为了结束资本主义制度，建立社会主义制度。激进经济学派主张废除市场经济和建立具有下列性质的社会主义：① 生产资料公有制；② 工人控制劳动过程；③ 对收入和财富实行真正均等的分配[1]。激进经济学家认为，在人类社会发展过程中，任何制度的转化和改变都是不可避免的，社会主义取代资本主义也是必然的。他们还把建立社会主义看成是当今不发达国家走上振兴发展道路的必要社会经济条件。激进经济学派正是立足于对马克思主义的推崇和对社会主义的向往来展开他们对正统经济学的批判和整个激进经济学理论探索的。

---

[1] E.阿佩尔鲍姆.激进经济学[M]//S.威特勒伯.现代经济思想.宾夕法尼亚大学出版社，1977: 561.

第二节 激进经济学和正统经济学的对立

激进经济学派认为，主流经济学或正统经济学仍属于资产阶级庸俗经济学的范畴，其实质是为了在全世界范围内给资本主义制度辩护。因此，他们从各个方面向正统经济学提出了挑战。

（1）激进经济学家首先批判正统经济学家只注意经济问题本身的研究而忽视政治因素的作用。激进经济学家强调一个社会的政治与经济具有相互依存的关系，经济学不能离开政治而独立存在。他们指责正统经济学家无视历史变化的分析方法，认为正统经济学的理论不顾历史的发展，而资本主义制度是一种永恒不变的社会制度，这必然使正统经济学成为为资本主义制度辩护的理论。例如，传统经济学家回避经济中的权力分配问题，他们倾向于暗示社会中存在某种"社会平衡"和"和谐"，从而掩盖了个人之间、集团之间和阶级之间的矛盾冲突和权力斗争的现象。激进经济学家认为，正统经济学家广泛地运用均衡模型，正是一种回避"冲突"和"不和谐"问题的手段。

（2）激进经济学家批判新古典经济学建立在维护资本主义制度现状的基础上，过分关注边际变化而忽视制度方面重大的变革。"他们批评传统经济学家们把研究主要局限于接近创始状态的'局部最优'状态，而不追究在一个与我们所熟悉的社会非常不相同地组织起来的社会里，是否也许存在着较高的'总体最优'状态"[1]。指责边际分析是"反革命的"，强调需要研究伟大的历史进程，以及在制度的内在矛盾变得十分尖锐时的制度变革问题。激进经济学家考察了历史的变化，探索了一套发展阶段的理论，并认为帝国主义作为主要活动方式的资本主义的最先进阶段孕育着它自行毁灭的矛盾。

（3）激进经济学家批评传统经济学家忽视对生活质量和人的问题的研究，认为传统经济学家的经济分析集中于满足对生产数量的增长，崇拜经济效率，从而忽视了如工人工作性质和工作条件、参与管理、自然和人工的环境质量等问题的研究。他们指责传统经济学曲解人的本性，把人的本性抽象为富有具体个性、总是趋利避害地追求物质利益的自私人，忽视了社会发展对人的影响作用，看不到人作为一个社会动物，其感情和价值观念是由社会决定的。因此，传统经济学家盲目追求物质鼓励，不可能激励人的潜力和积极性的发挥。

---

[1] 阿瑟·林德贝克.新左派政治经济学——一个局外人的看法[M].商务印书馆,1980：31.

（4）激进经济学家指责传统经济学偏重于在特定的偏好条件下的资源配置，忽视了资本主义制度和上层建筑本身派生出来的价值判断标准对人们偏好的影响。激进经济学家批判传统经济学家在分析不同生产部门之间生产要素的分配问题，即资源配置问题时往往使用极不完整的分析方法，总是假定消费者的偏好是既定的，从而忽视了例如资本主义上层建筑产生出的一些价值判断标准通过广告对消费者的影响作用。有些激进经济学家还认为，在资本主义社会经济制度里，资产阶级的统治、大公司以及居垄断地位的财产占有集团完全操纵了制度、资本主义社会意识形态派生的价值判断标准以及人们偏好的形成和变化，这种被操纵而产生的需要是一种"虚假的需要"，而消费者的利益得到公正的评价只有在一种新的社会制度中才能实现。

（5）激进经济学家还抨击正统经济学过分关注经济体系的效率，而忽略或刻意缩小收入分配、环境保护和失业等问题。他们指责传统经济学的收入分配理论，仍然建立在错误的边际生产率分析或供求模式的基础之上。他们认为：一方面，边际生产率理论是不切实际的，因为最后一单位的劳动和资本是无法测量的，而且资本的实物形态如机器、厂房设备等具有不可分性，它们不可能分为许多很小的单位来计算它的"边际生产率"；另一方面，边际生产率不过说明了劳动和资本这种实物形态的生产要素结合共同创造了产品，而总是没有说明资本家占有资本获得利润的性质和来源。因此，激进经济学派认为，只有在马克思劳动价值论的基础上，才能充分说明资本主义经济中的分配问题，工人的劳动是一切价值的源泉，资本家是剥削者，资本家占有资本是一种非生产性活动，他们并不对生产过程作出贡献。

第三节 激进经济学派对当代资本主义的分析

激进经济学家运用马克思经济学中的一些基本理论和分析方法，对现代资本主义社会出现的一些新的社会经济现象进行了分析研究，在以下几个方面提出了他们的一些看法。

一、关于资本主义的劳动过程

美国激进经济学家哈里·布雷弗曼在他的《劳动与垄断资本》（1974）一书中，详尽地研究了保罗·巴兰和保罗·斯威齐"所忽视的在马克思关

哈里·布雷弗曼
（Harry Braverman）

于资本主义的研究中占有主要地位的问题——劳动过程"。布雷弗曼认为，由于19世纪最后25年以来科学技术的巨大进步，引起了新的不同的劳动过程，因此有必要作出新的、"科学的"分析。布雷弗曼从资本活动的管理和科学技术两个方面对资本主义劳动过程的影响进行分析，认为资本主义劳动过程在两个方面发生了新的变化。

（1）管理和技术的进步，造成了人类手和脑的分离，并且导致相互对立。在初始阶段，管理和技术的进步使劳动过程的每个步骤，尽可能地脱离专门知识和专门训练，变成简单劳动。与此同时，那些有专门知识和接受专门训练的少数人，尽量摆脱简单劳动的负担。这样，造成了一个资本主义特有的劳动过程结构：一极人们的时间有无限价值，而另一极人们的时间几乎分文不值，这被认为是资本主义分工的一般规律。这一规律是影响劳动组织强大而全面的力量，还影响社会人口的现状及其发展趋势，创造了那么多从事简单劳动的人，使他们成为发达资本主义国家人口发展的主要特征。随着管理的科学化，最后导致了脑力工作和体力工作的分离，劳动过程变成了要在不同的两种场所并由不同的两类劳动者来进行，造成了人类脑和手的分离，脑力工作集中到管理部门内或同管理部门密切联系的越来越有限的集团手里，在对抗的社会关系和被隔开的劳动背景下，手和脑不仅分离开来，而且由它们之间的统一变成了它们之间的互相对抗，成为不那么富有人性的东西。

（2）布雷弗曼认为，资本活动的另一方面科技革命也导致了劳动过程的变化。劳动者本来是一种有意识的社会动物，他在劳动过程中是一种主观因素，劳动者的每个环节的活动都是有意识、有目的的，正是人的这种主观能动的活动支配、推动生产资料，才创造出各种适合人们需要的使用价值。由于科技革命的影响和管理的科学化，劳动这种主观因素降到了从属地位，成为管理部门所指挥的生产过程中与机器工具一样的客观要素。这时，资本主义劳动过程除了生产资料、生产工具以外，又加上了"劳动"这另一种"生产要素"，管理部门就成为唯一的主观要素，来控制和调节劳动、生产资料等这些客观生产要素的结合配置问题。这种情况是人类本性的灾难。

二、关于资本主义社会的阶级结构

激进经济学家认为，由于资本主义劳动过程发生了新的不同于19世纪的变化，必然会引起工人阶级内部结构的变化。激进经济学家看到，一方面，由于科学技术革命的巨大作用，资本主义经济中新的产业部门层出不穷，产业结构中各部门的增长率和构成也发生了激烈的变化，从而引起了广泛的职业转移，从事制造业和各有关工业的那部分劳动人口，即过去的"产业工人阶级"处于比例减少的趋势；另一方面，由于科学技术革命和"自动化"的推行，要求管理者和劳动者具有越来越高的教育和训练水平，因此，科技革命又造就了大批专业的管理集团，它由科学家、工程师、技术员、企业和国家机关中的下层管理人员构成。这个集团在经济社会关系及地位方面，有别于传统的小资产阶级。一方面，他们在管理生产中，享有控制生产资料和指挥劳动力的权力；另一方面，他们本身既不占有生产资料，又靠出卖劳动力领取工资。他们所处的这种地位，既与资本家阶级有利益对抗关系又与"产业工人阶级"有矛盾，因此有些激进经济学家将这一集团称为"新中等阶级"或"新工人阶级"。有的人甚至认为，"新工人阶级"将取代"产业工人阶级"，他们将成为一种"社会变革的力量"。

布雷弗曼在《劳动与垄断资本》一书中，也认为专业管理集团具有二重性质。一方面，他们像其他劳动者一样被资本家所雇佣，为增值资本而工作，这批人与产业工人阶级一样，没有经济的或职业的独立性，除受雇之外无法进入劳动过程，为了生存，必然不断地更新自己的劳动以供资本使用。因此，这些人日益符合工人阶级的定义，因为买卖劳动力是工人阶级产生和继续存在的典型形式。这种形式体现了生产的社会关系，即服从权力和被剥削的关系。另一方面，在这一管理集团买卖劳动力的形式下隐蔽了其他生产关系，这一集团又与一般的工人阶级不一样，他们从事监督和组织工人的劳动，他们在劳动过程的等级制度中有地位，有的高级管理人员甚至在资本家社会中也有一定地位，所以他们又是工业的统治者，是属于资本的化身和雇佣劳动力的阶级的组成部分。正是基于这一点，有些激进经济学家把这部分管理技术人员同垄断资本主义前社会阶级结构中处于中间社会地位的小资产阶级等同起来，称他们为"新中等阶级"。布雷弗曼认为，这一专业管理集团不过是一个社会阶层，它是由于科学技术、科学管理和产业结构的变化引起职业变化而导致的工人阶级内部结构变化而已，他们从属于工人阶级。这一新集团表现的社会地位和生产关系本质上符合马克思关于工人阶级的定义，它同垄断资本主义以前以独立经营为基础的、处在两极的阶级结构之外的小资产阶级完全不同，这个"新中等阶级"占有它的中间地位，不是因为它处在资本增值过程之外，而是因为它作为这个过程的一部分，从两方面取得它的特点，它不仅享有小小一份资本的特权和报酬，而且带有无产阶级身份的标记。布雷弗曼关于当代资本主义社会结构没有变化、而工人阶级内部结构变化的观点，在激进经济学派中具有一定的代表性。1995年，约翰·彼尔迪罗（John Belldilor）在巴黎国际马克思大会论文集第3卷上发表了《当代企业中的阶级斗争》一文，认为当前西方企业内部阶级斗争有了新特点：一是由于工人群体分层增多，导致阶级斗争复杂化；二是随着工会组织力下降，工会处境变得艰难。显然，前者与布雷弗曼的论述是类似的。

三、关于资本主义的经济危机

资本主义经济危机的问题是激进经济学家论述最多的一个理论问题。1978年，美国"激进政治经济学学会"出版了名为《美国资本主义在危机中》(1978)的论文集，收集了有关讨论资本主义经济危机问题的60篇新著。从目前看来，激进经济学派关于资本主义经济危机问题的理论观点主要有以下三种类型[1]。

（1）斯威齐和哈里·马格多夫（Harry Magdoff）"消费不足论"的经济危机理论。他们认为，在资本主义经济周期的扩张阶段，资本的利润率提高，而工资的国民收入分配中的份额下降，由于工人的边际消费倾向比资本家高得多，因此工资份额的下降会引起整个国家平均消费倾向的下降，这样，生产能力会超过受资本主义生产关系限制的消费需求的增长；又因为投资只不过是消费需求提高的一个函数，因此，如果消费需求提高较慢或下降，投资必然会下降，而投资的降低会导致一切生产和就业的降低。

（2）多布（Maurice Herbert Dobb）和赛克（Anwar Shaikh）等人主张的"资本有机构成提高论"。根据马克思的分析，资本有机构成是指不变资本价值和可变资本价值的比率，从长期看由于科学技术的进步和劳动生产率的不断提高，资本有机构成有提高的趋势。据此，多布等人认为，在剩余价值率不变的条件下，资本有机构成将提高，利润率将趋于下降。利润率的下降将导致资本家的投资相对减少，从而引起生产、就业、消费的相对下降，导致经济危机的爆发。有些经济学家不同意这一理论观点，认为萧条是由于利润率在短期中的较大变动所致，而不是由于数十年的微小变化所致，因此，用有机构成引起利润率下降说明经济危机的发生，在经验和理论上都站不住脚。

（3）格利（John G. Gurley）等人的"工资推动理论"。他们认为，在经济扩张的后半期，资本的积累总会赶上劳动的供给，即总会耗尽失业劳动后备军的供给，这时经济接近充分就业，在劳资斗争中，对劳动供给一方有利，工

莫里斯·多布
（Maurice Herbert Dobb）

---

[1] 参阅伊藤诚.欧美马克思研究的新发展[J].经济评论,1978(11);谢尔曼·马克思主义经济周期理论论述与批评[D].南加州大学,1957;韦斯科普夫.马克思主义危机理论和战后美国经济中的利润率[M]//外国经济学说研究会.现代国外经济学论文选：第六辑.商务印书馆,1984;埃·曼德尔.论马克思主义经济学：上卷[M].商务印书馆,1979.

人在国民收入中的工资份额趋向于提高,利润率下降,以致减少投资,从而引起衰退或萧条。在收缩阶段,则会出现相反的过程,最后导致复苏。

除了上述几种理论以外,还有欧内斯特·曼德尔(Ernest Mandel)在《晚期资本主义》(1975)与《资本主义发展的长波》(1980)两部著作中通过对主要发达国家经济史的研究,进一步完善了马克思主义者的"长波理论"分析框架。斯威齐在他的著作《马克思主义四讲》(1979)里,认为当前研究资本主义经济危机,应当注意构成当代资本主义现阶段特点的、在危机中起重要作用的两个因素,即垄断和财政(货币、信贷),但他没有就此作出进一步的论述。就目前激进经济学家对经济危机的看法来说,较为一致的观点是把上述三种经济危机理论结合起来,综合解释资本主义的经济危机。

欧内斯特·曼德尔
(Ernest Mandel)

第四节 激进经济学派关于帝国主义的理论

关于帝国主义的问题,也是激进经济学派较多涉及的经济理论。他们认为,有必要结合当代资本主义的实践,对帝国主义问题作出新的全面的探讨。在这方面,激进经济学家发表了一些较有影响的著作,其中有保罗·巴兰和保罗·斯威齐的《垄断资本》(1966)、迈克尔·赫德森(Michael Hudson)的《超帝国主义》(1972)、法国激进经济学家皮埃·雅莱(Pierre Jalee)的《七十年代的帝国主义》(1969)和理查德·C.爱德华兹(Richard Edwards)、迈克尔·赖克(Michael Reich)、韦斯科普夫(Thomas Weisskopf)合著的《资本主义制度》(1972)。下面简要介绍激进经济学派在帝国主义的基本特征、发展阶段、历史地位以及垄断统治等方面的一些理论观点。

(1)激进经济学派对当代帝国主义基本特征的"重新探索"。激进经济学派中大多数不否认列宁关于帝国主义基本经济特征的论点。一般认为,应该在此基础上,根据帝国主义的发展情况,在理论上作新的补充,其中法国著名激进经济学家雅莱的观点最富有代表性。在生产集中和垄断地位上,雅莱认为,在当前,应该重视国家和技术对集中化的影响作用。当前生产集中化的特点在于:在集中化过程中,垄断组织是受到国家政府鼓励的,一国政府总是鼓励国内的集中与垄断,抑制国内的竞争,这是为了加强本国的垄断组织在国际上的竞争能力,这导致了国际上垄断资本竞争趋于激烈化。在金融资本的统治问题上,雅莱认为,应在工业资本和银行资本融合生长问题上作两个方面的补充。

第一,近年来,资本主义经济中垄断企业向控股公司和多样化经营的混合公司发展,使银行的作用趋于下降。

第二,由于控股公司的发展和跨行业合并的盛行,使工业资本和银行之间的相互关系已变得更加复杂和重要,银行的作用下降,金融寡头这个概念已经过时,而应该以"金融工业寡头"来代替。关于资本输出,雅莱认为,近来它具有"扩散化"和"国际化"的新特点,帝国主义国家资本输出的方向已经不限于输往不发达的本国殖民地和附属国了,而是越来越多地输向以前属于其他帝国主义国家的殖民地和附属国了。第二次世界大战以后,帝国主义国家的私人资本不愿意向不发达地区投资,而愿意向经济发达的国家和地区投资,总之,当前帝国主义国家资本输出的方向、内容都发生了根本性的变化。在国际垄断方面,激进经济学家一般认为,关于多国性企业和欧洲共同市场这种国际性垄断的产生,是需要补充探索的问题。关于列强分割世界的问题,美国著名激进经济学家赫德森否认帝国主义国家再有领土扩张的野心。他认为,这主要是由于帝国主义国家投资方向的改变,例如目前美国的海外投资主要不是投入原材料丰富的不发达地区,而是投入较发达的欧洲地区。因此,他认为,殖民主义作为一种欧洲现象已经消失了。雅莱则认为,必须研究帝国主义对第三世界国家的外汇"援助"在延续帝国主义剥削制度方面的作用,必须看到与过去相比帝国主义对第三世界原材料的依赖性大大加深了。

(2) 关于帝国主义的发展趋势问题。激进经济学家认为,"二战"后,帝国主义没有被完全粉碎,也没有经历任何全球性的溃败,而是已经发展到了一个新的阶段,帝国主义矛盾的性质与类型也已经起了变化,世界范围内的帝国主义战争发生的可能性在逐步削弱。但是,在激进经济学派中,就这些问题的具体方面还没有取得一致的看法,仍然存在着很大的分歧。

雅莱认为,当今帝国主义之间的矛盾主要是"对抗与一体化的矛盾",他认为,政治经济上的一体化是帝国主义发展的必然趋势:从经济上来说,是由于生产和贸易的日益国际化,以及国际垄断活动的加强;从政治上来说,主要是由于一些社会主义国家和第三世界国家纷纷走上政治独立及发展民族经济的道路,导致帝国主义在地理角度的市场收缩。他认为,世界一体化说明了帝国主义从进攻性的战略向防卫性战略的转变,它已经成为目前帝国主义在政治经济上的主要防卫手段。这样,一体化和对抗就构成了帝国主义的一对矛盾。雅莱认为,帝国主义之间的对抗肯定会随着帝国主义存在而继续下去,但是由于美国在世界政治经济方面的优势地位,加强了帝国主义之间一体化的趋势,帝国主义的一体化将比帝国主义之间的对抗更为突出,因此帝国主义各国之间的大战看来不大可能发生。就帝国主义国家无产阶级革命的前景来说,外部因素的作用已成为主要的了。

雷蒙德·富兰克林(Raymond Franklin)在《对美国资本主义的两种看法》(1977)一书中,一方面强调美国在当前世界帝国主义发展中的作用,另一方面,他也从生产和资本的国际化入手,分析了帝国主义的历史地位和发展趋势。他认为,当前帝国主义国家私人资本的投资规模越来越大,垄断公司的统治集团企图把整个世界变成一个市场并控制它,因此,他们寻求投资机会和保护既得的市场需要,把美国的经济利益远远地推出美国的地理边界之外。从美国以及欧洲等一些帝国主义国家与不发达国家和地区之间的关系看,在战略原料和投资输出方面,虽然在相对数量上有所下降了,但是依赖性加强了。在富兰克林和其他一些激进经济学家看来,当代帝国主义已进入了第三阶段,即跨国公司阶段。

哈里·马格多夫分析现代帝国主义的特征时指出,一些独立的国家拥有适合的社会和经济结构,他们在更大的力量下受到经济控制,无须经过任何殖民地阶段就成为附属国。二战后,随着美元成为国际货币,纽约成为国际金融中心,美国既成为各国军事、经济援助的最大供应商,又积极建立由海外军事基地和集结地组成的全球网络。美国扮演着无殖民地帝国主义时期的核心角色。

(3)关于帝国主义在当代的新变化问题。随着和平与发展成为时代主题,帝国主义在当代又有了新的变化。有的激进经济学者指出,全球化就是帝国主义的最近变种。他们认为全球化趋势下,国家和政府沦为国际垄断资本的代理人,并提出"新帝国主义"的概念。新帝国主义的本质特征与老帝国主义类似,也是垄断以及对其他国家的剥削,只是在形式上有所不同。此外,新帝国主义的另一个特征是文化帝国主义,即西方发达国家将其政治文化、意识形态输出到发展中国家。伯尔尼德·哈姆认为国际货币基金组织的结构调整政策就是文化帝国主义典型的例子。结构调整政策不仅将一个国家出口的收入,而且将该国的自然和社会财产都交给了国际金融家和跨国公司,从而迫使该国融入资本主义世界经济。但这种政策将同时导致国内面临失业、贫富分化、社保体系崩溃等经济问题。

第五节 关于发达与不发达问题的政治经济学理论

关于发展中国家的经济发展问题,特别是有关发达与不发达的问题,是第二次世界大战后西方经济学界讨论最多、争辩最激烈的经济理论问题之一。在发达与不发达问题上,西方传统经济学家都把资本主义经济制度作为既定前提,从而认为今天发展中国家所存在的经济问题都是发达资本主义国家在早期存在过的问题,两者之间的区别不过是现代化特别是工业化的时间先后而已。因此,今天的不发达国家只要在经济上模仿西方发达资本主义国家的发展模式和道路,采取积极追求国民生产总值提高的发展政策,就能摆脱不发达的落后现状。传统经济学家这种无视不发达国家与发达资本主义国家之间不同的政治制度结构和经济结构的情况而为不发达国家经济发展提供的发展模式和政策,受到了激进经济学派的猛烈抨击。

一、关于不发达的性质问题

大多数研究不发达经济问题的正统经济学家都认为,目前不发达国家普遍存在的劳动生产率低下,人均收入不高,技术设备落后,居住、卫生、教育等条件差的不发达状况,是一种相对于发达资本主义国家的落后现象。这种不发达的状况是任何国家都要经历的一个历史阶段,即初始阶段。例如,罗斯托无视不发达国家的过去,而信心十足地预言它们会有一个富国类似的未来,罗斯托(Walt Whitman Rostow)在他的《经济成长阶段——非共产党宣言》一书中认为,任何国家的经济发展大都经历五个阶段,即传统社会、为起飞创造前提条件阶段、起飞阶段、向成熟推进阶段和高额群众消费阶段。总之,主流经济学坚信适用于发达国家的发展经济学理论同样适用于发展中国家,但这一论调受到激进经济学者的激烈批判。

大多数激进经济学家认为,不发达国家的过去和现在同目前发达国家的过去并没有重大的相似之处,今天不发达国家的社会和经济方面的不发达状况,既不是原始的,也不是传统的。目前的发达资本主义国家虽然在过去经历了一个未发展的阶段,但是绝没有经历过不发达状态的阶段。如果按照传统经济学家的解释,那么当前不发达国家的落后状况,完全是由于不发达国家自身经济、政治、社会和文化特点或结构的产物,造成这种不发达的责任就不能归结于任何国家或阶级。激进经济学家尖锐地指出,"传统发展经济学只不过重申了殖民主义的观点,不发达是一种自然现象"[1]。一些激进经济学家从研究发展中国家的历史和现状中看到,当今处于不发达状态的国家正好大部分是过去的一些殖民地或附属国,它们的不发达状态正是不发达的卫星国和现在发达的宗主国之间过去和现在经济、社会政治关系的历史产物,而这些关系也正是世界资本主义制度的整个结构和发展模式的一个重要组成部分。激进经济学家进而提出著名的"依附理论"解

---

[1] 杰弗里·凯.发达与不发达:马克思主义的分析[M].麦克米兰出版公司,1975:3.

释不发达的性质问题。依附理论于20世纪60年代最先在拉美国家出现,依附指的是一些国家的经济受制于它所依附的另一国经济的发展与扩张。依附产生的基础是国际分工,这种国际分工使得一些国家的工业得到发展的同时,限制了另一些国家的发展,打破依附的唯一办法是改变这些国家的内部结构。这一理论揭示了帝国主义对外围国家的剥削和资本主义世界体系的不平等性质。例如,多斯桑托斯指出了现代资本主义剥削与掠夺欠发达国家的四种方式:① 通过国际价格机制进行不平等的交换;② 通过运费、保险费、技术服务费、专利费等服务费的形式将依附国的剩余转移到发达国家,这些服务费通常估价过高,是对商标和专利垄断的结果;③ 通过资本输出,掠夺依附国的自然资源、劳动力的剩余价值和利润;④ 对受援国给予附加条件或收取高额利息的外债与国际"援助"。总之,造成不发达状态的正是造成经济发达(资本主义本身的发展)的同一个历史进程。

二、关于不发达的根源问题

关于不发达的根源问题,正统经济学家较一致的看法是,不发达国家的贫困落后状态是由于他们进入了无法摆脱的"贫困恶性循环"的陷阱之中。讷克斯(Ragnar Nurkse)认为,所谓不发达国家,"就是它们的资本同它们的人口及自然资源比较起来相对不足的地区"[1],从而他提出了著名的"贫困恶性循环论"来解释不发达的根源。纳克斯认为,发展中国家之所以落后不发达,是由于发展中国家的低人均收入水平,导致了人们的购买力不足,购买力有限又使市场规模狭窄,从而投资引诱不强,投入的生产资本不多,生产率又必然低下,结果又造成收入水平低下,从而完成了一个循环。其他正统经济学家都有这种类似的理论观点,如纳尔逊(Richard R. Nelson)的"低收入均衡陷阱论"、莱伯斯坦(Leibenstein)的"最小临界努力理论"等,他们都认为,"发展中国家之所以穷,就因为穷"。

激进经济学派批判正统经济学家不顾历史的变化和不发达国家与发达国家之间特殊的政治经济关系,把发展中国家不发达的根源归责于不发达国家自身的观点。他们从世界范围内资本积累这个角度出发,提出了中心外围论和不平等交换论,以此来揭示不发达的根源。他们的三个主要论点如下。

(1) 在整个世界资本主义体系中,已经逐步形成了一个中心外围结构的世界经济体系。发达资本主义国家处于这个体系的中心,而不发达国家处于这个体系的外围,由于外围国家对中心国家具有在政治、经济技术方面的

---

[1] R.讷克斯.不发达国家的资本形成问题[M].谨斋,译.商务印书馆,1966.

依附性，决定了国际上发达与不发达发展的两极分化，而且外围国家越来越成为中心发达资本主义发展的一种不可缺少的补充。

（2）在外围资本主义形成的历史上，激进经济学家们认为，外围资本主义的模式是从外部引进来的，是中心国家通过殖民统治和在政治经济上的优势地位强加给他们的。在中心国家里，资本主义是通过资产阶级联合本国其他阶级发动革命，在摧毁封建制度的基础上发展起来的，尽管在一段时间内还存在封建残余，但资本主义生产方式占据主导地位。相反，在亚洲、非洲等外围国家，西方资本主义进入后进行了肆无忌惮的掠夺，这种财富的掠夺对这些国家的资本积累造成严重阻碍，严重打乱了这些国家的整个发展，并且急剧影响了其后的发展历程。这些国家的平民生活在资本主义制度中而得不到资本积累。"外国资本家和他们的当地同盟者并没有促进外围的资本主义社会生产关系的发展。反之，他们一般喜欢把前资本主义关系结合到外国资本所统治的国际交换体系中去。资本主义就是这样利用——在许多情况下是帮助建立——以奴隶制、债务农奴制、契约劳工及其他各种形式的非自由劳动为基础的前资本主义劳动制度"[1]。这样，外围资本主义的发展一般受中心资本主义国家的垄断以及受封建主和买办资产阶级的支配。

（3）在中心外围结构中，造成外围资本主义不发达的机制是不等价交换以及由此引起的价值转移。由于中心和外围部分具有不同的经济结构，中心国家主要以发达的工业制造品生产和出口为主，而外围国家主要以初级产品的生产和出口为主，并且由于两者劳动生产率和工资水平的差异，在国际商品价格形成过程中，外围国家处于一种不平等交换地位，向中心国家发生持续的价值转移。不发达国家这种持续不断的剩余外流：一方面使它们本身的资本积累受到限制，从而导致经济不发展；另一方面却加速了发达国家的资本积累。萨米尔·阿明（Samir Amin）认为，正是这种价值转移的机制制约着不发达国家与发达国家之间的关系，导致国际资本主义发展的两极分化。他把这一机制看成是资本原始积累机制在世界范围内作用的继续，阿明指出："不发达现象只是原始积累继续存在，使中心获得好处的结果。"[2]

激进经济学派企图用马克思主义经济学中的基本理论和方法来批判正统经济学，建立与之相对抗的经济学理论体系。激进经济学派虽然还没有形成一个完整的体系，并且还存在着许多理论缺陷，在许多方面还违背了马克思主义的立场和观点，作出了一些不符合实际的理论结论。但是，我们不

萨米尔·阿明
（Samir Amin）

---

[1] 托马斯·E.韦斯科普夫.帝国主义和第三世界的经济发展[M]//查尔斯·K.威尔伯.发达与不发达问题的政治经济学.中国社会科学出版社，1984：189—191.

[2] 萨米尔·阿明.世界范围的积累[M].每月评论出版社，1974：2.

能就此低估激进经济学派兴起的作用和意义。首先,激进经济学派的兴起向正统经济学派提出了严重的挑战。20世纪70年代以来,主要资本主义国家进入"经济滞胀"局面,正统经济学一筹莫展,而激进经济学派在队伍扩展和理论创建方面得到了很大发展。特别是进入21世纪以后,激进经济学派在经济全球化、资本主义金融化等领域取得了较为丰富的研究成果。其次,激进经济学派的迅速兴起,再次证明了马克思经济学对分析批判资本主义,具有解释力。激进经济学派在批判正统经济学和建立自己的理论体系中,一般都注意坚持马克思经济学中的基本理论和方法,把经济问题看成是一种社会现象,经常从生产关系方面进行分析和研究,因而取得了一些值得注意的研究成果。

本 章 总 结

1. 激进经济学派是20世纪60年代后期形成的一个新的经济学流派,这一学派试图用马克思主义经济学的基本理论和方法来分析、研究当代经济问题,同西方主流经济学分庭抗礼。

2. 激进经济学派没有形成一个统一的思想体系,只是用马克思主义的基本理论和方法,对当代资本主义的劳动关系、阶级结构、经济周期和发达与不发达等重大问题,结合当代西方国家的实践作出解释。

思 考 题

1. 激进经济学派产生的历史条件。
2. 激进经济学派对当代资本主义的分析提出了哪些理论观点?
3. 激进经济学派关于发达与不发达问题的基本理论。

后记

本书最早是1988年由浙江大学出版社出版的大学本科生教材,1990年和1991年两次重印,前后发行了19 000余册,是当时继1980年代前期胡代光和厉以宁两位教授编写的《当代资产阶级经济学主要流派》一书之后,被国内高等院校经济和管理类专业广泛采用的一部教材。1996年,本书作者对教材中的有关内容进行了较大幅度的修改和扩充,在复旦大学出版社的支持和帮助下,将本书列入复旦大学的"新编经济学系列教材"出版。新版教材发行后继续受到许多高等院校经济和管理类专业师生的欢迎,并被国内30多所主要院校列入研究生入学考试参考书目。2000年12月,复旦大学出版社刘子馨先生在陪同杨小凯教授赴杭访问期间,与蒋自强和史晋川教授共同商谈了本书的再版事宜,根据商谈的约定,本书作者对这本教材再次进行了修订和扩充,出版了2001年第二版,新版教材仍然深受国内各高校师生的喜爱,继续保持了较高的发行量,数次重印。2007年,又再次补充修订推出《当代西方经济学流派》教材的第三版,并列入复旦大学品牌教材——"博学·经济学系列"。在2014年春,本教材的作者深感对这部已经出版了20多年的教材,有必要作了一次重大的修订,于是出版了《当代西方经济学流派》第四版。时过7年,正当本书作者在酝酿准备修订再版时,本书最初的组织者、敬爱的蒋自强教授与世长辞了,教材的修订工作暂时搁置。2021年6月,复旦大学出版社的刘子馨先生和宋朝阳先生来到浙江大学,经与作者商谈,决定尽快抓紧开展对本教材作的修订工作。这次修订保留了全书的基本框架,主要是修改了绪言的内容,并对有关各章的编排结构和部分内容做了相应的修改、增补和完善。

2021年重新修订的《当代西方经济学流派》新版教材,仍由绪言和十七章介绍当代西方经济学各主要流派的内容组成,其中,绪言由蒋自强教授和史晋川教授合作撰写,由史晋川教授负责修改;第一、二、四、五、七、十三章由史晋川教授撰写和负责修改;第三、九、十章由张旭昆教授撰写和负责修改;第六章由金祥荣教授撰写,朱希伟教授负责修改;第八、十六章由蒋自强教授撰写，史晋川教授负责修改；第十一、十二、十四、十五章分别由郑勇军教授、郑备军教授、朱希伟教授、杨晓兰教授撰写和负责修改；第十七章由金祥荣教授撰写，郑备军教授负责修改，最后由史晋川教授对全书作了进一步的校订工作。由于新版修订的时间比较紧，所以新版教材可能还未充分地反映西方经济学研究的进展。当然，在西方经济学理论研究的进展中，究竟哪些学术成果可以归入哪一类流派，或者某种新的学术思想或思潮是否已构成了新的经济思想流派，这些都是需要由时间来加以确定的。

　　复旦大学出版社的刘子馨先生和宋朝阳主任在本书的第五版出版过程中，对本书作者帮助甚大，在此表示衷心的感谢。

　　由于作者的水平有限，书中难免存在缺点甚至错误，欢迎读者朋友不吝赐教。

史晋川
2022年8月于浙江大学

图书在版编目(CIP)数据

当代西方经济学流派/蒋自强等著. —5 版. —上海：复旦大学出版社，2022.10
(复旦博学. 经济学系列)
ISBN 978-7-309-16389-6

Ⅰ.①当… Ⅱ.①蒋… Ⅲ.①西方经济学-经济学派-现代-教材 Ⅳ.①F091.3

中国版本图书馆 CIP 数据核字(2022)第 158883 号

当代西方经济学流派(第五版)
DANGDAI XIFANG JINGJIXUE LIUPAI
蒋自强　史晋川　等 著
责任编辑/宋朝阳　王雅楠

复旦大学出版社有限公司出版发行
上海市国权路 579 号　邮编：200433
网址：fupnet@fudanpress.com　http://www.fudanpress.com
门市零售：86-21-65102580　团体订购：86-21-65104505
出版部电话：86-21-65642845
常熟市华顺印刷有限公司

开本 787×1092　1/16　印张 24.25　字数 611 千
2022 年 10 月第 5 版
2022 年 10 月第 5 版第 1 次印刷

ISBN 978-7-309-16389-6/F·2911
定价：60.00 元

如有印装质量问题,请向复旦大学出版社有限公司出版部调换。
版权所有　侵权必究